21世纪高等医药院校教材

供心理学、医药经济与管理类专业用

消费心理学

主编 刘鲁蓉 孙顺根

科学出版社

北 京

内 容 简 介

　　本书主要阐述了消费心理学的基本理论、策略和方法。全书内容共分十三章,包括绪论,消费者的心理活动过程,消费者的个性心理特征,消费者的购买需要和购买动机,消费者的购买决策和购买行为,消费者的态度、群体的消费心理特征,社会环境因素与消费心理,新产品设计推广与消费心理,商品品牌、名称、商标、包装与消费心理,商品价格与消费心理,商业广告与消费心理及销售环境与消费心理等内容,提供相应案例阐述。本书采用国内外最新的相关资料,结合现代消费实践,内容精炼,案例生动,信息量大,具有较强的理论性、针对性和实用性。

　　本书适用于高等医药院校心理学、医药经济与管理类专业学生使用,也可作为其他专业的课程教材,还可作为相关行业工作者的参考用书。

图书在版编目 (CIP)数据

消费心理学/刘鲁蓉,孙顺根主编 . —北京:科学出版社,2007
21 世纪高等医药院校教材
ISBN 978-7-03-018429-0

Ⅰ . 消…　Ⅱ.①刘…②孙…　Ⅲ . 消费心理学－医学院校－教材　Ⅳ. F713.55

中国版本图书馆 CIP 数据核字（2007）第 004087 号

责任编辑:方　霞 / 责任校对:邹慧卿
责任印制:徐晓晨 / 封面设计:黄　超

科 学 出 版 社 出版
北京东黄城根北街 16 号
邮政编码: 100717
http://www.sciencep.com

北京厚诚则铭印刷科技有限公司 印刷
科学出版社发行　各地新华书店经销

*

2007 年 2 月第　一　版　　开本:850×1168　1/16
2017 年 1 月第六次印刷　　印张:18
字数:441 000

定价:44.80 元

（如有印装质量问题,我社负责调换）

佟子林	黑龙江中医药大学
余 悦	江苏大学
邹延昌	山东中医药大学
陆召军	徐州医学院
张 晓	东南大学
张端珣	南京中医药大学
陈 佳	福建中医学院
陈 瑶	贵阳中医学院
陈家应	南京医科大学
周绿林	江苏大学
郑 毅	牡丹江医学院
孟国祥	南京医科大学
赵一梅	甘肃中医学院
徐江雁	河南中医学院
黄明安	湖北中医学院
蒋建华	成都中医药大学
景 浩	辽宁中医药大学
景 琳	成都中医药大学
谢 明	辽宁中医药大学
谭建三	新乡医学院
薛云珍	山西医科大学

《消费心理学》编委会

主　编　刘鲁蓉　孙顺根

副主编　曾　智　张文玉

编　委　(按姓氏笔画排序)

王儒芳	成都中医药大学
冯永潮	浙江中医药大学
刘鲁蓉	成都中医药大学
孙顺根	浙江中医药大学
李习平	湖北中医学院
张文玉	山东中医药大学
张维纯	湖北中医学院
官翠玲	湖北中医学院
高旭亮	成都中医药大学
曾　智	南京中医药大学
燕　妮	湖北中医学院
魏　巍	山东中医药大学

总　序

经过同道们几年的不懈努力,在科学出版社的大力支持下,《21世纪高等医药院校教材(供医药经济与管理类专业用)》陆续出版了,这对我国高等医药院校培养适应社会需求的医药经济与医药管理专业的应用型、复合型人才提供了有利的支持。

一

历史跨入21世纪,我国高等教育也从精英教育走向大众教育,各高等院校专业在拓展、规模在不断扩大,出现一片喜人的局面。医药院校也不例外,在努力加强人文素质课教育的同时,各中、西医院校纷纷拓展边缘学科,增设国际经济与贸易、市场营销、公共事业管理、电子商务、信息管理与信息系统、医疗保险、卫生法学、药事管理、人力资源管理等新的专业方向。有的院校从每年招生几十人已经发展到现在的每年招生几百人。但是各院校的学科资源有差异,专业设置各不相同,同样专业的课程设置也不一样,相同的课程教学计划也不相同。在医药院校边缘学科发展的初期这是正常现象,但长期发展下去,对于学科规范化建设和专业品牌建设不利,对于全国高等医药院校统一培养职业化的高级应用型专业人才不利。

2003年,由南京中医药大学与有关中、西医院校协商,决定组织全国中、西医院校进行教材的编写工作。同年8月由南京中医药大学、南京医科大学、黑龙江中医药大学、浙江中医药大学、安徽中医学院等中、西医院校共同发起,在江苏省东海县召开了"第一届全国高等医药院校医药经济与管理的系列教材协编会议",共有16所中、西医院校参加。经过众多专家协商讨论,决定对于会议选定的科目进行主编竞争制,几次会议先后确定:由南京中医药大学主编《医药国际贸易》、《医药卫生法》,南京医科大学主编《卫生事业管理学》,广州中医药大学主编《现代卫生经济学》,浙江中医药大学主编《医药人力资源管理》,湖北中医学院主编《医药市场营销学》,湖南中医药大学主编《医药企业管理》,安徽中医学院主编《医药商品学》、《管理心理学》,黑龙江中医药大学主编《医药卫生信息管理学》,成都中医药大学主编《消费心理学》,江苏大学、安徽医科大学主编《医疗保险学》、《卫生事业财务管理》等教材。

2004年7月在南京中医药大学召开"第二届全国高等医药院校医药经济与管理的系列教材协编会议",进行了同类学科和专业建设的讨论交流,对部分教材进行了统一校对审稿,并且议定了第二批教材编写的主编及参编单位。这对中、西医药院校的学术交流、学科建设、课程设置及规范教材具有重大意义。

二

任何教材要想在同类教材中占有一席之地，必须具备鲜明的编著特色与特性。本套系列教材，与以往的医药院校同类教材相比较，具有鲜明的专业特色，主要体现在以下方面：

第一，针对性强。高等医药院校作为培养医药经济与管理类应用型人才的基地，与其他综合类大学相比，具有自身的特点，即培养具有医药卫生专业知识的经济与管理类复合型人才，知识背景和行业的针对性很强，必须既要注重经贸、管理类学生相应的中、西医药基础理论知识，也要注重社会工作岗位的职业性和操作能力。在教材的编写上，要求教材必须根据中、西医药行业的特殊性，注重理论联系行业实际和与社会需求接轨。这套教材是针对当前医药卫生管理与医药经济贸易专业教学要求编写的，具有理论联系实际、内容与时代同步、针对性强等特点。

第二，体例新。本套教材在编写的体例上有所创新。引用了最新的参考资料、网络资源信息，突出体现了案例教学的特点，且许多章节关键问题的思考题型、重点提示、章末小结等与同类教材相比较，均有所创新。

第三，内容新。本套教材的编著吸收了最新的相关资料、信息，借鉴了同行专家的最新研究成果，参考了许多专著、论文。具体内容上注重普及性与研究性的平衡。既有一定的理论研究深度，又照顾了教材的普及性。在编写方法上，也有所突破，许多教材中增加了新的典型案例，有利于学生的自学，有利于教师组织教学讨论。

第四，中、西医协作。这套教材与以往的同类医药经济与管理类教材相比较，打破了以往单纯中医药院校或者单纯西医药院校组织编写的惯例。全国二十余所中、西医院校及医院的通力协作，经过多次讨论分工，充分发挥了各院校的优势、特色和专家的特长，保证了教材的质量。在编写过程中，还聘请了相关的专家，参与讨论、编写、审稿，因此教材更具备实用性。

第五，创新性。这套教材共计 20 余本，涉及医药管理与经济贸易专业的众多领域。其中有部分属新教材，填补了相关领域的教材空白。如《医药卫生信息管理学》、《医药物流管理》、《国际医药贸易》、《医疗服务营销》等教材都是第一次编写，对于高等中、西医药院校新兴的边缘学科的建设与专业教学的完善具有积极的推进作用。

三

推出这一套规模庞大的系列教材，是我们的一次尝试。由于在编写过程中，涉及许多院校的众多教师，人员庞大，加上一些学科是新兴学科，并无前例可鉴，因此教材的一些章节可能差强人意，有些结论尚待商榷，这是本套丛书的不足之处。敬请全国的同行专家不吝指正，以利于以后更好地改进和完善。

本套教材在编写过程中，既参考了国内外众多的学者的学术成果，同时也得到了江苏康缘药业股份有限公司和江苏先声药业有限公司的大力支持和资助，在此一并致谢！向为本套教材付出辛勤劳动的全体同仁表示衷心地感谢！医药管理与经济贸易类系列教材的编写必须与时代接轨、与社会主义市场经济相适应，这些需要我们不懈的努力。

编委会

2004 年 7 月 23 日

前　　言

在市场经济条件下,工商企业的一切生产、经营活动都是以追求自身经济效益最大化为终极目标。而要达到这个目标,就必须通过充分满足消费者的需求来实现,这就要求生产者和经营者必须尽可能了解消费者的心理,掌握消费者心理活动发生、发展、变化的规律。消费心理学正是随着市场经济的发展、市场营销的需要而建立和发展起来的一门应用性学科。随着社会经济的发展,消费者的消费观念、消费内容、消费方式都发生了很大的变化,鉴于此,我们在多年从事消费心理学教学的基础上,参考国内外最新的研究成果编写本书,以适应高等院校教学和企业实践发展应用的需要。

本书编写体例的设计主要根据消费心理学学科的发展以及教学的实践。本书内容共分十三章,主要包括绪论,消费者的心理活动过程,消费者的个性心理特征,消费者的购买需要和购买动机,消费者的购买决策和购买行为,消费者的态度,群体的消费心理特征,社会环境因素与消费心理,新产品设计推广与消费心理,商品品牌、名称、商标、包装与消费心理,商品价格与消费心理,商业广告与消费心理及销售环境与消费心理等内容。为了便于学生理解和掌握每章的内容,我们在每一章的分析前安排了引导案例,以引发学生对本章内容的思考。在每一章中穿插了信息框与案例,便于学生掌握相关知识、强化所学内容。在每章结束后,有本章小结、思考题、典型案例三个部分,便于学生复习和掌握本章的主要内容,通过对典型案例的分析讨论便于理论联系实际,进一步加深对教材内容的理解。

我们在本教材的编写中力求体现以下特点:

(1)基础性:从基本概念、基础知识入手,力求系统阐述本学科的基本理论。

(2)实用性:在教材内容选取上,力求做到理论联系实际,并充分考虑教材使用者的可接受性,深入浅出。

(3)启发性:力求有助于培养学生发现问题、分析问题和解决问题的能力。

(4)可读性:力求做到文字通俗,易读易懂,可读性强。

全书由主编刘鲁蓉、孙顺根负责编写大纲、统稿和定稿。具体编写分工如下(按章节的顺序):第一章和第七章由冯永潮编写;第二章和第三章由王儒芳编写;第四章由高旭亮编写;第五章和第八章由曾智编写;第六章、第九章和第十章刘鲁蓉编写;第十一章由李习平、官翠玲编写;第十二章由曾智、张文玉编写;第十三章由燕妮、张维纯编写。

本书在编写过程中得到了成都中医药大学、浙江中医药大学、南京中医药大学、山东中医药大学、湖北中医学院等院校以及科学出版社的大力支持,在此谨向为本书付出辛勤劳动的领导、同事、朋友致以衷心的感谢。本书在编写过程中参考了国内外许多专家学者的著作,在此一并致以深深谢意!

由于我们的水平与经验有限,书中肯定还存在许多不完善的地方,恳请同行专家及广大读者提出宝贵意见。

刘鲁蓉

2006 年 11 月

目　　录

第一章 绪 论

消费心理学是研究消费者在消费过程中的心理活动规律及个性消费心理特征的一门应用性学科。现代心理学研究表明,人的行为总是要受其自身心理活动规律的支配,消费心理学就是通过研究消费者的消费行为,揭示消费者消费心理发展和变化的一般规律,其目的是为了提高消费者的消费效益、经营者的经营效益和政府部门的公共服务效益。本章主要阐述消费心理学的研究对象和内容,阐明研究消费心理学的意义,讨论消费心理学的研究方法,分析消费心理学的产生过程和发展趋势。

引导案例

一次购物的尴尬

星期日的上午,一位七十多岁的老年妇女领着一位少女又说又笑地来到服装商场。原来老妇人是想为刚满十四岁的孙女购买生日礼物。这位高贵、文雅的老妇人和天真活泼的孙女直奔高档服装摊位。老妇人要求服务员展示价格最贵的少女服装,以便挑选。服务员很快拿出三套价格在1000元左右的少女服装,耐心地把三套服装的特色一一作了介绍,老妇人听得津津有味,喜形于色。但一直站在旁边的孙女却很平静,似乎并没有听到服务员在说些什么,也没有关注奶奶在做什么。细心的服务员注意到了这一情况,发现少女的目光投向一套时尚、亮丽,在广州、上海已经开始流行的少女装,于是就把话题转向这套新潮的少女服,说在广州是如何的流行,在上海是怎样受到中学生的青睐。少女顿时心情开朗。而老妇人这时沉默了,对服务员讲解的少女装只看了一眼,就一直凝视着一套她觉得最适合孙女穿的价格最贵的少女装。年轻的女服务员意识到了这一情境,但不知该怎么办。僵持了几分钟以后,还是聪明的女中学生甜甜地喊了声"奶奶!"牵着奶奶的手慢慢地离开了。

这则案例说明,在日常生活中,人们经常地与消费打交道,但并不注意自己和他人的消费心理,更不知道在消费过程中出现矛盾时,如何调整自己的心理状态和运用技巧及时化解矛盾。老妇人和孙女之间明显存在着对服装的款式、质地、时尚、流行等方面消费心理上的代沟,但未能通过有效的心理沟通来填平代沟,如果不是因为亲情的维系,还有可能使矛盾激化。女服务员虽然察觉到了老妇人和她的孙女在消费心理上的区别,但她不知道该如何解决,最终,生意也没有做成。如果我们懂得消费心理发展和变化的规律,在日常生活中就能够化解许多矛盾。尤其是对于从事经营活动的人来说,掌握消费心理学,是必备的素质。

第一节 消费心理学的研究对象和内容

人类的消费行为伴随着人的产生而来,是人类生存和发展最古老的、不可缺少的社会活动和社会行为,是人类进步与社会发展的基本前提。消费的主体是人,不同的人由于遗传、环境、教育等的影响不同,就形成了不同的消费心理特征和行为习惯。消费作为一种行为是消费主体出于延续和发展自身的需要,有意识地消耗物质资料和非物质资料的能动行为。随着社会生产的发展与进步,特别是在现代市场经济条件下,个体与社会群体的心理活动日趋复杂化,其行为活动的总体水平也在不断提高和发展。

一、消费者与消费心理的涵义

要明确消费心理学的研究对象,首先要理解消费、消费者与消费心理的概念。

(一) 消费

消费是为了生产和生活需要而消耗物质、精神财富。用经济学的观点可以把人类的消费行为划分为生产消费和生活消费两大范畴。

1. 生产消费

在劳动者与其他生产要素结合创造出新的使用价值的生产过程中,也在消耗物质和劳务,所以,马克思认为"生产行为本身就它的一切要素来说也是消费行为。"(《马克思恩格斯选集》第2卷,第93页)因此,生产消费是指:在生产过程中,对劳动力及其他生产要素的使用、消耗及磨损。

2. 生活消费

生活消费是人在生存、生活、发展过程中,为满足自身生理和心理需要,所产生的对一定的生活资料和服务的消耗。如吃、穿、住、行、旅游、娱乐等都是消费行为,属于生活消费。

生产消费和生活消费共同构成"消费"的内涵,有的学者把由生产消费和生活消费共同组成的消费称为广义的消费,而把生活消费称为狭义的消费。消费心理学主要研究生活消费,即人们在生活消费过程中的行为表现和心理活动。

(二) 消费者

所谓消费者是指在不同时空范围内参与消费活动的人或集团,但不同于一般意义上的人和集团。消费者是消费主体,从外在看,必须有消费行为,是一种社会角色。人可以同时承担多种社会角色,作为消费者一定是人,但反之不然,人不能等同于消费者,有消费行为的人才是消费者。从内在看,必须有消费心理活动,如消费需求、动机、情感、意志、满足、愉悦等心理反映。

(1) 从消费行为过程看,消费者是购买与使用各种消费品的人。一般情况下,消费过程由三个环节构成:一是需求,二是购买,三是使用。即从使用需求产生购买需要,从而产生购买行为和使用行为。在实际生活中,购买者和使用者可以是不同的主体,购买者不是使用者,如代人购买商品者;使用者不是购买者,如儿童使用父母购买的商品。即消费者有三类:一是购买者,二是使用者,三既是购买者也是使用者。也有的学者认为,消费是由消费需要产生的,在消费者类型中,还有一类需要者。的确,消费行为是由消费需要产生的,消费需要是消费心理学最基本的研究对象。但是,如果没有消费行为,只是在心理上表示需要,还不能认为是实际的消费者,不属于消费者这一概念的范畴。还有一种观点认为,只有使用者才是消费者,购买者不直接使用商品,因而也不会消耗商品,所以不是消费者。其实,购买商品的过程,产生货币的流动,购买者货币的减少,是货币消耗,购买者是消费者。企业经营主体更关注购买者。

(2) 从消费品消耗的角度看,人们对同一时空存在的消费品有三种基本的反映:一是目前需要这种商品、并实际通过市场交换活动获得商品,或亲自使用并从中受益的人。这类人称为现实消费者。二是当前尚未使用或购买这种商品,但在将来某一时刻可能会购买或使用这种商品。这类人称为潜在消费者,是未来有可能转化为现实消费者的人。三是非消费者。非消费者是指在任何时间都不需要购买和使用这种商品的人。如生活在爱斯基摩的人,永远不可能需要购买与使用冰箱和空调;而生活在几内亚的人,永远也不需要购买和使用羽绒服装、滑雪工具。

企业的生产和经营活动直接面对的是现实消费者,主要是为这类消费者提供服务的。所谓市场占有率,就是指拥有现实消费者的数量。企业要发展,保持和提高市场占有率,就必须研究潜在消费者,首先是发现,然后是做转化工作,使之成为现实的消费者。

(3) 从不同的消费主体看,可以把消费者划分为:个体(包括家庭)消费者和集团(企业)消费者两大类型。个体消费者是指为满足个人或家庭对某种消费品的需要而进行购买或使用的人。集团消费者是指为满足社会集团对某种消费品的需要购买或使用的集团主体。如政府机关、事业单位、企业、商贸集团等,都属于集团消费。

个人消费的主要依据是自己或家庭成员的需要、个人消费观、货币支付能力,同时受个人生理素质和心理因素以及社会消费环境的影响,常常带有很强的感情色彩,因为情绪冲动而产生购买行为。集团消费则是从集团工作、生产、销售、效益的需要出发,主要受理性支配,强调决策过程的制度化、程序化,通过招投标的方式实行消费。尤其是企业消费者的购买行为,十分注重经济效益,以降低生产和流通成本,增加企业赢利为主要目的。

(三) 消费心理

心理,以人的生理素质为基础,是人的知识、素质和能力的系统化,集中表现为思想。心理过程,实际上就是指人的"思"与"想"的过程。人的心理素质,是沟通自身与社会的桥梁和纽带,通过行为实现自身与社会的沟通,与社会融为一体,成为社会的一员;也把社会性内化为个性,使个性的发展建立在社会性的基础上,在接受社会性规范的同时,形成、创新和发展独特个性。

行为,是心理的外在表现。人的心理,不一定全部都表现出来,但人的行为总是受心理支配。人有一些未加思索的行为,这是对心理的超越,称为习惯或"自然",习惯成自然,不是不受心理支配,而是高度的自觉,真正意义上的自由。

从心理学研究的意义上说,行为是心理的载体。由于心理的内在性,不是心理学所能够直接把握的,心理学研究只能通过对行为的把握来展开研究。消费心理学研究也不例外,通过对消费行为的把握和研究,达到对消费心理的把握和理论建构。因此,在消费心理学的语言表述中,大量的是表述消费行为,这当然不是为表述消费行为而表述消费行为,而是通过逻辑思维和理性分析,达到对消费心理的表述和规律性的把握。

消费心理,是指消费者在消费过程中产生、调节、控制自身消费行为的心理现象。人类的消费心理,与人类的形成同时产生,但在市场经济形成以后才真正受到关注,随着社会生产力发展水平的不断提高和市场的繁荣而日趋复杂化的。在市场经济条件下,人们的消费行为主要是通过社会劳动所得的货币,在市场上购买商品或劳务、消费其使用价值后得到实现的。当然,人们的消费行为,不仅表现为物质产品,也表现为非物质的精神文化产品,特别是随着经济社会的发展和物质财富的增加,人们闲暇时间的增多,对精神文化产品的需求将会不断地提升。因此,全面地理解消费心理,必须从人们的物质的、精神的等一切消费行为入手。这当然是超出了本课程的要求。本课程中的消费者,主要指购买者,消费心理也主要指购买者的消费心理。

(四) 消费影响者

消费影响者不是消费者,但对消费者的消费心理和消费行为产生直接或间接的影响。如为消费者提供信息、劝告,甚至直接参与购买决策过程,自己却不曾消费。在日常生活中,同事、同学、亲朋好友都可能充当消费影响者。营业员就其职业要求就有承担消费影响者的职能;专门的营销人员,是最典型的消费影响者。女同学到商店购物,总是喜欢邀请同学一同去,以便商量和决策。这样,同学就成了自然状态下的消费影响者。所以,消费者这一概念,还与购买的商品有关,如同学甲和同学乙同在商店,同学甲买了衣服,得到了同学乙的参谋;同学乙买了鞋,同样得到了同学甲的参谋。因此,相对于衣服而言,同学甲是消费者,同学乙是消费影响者;相对于鞋而言,同学乙成了消费者,而同学甲是消费影响者。

营业员和营销员对消费者的影响是在社会状态下展开的,即有明确的影响目的,也要接受社会的规约。对社会消费环境有深切的了解和理解,是他(她)们基本的职业素质;掌握消费心理学的理论和技术是他们基本的职业技能。

(五) 消费环境

消费环境主要有物质的和精神的两大方面。物质环境包括商店的布置、商品的包装和摆放等;精神环境包括广告、营销、社会舆论,以及文化、政治等。人的消费心理和行为以人的个性为基础,尤其是以消费者的生理因素为基础和载体。人的消费行为从自然状态开始,在环境的影响下不断地向较高层次的社会消费行为发展。也就是说,人的消费心理随着社会的进步和自身的成长而发展,越来越受到社会消费环境的影响,表现出更多的社会性质。

消费环境的核心是消费观念,每一个人都有自己的消费观念,不同人的消费观念是不同的,针对不同的商品,也会有不同的消费观念。社会消费环境的核心是社会消费观念,社会消费观念源于个体消费观念,表现为不同个体共同的消费观念。虽然,社会消费观念不一定是每一个人的消费观念,但至少是部分人共同的消费观念,因此,最能影响一个人的消费观念。相对于个人而言,消费观念又是消费心理的核心,消费观念的转变,直接影响消费行为的改变。

二、消费心理学研究对象

一门学科的创立和发展,首先决定于它有自己独立的研究领域和研究对象。消费心理学也一样,有其自身的研究领域和研究对象。消费心理学以消费者在消费过程中表现出来的心理现象作为自己的研究对象。消费心理学不像普通心理学以人的所有心理现象为研究对象,从这一意义上说,消费心理学是普通心理学的一门分支学科,但比普通心理学注重应用,因此又是一门应用学科。消费是人类的一项基本的社会活动,研究消费心理学不仅要用到心理学的研究成果,也要用到生理学、社会学、市场学、经济学、政治学、文化学、民族学、脑科学等学科的研究成果。总体上说,消费心理学的研究对象是认识和分析消费心理现象,揭示消费心理的产生、发展和变化的一般规律,探讨消费心理的发展趋势。

(一)认识和分析消费行为中反映出来的心理现象

消费心理存在于人的内心世界,只有通过观察消费者的消费行为,并与自己的消费心理体验进行对照比较,才有可能有所认识和理解。但这样的认识和理解只能停留在经验的层面上,并不一定具有普遍性,因而还不是消费心理学研究意义上的认识和理解。在消费心理学意义上观察消费者的心理现象,不仅要依靠自身的消费心理体验,更重要的是要运用消费心理学研究的已有成果和理论,尤其是运用一种公认的消费观进行观察。不同的人对同一消费现象进行观察,常常产生不同的认识事实,根本的原因在于消费观不同。关于消费观的研究超出了本课程的内容,属于消费哲学研究的范畴。但是,消费行为受消费心理支配,而消费心理又总是在一定的消费观的框架内发生、发展和变化。观察消费现象,如果不能认识这种消费观,就难以客观地认识消费行为和消费心理。

消费者是市场购买活动的主体,其购买行为是消费心理的载体,也是主要的消费心理现象。观察消费现象,最主要的就是观察消费者的消费行为。消费者购买行为中的心理现象,主要是发生在每次商品和劳务的购买及使用过程中,这一过程中所产生的心理感受,是下一次购买活动的心理起始点。在买卖行为中,消费者是以购买者、需求者和货币持有者的身份出现;营业员或服务员作为个人虽然不是商品或劳务的实际所有者,而只是其代理者。但在消费者心目中,他们是"所有者",因为他们不是个人,而是营业员或服务员的社会角色。从商品和劳务的实际交换中,所表现出来的是实实在在的两种所有权的交换和转移,即货币所有权与商品或劳务所有权的交换和转移,营业员或服务员是商品和劳务的所有者。在这种所有权的交换和转移过程中,消费者按照自己的意图、偏好购买所需要的商品或劳务,营业员或服务员按照企业及自身的原则、利益行事。于是,双方在提供与接受之间,在形式、内容和要求上,会表现出一致、或不一致、或矛盾冲突,消费者会表现出程度不同的心理变化,如兴奋、平淡、紧张、愤怒等。这正是消费心理学所要观察和研究的基本对象。

(二)分析和研究消费心理变化的一般心理规律

消费者在消费行为中反映出来的心理现象是个体的消费心理现象,是消费者个体的个性的有机组成部分。但是,消费心理学研究表明,消费者在其行为活动中所产生的感觉、知觉、记忆、想像、思维、注意、情绪等心理过程,却带有普遍性,表现为人的心理活动的一般规律。作为某一个体的消费者,不论其每次具体的消费行为是怎样形成的,他总是把自己以独特形式保持着的那些稳定的、本质的心理品质——即消费者个性,在消费过程中反映出来。这种个性在市场消费行为中表现为不同消费者在能力、性格、气质等方面的差异,并由此构成其消费行为的心理基础。所以,通过分析、综合研究消费者心理现象和心理过程,揭示消费者消费心理发生、发展的一般规律,是消费心理学研究的基本任务。

(三) 探索消费心理发展、变化的一般趋势

观察和分析消费心理现象,总是以现实为基础,也包括对历史的消费现象进行分析。但理论的目的,不仅在于总结过去,更重要的在于指导未来。所以,消费心理学不仅要观察和分析历史的、现实的消费心理现象,研究消费心理发生、发展、变化的一般规律,还研究消费心理的发展趋势。只有这样,才能真正发挥消费心理学指导消费实践的作用。尤其是随着社会经济迅速发展,物品在数量、质量、样式等方面的丰富、人们闲暇时间的增多,消费文化的多彩以及消费环境的改善等,研究未来的消费心理趋势,已经成为消费心理学研究的重要课题。

三、消费心理学的研究内容

消费心理学作为一门独立的学科,不仅有着不同于其他学科的研究对象,也有自身的研究内容。在市场经济条件下,消费者的消费行为是与购买一定的产品相联系的,而消费者是一个个具有不同个性特征的个体,其购买行为总是在一定心理活动的支配和调节下进行,并受到环境、习俗的影响和营销的引导。因此,消费心理学的研究内容主要包括:消费者购买行为的心理过程和心理状态,消费者的个性心理特征和个性心理倾向,消费者消费心理与消费环境之间的关系,消费者消费心理与市场营销的关系。

(一) 研究消费者购买行为的心理过程

1. 心理过程

心理过程指心理活动的动态过程,是人脑对客观现实的反映过程。心理学研究表明,人的心理活动过程一般包括认识、情感和意志三个过程。消费心理过程同样包括对商品的认识、情感和意志三个过程。

(1) 对商品的认识过程。认识过程首先通过自己的眼、耳、鼻、舌、身体和皮肤等感官进行,并通过知觉、记忆、注意、想像、思维等心理活动,实现对商品或劳务信息的接收、分析和理解的过程。

(2) 对商品的情感过程。人在认识事物的过程中,总是带着自己的情感,伴随着喜、怒、哀、乐、爱、憎、惧、恶等各种各样的情绪或情感体验。当一种商品或劳务,与自己的生理需要和个性偏好相符时,就会引发情感冲动,产生购买的念头;反之,就会离开或转变注意力。对商品或劳务产生一种明确的态度的过程,就是对商品或劳务的情感过程。人们在购买商品的过程中,并不都是理性的,情感在其中发挥着极为重要的作用。

(3) 对商品的意志过程。消费者在购买活动中表现出来的有目的、有计划的确定购买行动的步骤,克服困难、排除内在和外在的各种因素影响,把计划付诸行动,实现购买目的的心理过程,称为意志过程。

消费认识、情感、意志是人的完整的消费心理过程的三个不同方面,其中认识是基础,情感和意志是购买行为的动力,它们相互联系、相互影响、相互制约,共同构成了极其复杂的消费心理活动。

2. 心理过程的研究内容

消费者购买行为中的心理过程和心理状态是一个从发生、发展到完成的动态过程。就这个过程而言,在消费者中是普遍存在的,是消费者心理现象的共性。消费心理过程和心理状态的作用,

是激活消费者的目标导向和系统导向,使他们对某商品或劳务是否购买做出行动选择。研究消费心理过程和心理状态,主要有以下三方面内容:

(1) 消费者对商品和劳务的认识过程、情绪过程和意识过程,以及这三个过程之间的联系、发展与变化,矛盾与统一。

(2) 消费者消费心理活动的普遍倾向。如消费者追求货真价实、功能齐全、品牌质优、标新立异等心理倾向的表现范围、程度与心理机制等。

(3) 消费者的需求动态与消费心理变化趋势。包括消费者的需求模式及其发展趋势,消费者对未来消费品的款式、功能、规格、价格和售后服务等方面的要求和愿望。

(二) 研究消费者个性心理特征和个性心理倾向

个性心理包括个性倾向性和个性心理特征两个方面。因为个人获得的遗传不同,所处的家庭、社会生活环境不同和所受的教育不同,不同的消费者之间存在着明显的个性差异。人们个性心理特征上的差异反映了其生理活动及行为差异的基本水平,在形成需要、动机、态度和兴趣上有不同的个性倾向性,直接影响消费行为的产生、发展和改变。对消费者个性心理的研究,主要有以下两个方面:

1. 个性心理特征

主要包括气质、性格、能力等方面,是在个人身上所表现出来的比较稳定的心理现象。气质是指一个人行为活动的动力方面的特点。如有的人活泼好动,反应灵活;有的人安静沉默,动作迟缓。性格是态度体系与行为方式相结合而表现出来的个性心理特征。如心地豪爽还是心胸狭窄,谦虚还是骄傲,勤劳还是懒惰,热情友善还是冷漠无情,等等。能力是保证人顺利完成某种活动的必要心理条件。消费者在气质、性格、能力等方面的个性特征,是形成消费者购买动机、购买方式等消费行为和购买习惯的重要心理基础。由于消费者具有不同的个性心理,因此购买行为复杂多样。通过对个性心理特征的研究,能够更客观地认识和理解消费者的消费行为。

2. 个性心理倾向性

主要包括需要、动机、兴趣、态度、以及理想、信念和消费观等。如消费者的购买需要、购买动机,影响购买需要和动机产生、发展的因素等;消费者的购买决策和购买行为;消费者态度的构成和特性,态度如何改变,态度与购买行为之间的关系等。有的人重在追求物质需要的满足,有的人更注重追求精神生活;有的人信念明确坚定,有的人却模糊不清;有的人理想远大,有的人思想空虚。所有这些都从不同的方面显示着个性倾向性的差异。

(三) 研究消费者心理的影响因素和影响程度

消费者总是生活在一定的社会环境中,消费行为和消费心理必然受到各种客观因素的影响和制约。影响消费者心理的各种因素及其相互作用,也是消费心理学研究的重要内容。如商店布局和商品包装、服务项目和服务质量、企业信誉和经营方式、广告宣传和公共关系等市场环境因素;经济发展的总体水平、居民收入水平和消费能力、社会经济结构与体制、社会消费水平及市场结构等经济发展因素;家庭、地区、民族以及不同社会群体、阶层的文化传统和习俗,消费的时尚和流行等习俗文化因素,等等。

（四）研究消费心理与市场营销的关系

在"卖方市场"向"买方市场"转变和发展的情况下,消费和消费者在社会再生产过程中的地位和作用空前提高,消费已经成为决定生产的基本动力,消费者的心理特点和心理趋向成为市场营销的第一因素。必须确立以消费者为中心的营销观念,企业的产品策略、价格策略、促销和分销策略都必须以消费者的需要为基础,从消费者的需要出发。研究消费心理与市场营销的关系,也已成为消费心理学研究的重要内容。

1. 产品策略与消费心理

包括新产品开发、商品命名、商标、品牌和包装如何根据消费者的心理需求进行设计。如怎样使产品结构设计能够符合人体工程学的要求;商标、品牌的设计怎样满足消费者的情感需要;如何根据消费者的审美要求进行产品包装。

2. 价格策略与消费心理

如对商品价格的心理功能和消费者对价格的心理行为反应进行研究,以采取合理的商品定价与调价策略,使商品价格与消费者的心理要求达到某种程度的平衡,实现买卖双赢。

3. 商业广告与消费心理

主要包括广告、公共关系、促销与消费心理的关系。如怎样进行商品广告宣传,使商品的质量、功能、款式和服务等有关信息更有效地传递给广大消费者,能引起消费者的注意,又不使他们感到厌烦而产生逆反心理。

4. 销售环境与消费心理

销售环境包括物质环境与人文环境两个方面,如购物环境怎样设计才能体现良好的企业形象,使消费者对其销售的产品产生一定的信任与偏爱;销售人员在销售过程中如何积极主动地与消费者沟通,怎样把握消费者的消费心理,增进相互之间的理解和信任;怎样根据消费者的心理做好售前、售中、售后服务等。

第二节　研究消费心理学的意义

随着市场经济体制改革的不断深化和市场经济的蓬勃发展,富有竞争性的现代市场已经形成并逐步完善。尤其是进入新世纪以来,我国经济从供求总量到结构都发生了根本性的变化:许多商品已由供不应求转变为供过于求;制约经济增长的因素也由单一的资源供给转变为消费需求和资源供给双方制约;传统的"卖方市场"正在转向"买方市场";消费需求已经成为生产、经营和总供给增长的主导因素。消费者已经成为真正的市场主体。因此,消费者的心理因素、心理变化和发展趋势,已经成为制约国民经济总体发展、企业的生产和经营决策、市场营销策略和方式、国际市场拓展和建构全球经济市场的主导力量。研究消费心理学具有重大的现实意义和历史意义。从我国目前的实际情况看,研究消费心理学有以下几个方面的意义。

一、研究消费心理学有助于企业的经营销售决策,增强市场竞争力

消费心理研究的产生和发展,可以说是源于企业的行销活动。企业常常是因为产品积压,才

组织营销人员调查研究消费者心理,目的是为了更顺利地把积压的产品销售出去。所以,消费心理学首先得到了企业的关注,也使企业从中获得了更多的好处。虽然,最早关注消费心理的企业,仅仅以推销产品为目的,当前一些目光短浅的企业关注和研究消费心理,也还是以推销产品为唯一目的。但是,获得巨大成功的企业,早已十分关注消费者的心理状态和发展变化,把消费心理学的研究成果应用于企业的生产经营决策之中了。

随着社会主义市场经济体制改革的不断深化,市场的不断拓展和完善,经济增长方式的改进,国民素质的提高,以及社会物质财富的快速增加和社会文化生活的丰富,市场已经发生了根本性的改变,"卖方市场"已经向"买方市场"转变,消费和消费者已经成为市场的主要方面。传统的生产决定销售的模式已经转向销售决定生产,消费者的需要、动机和消费行为,已经是公认的企业生产经营决策的前提条件和基础。研究消费者心理,不再只是销售部门和行销人员的任务,而且也是整个企业,更是企业的领导决策人员的责任和义务。

价值规律是商品经济的基本规律,而竞争则是价值规律实现的途径和条件。企业竞争的核心内容,无非是原材料、人才、科技和消费者,其中消费者是最为根本的。没有消费者、不能保持市场占有率,企业就会陷入生存危机,原材料、科技和人才的作用都难以发挥出来。是否能够赢得消费者,首要的问题是了解消费者需要什么商品,需要多少这样的商品,才能做到以需定产,以需定销,以销定产。

由于人的需要、动机、情感、态度、意志等心理因素具有内在性、复杂性、多变性等特点,不作深入的研究,就难以把握它的规律,也就不可能为企业的生产经营决策提供有效的帮助。所以,研究消费心理学的目的之一,就是为企业研究消费者心理提供理论和方法,以便更准确地把握消费者的心理,从而帮助企业生产经营决策,赢得更多的消费者,保持高市场占有率。

二、研究消费心理学有助于提高营销人员素质,提升市场服务质量

营销,原本只是企业的一项职能,自从商业独立以后,营销就已经是一种独立的职业了。随着市场经济的快速发展和市场的不断壮大,营销人员队伍从数量和质量上都有了明显的发展。营销人员的职能也从单一的推销产品,转向销售商品、引导消费、营造市场环境、为企业生产经营决策提供咨询等多种职能的统一。现代市场、经济的发展和营销职业本身的发展,都不得不急需提高营销人员的素质。

人的消费心理活动,有其普遍的规律,也有特殊的现象,受到多种因素影响和制约,而且有很强的隐蔽性。营销人员如果没有接受过专门的训练,就难以胜任这样的职业。消费心理学作为一门专门的应用学科知识,是营销人员必备的。学习和研究这门学科,掌握人的一般消费心理过程、个性心理特征和心理倾向性,是营销这一职业对营销人员素质的基本需求,也是营销人员从事营销活动的能力基础。许多优秀的营销人员,能够让消费者满意并产生重复购买行为,不仅是因为他们有乐意为消费者服务的品质,娴熟的营销技能,同时也因为他们在学习和实践中掌握了消费心理学的基本知识和技能,并能够在营销活动中运用这些知识和技能,客观地把握消费者的心理变化和发展趋势,有预见性和针对性地展开营销活动。如通过细心地观察消费者的言谈举止和表情流露,了解消费者的欲求、偏好、顾虑等,然后采取恰到好处的心理接待方法,从处理好供求的心理矛盾入手展开营销活动,往往能够收到好的销售效果,而且能够使双方在销售过程中心情舒畅,建立和深化与消费者的感情,提高消费者的"回头率",甚至可能使消费者成为自己的辅助营销员。

营销人员通过对消费心理学的学习和研究,可以全面地了解影响和制约消费心理变化的各种因素,以及怎样对消费心理变化发挥作用,从而有针对性地做一些营销辅助工作。如通过商店布置,商品的介绍、包装、陈列、展示,以及广告宣传等活动,以满足消费者的心理需要来密切与消费者的关系。同时也有助于营销人员自身良好心理素质的养成,改善服务态度,加强与顾客、同事、上司、企业、社会的沟通与联系,以全面提高服务质量,在营销和各种社会事业中发挥更好的主体作用。

三、研究消费心理学有助于引导消费者合理消费,提高市场品位

消费,更多地表现为个体行为,受个体消费心理的制约。但是,消费也有时尚、有流行,不同的群体、不同的民族有自己的消费观念和习惯,这些都已经超出了消费者的个性心理现象,是群体的、社会的消费心理现象。由于市场本身具有盲目性,消费过程中带有浓厚的感情因素,作为普通的消费者是很难通过自己的能力发现具有普遍意义的社会消费观念和消费习惯,只能在专门的学习或在消费过程中学习,才能逐步理解并融入自己的个性体系。市场经济越发达,消费心理就越复杂,变化也更快。传统的消费观念已经明显不能适应现代市场的发展,消费者在琳琅满目的商品市场中,感到无所适从。引导消费者合理消费,已经成为当今社会的一大课题。

(一) 能够帮助消费者树立正确的消费观

消费观是人的消费思想的核心内容,直接影响和决定人们的消费行为,也是消费心理学的理论基础。消费心理学虽然不直接研究消费观,但总是以某种消费观作为自己的理论前提,通过与消费实际的联系,与不同消费观的比较以及理论的展开和深化,使之具体化。消费者通过消费心理学的学习,自然会产生消费观念上的变化,更新陈旧的消费观念,树立起健康、文明、科学的消费观念。

绝大多数消费者的消费观念的形成和更新,是在自然环境下发生的,但现代营销业和大众媒体、广告,会对消费者消费观念的形成和发展产生重要的影响。消费心理学的研究成果,往往是通过营销人员和大众传媒等中介传播给广大的消费者,使消费者在自然生活中不知不觉地接受教育,达到更新消费观念的目的。所以,随着市场的不断繁荣,闲暇时间的增多,精神消费的普遍展开和消费者主体意识的觉醒,要求直接学习消费心理学的人员在逐年增多。消费心理学在引导消费者消费观念转变、实现科学合理消费等方面将会产生更大的作用。

(二) 能够帮助消费者进行消费决策

消费心理学从认识和观察消费现象开始,通过对各种各样的制约消费心理发展变化的因素进行分析研究,从而揭示消费心理发生、发展和变化的一般规律。其中蕴涵着许许多多的消费技巧。如识别商品的真伪、优劣,怎样评判商品的价值等。现在的传媒,已经开辟了这方面的栏目,而且优秀的栏目,总是努力运用消费心理学的理论和研究成果,从消费者心理的角度进行分析,为消费者的消费决策提供心理和技术支持。许多有远见的、具有较高素质的营销人员,也已经不是单纯的为了推销商品,以卖方自居,而是转变立场,把自己放在卖方和买方的中间位置,向消费者传播心理学知识和技能,帮助消费者进行科学决策和合理消费。

四、研究消费心理学有助于国家宏观经济决策,促进经济协调发展

随着政治民主化和"卖方市场"转向"买方市场",消费者在市场中主体地位进一步确立,主体作用将得到更充分的发挥,消费者的作用已经不仅仅是市场,或通过作用于市场对整个国民经济发展产生连锁影响,消费者还可以通过各种民主渠道影响国民经济的发展。消费者的心理,不仅影响市场商品流通和货币流通的规模、速度及储备状况,而且对生产规模、生产周期、产品结构以及劳动就业、交通运输、对外贸易、财政金融、旅游,乃至社会治安等各方面造成影响。从一定意义上说,消费者的需要已经主宰了国家的经济规划和发展。国家和各省、市、县的"十一五"发展规划,充分征求民众的意见;以人为本的科学发展观的提出和实施和谐社会的战略,都表明了广大消费者的消费需求,这已经成为国家宏观经济决策的根本依据。

五、研究消费心理学有助于拓展和完善国际市场,推进经济全球化

我国加入世贸组织,将有越来越多的企业直接进入国际市场,参与到国与国之间竞争的行列中。从提高我国企业和产品的竞争能力角度看,要在国际市场上立足,就必须研究进口国家或地区消费者的消费心理,掌握他们的消费需要、风俗习惯、消费观念和文化传统,才能使产品在质量、性能、颜色、商标、价格、造型、图案等方面都能够适应进口国家或地区的心理需要。也唯有如此,我们的企业和产品才能在激烈的国际市场竞争中立于不败之地。在国际贸易中的商务谈判,买卖双方都有一系列复杂的心理活动过程,只有对消费心理有深刻研究的人,才能准确地把握对方的心理,掌握主动权,提高谈判的成功率。

加入WTO,不仅是为了参与市场竞争,更重要的是为了参与国际市场的建设。我国能否在国际市场的建设中有发言权,能够发挥重要的作用,关键在于我们能否把握世界各国的消费心理,能否发现他们共同的消费规律。

六、研究消费心理学是消费心理学学科建设和发展的必然要求

消费是人类生存和社会生活的基本形式,随着现代化的进程,特别是网络时代的到来,人们的消费观念、消费方式都发生了深刻的变化,以货币为中介的商品流通(W-G-W)变成了以商品为中介的货币流通(G-W-G)。自然消费方式越来越不能适应现代生活的需要,越来越多的消费者已经意识到,在知识经济时代里,消费已经成为一门学问,而消费心理学在这门学问中发挥着基础性的作用。但是,消费心理学在我国还是一门新兴的学科,改革开放以来,特别是20世纪90年代以来,才开始做系统的研究,在理论的许多方面还不完善,与西方发达国家相比还有较大的距离,无论从指导消费的角度还是从理论构建的需要来说,都要深化对这门学科的研究。

第三节 消费心理学的研究方法

研究方法,是一门学科存在和发展的必要条件,也是解决问题、实现预期目标的基本途径和手段。方法产生于研究过程,又为研究服务。消费心理学在形成和发展过程中,已经积累了许多经验,创建了一些基本的研究原则和行之有效的研究方法,为学科的进一步研究奠定了方法论基础。

消费心理具有复杂性、多样性、易变性的特点,不仅受自身生理和心理素质的制约,也受各种各样的环境制约,同时还受到研究者能力的制约。所以,消费心理学研究,既有一般的原则和方法,也有研究方法多样化的特点。

一、研究消费心理学的基本原则

消费心理学的研究,一般应遵循四个原则,即客观性原则、发展性原则、联系性原则、系统性原则。

(一) 客观性原则

客观性原则,就是在观察和认识事物的过程中,按照事物本来的面貌和状态反映事物。恩格斯说:"唯物主义的自然观不过是对自然界本身面目的朴素了解,不附加以任何外来的成分。"(《马克思恩格斯全集》,人民出版社,1972年,第20卷,第539页)这就是说,一切科学的研究都要尊重客观事实,坚持实事求是,按照事物的本来面目去反映事物,而不能主观臆造。这是消费心理学研究首先需要遵循的原则。

我们应该怎样来认识和观察消费者的心理和心理变化呢?列宁明确指出:"我们应按哪些标志来判断个人的真实'思想和情感'呢?显然这样的标志只有一个,就是这些个人的活动(《列宁全集》,人民出版社,1995年,第1卷,第383页)"。同样,我们研究消费者的心理活动,也必须以他们在消费活动中可以被我们观察的表现和消费所处的环境,以及影响消费活动的各种因素,作为我们研究的基本材料。客观地、全面地分析在所处环境中心理现象的特点,分析心理变化与环境、与影响因素之间的关系,揭示心理发生、发展变化的规律。例如,亲临购物现场进行观察,通过视、听、交谈等形式获取第一手研究资料,是研究消费心理学的一项基本工作。

客观性的另一涵义是公认性。一个人观察到的事物,能为他人所理解和认同。

(二) 联系性原则

联系性原则,是指事物的发展变化总是处在与他事物的联系之中,研究事物发展变化的规律,必须建立在客观地分析一事物与他事物之间实际存在的各种联系的基础上。

人类生活的环境极其复杂,人的每一心理现象的产生都要受到自然和社会诸多因素的影响,而且这种影响在不同的时间、地点又有不同反映。就消费者在购物现场的心理活动而言,也要受多种因素的影响。如购物现场的环境,商品的质量、价格、造型、色彩、包装、商标、广告宣传、服务态度、服务方式和服务质量以及身旁消费者的反映、消费者本身的心境等,都是影响消费者心理活动的因素,而且,这些因素在不同时间里对同一消费者的影响也会有差别。如果我们不能把这些影响消费者心理变化的诸多因素联系起来分析,就不可能真正理解消费者的心理变化,更不可能揭示消费心理变化的一般规律。

从理论上说,消费心理学与社会学、市场学、心理学等学科有着紧密的联系,许多学者都把消费心理学看作是一门交叉学科,而且,人们对于商品的认知,也是常常同时运用了多种学科的知识。因此,研究消费心理学,必须坚持联系性原则。

(三) 发展性原则

发展性原则,是指用动态的、发展的观点研究消费心理现象的原则。发展性包含着动态性、时代性的意义。世界上的事物总是处在不断地发展变化的过程中,人的心理活动及其规律也是一样,是随着客观事物的变化而变化,具有动态性、时代性、发展性的特点。消费者的心理和行为随着时代的演进、经济的运行、社会的变革及自身生理的变化,其消费观念、消费动机、消费结构、消费趋势等都在不断地发生着变化。

消费心理规律本身既有稳定性的一面,也有发展性的一面。消费心理学研究的重点是揭示相对稳定的消费心理发展规律,但观念上不能僵化,必须理解规律本身也在发展。在运用规律进行消费心理学的应用性研究时,更要注意到,这些规律的产生是建立在过去消费心理事实的基础上的,并不保证明天将发生的消费心理事实一定符合这样的规律。尤其是对未来消费趋势和消费心理变化的预测,没有一种发展的眼光、没有预见性,是很难实现的。如北京西单商场在全国各地掀起"西装热"不久,就联想到各地洗染店少这一事实,预测到消费者需要一种能够自行洗涤的"干洗净",于是不久即推出这种商品,获得经营上的成功。如果北京西单商场没有以发展的观点去揣摩消费者心理,也许就不会如此先声夺人、捷足先登,取得较好的经营效果。

因此,用发展的观点研究消费心理学,预测消费者心理的变化,有着特别重要的意义。在进行消费心理学的理论研究时,要敢于挑战陈规旧习、敢于创新、有所突破、有所发展;在应用性研究时,既要运用已有的理论和已经被过去实践证实过的心理变化规律,又要注意到影响和制约消费心理变化的各种因素的改变和发展趋势,去推测心理变化的可能性。

(四) 系统性原则

系统性原则,是指用系统的观点指导消费心理学研究。系统性观点,首先表现为整体性、全局性。即要从整体着眼,全面系统地看待人类的消费现象和消费心理。系统性也意味着客观性、动态发展性和相互联系性。所以,系统性也表现为综合性。

在现代商业活动中,消费者的心理现象、心理过程和心理趋势都日趋复杂化,呈现出多样化、多层次性、多变性等特点。另一方面,消费者在对待不同商品、劳务和各种接待方式的营业员的态度上,往往表现出他们不同的心理特点和个性特征。消费者在无数次的购买活动中,无论实际的购买对象怎样,每个消费者总是保持他个人独有的心理特质。如青年消费者购物带有浓厚的情绪色彩,冲动性购买行为较多;中年消费者购物中独立意识、判断意识较强;老年消费者购物更稳重、动作慢、询问多;等等。在消费心理的研究过程中,无论是采用观察、访谈,还是调查和实验,总带有片面性,局部性。如果不进行系统的分析和综合,研究结果也可能是片面的、局部的。所以,在实践应用中,可能发现并不是那么一回事。

消费心理学研究和实践也要经常地运用其他学科的研究成果,在这一过程中,如果不注意消费心理学自身的完整性和系统性,随意引用和吸取,就可能出现理论上的矛盾和实践上的失误。

二、研究消费心理学的方法

消费心理学是一门应用性学科,其研究方法主要来自于两个方面:一是来自于消费实践活动;二是来自于消费心理学的基础学科,如普通心理学。同时也可以借鉴与消费心理学有关学科的研究方法。关于消费心理学的研究方法,不同的学者有不同的归类。最常用的方法有以下几种:

(一) 观察法

观察法是在自然条件下,观察者运用自己的视听感官,有目的、有计划地观察消费者的言行和表情等,以了解其消费心理活动的一种方法。这是在实践性、应用性研究领域最为常见、方便的研究方法。观察法一般分为自然观察法和控制观察法两种形式。自然观察法是在自然环境下进行,被观察者一般不知道自己是被观察的。控制观察法是在人为控制的条件下进行的,被观察者可能知情,也可能不知情。

观察法的特点是不需要去问消费者想什么、喜欢什么、或打算做什么,而只需亲临消费行为发生的现场,如在商店里、广告前,听消费者的言谈,看他们的行为和表情,而获得研究的资料。这种方法的优点是比较直观;顾客是在不受干扰的情况下自然流露自己的言行和表情,所以观察所获得的资料比较真实可靠;而且方法简便易行,花费低廉。观察法也有自身的不足,如观察者是被动的,必须耐心等待想要观察事件的出现;只能观察到消费者外在的言行和表情,却不能直接观察到消费者内心的心理过程和变化;观察所获得的资料常常是片面的、有局限性的。所以,仅用观察的方法得到的结论,可能不太准确。

观察法在广告、商标、包装、柜台设计等方面有广泛的运用,也可以运用于商品合理定价的研究,商店的营销状况和新产品受消费者欢迎程度的调查和研究,等等。

(二) 访谈法

访谈法是研究者与消费者之间的语言交流,在与消费者的交谈中了解他们的消费动机、态度等心理状态和心理过程的一种研究方法。访谈有多种方式,如面对面访谈、电话访谈、网络 QQ 访谈,结构式访谈和非结构式访谈,个别访谈和座谈等。

结构式访谈也称提纲式访谈,研究者根据预定目的事先拟定谈话提纲,访谈时按提纲向受访者提出问题,让受访者逐一回答。非结构式访谈是研究者和受访者双方以自由交谈的形式展开的调查活动。结构式访谈的好处在于条理清楚,访谈者能控制访谈进程,所得资料比较系统,节省时间等;缺点是受访者感到自己处于被动地位,缺乏主动感,影响双方的感情沟通和交流,也影响所得资料的深刻程度。非结构式访谈虽有一定的目的,但无既定的程序,不受地点、范围、时间等限制。容易营造谈话气氛,更容易了解受访者真实的心态。

无论是个别访谈还是座谈,都可以选择结构式访谈,也可以选择非结构式访谈。一般地,个别访谈更多采用非结构式访谈,而座谈则经常采用结构式访谈。个人访谈,访谈者可以与受访者面对面交谈,可以通过与受访者的情感交流鼓励对方充分发表意见,以获取更多的信息量;可以依据受访者的态度和访谈效果随时调整访谈内容或访谈进程,以提高访谈效果;还可以得到受访者更多的启发。但费用较高、访问数量受限、对访谈者的个人素质要求比较严格。座谈,可以有更多的消费者同时参与,就费用、时间、访问数量方面都优于个别访谈,但也有妨碍不同意见的自由发表、整理资料困难的弱点,并要求访谈者有较强的组织能力。

无论是个别访谈还是座谈,访谈中,访谈者都要依据目的预先制定计划、确定范围,才能取得效果;要根据不同受访者的社会背景和心理特征,采取不同的方式,或漫谈、或提问、或商讨,以便使受访者在轻松愉快的气氛中自然表达真实意见;同时还要争取受访者的信任,信任是获取受访者真实信息的基本前提。因此,访谈者的态度要诚恳,要为受访者保密,不涉及个人隐私等。

(三) 调查法

调查法有广义和狭义之分,广义的调查法包括前面提到的观察法、访问法在内,狭义调查法主要指问卷调查等以书面的形式展开的调查方法。所谓问卷调查法,是由调查者事先设计列有若干问题的调查表,要求消费者予以填写,然后汇总表格,进行整理、分类、分析研究的一种方法。调查表既可通过当场直接发放、让消费者填写后回收,也可以通过邮寄、广告征询、短信征集等方式进行。

问卷调查法能够获取较多的第一手资料,便于归纳、分析消费者的需求及趋势,进而揭示消费者心理活动的产生、发展和变化的规律。问卷法是国内外工商企业在研究消费者行为中应用最普遍、也较为有效的方法,也是消费心理学理论研究的一种常用方法。对于了解消费者的需求倾向、兴趣、态度、购买动机和消费观念等心理因素是一种较好的方式。但问卷调查的最大问题是需要消费者的配合,与消费者的态度、认真程度有直接的关系。问卷的回收率较低,据统计,一般只有50%~60%,而且,真实性也是一个问题,答卷者可能因为种种原因,对某些项目的填写并不是真实的想法。

问卷法可分为自由式和封闭式两种类型,在实际应用中可根据需要进行选择。自由式也称开放式,只提出问题,没有可以选择的答案,让消费者按照自己的意见填写。这种方法更容易反映消费者的真实思想,但也有归纳整理困难的问题。封闭式问卷调查,不仅提出问题,而且给出可以选择的若干个答案,要求消费者在其中选择。可以有单项选择、双项选择,也可以有多项选择。这种方法使用简单,便于汇总整理,但答案呆板,消费者只能被动选择,不能充分发表自己的意见。

(四) 实验法

实验法是指运用必要的仪器和设备,有目的地控制或创设一定条件,引起消费者的心理反映,从而对反映出来的心理现象进行研究的方法。实验法可分为实验室实验法和自然实验法两种形式。

1. 实验室实验法

实验室实验法是指在实验室里借助高新技术和仪器设备进行研究的方法。在条件许可的情况下,也可以在实验室里模拟自然消费环境和情景进行研究,如网络模拟等。这种方法研究常常只注意到消费者心理现象某些方面,以及影响消费心理变化的某几个因素,其结果比较准确,也更具有科学性。如测定消费者对商品广告的记忆率,就可以通过网络或录像、图片、文字等广告手段,选取不同时间测试被试者对广告的记忆效果。但是,这种方法受技术和设备的限制,比较机械,被测试者在实验室里时,毕竟不是真实的消费者,未必能够进入消费者的角色,在实验室里的心理反应与在实际消费过程中的心理反应必然存在差距,所以只适宜研究较简单的心理现象。

2. 自然实验法

自然实验法是指在真实的消费环境中,有意识创造或改变某些条件,以刺激或诱导消费者的心理反应或变化,通过对这种反应和变化的观察和分析来了解消费者心理活动的方法。这种方法目的明确,且有主动性。研究者是有目的地创设或变更某些购物环境、条件或方式,以引起消费者的注意和产生心理反应。而且是在自然条件下展开,往往能够按照研究目的取得准确、有效的资料,所以应用范围比较广泛。如果与实际销售活动相结合,如举办单项或综合的商品展销会、新产品展示会等,常常能够收到良好的效果。

(五) 投射法

投射法是一种特殊的实验法,主要用于测试动机、态度等人的心理特征。投射法的特点是不直接对被试者提出问题以求回答,而是给被试者一些意义不确定问题、情景,通过刺激让其想像、解释,使被测试者内心的动机、愿望、情绪、态度等自然地流露出来,然后对其进行分析,以确定被测试者的心理特征。所以,投射法是一种以无意识动机原理,探询人的内在心理特征的方法。最常用的投射法有罗夏墨渍测验、主题统觉测验、角色扮演法和造句测验法等。

1. 罗夏墨渍测验

罗夏墨渍测验由瑞士精神科医生罗夏(Rorshach)于1921年在《心理诊断学》一书中正式提出的人格投影测定技术。先是在一张纸上涂些墨渍,然后把纸对折并用力压下,使墨渍流向四面八方,形成形状不定但两边对称的墨渍图。罗夏曾运用多种不同的墨渍图,测试精神病患者、低能者、正常人、艺术家等,最后选定其中十张作为标准化的测验材料,其中5张为黑墨渍,2张为黑墨渍加红墨渍,另3张为彩色墨渍。并确定记分方法与解释被试反应的原则。罗夏认为,通过向被试者呈现标准化的由墨渍偶然形成的图版,让被试者自由地看并说出由此所联想到的东西,然后将这些反应用符号进行分类记录,加以分析,就能够预测或推断被试者的人格特征。

罗夏编制的这一墨渍测验法来源于精神分析派的思想,以知觉与人格之间存在着反映和被反映关系的基本假说为理论前提。

信 息 框

罗夏墨渍测验简介

罗夏墨渍测验的进行可分四个阶段:①自由反应阶段。即自由联想阶段,在这一阶段,主试向被试提供墨渍图,一般的指导语是"你看到或想到什么,就说什么"。主试应避免一切诱导性的提问,并原原本本记录被试者的自发反应,包括所有言语、动作和表情等。同时,要测定和记录呈现图版之后到作出第一个反应的时间,以及对这一张图版反应结束的时间。②提问阶段。通过提问,进一步了解被试者自由反应阶段所隐藏的想法,清楚地了解被试者的反应是利用了墨渍图的哪些部分,以及得出回答的决定因子是什么。③类比阶段。主要是了解被试者对某个墨渍图反应所使用的决定因子,是否也用于对其他墨渍图的反应,从而确定被试者的反应是否有某个决定因子的存在。④极限测验阶段。当主试对被试是否使用了某些部分和决定因子还存在疑虑时,加以确认。

在测验过程中,把测试内容分为五类,并用不同的记号加以记录。①领域,包括对墨渍图的全体反应(W),普通大部分反应(D),普通小部分反应(d),空白部分反应(S)。如被试对空白部分作为图案进行反应,而将墨渍部分作为背景,则将该反应记为S。②决定因子,包括形态(F),运动(M),浓淡(Y)和色彩(C)。对于一个主要领域的反应一般有一个主要决定因子,如仅以墨渍的形态特性作为决定因子的反应,形态就是主决定因子,记号为F。但有时一个反应会有两种或两种以上的决定因子,如"美丽的蝴蝶",其主要决定因子是形态(根据情况,也可能有浓淡和运动),色彩则是附加决定因子,记号为FC。③内容,包括人(H),性(Sex),动物(A),建筑物(Arch),艺术(Art),抽象(Abst)等24类,如反应为"像蝴蝶",则内容记号为A。④平凡性或独创性。将最频繁出现的反应分类为平凡反应(P)。根据主试的经验,在100个记录中只出现一次的反应分类为独创反应(O)。⑤形态水准评定。罗夏的形态水准评价法相当复杂,它要求主试把握正确度、明细化、组织化三个维度,其评分从-2.0到+5.0,以0.5为单位进行增减。现在,人们通常用3~5个等级来评定形态水准。

罗夏测验除10张墨渍图外,还包括标准化的罗夏诊断表、记号记录表、记号总计表、数量关系记录表和分析与评价表。后来,罗夏墨渍测验的研究者们提出了一系列对结果进行分析与解释的学说,主要包括量的分析、序列分析和内容分析。

2. 主题统觉测验

主题统觉测验(简称TAT),是由美国心理学家默里(Murray)与摩根(Morgan)在1935年创立的,可以用于了解被试的心理需要与矛盾及内心情感。全套测验包括 30 张内容暧昧的黑白图片及一张空白卡片。使用时,测验人员按被试者的年龄、性别从 30 张黑白图片中选取 20 张图片,让被试者根据图片编一个故事。测验中被试者只要涉及图示情境、意义、背景、演变及其个人感想四个方面,而不受任何其他限制,可以自由发挥。该测验的目的在于通过被试者的自由陈述将其内心的情绪自然投注于故事,从而寻找出个人生活经验、意识、潜意识与其当前心理状态的关系。主题统觉测验与罗夏墨渍测验一样,对测验者的要求较高,一般都需要经过严格的培训。

3. 角色扮演法

角色扮演法是让被测试者扮演某种角色,然后以这种角色的身份来表明对某一事物的态度或对某种行为作出评价。在测验中,被试者虽然不是真实的角色,却能够说出自己真实的想法,反映出自己内心的动机和态度。例如将一幅绘有一家庭主妇面对水果市场中各种水果的图片出示给被测试者,让其说画中妇女的购买想法。一般的被测试者不知道画中的妇女到底想些什么,于是就根据自己的想像和愿望来表达图中家庭主妇的想法,从而在不知不觉中流露出自己的想法。

采用这种方法进行测验的最著名例子,是美国关于速溶咖啡的购买动机的研究。20 世纪 40 年代后期,速溶咖啡作为一种方便饮料在美国上市,但是,这种省事、方便的产品并不受欢迎。美国心理学家曾用问卷法直接进行调查,结论是消费者不喜欢这种咖啡的味道。加州大学的心理学家海尔认为,这个结论是没有依据的,因为速溶咖啡与新鲜咖啡的味道是一样的。于是,海尔采用了角色扮演法进行间接调查,他编制了两种购物清单,除一张上写的是速溶咖啡,另一张上写的是新鲜咖啡以外,其他几个项目的食品名称完全一样。把这两种购物清单分别发给 A、B 两组妇女,要求她们描述按购物清单买东西的家庭主妇的性格特征。测验结果发现,两组妇女对家庭主妇的评价截然不同。购买速溶咖啡的主妇被大家认为是懒惰的、邋遢的女人,不是个好妻子;而购买新鲜咖啡的主妇则被认为是勤快的、有经验、会持家的主妇。这一调查表明,速溶咖啡不受欢迎的原因不在于咖啡本身,而在于评价美国优秀妇女的一种观念,公司知道这个原因后,马上改变宣传策略,在产品的口味和包装也做了努力,结果很快就成为畅销货。今天,速溶咖啡在全世界都很畅销。

4. 造句测验法

造句测验法也是消费心理学研究的一种有效方法。研究者提供一些未完成的句子,让被测试者将句子完成。例如,"妇女一般选××牌服装","××牌电脑最受欢迎";"××牌西服最潇洒";"口渴时最想喝的饮料是××";等等。研究者可以从被测试者填写的内容中获得许多信息,从而了解消费者的爱好、愿望、需求和对某种商品的看法等。

第四节 消费心理学的历史与发展

学习和研究消费心理学,必须对消费心理学的产生和发展有所了解。本节在介绍消费心理学历史过程的基础上,分析消费心理学产生和发展的原因,探讨消费心理学的发展趋势。

一、消费心理学的起源与发展

消费心理,是人类生活固有的心理现象。最早在生活中关注人的消费心理,是那些精明善断的商人。很早以前,他们就能够运用人的心理变化,发明一些"高招"、"妙法",以推销自己的商品,我国流传下来的"生意经"中就有朴素的消费心理学原理,如"和气生财"、"货卖一张皮"等。消费心理学作为一门学科的产生,母体是普通心理学,是普通心理学的延伸和发展,而普通心理学产生和发展的历史也不过 100 多年。德国著名心理学家艾宾浩斯(Ebbinghaus)指出:"心理学研究有着漫长的过去,但只有短暂的历史。"1870 年前后,心理学从哲学中分离出来,成为一门独立的科学。当时,科学心理学研究的中心在德国,20 世纪初转移到美国。由于工业革命,生产力的极大发展,市场经济的形成,20 世纪初人们才开始对消费心理作专门的研究。一个世纪以来,消费心理学研究有了长足的发展,大致经历了三个阶段。

(一) 消费心理学的萌芽初创阶段

一般认为,19 世纪末、20 世纪初是消费心理学的萌芽初创阶段。1895 年,美国明尼苏达大学的盖尔(Gale)采用问卷调查的办法,就消费者对商品广告及其所介绍商品的态度与看法进行的研究,是消费心理研究最早的实例。而 1901 年,美国心理学家斯科特(Scott)应邀在西北大学讲学时提出,广告应作为一门科学进行研究,心理学在广告研究中可以并应该发挥重要作用,被认为是第一次提出了有关消费心理学问题。他于 1903 年汇编了多年的研究成果,出版了《广告论》一书。书中较为系统地论述了影响消费者心理的各种因素,标志着消费心理学的雏形——广告心理学的产生。同时期,1912 年,德国心理学家闵斯特伯格(Munsterberg)发表了《工业心理学》一书,其中阐述了在商品销售中,广告的橱窗陈列对消费者心理的影响。1925 年,美国经济学家科普兰(Copeland)出版了《销售学》一书,通过对消费者购买动机的分析研究,提出了消费者的购买动机有情感动机与理智动机两大类,至今也有明显的现实意义。1926 年,美国出版的《人员推销中的心理学》,在研究消费者需求的同时,还涉及到推销人员的各种活动对消费者的影响。在此阶段,西方国家有关消费者行为研究取得了颇多的成果,有些学者在市场学、管理学等著作中也研究了有关消费心理和行为的问题。比较有影响的是"行为主义"心理学之父华生(Watson)的"刺激 – 反应"理论,即 S-R 理论。这一理论揭示了消费者接受广告刺激物与行为反应的关系,被广泛地运用于消费者心理和行为的研究之中。

由于这一时期的消费心理与行为的研究还处于起步阶段,研究基本上局限于理论阐述,研究的重点是如何促进企业产品的销售问题,尚未考虑到去满足消费者的需求。因此,研究成果也很少在市场营销活动中应用,还没有引起社会的广泛重视。

(二) 消费心理学研究快速发展阶段

20 世纪 30 ~ 60 年代,是消费心理和行为研究显著发展时期。由于第一次世界大战后,西方发达国家的市场竞争不断加剧,特别是 20 世纪 30 年代的经济大萧条,许多发达国家出现了生产过剩、产品积压等问题。因而刺激消费成了渡过危机的重要措施。许多企业纷纷雇佣心理学家,研究市场对策。美国政府也出台了货币政策、财政政策来克服危机带来的困难。企业界克服危机的措施之一就是了解消费者的需求,提高消费者对商品的认识,促使消费者对商品产生兴趣,诱发消费者的购买动机。这时,无论是政府的货币财政政策还是企业的反危机措施,都是从消费者心理入手,刺激消费,引导市场行为,从而极大地促进了消费心理学的研究和发展。许多企业从过去关心产品的生产问题转向关注产品的销售问题。

第二次世界大战以后,心理学科在各个领域的应用都取得了重大成果,人们也越来越对消费者的心理现象及其活动规律产生兴趣,引起了理论研究工作者和企业家们的强烈反响和关注。许多心理学家、经济学家、社会学家都转入这一领域进行研究,并相继提出了许多理论。例如,1951年,美国心理学家马斯洛(Maslow)提出了人的需要层次理论;1953年,美国心理学家布朗(Brown)开始研究消费者对商标的倾向性;1957年,社会心理学家们开始研究参照群体对消费者购买行为的影响。1960年,美国正式成立了"消费者心理学会"。紧接着,《广告研究》杂志和《市场研究》杂志相继问世。1969年"顾客协会"正式成立。

同一时期,奥地利出生的美国社会学家拉扎斯菲尔德(Laznarsfeld)的"人格的影响"研究、哈佛大学的鲍尔(Baner)对消费者在不确定条件下的反应研究、美国密西根大学的卡陶纳(Katona)对顾客的期望和态度对消费行为的影响进行的研究等,都取得了较大的成果。20世纪50年代中期,美国的一些大学开设了"消费心理学"课程。

这一时期消费心理学研究的显著特点是:由原来以研究产品销售为中心(即推销研究)转变成以消费者的需求为中心(即需求研究),使消费心理学研究有了正确的导向。在研究方法上,引入了"管理学"、"数理统计"、"生理学"等多种学科成果,有力推进了消费心理学研究的发展。一般认为,20世纪60年代是"消费心理学"的学科体系形成时期。

(三)消费心理学研究深入发展时期

20世纪60年代末以来,消费心理学进入成熟期,并不断向纵深发展。研究成果无论从"质"还是"量"上看,都有长足的发展。有关消费者心理与行为的研究论文、报告、专著不仅数量剧增,而且在质量上也越来越高,研究方法也越来越科学。尤其在美国、日本等国家,消费心理学得到了充分的发展,研究人员愈加重视"费"与"利"的关系,下工夫提高消费者行为研究的质量;学科地位得到了巩固,逐渐形成广告研究、市场研究、顾客研究等体系;消费者行为研究的理论基础不断坚实,资料比以往任何时候都丰富,结论也更加清晰明确。从1967～1977年,美国共发表了近一万篇有关消费者心理学的文章,其中,仅1968～1972年五年间发表的研究成果,就大大超过了1968年以前所出版的全部研究成果的总数。日本自20世纪70年代开始大量引进美国关于消费者行为方面的研究成果,并加强与美国在这方面的学术交流,出版的专著有马场房子的《消费者心理学》、小岛外弘的《消费者研究》等。德国学者波得·萨尔曼(Saueriman)教授发表了《市场心理学》一书,成为其有代表性的著作。前苏联等东欧国家也进行了各具特征的研究。

从20世纪70年代以来,消费心理学的研究表现出以下一些特点:

(1)重视宏观研究:研究者们能够以整个经济社会为背景,从系统的高度去研究消费行为,如消费者行为——经济心理学的研究。

(2)重视理论研究:许多学者把研究的重点放在理论研究上,理论得到进一步发展。

(3)重视因果关系研究:开始突破过去单纯地描述变量关系,展开了对影响消费者需求变化因素的探讨等因果关系的研究。

(4)展开交叉研究:即对本学科的研究进行跨学科的融合,如对时尚的研究、消费习俗的研究等,就与社会学、文化学密切结合。

(5)研究方法改进:引进现代高新技术,如计算机、互联网等进行调研和数据处理;用现代观念和理论(如系统论、信息论等)指导消费心理学研究。

(四) 我国消费心理学研究的历史

消费心理学研究在我国起步很晚,虽然在初创阶段,我国也曾有学者从事过这方面的研究和介绍工作。如在 20 世纪 20 年代,孙科曾经以"广告心理学概论"为题撰写文章介绍该学科;吴应国翻译了斯科特的《广告论》;潘菽在他著的《心理学概论》一书中专章介绍了"心理学与工商业",20 世纪 30 年代他还结合我国情况在大学课堂介绍"工商心理学"。但是,消费心理学学科创建工作,可以说是从 1978 年以后才真正开始。到 1981 年,出版了《实用广告学》,大众心理学杂志社翻译出版了美国的《消费广告心理学》和日本的《消费者心理学》,商业出版社出版了财经院校教材《商业心理学》。1986 年,部分省、市先后建立了消费者协会,1987 年中国消费者协会成立,1993 年10 月,《中华人民共和国消费者权益保护法》颁布,使消费者的权益得到保护、消费者的地位得以确立。与此同时,企业开始重视对消费者心理与行为的了解,把营销活动列入企业的议事日程,关注消费心理对企业营销活动的影响,利用各种媒体进行广告宣传,从而促进了广告学和广告心理学的研究。进入 90 年代,迎来消费心理学理论研究的高潮,学术界发表和出版了大量的有关消费心理学方面的文章、专著、译著和教材。大专院校的工商管理、经济学科也开设了消费心理学、商业心理学、广告心理学、销售心理学等课程,消费心理学学科地位得以确立,消费者心理与行为的研究不断深入,研究成果也越来越被广泛应用。

二、消费心理学产生及发展的因由

工业革命以后的现代化进程,有一个基本的特征就是经济市场化。在经济市场化条件下,市场是生产和消费的媒介,商品交换成为生产和消费的中间环节。这一转变所产生的结果,是生产和消费的关系更为密切,使生产和消费都真正进入社会化的进程。消费心理学从创建到现在不过100 来年的历史,发展如此迅速,探究其原因,主要有以下几个方面:

(一) 企业生存发展的需要

一般认为,消费心理学的产生是因为企业的营销活动。20 世纪以前,资本主义经济和技术还比较落后,社会产品供不应求,企业生产大多产品单一。企业不愁产品卖不出去,不需要重视研究消费者的需要。只须考虑怎样增加产量、提高质量、降低成本等方面的问题。美国著名的福特汽车公司创办人福特曾宣称:"不管顾客需要什么颜色,我的汽车就是黑色的一种"。因此,在这一时期,企业的生产完全可以不顾及消费者想什么、需要什么。

进入 20 世纪,发达资本主义国家的市场已经形成,而"以生产为中心"的市场观念并没有发生根本性的改变,企业还是埋头于自己的生产。但是,由于生产技术的革新与改进,交通和传播工具的发展,劳动生产率大幅度提高,市场商品日益丰富,许多商品出现了供过于求。30 年代出现的因为生产过剩、产品积压而导致的经济危机,迫使企业把注意力由生产转向销售,关注消费者的消费行为和消费心理。企业为了推销自己的商品,在观念上,由"以生产为中心"转向"以销售为中心";行为上,通过招收大量的推销人员,开展对消费者的愿望和需要的调查,并对推销员的素质进行培训,消费心理学也应市场之运,应企业之需萌生了。

第二次世界大战以后,由于科学技术迅猛发展,劳动生产率快速提高,市场上生产与消费的矛盾越来越突出,经济危机连续不断,企业使尽浑身解术,仍不能根本扭转困境。企业为了自己的生存和发展,不得不高度重视消费者的需要和消费者需求心理的变化。观念上喊出了"顾客是上帝"的口号;行为上更加注意消费心理的调查研究和消费心理学理论的运用。结果表明,消费心理学为企业走出困境、持续发展发挥了极其重要的作用。可以说,企业的生存和发展需要是消费心理学产生和早期发展的第一因素。

(二) 消费者的需要

消费心理学的产生和发展虽然起因于企业生存和发展的需要,但企业总是以谋取利润为最高目的。企业把消费者捧为"上帝"不是目的,而只是追求利润,为达到利润最大化的一种手段。

自古以来,消费者都处在被动的位置上,无论是产品还是商品,都只有在它们存在的前提下,消费者的需求才能得到满足。概括起来,消费者的需求有三个方面:即量、质、新。量——指一种商品的数量,质——指一种商品的质量,新——指消费者想要而当前市场上还没有的商品。开发新产品已经成为现代企业生存和发展的主题,而新产品开发的依据,就是消费者的需要。但是,消费者需要和企业追求高额利润之间并不是没有矛盾的,消费心理学作为一种理论体系,不能仅为企业的生存和发展服务,也必须为消费者服务。从严格意义上讲,消费心理学首先是为消费者服务的。消费心理学为消费者的服务,不仅仅局限于帮助消费者在琳琅满目的商品市场中选择,更重要的是帮助消费者提高自己的生活质量。

当代消费者的消费水平不断提高,他们的消费活动,已经不仅仅是为了维持温饱、满足最基本的需要而消极地以支出换取商品,而是要追求满足更多的、更高层次的心理需要。消费过程逐渐变成了消费者积极地塑造自己、再创自己、实现自我的过程。运用消费心理学理论指导消费,已为越来越多的消费者所关注,也会有越来越多的消费者关心和支持消费心理学的研究。消费心理学有今天的发展,也与过去众多消费者的关心和支持分不开,与消费心理学研究者重视消费者,把消费者的需要作为消费心理学的理论基础分不开。

(三) 市场的需要

市场的形成和发展,是消费心理学产生和发展的基本力量。市场能够推动消费心理学的产生和发展,其原因就在于市场需要了解消费者的心理及其发展变化。消费者和企业一样,都是市场的主体。但企业参与市场活动还要经过经销商这一中介,而消费者则直接参与。所以,第二次世界大战以后的市场,出现了"以消费者为中心"的观念,把消费者的心理活动和变化作为推动市场发展的基本力量,有力地推动了市场的发育和成长。消费心理学为市场了解消费者的心理提供了理论依据和服务,因而也越来越受到市场的关注和支持。

(四) 社会的需要

消费心理学产生的直接动因是企业的商品营销活动和市场发展的需要。而市场的发育与发展又与社会的需要直接相关,与一个国家或地区的经济、政治体制相关。如在我国,计划经济时代的消费心理学研究几乎处在空白状态,20 世纪 80 年代开始实行商品经济,90 年代过渡到市场经济,消费心理学研究可以说是跨越式的发展。

社会是人类自己的创造物,社会存在和发展的根本目的,是为了丰富人们的生活和提升人类的生存质量。所谓人的生存质量,最主要的就是人的心理需要的满足,其中消费需要是人的最基本的需要。了解和关注人们的消费需要,努力创造条件以满足人们更多的消费需要,是社会、国家、政府的一项基本职能。一个能够受到人民拥护的政府,总是高度重视人民的物质和精神文化需求,真心实意地为人民服务。胡锦涛提出的"以人为本,全面协调可持续的发展观",前提就是"以人为本",以人的生存和发展需要为思维的出发点和行动的归宿。国家和各地区的"十一五"发展规划广泛征求民众的意见,就是要充分表达广大民众的需要和愿望。目前,消费心理学在这方面所发挥的作用和受到的社会关注都还不十分明显,今后会有更好的发展。

(五) 消费心理学自身发展的需要

进入 20 世纪 70 年代以来,消费心理学就像从一个初生的婴儿成长为一个朝气蓬勃的青年,主体意识不断加强,自我发展的能力也不断增强。一方面是更重视实践研究,主动与企业、市场合作,不断拓宽自己的生存空间,营造生存和发展环境,磨炼意志,锻炼能力。另一方面是重视自身的学科理论建设,主动地从普通心理学、社会心理学、经济学、社会学、文化人类学、市场学、广告学等学科中吸取营养,不断地完善自身的学科体系,巩固自身独立的学术地位;同时也开始服务于相关理论的研究,逐步实现开放式研究,不断扩大在学术界的影响。

三、消费心理学研究的发展趋势

消费心理学因企业生存发展的需要、消费者的需要、市场的需要、社会的需要和消费心理学自身发展的需要得以产生和发展,所以,一旦产生就有顽强的生命力。今后一个时期,消费心理学研究的发展趋势大概有以下几个方面:

一是继续关注企业的生存和发展。首先是从企业营销的角度研究消费心理学,为企业制订营销策略和营销人员培训提供服务。其次是从企业生产和新产品开发角度研究消费心理学,为企业的生存和发展提供服务。

二是更加关注消费者需求心理的满足。主要表现在指导消费和客观全面地传递消费者需求信息等两个方面。指导消费主要包括消费观念指导,商品的质量、性能、功用,以及消费者权益保护等方面的指导;信息传递主要表现在加强消费者与企业、市场和社会(包括政府)之间的沟通。

三是更加关注市场的发育和变化。尤其是现代市场在时空上的变化,如网络市场的出现,第三产业不断扩大等,所引发的人的消费观念、消费需求和消费心理的转变以及消费者对市场的需求等。

四是切实关注社会发展和人的生存质量的提高。主要体现在为国家宏观经济决策和调控提供服务,研究人的消费心理与其他心理之间的关系,消费心理与社会各个方面的需要、与国家宏观经济政策之间的关系等。

五是进一步加强消费心理学的理论建设,不断巩固和发展自身的学术地位,扩大社会影响。如关于消费心理哲学的研究可能兴起。

六是主动开展消费心理学与市场学、广告学、普通心理学、社会学、文化人类学、行为科学、经济学、政治学等相关学科之间关系的研究,在不断从相关学科中吸取营养的同时,也为各相关学科提供更多的服务。

另外,在研究方法上也会有不断的创新。如在思维上可能会寻找哲学的支持,更注意运用系统的观点和理论;视野上会有新的拓展;方法上积极引进高新技术,等等。

 **本章小结**

1. 所谓消费是指为了生产和生活需要而消耗物质、精神财富。所谓消费者是指在不同时空范围内参与消费活动的人或集团。消费心理,是指消费者在消费过程中产生、调节、控制自身消费行为的心理现象。消费心理学主要研究生活消费心理。

2. 消费心理学是研究消费心理现象、揭示消费心理变化的一般规律和探讨消费心理变化的一般趋势的一门学科。研究内容主要包括:消费者购买行为的心理过程,消费者的个性心理特征和个性心理倾向,消费者消费心理与消费环境之间的关系,消费者消费心理与市场营销的关系。

3. 研究消费心理学有助于企业的经营销售决策,增强市场竞争力;有助于提高营销人员素质,提升市场服务质量;有助于引导消费者合理消费,增进消费决策能力,提高消费效益;有助于国家宏观经济决策,促进经济协调发展;有助于拓展和完善国际市场,推进经济全球化;同时也是消费心理学学科建设和发展的必然要求。

4. 消费心理具有复杂性、多样性、易变性的特点,不仅受消费者生理和心理素质的制约,也受各种各样的环境制约。研究消费心理学必须坚持客观性原则、发展性原则、联系性原则和系统性原则。

5. 研究消费心理学方法很多,主要有观察法、访问法、调查法、实验法、投射法等五种方法。观察法是观察者用自己的视听感官在现场获取资料,简单方便,应用广泛,但成本较高。访谈法是在与消费者的交谈中了解他们的消费动机、态度等心理状态和心理过程的一种研究方法。问卷调查法分封闭式和开放式两种,能够获取较多的第一手资料,但回收率较低,真实性弱。实验法是指运用必要的仪器和设备,有目的地控制或创设一定条件,引起消费者的心理反应,从而对反映出来的心理现象进行研究的方法。实验法可分为实验室实验法和自然实验法两种形式。

6. 投射法的特点是不直接对被试者提出问题以求回答,而是给被试者一些意义不确定的问题、情景,通过刺激让其想像、解释,使被测试者内心的动机、愿望、情绪、态度等自然地流露出来,然后对其进行分析,以确定被测试者的心理特征。最常见的投射法有罗夏墨渍测验、主题统觉测验、角色扮演法和造句测验法等。

7. 消费心理,是人类生活固有的心理现象。消费心理学萌生于 19 世纪末 20 世纪初,大体经历了萌芽初创、快速发展、深入发展三个阶段,并因为企业、消费者、市场、社会和自身学科发展的需要推动消费心理学深入发展。

8. 未来的消费心理学研究将继续关注企业的生存和发展,更加关注消费者需求心理的满足,更加关注市场的发育和变化,切实关注社会发展和人的生存质量的提高,以及进一步加强与相关学科的联系和自身的学科建设。

思考题

1. 消费、消费者、消费心理、消费心理学的涵义是什么?
2. 消费心理学研究的对象和内容是什么?
3. 阐述角色扮演法在消费心理学研究中的作用。
4. 消费心理学产生和发展的原因是什么?
5. 阐述学习和研究消费心理学的意义。

典型案例与讨论

《富爸爸,穷爸爸》席卷中国市场

图书行业的市场化产生了"畅销书"这一概念。说到畅销书,不得不提到《富爸爸,穷爸爸》。2001 年这套紫色烫金封面的理财丛书在中国掀起了一股热浪。该书全球销量已超过 700 万册。在中国,到 2002 年上半年,该书销量已达 190 多万册,销售额 4000 多万元,作者因此而拿到了几百万人民币的版税。继《富爸爸,穷爸爸》推出之后,《富爸爸财务自由之路》、《穷爸爸投资指南》以及《富孩子聪明孩子》也相继畅销。与这套丛书配套的游戏《现金流》(成人版和儿童版)是一个寓教于乐的教育游戏,能够使人们从充满乐趣的游戏之中启发财商,这个游戏也很畅销。在丛书走红、游戏推出后,名为《富爸爸,穷爸爸》的话剧也是 2002 年北京青年艺术剧院里最叫座的。《富爸爸,穷爸爸》成为中国图书营销成功的典范。

但是,这套丛书畅销原因何在?通过对消费者购买心理的深入探究,我们能够找到其中的答案。

20 多年的改革开放使中国发生了巨大的变化,人们的思想观念也随之转变。在中国传统的价值观中,人们从来都羞于把"金钱"和"财富"说成是理想和幸福。然而今天,强国富民的思想深入人心,全国上下大力发展经济,而国家要富裕、要发展,靠的是每一个人都尊重和追求财富,都富裕起来。在这样一个前所未有的机遇与挑战并存的时代,人们开始把目光转向追求财富。他们为了实现发财梦而读书,对致富知识的渴望胜于以往任何时候。大型"财商"问卷调查的结果显示:70% 以上青少年渴望了解财务知识,甚至有八旬老翁也想接受财商训练。

市场上销售的财经类读物,主要是传统图书,多为理论介绍,可读性不强,而又由于许多人惧怕会计学、经济学的数学公式,因此这类读物的读者范围非常有限,销量普遍较小,一般单本的销量能够上万册,就已经是不错的业绩了。

世界图书出版公司正是抓住了国内大众消费者想要"发财致富"这一普遍心理,使《富爸爸,穷爸爸》得以席卷中国市场。善于讲故事,精通推销之道的罗伯特 T. 清崎,试图以一种最合适的方式现身说法来揭开财富的秘密。在书中,他提到了一个具有颠覆性的概念——财商(HQ)。在这本关于理财观念的书中,他采用小说和社会议论的叙述方式,语言通俗易懂,内容生动有趣,而又通过制造悬念吸引读者,填补了市场上普及性财经类书籍的空白。他通过不断灌输、反复强调"财商"的概念,满足了消费者追求财富的心理。更重要的是,这些全新观念的提出,给了人们极大的启发。一时之间,四处都在谈论"财富"和"财商",人们开始从一个新的视角重新审视自己的工作、学习和生活,开始考虑通过什么样的方式使自己和家人获得真正的"财务"自由。也正因为如此,当这类丛书陆续向市场推出时,虽然人们抱怨这些书一本比一本贵,但还是忍不住买来好好研读,以免自己与财富擦肩而过。

把书当成一项特殊产品来做,通过迎合消费者的心理,为消费者提供真正有价值的产品,这在使"富爸爸系列丛书"成为畅销书的同时,也使"富爸爸"成为了一个众所周知的品牌。

资料来源:耿黎辉.消费心理学.西南财经大学出版社,2004

分析讨论题:
"富爸爸系列丛书"为什么会成为畅销书?

第二章　消费者的心理活动过程

　　心理活动的过程，是心理现象的不同形式对现实的动态反映。消费者的心理活动过程，从认知层面上包括感觉和知觉、学习和记忆、注意和联想；从情感层面则包括情绪和情感。消费者的心理活动是产生消费行为的基础，任何一种消费行为的发生都涉及到消费者的心理活动过程，因此研究其心理活动过程的规律对于企业的营销策略具有非常重要的指导意义。本章从认知和情感两个层面具体阐述了消费者心理活动过程的规律，并结合消费领域中的实际情况，探讨此规律对消费行为的影响以及在消费领域中的意义。

引导案例

给消费者高级的感觉：星巴克的罕见成功

　　"思考一下喝咖啡这种简单的行为吧，"安东尼·吉登斯教授在其颇具影响的教科书《社会学》中建议说。这种看似平凡的日常行为，事实上意味深长。吉登斯教授表示，喝咖啡是一种具有象征意义的个人习惯，它不只是个喝饮料的问题，其中传达出了某种信息，此外，咖啡也是一种社会润滑剂。吉登斯写道："两个相约喝咖啡的人，可能对凑在一起聊天更感兴趣，而并不在乎他们实际上喝了什么。"

　　吉登斯教授补充道，你杯中的咖啡，是经过一系列历史、经济和社会发展才到达你手中的。这是一种卓越非凡的全球性现象。但对于这种产品，并不是所有国家都有相同的认知。而与可卡因或海洛因不同，咖啡基本上仍是一种可被社会接受的兴奋剂，这一点与酒精有点类似。

　　吉登斯教授的这些研究并不只是趣味横生的社会科学，这是对近年来一个颇为惊人的商业现象所进行的有趣洞察：高价咖啡市场惊人增长，销售网点不断增加。

高价咖啡的罕见成功

　　很多公司为因自己在成功革新方面的无能而深深自责。或许，有些时候，它们只是没有对身边的世界投以足够的关注，没有投入足够精力去研究在有商家提供的情况下，哪种产品可能会让潜在消费者蜂拥而至。繁忙的白领在午餐时间选择的食品和饮料是什么？为什么购物者(尤其是妇女们)会表现出她们的购物方式？

　　无论谁发现了"下一个咖啡"，他无疑都将意识到那是一个多么重大的发现。国际咖啡组织估计，全球(咖啡)零售额目前已接近700亿美元。咖啡馆的市场领军企业星巴克，在37个国家拥有逾1.1万家店面，每周为4000多万消费者提供服务。高价咖啡的供应商已经取得了极其罕见的成功,而其他大多数商业活动对此似乎依然望尘莫及。他们创造了人们对某种东西的需求。

在不算遥远的过去,很多消费者曾经满足于偶尔喝一杯叫做"咖啡"的东西——那是一种平淡无奇、价格便宜、热气腾腾的褐色液体。而如今,数以百万计的消费者在他们的日常工作计划中,每天都要至少去一次那个提供这种起着泡沫、热气腾腾的满足物的"殿堂"。没有哪个座谈调研或民意测验会发现,消费者会因为每周去喝5次咖啡而产生一种受挫感。

给消费者那种高级的感觉

高价咖啡行业带给我们的另外一个重要启示,是让我们看到了存在于发达世界的一种重要的全球性趋势:走向高端市场、享受更高级奢侈品的愿望。正如迈克尔·西尔弗斯坦和尼尔·菲斯克在他们2003年出版的合著《消费升级》一书中论述的:这个新市场中的胜利者不会低估他们的消费者,他们在努力提高产品本身和消费者整体体验两方面的质量。

如果你也足够幸运地依靠一种原材料(例如咖啡),而这种原料的价格在长期内又一直保持在历史低点的话,那么,你能获得的利润率将非常诱人。根据沃伦·巴菲特的"你支付的是价格,你得到的是价值"这一原理,消费者将继续不断地掏腰包。

星巴克的生意兴隆,不只因为它向消费者提供了一系列眼花缭乱的饮品选择。它还努力为其创造一个亲切的、愉悦的环境。这家企业不仅是一家咖啡馆,它还是一个体验良好感觉的地方。

资料来源:新华网

第一节　消费者的感觉和知觉

一、消费者的感觉

(一) 感觉的概述

感觉是刺激物作用于感觉器官,经过神经系统的信息加工所产生的对该刺激物个别属性的反映。个体通过眼、鼻、耳、舌等感觉器官对事物的外形、色彩、气味、粗糙程度等个别属性做出反应。我们生活在一个千变万化的世界中,每时每刻都在感受着光、热、压力、振动和其他物理能量的刺激。我们对这个世界的了解是从感觉开始的,看到某种颜色、听到某种声音、闻到某种香味、感受到一定的温度等。同时,感觉也反映机体内部的刺激,如疼痛、饥饿等。

感觉在人的心理活动中起着十分重要的作用。只有通过感觉,我们才能分辨事物的各种属性,也才能了解自身的运动及内部器官的工作情况。感觉是我们认识客观世界的第一步,是我们关于世界一切知识的最初源泉。

(二) 感觉的规律

1. 绝对感受性与绝对阈限

并不是任何强度的刺激都能引起我们的感觉。人对有些刺激能够感受到,对另一些刺激则感受不到。过弱的刺激,如落在皮肤上的尘埃,我们通常是感觉不到的。同样,过强的刺激,如频率高于2000Hz的声音,我们也感受不到。刚刚能够引起感觉的最小刺激量被称为绝对阈限。那种刚刚能觉察到的最小刺激量的能力称为绝对感受性。

感觉的绝对阈限不仅因感觉类型的不同而不同,而且也会因人而异。比如,有的人对不同品牌的葡萄酒在口感、甜度等方面一尝即知,而另一些人则很难感受出其中的差别(见表2-1)。

表2-1　五种基本感觉的绝对阈限

感觉类型	绝对阈限
视觉	夜晚晴朗时可看见50千米处的一只烛光
听觉	安静环境中可于6米处听见手表秒针走动声
味觉	可尝出在7.5升水中加入的1茶匙糖的甜味
嗅觉	可闻到在三居室中洒一滴香水的气味
触觉	蜜蜂翅膀从1厘米高处落在面颊上即有感觉

2. 差别感受性与差别阈限

引起某种感觉的刺激如果在强度上发生了变化,能否被个体觉察呢？比如,在甜饼上再加少许白糖,消费者能否分辨这种变化呢？这取决于两个方面的因素:一是甜饼原来的甜度;二是新加白糖的量。如果甜饼的含糖量本来就很高,那么,再加上少许白糖,消费者可能很难觉察;反之,如果甜饼原来的甜度很低,情况可能会发生变化。为了引起一个差别感觉,刺激必须增加或减少到一定的数量。能觉察出两个刺激的最小差别量称为差别感觉阈限或最小觉差。对这一最小差别量的感觉能力,称作差别感受性。

德国生理学家韦伯于1834年发现,个体可觉察到的刺激强度变化量 ΔI 与原刺激强度 I 之比是一个常数(K),即 $\Delta I / I = K$,这就是著名的韦伯定律。韦伯定律中的 K 在每一种感觉状态下是一个常数,但它随不同感觉状态而变化。

韦伯定律在市场营销中有多方面的运用。比如,在降价过程中,如果价格变动的绝对量相对于初始价格太小,消费者可能就没有觉察,从而对销售产生的影响就很小。一些企业在消费者没有觉察的前提下对产品加以改变,如减少食品的容量、糖果的大小等,实际上也是运用了韦伯定律。

3. 感觉的适应与对比

"入芝兰之室,久而不闻其香;入鲍鱼之肆,久而不闻其臭。"这里说的是嗅觉的一种适应。由于刺激对感受器的持续作用从而使感受性发生变化的现象,叫做适应。适应可以引起感受性的提高,也可以引起感受性的降低。前面的例子即是感受性的降低。如果从非常明亮的室外走进一片漆黑的屋子里,我们开始什么也看不清楚,过了一段时间后,就能够分辨出物体的轮廓了,这里讲的就是感受性的提高。

假如把一块灰色的小方块放在白色的背景上,看起来小方块就显得暗些;如果把相同的小方块放在黑色的背景上,看起来就显得明亮些。这就是感觉的对比现象。对比是同一感受器接受不同的刺激而使感受性发生变化的现象。在很多商场里,可以看到许多商品的陈列都运用了这一规律,比如把首饰和珠宝放置于黑色天鹅绒背景上,这样将首饰衬托得更加闪亮、夺目。

二、消费者的知觉

(一) 知觉的概述

人在感觉的基础上,形成知觉。所谓知觉,是人脑对刺激物各种属性和各个部分的整体反映,它是对感觉信息加工和解释的过程。感觉反映客观事物的个别属性,而知觉对感觉所反映的各种属性按其相互联系加以整合,形成该事物的完整映象。例如,人们的不同感官分别对苹果的颜色、香味、形状、口感、触感产生感觉,而知觉对感觉信息进行综合,再加上经验的参与,就形成了对苹果的完整映象。

产品、广告等营销刺激只有被消费者知觉才会对其行为产生影响。消费者形成何种知觉,既取决于知觉对象,又与知觉时的情境和消费者先前的知识与经验密切联系。消费者知觉可以理解为选择、组织并解释作用于他们刺激的过程。可见消费者对商品、品牌和服务的知觉,既依赖于消费者接受刺激的方式,也依赖于消费者理解这些刺激的方式。正是消费者对产品知觉的差异性,形成了对产品的态度和行为的差异性。

消费者知觉包括两个含义:第一,人们通过感官了解环境,因此感觉是知觉产生的基础。第二是指在社会心理基础上个体对知觉客体(即刺激)的解释过程。这些社会心理基础在很大程度上受到消费者动机、目的、期望的影响。知觉具有选择性,消费者只会注意和解释能强化和巩固其价值观以及符合自我特点的刺激。

(二) 知觉的一般特性

1. 知觉的选择性

只有当刺激物之间有某种差别时,一部分刺激物才能成为知觉的对象,而另一部分刺激物便成为背景,从而使知觉对象从背景中分离出来。人的感观每时每刻都可能接受大量的刺激,而知觉并不是对所有刺激都作出反应,仅仅对其中某些刺激或刺激的某些方面作出反应。知觉的选择性保证了人能够把注意力集中到重要的刺激或刺激的重要方面,排除次要刺激的干扰,更有效地感知和适应外界环境。

知觉对象与知觉背景之间的关系是相对的,在一定条件下可以相互变换,如图 2-1 就是知觉对象与背景相互变换的例子。

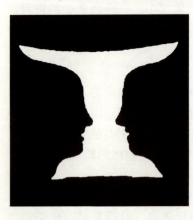

图 2-1

2. 知觉的整体性

知觉的整体性也称为知觉的组织性,指知觉能够根据个体的知识经验将直接作用于感观的客观事物的多种属性整合为同一整体,以便全面、整体地把握该事物。

如图 2-2 中,白色的正方形和圆形都不是完整的,都没有边缘和轮廓,但是在知觉经验上都有十分清楚明晰的边缘和轮廓。这就是知觉的整体性在起作用。

3. 知觉的恒常性

知觉的恒常性是指知觉对象的外界条件在一定范围内发生改变时,知觉并不受到影响,并能够把握该事物相对稳定的特性。同一个杯子,从不同的距离、角度和明暗的条件下去观察它,虽然视网膜上的物象各不相同,但我们仍将其知觉为同一个杯子。

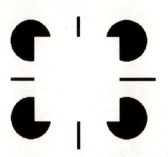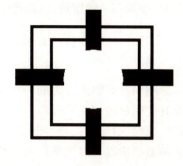

图 2-2

知觉的恒常性在人的日常生活中具有重大意义。它保证人们能够在客观刺激物的信息和条件发生变化的情况下,仍然按照事物的真实面貌去知觉客观事物,反映事物的实际情况,从而使人有可能根据对象的实际意义来认识和改造客观世界。

4. 知觉的理解性

知觉的理解性指知觉以一定的知识经验为基础对所感知的客观事物的有关属性进行组织和加工处理,并用词语加以说明的过程。在言语知觉中,知觉的理解性是很明显的。现在,请你大声朗读图 2-3 中三角框中的短语。你读的是不是"Paris in the spring"?如果是,请你再仔细看一看——单词中

图 2-3

的"the"在短语中出现了两次。由于我们有读正常句子的经验,所以许多熟练掌握英语的读者往往会忽略重复的"the"。

（三）错觉

错觉是指在特定条件下对事物必然会产生的某种固有倾向的歪曲知觉。一般说来,错觉的产生与我们知觉中的大小恒常性、形状恒常性、习惯性眼球运动、连续性原则及知觉习惯的综合有关。商业企业在橱窗设计、广告图案、包装装潢、商品陈列、器具使用等方面,适当地利用消费者产生的错觉,进行巧妙的艺术处理,往往能达到一定的心理效果。例如装有宽大玻璃窗户的房间比没有装宽大玻璃窗户的房间要显得宽敞一些。在许多水果店或鲜花店,墙壁都用镜子来装饰,给消费者一种明亮而琳琅满目的感觉。

三、感觉、知觉理论在消费领域中的应用

（一）感觉理论在消费领域中的应用

感觉使消费者对商品有初步印象,而第一印象的好坏,往往决定着消费者是否购买某种商品。因此,企业在运用各种营销手段的同时,应充分重视消费者的感觉。例如,在视觉方面,力求做到

商店的环境明亮而整洁、商品陈列美观而大方、营业员态度热情而诚恳等;在听觉方面,可以在商场内播放一些优雅轻松的音乐,广播的语言也生动而简练等;在嗅觉和味觉方面,尽可能地让消费者体验商品的感觉,感知商品的质量,以促进销售。

(二) 知觉理论在消费领域中的应用

1. 知觉质量

质量无疑是影响消费者购买行为的一个重要因素。知觉质量是指消费者对产品适用性和其他功能特性适合其使用目的的主观理解。从另一个角度理解,"知觉质量"是对某种产品质量的非物质上的、心理的、感性的判断,这种判断是一种情感活动。在市场竞争中,"知觉质量"是产品竞争力到目前为止的最高阶段。以汽车的发展史为例,福特汽车曾经以低成本横扫市场,通用汽车则以多样化超越了福特,当美国的汽车商在注重产品质量的时候,日本的汽车商已经在追求"知觉质量"。日本汽车除了以省油和高性能称霸世界外,同时还把其车形和汽车的零部件进行了外观上的改良,从而赢得了一定的市场份额。

一般而言,产品的特征,如外形、所用原料或材料、光洁度等都可作为形成知觉质量的线索。例如服装,消费者可能根据所用的布料、烫工、边角的缝合、扣子等判断服装的优劣,并形成总体质量感受。上述这些产品特征有的对决定服装的内在质量有很大影响,有的特征则具有相对较小的重要性。但消费者在形成对产品质量认知的过程中,则可能透过那些对决定内在质量只具有较小重要性的线索来评价产品质量。我们在商场购物时,经常会发现一些消费者为了纽扣或拉链问题而与营业员讨价还价的例子。在食品领域,消费者对产品质量的认知与产品属性密切相关,口感和新鲜程度被认为是影响认知质量最重要的两个因素。包装亦构成影响消费者质量认知的重要变量。同样的食品,新鲜的被认为质量最好,冷冻和瓶装的次之,罐装和干货食品质量评价最低。

一件看似完美的商品可能会因为一些细枝末节问题而卖不出去,企业应针对自己的产品或服务开展调查,以了解消费者主要依据哪些线索作出质量推断,并据此制定营销策略。企业要非常注重商品的细节,努力提升消费者眼中的知觉质量。比如,高品质的产品应有相应的价格、包装与之相适应,分销渠道的选择上应避免过于大众化,短期促销活动也应格外慎重。

2. 消费者知觉与商场设计

商场知觉是商场的不同层面反映了管理者对商场意象的设计理念,也反映了消费者对它的知觉意象。有关研究指出有五个成分影响商场知觉意象,即:位置、设计、产品分类、服务和全体职员;其中每一种因素都会使消费者对其购物场所产生整体知觉。但消费者知觉整个商业企业的方式远远超出组织的自然属性。影响消费者知觉的因素非常广泛,根本不可能将消费者的一般商场意象追根溯源,归结为哪些特定因素。决定消费者对商场知觉的广告、人际间的交流、消费者的知识经验等因素非常复杂,而且彼此关系非常紧密,以致难以准确定义,更不用说任何精确程度的测量了。

例如对购买者知觉的研究表明,对于两大零销商场沃尔玛与克玛特(K-Mart)来说,购物者对沃尔玛评价高,而且花的钱也多。为什么如此相似的零销商场却产生如此不同的知觉和结果?专家在分析大量资料后认为可能是一些细小的因素起了作用,如沃尔玛员工穿马甲,而克玛特员工不穿马甲,或是沃尔玛用牛皮纸袋装商品,而克玛特用塑料袋。另外消费者对商场的知觉还受消费者自身的自我知觉和动机等因素的影响。上述这些内容对经营者提高业绩是非常重要的。

3. 品牌经验影响消费者的知觉

消费者对产品和品牌的知觉是市场营销中知觉研究的重要内容。心理学家做过这样的实验研究:蒙住双眼,喝啤酒的人是否能区分不同类型和品牌的啤酒。研究者据此认识消费者对啤酒的反应、评价,进而确定品牌识别效应。研究发现:被试者一般并不能区分不同品牌的啤酒口味间的差异,很显然产品的标签影响了他们对啤酒品牌的评价。现代心理学认为这是由于消费者品牌意象的影响。品牌意象是指消费者已形成的关于品牌的知觉定势,是消费者关于某一品牌所有知觉的总和。它是由市场营销和广告策略、舆论领头人和其他社会交流的影响及品牌特性等多方面共同作用的结果。品牌意象对营销实践很重要,因为消费者利用这些品牌意象的心理表征去区分一个品牌与另一品牌,所以它是作为其购买行为的基础。

第二节　消费者的学习和记忆

一、消费者的学习

(一) 学习的概述

学习的概念有广义和狭义之分。广义的学习是指人和动物在生活过程中通过实践或训练而获得的,由经验而引起的比较持久的心理和行为变化的过程。而狭义的学习是指学生在学校里的学习,是学习的一种特殊的形式。消费者通过学习,获得了丰富的知识和经验,提高了对环境的适应能力。同时,在学习过程中,其行为也在不断地调整和改变。

(二) 学习的分类

传统上,学习被划分为记忆学习、思维学习、技能学习和态度学习。从消费者的角度,可以这样进行分类:一是根据学习材料和消费者原有知识结构对学习分类,二是根据学习效果分类。

根据学习材料与学习者原有知识结构的关系,可分为机械学习与意义学习。机械学习是指学习者并未理解符号所代表的知识,只是依据字面上的联系,记住某些符号的词句或组合,是一种生吞活剥式的学习。消费者对一些无意义的外国品牌的学习,很多就属这种类型。意义学习是将符号所代表的知识与消费者认知结构中已经存在的某些观念建立自然的和合乎逻辑的联系。比如,用"健力宝"作饮料商标,消费者自然会产生强身健体之类的联想;用"飞鸽"作自行车商标,则会使消费者将自行车与"轻盈"、"飘逸"等美好的遐想相联系。消费者对这一类内容的学习,无需借助外在的和人为的力量,属于意义学习的范畴。

根据学习的效果,可将学习分为加强型学习、削弱型学习和重复型学习。消费者使用某种商品,如果觉得满意,他可能会对与该商品有关的知识和信息表现出更加浓厚的兴趣,他对该产品的好感和印象会由此而强化,所以,这一类型的学习被称为加强型学习。削弱型学习则是指通过新的观察和体验,使原有的某些知识和体验在强度上减弱直至被遗忘。消费者使用某种商品后如果不满意,或者通过观察发现别人使用该产品有不好的效果,他对该产品的购买兴趣就会减弱。就学习效果而言,这种类型的学习不是对已有行为的正面强化,而是负面强化。重复型学习则是指通过学习,学习效果既没有加强,也没有减弱,只是在原有水平上重复而已。

(三) 经典性条件反射理论与消费者学习

经典性条件反射理论是由俄国生理学家巴甫洛夫提出来的。该理论认为,借助于某种刺激与某一反应之间的已有联系,经由练习可以建立起另一种中性刺激与同样反应之间的联系。这一理论是建立在著名的巴甫洛夫狗与铃声的实验基础上的。在该实验中,巴甫洛夫发现,当实验助手将食物放入狗的口中,狗的唾液分泌量开始增加。这是一种自然的生理现象,是狗的一种本能反应,本不足为奇。但随后巴甫洛夫进一步发现,在食物进入狗的口之前,其唾液分泌量就开始增加。最初,狗是在看到食物的时候,唾液分泌量增加,后来则发展到未见食物只见到送食物的助手,甚至只听到助手走来的脚步声,狗的唾液分泌量便开始增加。受此一现象的启发,巴甫洛夫开展了著名的条件反射作用的研究。

经典性条件反射理论已经被广泛地运用到市场营销实践中。比如,持续在令人振奋的体育赛事中宣传某种产品,则该产品本身也能令人兴奋。在一则地板的广告中,一位美丽的女性躺在地板上,悠闲自得地欣赏着美妙的音乐,似乎在诉说着地板的舒适和生活的美好。很显然,该广告是试图通过营造一种美好的氛围,以激发观众的遐想,并使之与画面中的产品相联结,从而增加人们对该地板的兴趣与好感。

(四) 操作性条件反射理论与消费者学习

操作性条件反射理论是由美国著名心理学家斯金纳(Skinner)提出来的。斯金纳把饥饿的白鼠放入实验箱内,当白鼠偶然按下箱内杠杆装置时便得到食物,再按便再次得到。如此反复,这种行为就会得到强化,形成条件反射。这类条件反射是动物通过自己的活动或操作形成的,所以称为操作性条件反射,也称为工具性条件反射。

操作性条件反射理论的基本思想实际上很简单,归结到一点就是强化会加强刺激与反应之间的联结。在现实生活中,操作性条件反射的学习也很常见。例如,你最近买了一套××牌时装,穿着去上班,受到同事们的一致好评,你决定下次还购买这个品牌的服装。在节假日,许多商家都在进行促销活动,如给予顾客奖券、奖品或其他促销物品,在短期内就可以增加产品的销售,但当这些手段消失后,销售量可能会马上下降。因此,企业要与顾客保持长期的交换关系,还需采取一些间断性的强化手段。

二、消费者的记忆

(一) 记忆的概述

1. 记忆的定义
记忆是个体对其经验的识记、保持和再现(回忆和再认)。从信息加工的观点来看,记忆就是信息的输入、编码、储存和提取。记忆既不同于感觉,也不同于知觉。感觉和知觉反映的是当前作用于感官事物,离开当前的客观事物,感觉和知觉均不复存在。记忆总是指向过去,它出现在感觉和知觉之后,是人脑对过去经历过的事物的反映。凡是人们感知过的事物、体验过的情感以及练习过的动作,都可以以映象的形式保留在人的头脑中,在必要的时候又可把它们再现出来,这个过程就是记忆。

2. 记忆系统
在记忆过程中从信息输入到提取所经过的时间间隔不同,对信息的编码方式也不同。根据这些特点,一般把记忆分为三种系统,即感觉记忆系统、短时记忆系统和长时记忆系统,如图2-4

所示。

（1）感觉记忆。感觉记忆，又称瞬时记忆，它是指个体凭视、听、味、嗅等感觉器官，感应到刺激时所引起的短暂记忆，其持续时间往往按几分之一秒计算。感觉记忆只留存在感官层面，如不加注意，转瞬便会消失。乘车经过街道，对街道旁的店铺、标牌、广告和其他景物，除非有注意，否则，大多是即看即忘，此类现象即属于感觉记忆。感觉记忆按感觉信息原有形式贮存，它反映的内容是外界刺激的简单复制，尚未经加工和处理，因此，感觉记忆的内容最接近于原来的刺激。

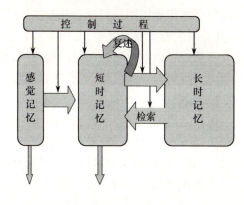

图 2-4　记忆系统

（2）短时记忆。短时记忆是指记忆信息保持的时间在一分钟以内的记忆。例如，我们从电话簿上查一个电话号码，然后立刻就能根据记忆去拨号，但事过之后，再问这个号码是什么，就记不起来了，此类记忆就是短时记忆。

感觉记忆中的信息如果被注意和处理，就会进入短时记忆，而且，这些信息可以保持在一种随时被进一步处理的状态。也就是说，短时记忆中的信息可以自动而迅速地被提取，一旦需要对新输入的信息予以解释，长时记忆中的信息也可带入到短时记忆中来。实际上，短时记忆是这样一种即时的信息处理状态：从感觉记忆和长时记忆中获取的信息被带到一起同时处理。短时记忆中的信息经适当处理，一部分会转移到长时记忆系统（如重复），另一部分则会被遗忘。

（3）长时记忆。长时记忆是指记忆信息保持在 1 分钟以上，直到数年乃至终生的记忆。人们日常生活中随时表现出的动作、技能、语言、文字、态度、观念，以及有组织有系统的知识等，均属长时记忆。长时记忆系统被认为是语义和视听信息的永久贮存所。各种事件、物体、处理规则、事物的属性、感觉方式、背景资料等，均可贮存在长时记忆中。与短时记忆相比，长时记忆的容量相当大，甚至被认为是无限的。不仅如此，长时记忆中的信息是以类似于网络结构的方式有组织地贮存的。

（二）记忆在消费活动中的作用

记忆在消费者的消费活动中具有非常重要的作用。记忆在消费者购买过程中具有三方面的作用。首先，记忆使消费者对所遇到的产品或服务能作出合理的预期，并使之能有选择性地接触他所希望购买或有兴趣购买的产品。其次，记忆能够影响消费者的注意过程，因为记忆深刻的那些内容最容易引起消费者的反应，并引导消费者对其予以特别的注意。最后，记忆影响消费者对产品、服务及其价值的理解。

消费者在购买决策过程中凭借记忆，能够把过去关于某些产品和体验与现在的购买问题联系起来，从而迅速地作出判断和决策。反之，离开记忆，消费者就无法积累和形成经验，就不能形成概念和在此基础上进行判断和推理，甚至连最简单的消费行为也难以实现。

（三）消费者的记忆过程

1. 识记

识记是记忆的开端，它是主体识别和记住事物，从而积累知识和经验的过程。根据识记时有无明确的识记目的，可分为无意识记与有意识记。无意识记也称为不随意识记，指没有明确目的，不需要有意识地运用任何计划和方法,也不需要做出意志努力的识记。无意识记具有极大的选择性,凡是对人有重要意义的、与需要和兴趣密切相关的、能引起强烈情绪活动的事物易于被无意识记。有意识记也称为随意识记,指具有明确的目的,需要运用一定的方法和做出意志努力的识记。人掌握系统的知识和技能,主要依靠有意识记。

2. 保持

保持是巩固已获得的知识和经验的过程,是记忆过程的第二个环节。记忆中的信息不是一成不变的,随着时间的推移,在保持量和记忆内容上都会发生变化。如,记忆中不重要的细节部分趋于消失,而主要内容及显著特征则得到很好的保持。

当识记的内容不能回忆与确认或回忆与确认发生错误,就产生了遗忘现象。影响遗忘现象的因素很多,除了时间以外,识记材料对学习者的意义、识记材料的性质、识记材料的数量、学习程度、学习材料的系列位置等均会对遗忘的进程产生影响。下面将对这些因素分别予以讨论。

(1) 识记材料对消费者的意义与作用。凡不能引起消费者兴趣,不符合消费者需要,对消费者购买活动没有太多价值的材料或信息,往往遗忘得快,相反,则遗忘得较慢。同是看有关计算机的宣传材料,对于准备购置计算机的消费者与从未想到要购置的消费者,两者对所记信息的保持时间将存在明显差别。

(2) 识记材料的性质。一般来说,熟练的动作遗忘得最慢。贝尔(Bell)发现,一项技能在一年后只遗忘了29%,而且稍加练习即能恢复。同时,有意义的材料较无意义的材料,形象和突出材料较平淡、缺乏形象性的材料遗忘得慢。莱斯托夫效应(Restoff effect),实际上从一个侧面反映了学习材料的独特性对记忆和遗忘的影响。所谓莱斯托夫效应,就是指在一系列类似或具有同质性的学习项目中,最具有独特性的项目最易获得保持和被记住。对于广告主来说,要使广告内容被消费者记住,并长期保持,广告主题、情境、图像等应当具有独特性或显著性,否则,广告内容可能很快被遗忘。广告中经常运用对比、新异性、新奇性、色彩变化、特殊规模等表现手法,目的就是为了突出宣传材料的显著性。

(3) 识记材料的数量。识记材料数量越大,识记后遗忘得就越多。实验表明,识记5个材料的保持率为100%,10个材料的保持率为70%,100个材料的保持率为25%。

(4) 学习的程度。一般来说,学习强度越高,遗忘越少。过度学习达150%时,记忆效果最佳。低于或超过这个限度,记忆的效果都将下降。所谓过度学习,是指一种学习材料在达到恰好能背诵时仍继续学习的状况。

(5) 识记材料的系列位置。一般而言,系列性材料开始部分最容易记住,其次是末尾部分,中间偏后的内容则容易遗忘。之所以如此,是因为前后学习材料相互在干扰,前面学习的材料受后面学习材料的干扰,后面学习的材料受前面材料的干扰,中间材料受前、后两部分学习材料的干扰,所以更难记住,也更容易遗忘。

(6) 学习时的情绪。心情愉快之时习得的材料,保持时间更长,而焦虑、沮丧、紧张时所学习的内容更易于遗忘。戈德伯格(M. Goldberg)和戈恩(G. Gorn)所做的一项试验中,一些被试看喜剧类电视片,另一些被试看悲剧类电视片,两则电视片中均插播同一内容的广告。结果发现,看喜剧片的被试较看悲剧片的被试能更多地回忆起广告的内容。这一结果的一种可能解释是,积极的情绪状态会使消费者从记忆中提取出更为广泛和更加完整的各类知识,从而有助于对当前输入信息的编码。

3. 回忆和再认

回忆和再认是主体从头脑中提取知识和经验的过程:凡经验过的事物再度出现时,能把它认出来称为再认;凡经验过的事物不在面前,能把它重新回想起来,则称回忆或再现。当消费者为了满足需要而准备购买某种商品时,会努力搜索头脑中过去贮存的关于这类商品的知识,这称为有意回忆。当消费者平时看到某些商品、商品广告或与之相关的事物时,可能会无意中想起关于这个商品的一些信息,这是无意回忆。

回忆并不是简单机械地恢复过去已经形成的映象,不是像照相机那样与原先的映象一丝不差,而是包含着对记忆材料的加工和重组活动。回忆是大脑暂时神经联系的恢复,一种经验往往和多种有关的经验相互交织,一种映象往往和其他映象联系在一起。如,看到一则康师傅绿茶的广告,马上就想起了清凉可口的味道,平时积累的经验和知识在需要的时候都调入大脑,成为决策的重要依据。

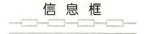
信 息 框

艾宾浩斯的遗忘曲线

德国心理学家艾宾浩斯(H. Ebbinghaus)通过实验发现了遗忘的规律:随着时间的增加,遗忘的总量会增加,但是在单位时间内遗忘的数量会逐渐减少,最后几乎不再遗忘。即识记后的短时间内遗忘的数量多、速度快;长时间内虽然遗忘的总量会增加,但在同样多的时间内,遗忘的数量比前一时间少,遗忘的速度减慢,而且愈往后愈少、愈慢;最后,遗忘量趋近于零。换言之,遗忘的速度是先快后慢。这个规律用艾宾浩斯遗忘曲线(也称为艾宾浩斯保持曲线)表示,见图2-5。

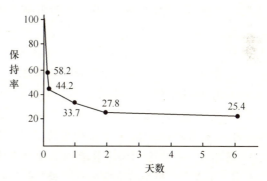

图2-5 艾宾浩斯的遗忘曲线

案 例

2002 年消费者广告词记忆分析

2002 年岁末,东方(国际)市场研究有限公司(EMRI)广告研究组进行了一项针对中国大都市地区居民广告接受与评价的研究,选择了北京、上海、广州以及成都为样本城市,通过电话方式访问了 4 个城市 18 ~ 55 岁的 412 名居民。其中一个课题是针对广告词的记忆分析,以评估当年的广告信息接收情况。以下为部分的研究结果。

1. 消费者准确无误记忆的广告词来自两类广告

一类是投放量巨大的广告。与"印象最深刻"的广告排名一样,脑白金的"今年不收礼,收礼只收脑白金"或类似的广告语提及率最高。

另一类就是广告词中包含了品牌名称的广告。如:"白天吃白片,晚上吃黑片";"大宝天天见";"爱生活,爱拉芳";"想知道清嘴的感觉吗"。

2. 广告词属无效或错误记忆的特点

无效记忆广告词包括:"你需要一瓶好香水",消费者提到是香水广告,但不知道是什么牌子。记住了"更开心,更年轻",但无法回忆是什么产品、什么牌子的广告。

错误记忆广告:本次调查再次印证了我们的假设——存在为竞争对手做广告的情况,比如,有消费者把"沟通从心开始"被记在联通的账上。根据 EMRI 长期做广告研究的经验,有些消费者会把记得最多的广告词和他印象最深的牌子直接联系起来,即使是非常著名的品牌也不例外,如:"一切尽在掌握中"记成是爱立信的广告;"这是男人的世界"记成是万宝路的广告;Just do it 是 Reebook 广告等,这是广告主应该正视并尽量避免的问题之一。

3. 本次研究显示:有一些广告影响力相当长久

比如:"滴滴香浓,意犹未尽"、"只溶于口,不溶于手"、"车到山前必有路,有路必有丰田车"等,至今仍被部分消费者清楚、正确地记住,被他们认为是 2002 年印象最深的广告词。

4. 影响广告词记忆的因素

影响消费者对广告词记忆的因素有多种,EMRI 的研究人员从广告信息发出与接受两方面,结合本次研究的结果,分别予以考察评述。

(1) 信息发出角度:电视广告声画结合的表现形式决定了广告信息传达必须注重作用于消费者的多重感官。EMRI 认为,在消费者头脑中留下深刻记忆的广告词可能具备下列特征:

看上去——广告词表现简洁,流畅。手写字体强调主观感受,如"滴滴香浓,意犹未尽"、"让我们做得更好!"等;仿宋或其他美术字体强调严整规范,为多数药品广告采用。

听上去——广告词诉求明确,言简意赅。有一类广告,虽然没在广告词中提及品牌名称,但一看就知道是什么产品的广告,而且被正确记忆住了名称,比如这次相当多消费者提到的"牙好,胃口就好,吃饭香"、"留住精彩每一刻"、"打开麦香的每一天"等。另一类是记住了词,却不容易辨认到底是什么种类的产品,品牌也没有被正确记忆:"你要什么就给什么"等。

想起来——广告词给消费者以回味与联想。这种回味可能来自广告词本身的双关意义,如"大宝天天见";"想知道清嘴的感觉吗"等。也可能源于广告词所强调的产品特性带给消费者使用后的联想,如"今年二十明年十八"、"做女人挺好"等。

(2) 信息接受角度:从消费者对广告信息接受的角度分析,容易达成有效记忆的广告词可能具备下列特征:

字数:一般在 12 字以内,表意简洁,读来上口,如:"爱生活,爱拉芳"、"打开麦香的每一天"等。

分割:对仗排列,语意连贯或相反,如"分享此刻,分享生活"、"只溶于口,不溶于手"等。

句式:陈述句,肯定句多见,慎用否定、疑问、反问句,如"有没有 5000 万?"、"年轻没有失败"等。

谐音:运用谐音可以较快达成消费者对广告词的记忆,应适当注意谐音与谐义之间的关系以达到更好表现效果,如"沟通从心开始"、"一切尽在掌握中"等。

俗语:利用俗语在消费者心目中也已形成的文化积淀,快速达成对广告词的记忆。如"人靠衣装,美靠亮庄"、"车到山前必有路,有路必有丰田车"等。

连缀:广告词表义连贯,语句之间暗含必然因果关联,如"牙好,胃口就好,吃饭香"、"十足女人味,太太口服液"等。

资料来源:东方国际市场研究网

第三节　消费者的注意和想像

一、消费者的注意

(一) 注意的概述

1. 注意的定义

注意和编码是人脑信息加工的第一步。所谓注意就是指个体对接触于其感觉神经系统面前的刺激物作出进一步加工和处理，它实际上是对刺激物分配某种处理能力，是人的心理活动选择、指向和集中于一定对象的表现。

注意是一个人行动决策的前提，它与人的一切心理活动密不可分，它是伴随着感知、记忆、思维等心理活动过程而产生的一种心理状态，对人的行动起着主导作用。注意是消费者寻找、发现、观察、了解商品必不可少的心理活动。消费者的购物行为一般是以注意为开端，在心理活动过程开始后，注意仍伴随着心理过程，维持心理过程的指向。

2. 注意的分类

根据产生和保持注意有无目的和意志努力程度的不同，消费者注意可分为无意注意、有意注意和有意后注意。

(1) 无意注意。无意注意(不随意注意)是事先没有预定的目的，也不需要作意志努力的注意。例如，消费者逛商场时，无意中看到某商品，觉得不错，引起消费者对此商品的注意就是无意注意。无意注意是人和动物都具有的初级注意。

(2) 有意注意。有意注意(随意注意)是服从于预定的目的、需要作意志努力的注意。当我们确定于某件事(如购买一台冰箱)后，在做这件事情的过程中有意地把注意集中在我们认为要做的事情上。有意注意是一种高级的注意形式，它是在人的实践活动中发展起来的，它是人类独具的高级的注意形式。

(3) 有意后注意。有意后注意是指事先有自觉的目的，但不需要消费者做出意志努力的注意。它是在消费者有意注意的基础上发展起来的，是消费者对某些有意义、有价值的事物的指向和集中。例如，人们在学习打字时，最初需要做出意志努力来记住键盘每个键的位置，但当对键盘已经相当熟悉后，不需要付出意志努力，就可以简单熟练地打字了。

(二) 影响消费者注意的因素

1. 刺激物因素

刺激物因素是指刺激物本身的特征，如大小、颜色、位置、运动等。一般来说，大的刺激物较小的刺激物容易引起注意。例如，一则全面广告较半页广告或四分之一页版面广告更容易被注意到。同样，刺激强度越大，如更大的声音，更明亮的色彩，更容易引起注意。另外，插入频率，即在同一期杂志或同一天的报纸上刊载同一广告的数目，具有和广告版面大小相类似的影响。在一项研究中，多次插入使受众的回忆率提高了20%，而在另一项研究中，回忆率也增加了20%。

彩色画面通常较黑白画面更易引起注意。一项涉及报纸广告色彩效果的研究发现，减价品新增销售的 41% 是由于零售商在黑白报纸广告中增加了一种颜色所致。另外,某些颜色如红色和黄色较其他颜色更加引人注目。据说红色车更多地被处以超速罚单,街上环卫工人多穿红色或黄色服装均与这两种颜色更引人注目有关。具有动感的刺激物较静止的刺激物更容易捉住人们的视线。街上的霓虹灯广告及其他一些具有动感的广告均是运用此原理来吸引受众的注意。

物体处于个体视线范围内的不同位置,其吸引注意的能力就会不同。通常,处于视野正中的物体较处于边缘的物体更容易被人注意。这就是为什么制造商为取得与视线平行的货架位置而展开激烈争夺的重要原因。同理,印在左面纸张上的广告较印在右面纸张上的广告更引人注目;报纸左上角的信息较右下角的信息更多地被注意到。电视广告插播时段里,广告播出顺序由最先移至最后,其收视率显著下降。

将某些特定刺激物与其他物体分隔开叫隔离(isolation)。隔离有助于吸引注意力。例如,在报纸或其他印刷媒体上,将大部分版面空下来而不是用文字或图画填满整个版面,就是运用隔离原理吸引注意力。同样,广播广告之前的片刻沉默,或电视广告之前画面的片刻消失,均是基于类似的原理和目的。

相对于那些与背景融为一体的刺激物,人们倾向于更多地注意那些与背景形成明显反差的刺激物。因为后一情况下会造成人们认知上的冲突,从而激活和提高信息处理水平。基于对比原理的技术在广告中也得到了广泛运用,例如,黑白广告紧随众多彩色广告之后会更引人注目。同理,声音的骤然增强会提高听众或受众的注意力。

刺激物的新颖性,如与人们预期大相径庭的画面和内容,带音乐或声音的印刷广告均有助于吸引受众的注意。

格式是指信息展示的方式。通常,简单、直接的信息呈现方式较复杂的方式会更多地受到注意。那些缺乏明晰的视点,或者移动不当如太快、太慢的广告会增加人们处理信息的难度,因而难以吸引大多数人的注意。同样,晦涩的文字、难懂的口音、不当的背景杂音等均会降低人们的注意力。应当指出,刺激物或信息呈现格式所产生的影响,与个体因素有密切的联系。对某些人来说太复杂和缺乏吸引力的格式,对另一些人来说可能是非常具有吸引力的。因此,如同其他刺激因素一样,信息格式的设计应充分考虑目标消费者的特征。

信息量作为一个刺激物因素,同样会影响消费者的注意程度。给消费者提供过多的信息,会使他处于信息超载状态。在信息超载状态下,消费者可能会滋生受挫感和沮丧感,从而降低信息处理水平。研究发现,随着收到的商品目录数的增加,消费者购买的商品也增加,但到一定阶段,商品目录数的进一步增加,反而会使消费者购买商品的数量减少。原因是,此时发生了信息超载现象,在此状态下消费者停止阅读任何商品目录。

消费者能够和将利用多少信息,并无统一规则可循。一般来说,企业应了解消费者需要哪些信息,并据此提供。重要信息应特别突出和强调,更详细、具体的信息及处于次要地位的信息则可以以表格、录像带和信息广告形式提供,以供那些感兴趣的消费者查用。

2. 个体因素

个体因素是指个人的特征,它们通常是企业不能直接控制的,这些因素主要有需要与动机、态度、适应性水平。

当处于某种需要状态时,消费者对能够满足这种需要的刺激物会主动地关注。饥肠辘辘的人会对食品和有关食品的信息给予更多的注意;计划外出度假的消费者更可能注意与度假有关的广告。喜欢户外运动的消费者,对有关运动器材的广告可能格外注意。因此,当消费者的某种需要被激发时,与满足该需要相联系的刺激物会备受注意。问题是,大多数情况下,当企业提供信息时,消费者的某种特定需要并没有被激发。所以,企业不得不更多地依赖于发展更加引人注意的刺激信息。

根据认知一致性理论,人们倾向于保持一套一致的信念和态度。认知系统中的不一致将引发心理不安和紧张,出于趋利避害的考虑,消费者更倾向于接纳那些与其态度相一致的信息。比如,吸烟者对香烟广告或对宣传吸烟有助于增加个人魅力的信息可能处于一种注意状态,而不吸烟的人或对吸烟有反感的人可能对这类信息没有兴趣或视而不见。换句话说,当消费者对某种产品有好感时,与此相关的信息更容易被注意,反之则会出现相反的结果。

人们对非常习惯的事物可能习以为常,不再注意。典型的事例是当你从安静的乡村搬迁到喧闹的市区时,你起初可能会对噪音不适应。但过一段时间后,你慢慢地就适应了,对噪音不再那么敏感。这种现象同样发生在营销领域。虽然广告很新颖,但老是重复该广告,时间一长,其效果可能会下降。只有在内容和形式上不时作些变动,才能使消费者在较长时期保持对该广告的注意。

虽然消费者适应性水平通常构成了营销者与消费者之间沟通的障碍,但企业也可以利用它为营销服务。例如,设计独特的包装,在广告中采用偏离消费者适应水平的形式和内容,均有助于吸引消费者的注意。美国一家出售儿童电子琴的厂商在杂志上刊登广告,画面是两个活泼可爱的小孩在玩电子琴,标题是“一则糟糕的广告”,标题下的解释则是:“因为你听不到那美妙的旋律。”该广告由于与平常人们所见到的广告有较大偏离,因此引起了广泛的注意。

3. 情境因素

情境因素既包括环境中独立于中心刺激物的那些成分,又包括暂时性的个人特征如个体当时的身体状况、情绪等。一个十分忙碌的人较一个空闲的人可能更少注意到呈现在其面前的刺激物。处于不安或不快情境中的消费者,会注意不到很多展露在他面前的信息,因为他可能想尽快地从目前的情境中逃脱。

广告等营销信息一般出现在电视或广播节目、报纸、杂志等具体情境中。受众接近这些媒体的主要目的是欣赏这些节目或阅读刊载于印刷品上的文章内容,而不是为了观看广告。实际上,很多消费者通过转换频道或将目光移到他感兴趣的内容上而主动避开广告。消费者对某一节目或某一版面内容的关心程度或介入程度,会影响他对插入其中的广告的注意或关注水平。

二、消费者的想像

(一) 想像的概述

想像时人脑对已有表象进行加工改造而创造新形象的过程。而表象是人脑中存在的有关事物的形象。想像以记忆为基础,记忆表象是想像的素材,同时在一定程度上被想像补充着。想像与人的思维、情感、意志乃至感知等心理活动过程都有着深刻的内在联系。

(二) 想像原理在消费领域中的应用

消费者的想像在一定程度上支配了消费行为,使某些产品建立起特定的象征意义,称为吸引购买的关键因素。许多企业的名称、品牌的名称和企业的广告都能引起消费者一定的想像。如

"长城"、"长虹"、"熊猫"、"凤凰"等品牌名称,绿色的草原、蓝色的大海、金色的沙滩,"家的感觉"、"亲情服务"等广告语,这些都能引起消费者的想像和对产品的良好情感。

消费者的形象对于企业的形象设计和形象定位尤为重要,因此,企业应当根据自身条件和外部环境,对未来形象提出多种构思,在综合分析的基础上确定有利于公众认知和认同的形象。例如,在理念形象方面,可创造造福社会、回馈社会、顾客至上、信誉为本等形象;在行为形象方面,可突出优质产品、特色服务等形象;在产品形象方面,可定位于高档、中档或低档、时代性或传统性等形象。

案 例

力士香皂的想像空间

力士香皂,是一个溢满感情价值的品牌。过去十年中,力士广告把名人和香皂联系在一起,魅力成为该品牌推销宣传策略成功的关键因素。进入新的世纪,力士香皂也在不断推出新的品牌,广告制作人力图逃出过去的窠臼。在阿根廷宣传时,将散发诱人魅力的美女、创意的执行表现与新产品出众的功能性结合在一起,为目标消费群提供一种全新的认识,为品牌创造出更加坚实的品牌价值。创意的核心,使用强有力的类比法,表现出一种转化来使枯叶重获新生。为了展示双重保湿配方的效果,广告一开始即展现出一株枯死的树。当强风吹过的时候,老死的枯叶擦过地面,发出刺耳的声音。镜头推近一片枯叶,一名女子被困在其中。……一阵挣扎之后,女子成功地挣脱出来,跃入一池清水。她向水中的一束光游去,光变成了新型力士香皂。当她洗浴的时候,她的皮肤、枯叶的颜色和脉络都发生彻底变化,焕发出新生。

整条广告短小紧凑,实现了"枯叶重获新生"的主题诉求,引发了消费者对于力士香皂美好的想像,产生了良好的广告效果。广告在阿根廷首播之后,力士的知名度从原来的30%提高到43%。

第四节　消费者的情绪和情感

一、消费者的情绪

(一) 情绪概述

情绪不同于认知。感知、记忆、思维等认知活动是反映事物或事物属性及其联系和关系。情绪不是反映活动,情绪是人对反映内容的一种特殊的态度,它具有独特的主观体验、外部表现并且总是伴有植物性神经系统的生理反应。喜、怒、哀、乐等主观感受称为情绪体验。

消费者的情绪表现,大多数是通过其神态、表情、语气和行为等来表达。各种情绪的表达程度也有着明显的差异。消费者在购买活动中的情绪表现,大致可以分为三大类:积极的、消极的和中性的。

（二）情绪与购买行为

消费者对商品的认知过程，是采取购买行为的前提，但并不就等于他必然采取购买行为。因为消费者是生活在复杂的社会环境中的具有思维能力的人，是容易受影响的个体，因此，他们在购买商品时将必然地受到生理需求和社会需求的支配，两者构成其物质欲求的强度。由于生理欲求和社会欲求会引起消费者产生不同的内心变化，可以造成消费者对商品的各种情绪反应。如果情绪反应符合或满足了其消费需要，就会产生愉快、喜欢等积极态度，从而导致购买行为；反之，如果违反或不能满足其消费需要，则会产生厌恶态度，就不会产生购买欲望。消费者对待客观现实是否符合自己的态度而产生的行为态度，就是购买心理活动的情绪过程。情绪过程是消费者心理活动的特殊反映形式，贯穿于购买心理活动的评定阶段和信任阶段，因而，对购买活动的进行有着重要影响。

牙膏与洗发水的情绪广告

联合利华的亲密牌牙膏的特色在于口气清新，2000年，巴西圣保罗的智·威·汤逊广告公司设计了"接吻综合征"广告，画面上是群情激昂拥吻在一起的人群的场景，科学家警告公众，亲密牙膏含有强效口洁剂。镜头中接吻花样翻新并噱头十足，使观看此广告的人情绪也跟着高涨起来。广告播出后，联合利华牙膏再次挤榨出创新的销售量。

传统观念认为洗发液一般是女人买给男人用，生活中通常也都是女人照顾男人。而在《百年润发》这则广告里，设计者大胆进行了角色互换，让周润发给女人洗头发。这个创意，由于点破了女性内心深处的渴求，而把周润发的魅力用到极至，也把品牌与明星有机地结合在一起。据当时一项调查显示，广告产生的所有感动几乎都来自这个情节。而周润发与百年润发的品牌连接效果，使这个广告为企业创造了近8个亿的销售收入。

（三）影响消费者情绪的因素

在购买活动中，消费者的情绪主要受购买现场、商品以及自身所带情绪的影响。

购买现场的环境条件，是影响消费者情绪的重要因素。宽敞明亮、色彩柔和、美观典雅、气氛祥和的商场，会引起消费者愉快、舒畅的情绪反应，使消费者处于喜悦、欢快的积极情绪之中，从而刺激消费者的购买欲望；反之，环境条件差的场所，则会使消费者产生厌恶、烦躁的情绪。

商品本身是影响消费者情绪的另一个因素，当商品能使消费者产生符合自己过去经验所形成的愿望需要的想法时，就会产生积极的情绪，从而导致购买；反之，就会形成消极情绪，打消购买欲望。在现实购买活动中，消费者的情绪演化，是随着对商品的认识过程而发生变化的。随着对商品的深入了解，会产生对商品的"满意——不满意"、"愉快——失望"这样的对立性质的情绪变化。如在购买商品时，消费者发现某种商品的外观好，则会引起愉快情绪，但在深入认识商品时，发现商品的品质较差，则会转变情绪，产生对商品的不满意态度。

消费者本人在进行购买活动时自身所带有的情绪态度是影响消费者情绪的第三个因素，如欢愉、开朗、振奋或忧愁、悲观等。消费者的这种持久情绪的形成,是以他的心理状况为背景的。这种心理状况背景包含多项内容,如消费者的生理特点、性格倾向、生活经历、事业成败、需求顺逆、道德观念、社会地位、理想信念,乃至生活环境、身体状况和社会关系等。消费者的这些心理背景的差异,构成了各自不同的情绪状态,而这种状态是使消费者的购买心理和购买行为染上同质情绪色彩的根源。

二、消费者的情感

(一) 情感概述

情感是与人的社会性需要是否得到满足相联系的一种稳定的体验,具有较大的稳定性和深刻性,是较高级的、深层的心理现象。如消费者对某一商店的信誉、服务态度、购物环境等方面非常赞赏和信任,从而使他对该商店有一种美好的情感。

情绪是情感的外在表现,情感是情绪的本质内容。由社会性需要所引起的情感,是人类的高级社会性情感,这种情感具有稳定的社会内容,往往以鲜明的、突发性的情绪表现形式表达出来。这种情感对消费者的购买行为也是具有很明显的影响的,因为它代表了人的社会欲求。

(二) 消费者情感的分类

消费者的社会性情感可以分为三类:道德感、理智感和美感等。所谓道德感,就是消费者依据社会道德的行为规范去评价事物时产生的一种情感反应。如服务人员的热情、礼貌,因为符合道德原则,就会使消费者产生诸如赞赏、友谊、满足和人情归属的感觉,并以愉悦、兴奋和欣喜的情绪反应表现出来。

所谓理智感,是消费者的求知欲望是否得到满足时产生的一种情感。消费者对一些结构新奇、功能特殊、性能复杂的商品进行认识活动时,所产生的疑惑、求知、好奇和自信、犹豫,都属于理智感,他们都可能促使消费者作出某种情绪反应。

所谓美感,是消费者出于审美的需要,对客观事物或社会现象和它们在艺术上的反映进行评价时产生的心理体验。在购买活动中,消费者由于有着各自不同的心理背景和审美能力,必然使他们在购买过程中对客观事物或社会现象的反应具有不同的情绪方式,从而导致不同的购买行为。

三、消费者情绪、情感在消费领域中的应用

作为营销的手段和工具,情感促销是营销活动中应对正面竞争不可或缺的一环。要让自己的促销与其他品牌区隔出来,独树一帜,其关键不在于创意多奇妙,而在于是否能为消费者度身定制一套既能贴切、又能在物质和精神的双重层面上满足消费者的欲望和需求的促销方案。要想打动消费者,与之在情感上产生交流和共鸣,就得深度了解消费者的情绪、情感,比对手走得更远一步,这也是创新促销方式的惟一突破口。

在物质文化丰富的今天,人们过年是为了追求精神上的极大满足,在传统文化中有"过个年,忙半年"的说法,其中也就蕴涵了过年是一个放纵自己、满足自己、甚至是期望自我体验的最好时期,因此消费者有着很强的消费欲望,正是这种欲望的驱动,消费者较平时而言,对价格常常不太敏感,在购物时,自然更多的是感性消费。

商家抓住这种消费的行为特征,可以开展情感策略,旨在通过刺激消费者的情感,与之产生共

鸣，而促成消费者的冲动性购买。比如春节前的促销活动上，为了在视觉上给消费者感官刺激，商家在生动化陈列或包装上，宜大量运用红色和金黄色，因为，一方面，红色作为一种象征喜庆的颜色，有助于提升品牌对消费者的亲和力；另外，从心理学的角度来说，红色更容易产生兴奋，也就更有利于煽动消费者的冲动性购买欲望。

 案 例

电话传递你的爱

广告要有人理，亲情不可少。《美国贝尔电视公司》的广告创意，便是抓住亲情大做文章：一天傍晚，一对老夫妇正在用餐，电话铃响，老妇人去另一个房间接电话。回来后，老先生问："谁的电话？"老妇人回答："女儿打来的"。又问："有什么事？"回答："没有。"老先生惊奇地问："没事几千里地打来电话？"老妇呜咽道："她说她爱我们。"两人顿时相对无言，激动不已。这时出现旁白："用电话传递你的爱吧！"这则广告，以脉脉温情打动了天下父母或即将成为父母、儿女的或曾为儿女们的心。这则广告正是从儿女与父母的感情入手，描绘、展现了一幅孝心浓浓、爱意浓浓的温馨而美丽动人的亲情画面，让观众时时体味那爱的簇拥，充分唤起了人们对家庭亲情的留恋、回忆、追求、憧憬。电话有线，亲情无限。贝尔电话连接着千家万户，沟通着亲人们的心灵，缩短了亲人们的感情距离。

古人云："攻心为上"。这句话同样适用于商战的广告。其实，任何一笔交易，实际上都蕴含着一种人际关系，是一种人际感情的交流，企业与消费者之间更需要一种真切的、亲近的感情交流。感情是一种巨大的力量，正如18世纪法国启蒙思想家狄德罗指出的："没有感情这个品质，任何笔调都不可能打动人心"。如果广告通过感情传递、感情交流、感情培养，令大众产生心灵上的共鸣，那么企业的产品、品牌就容易为顾客所理解、喜爱并接受。因此，广告创意所展现出来的这些情感，在以理服人的同时，更以情动人。贝尔电话广告的成功正在于此。

 **本章小结**

1. 感觉是刺激物作用于感觉器官，经过神经系统的信息加工所产生的对该刺激物个别属性的反映。刚刚能够引起感觉的最小刺激量被称为绝对阈限；能觉察出两个刺激的最小差别量称为差别感觉阈限。个体可觉察到的刺激强度变化量 ΔI 与原刺激强度 I 之比是一个常数（K），即 $\Delta I/I = K$，这就是韦伯定律。韦伯定律在市场营销中有多方面的运用。知觉，是人脑对刺激物各种属性和各个部分的整体反映，它是对感觉信息加工和解释的过程。知觉质量是指消费者对产品适用性和其他功能特性适合其使用目的的主观理解。

2. 学习是指人和动物在生活过程中通过实践或训练而获得的，由经验而引起的比较持久的心理和行为变化的过程。经典性条件反射理论认为，借助于某种刺激与某一反应之间的已有联系，经由练习可以建立起另一种中性刺激与同样反应之间的联系。而操作性条件反射是个体通过自己的活动或操作形成的，也称为工具性条件反射。经典性条件反射理论和操作性条件反射理论都已经被广泛地运用到市场营销实践中。

3. 消费者的学习离不开记忆。记忆是个体对其经验的识记、保持和再现（回忆和再认）。消费者的记忆系统包括三个互相关联的信息储存与处理的子系统,即感觉记忆系统、短时记忆系统和长时记忆系统。当识记的内容不能回忆与确认或回忆与确认发生错误,就产生了遗忘现象。影响遗忘现象的因素很多,时间、识记材料对学习者的意义、识记材料的性质、识记材料的数量、学习程度、学习材料的系列位置等均会对遗忘的进程产生影响。

4. 注意就是指个体对接触于其感觉神经系统面前的刺激物作出进一步加工和处理,它实际上是对刺激物分配某种处理能力,是人的心理活动选择、指向和集中于一定对象的表现。影响消费者注意的因素包括刺激物因素、个体因素和情境因素。想像是人脑对已有表象进行加工改造而创造新形象的过程。想像与人的思维、情感、意志乃至感知等心理活动过程都有着深刻的内在联系。消费者的想像在一定程度上支配了消费行为,使某些产品建立起特定的象征意义。

5. 情绪是人对反映内容的一种特殊的态度,它具有独特的主观体验、外部表现并且总是伴有植物性神经系统的生理反应。在购买活动中,消费者的情绪主要受购买现场、商品和自身所带有情绪的影响。情感是与人的社会性需要是否得到满足相联系的一种稳定的体验,具有较大的稳定性和深刻性,是较高级的、深层的心理现象。情感促销在营销活动中具有非常重要的实践意义。

思考题

1. 感觉的绝对阈限和差别阈限分别是指什么?
2. 韦伯定律在营销中有何应用价值?
3. 知觉有哪些特征?知觉理论在消费领域中有哪些应用?
4. 试述操作性反射条件下消费者的学习过程。
5. 记忆在消费者购买过程中有何作用?
6. 影响消费者注意的因素有哪些?
7. 情感的类型有哪些?情感理论在消费领域中的实践意义是什么?

典型案例与讨论

蒙牛的成功之路——情感诉求

让中国人自豪的神舟五号载人飞行事件

神舟五号载人飞行事件无疑最能吸引国人的眼球,并引发民族自豪感!如同中国申奥成功!如何利用举国同庆、欢呼的第一时间,展开事件营销,迅速提升企业品牌知名度与美誉度,成为全国企业商家关注的焦点,蒙牛无疑是将此次事件营销精彩演绎中的最大胜利者。

品牌借势提升,从"内蒙牛"到"中国牛",蒙牛作为中国乳业的一头"猛牛",势头不可阻挡,仅用了四年的时间,就跻身于中国乳业前四强,以年均递增350%的速度创造了我国乳业发展的"第一速度",更创造了一种品牌神话,为何再次巨资投入此次神舟五号上天事件?

面对中国乳业的激烈竞争,伊利、光明、三元、蒙牛一线品牌自身不仅要迅速渗透巩固,还要面临全国区域市场二线品牌的挑战,面对巨大的潜力市场,国际巨头也纷纷参股,各品牌将面临激烈的正面交锋,进入"战国时代",并将迸发行业洗牌,品牌突围迫在眉睫!蒙牛作为处于生长期的新锐品牌,势头已经起来,并且吸引摩根士丹利、英联投资、鼎晖3家投资公司一次性向蒙牛乳业股份有限公司投资 2600 多万美元,在完成"内蒙牛"到"中国牛"的冲击成功,"中国牛"更需强势塑造,再次冲击"世界牛"。

蒙牛通过搭载此次"飞天梦圆"的事件平台,电视、平面、户外,各种软硬结合的新版广告出现在全国各大城市的家庭与街头,成为广告差异化传播的一次成功转型事件点。各种类型的新版广告一改品质功能的主题诉求,以"举起你的手,为中国航天喝彩"的情感诉求、"健康是强国之路"的品牌主张,通过老、青、童三代不同的形象表现,以一种全新的形象走进人们的视野,以民族情、民族自豪感影响各种类型的消费群体,走出了乳业广告诉求与品牌形象雷同的僵持局面,可谓"百花齐放,一枝独秀"。

蒙牛此次事件的营销成功,无疑是蒙牛的高瞻远瞩之略,在乳业市场为"中国牛"的强壮注射了兴奋剂,先声夺人,为将来 3～5 年渐入佳境的乳业市场奠定品牌基础,为将来市场的品牌之争蓄力;此次携神舟五号之势再次加深消费者对"蒙牛"的记忆,同时以"为中国航天喝彩"、"健康才能强国"的主题情感诉求再次丰富了"蒙牛"的品牌内涵。

2005 火暴中国的超级女声大赛

2005 年 2 月 24 日,国内最具活力的电视娱乐频道——湖南卫视与国内乳业巨头——蒙牛乳业集团在长沙联合宣布,双方将共同打造"2005 快乐中国蒙牛酸酸乳超级女声"年度赛事活动。蒙牛乳业集团为了突破在纯牛奶市场的价格竞争,推出"蒙牛酸酸乳"系列新品时,不遗余力的打造"蒙牛酸酸乳"品牌,这一品牌定位于青少年消费群,塑造年轻而又充满活力的品牌形象。家庭消费价格是绝对重要的因素之一,所以纯牛奶市场一直以来价格战不断,而青少年消费价格因素并非是第一位的,而且潜在市场也非常庞大,这也是蒙牛花巨资打造"蒙牛酸酸乳"品牌,进行本次整合营销传播活动的原因。

首先,"蒙牛酸酸乳"品牌定位为年轻而又有活力的,目标消费群正是"超级女声"的参与者和受众,"蒙牛酸酸乳"活动的意义在于展示自信的我,享受过程的酸酸甜甜,代表着新一代女生新的时尚和面貌。"蒙牛酸酸乳"品牌和"超级女声"这一节目品牌有着同样的消费群和观众,有着同样的品牌诉求,这是整合营销传播的关键。

其次,"蒙牛酸酸乳"通过找 2004 年超级女声前三名张含韵代言,更加贴近"超级女声"的受众,成为整个整合营销传播的关键点。张含韵不是明星,只是一位四川德阳的 16 岁女生,但通过"超级女声"选秀及"蒙牛酸酸乳"代言后,她成为大众关注的焦点,张含韵非常契合"蒙牛酸酸乳"品牌的形象,这也是蒙牛作为事件营销高手做出的明智选择。

再次,"蒙牛酸酸乳"把销售系统和媒介系统进行了一次完美的整合。从产品的包装、售点的宣传单页、终端的路演推广均和媒介宣传步调一致,把消费者的关注度集中到一点,消费者去超市购买"蒙牛酸酸乳"产品一定会想到湖南卫视"蒙牛酸酸乳超级女声"这一活动,想到张含韵这个"超级女生"的。

从品牌传播的角度来讲,越来越多的品牌开始注重情感诉求,以独特的形象广告作为情感的载体去传播,如"鹤舞白沙"、"大红鹰——胜利之鹰",都赋予了品牌更深层次的内涵,从情感的角度去影响消费者,同时通过广告变换的新鲜感加深品牌的记忆点,达到喝饮料买可乐,买笔记本就想 IBM 之品牌优势。蒙牛选择"飞天梦圆"的事件、"2005 超级女声"营销平台,完成广告的整体更新,赋予品牌的丰富内涵,可谓"恰到好处"。

蒙牛的确"猛",一飞冲天,但随着神舟五号事件和超级女声在消费者记忆中的消退,下一步的品牌、形象之路,该如何去走？该如何再去面对乳业的巨头之争,该如何借势再飞？相信将来的事件营销将越来越精彩！

资料来源:全球品牌网

分析讨论题:

1. 蒙牛乳业运用情感诉求战略,是怎样打动消费者的心的?

2. 结合本案例,谈一下消费者心理活动过程的重要性。

第三章　消费者的个性心理特征

个性是导致行为以及使一个人区别于其他人的各种特征和属性的动态组合。消费者的个性心理特征可以从气质、性格、能力以及自我概念四个方面进行探讨。消费者不同的气质类型、不同的性格以及不同的能力水平都对消费心理和行为产生重要影响,研究消费者的个性心理特征对于企业的营销策略具有非常重要的指导意义。本章结合消费领域中的实际案例,详细阐述了气质、性格、能力的有关理论以及在消费领域中的应用,另外还特别阐述了消费者的自我概念与消费行为的关系。

引导案例

力波啤酒演绎"上海男人"的一波三折

"力波啤酒,喜欢上海的理由",终于唤醒了上海男人的感觉,也终于迎得了上海男人的喜爱。

力波啤酒作为上海本土品牌一直占据着上海第一的位置,然而威胁已经产生。1996年,日本三得利凭借其长年积累的酿造经验和技术,在中国上海成立了合资公司,展开了针对中国市场的本土战略。此后的几年里,三得利开创了中国市场清爽型啤酒的先河,并成功塑造了"亲切、轻松、浪漫而且富有情趣"的品牌形象。1998年力波从第一的位置跌到第二。再到了2000年底,三得利已经占领了55%的市场份额,力波只占到25%左右。

面对三得利的一步步强势侵入,力波啤酒奋起反击。然而并不顺利,三大战役可谓一波三折。

第一波:不讨好的"男人本色"

1999年6月,力波寄希望于奥美广告,奥美使用投射技术研究力波的消费者,试图重新赋予力波新的品牌价值——这些普普通通的男人背后到底蕴藏着什么? 以此找到与他们心灵沟通的切入点。

奥美在这些朴素的貌不惊人的平凡男人身上,发现了很多闪光的、真正的男人品质。他们乐观、聪明、勤劳、正直、富有爱心和责任感;他们懂得生活、懂得人生真正的意义,并坚持不懈地努力去实现更美好的生活。

奥美广告以电视广告系列"上海男人的故事"来演绎"上海男人本色"。一个CF演绎了元宵节父亲为小孩扎兔子灯,孩子为有一位"心灵手巧"的好父亲而倍感自豪的故事。广告使用"有了你,生活更有味道","力波啤酒,男人本色"等双关语同时赞美主人公美德和产品。

整个系列广告侧重从女性的视角来刻画新好男人的形象,但给人的感觉过于"温情、软弱",与当代新上海人的价值观有些出入。目标消费群——上海男人并不认同这一"软"形象,所以市场并未达到预期效果。

第二波："上海真男人"的硬感觉

2000 年,力波试图逆向思维,塑造硬朗的男性形象。于是在 2000 年 6 月,不惜重金,聘请有"上海真男人"之称的徐根宝为力波啤酒广告作代言人,演绎了一场激昂慷慨的足球故事。结合力波的产品概念,企图把日益淡化的口味再度引领到重口味上。但结果证明,"重口味"、"硬朗人物"是错误的感觉,与年轻一代的距离走得更远。力波仍然没有打赢翻身仗。

第三波："喜欢上海的理由"

第三年即 2001 年刚入夏,力波大刀阔斧地进行一系列重大调整。6 月 18 日,上海亚太取代了上海民乐,使亚洲太平洋酿酒公司全面进入民乐,控股 97%。亚太中国区总经理认为:"啤酒应该是区域性、地方化很强的一类商品,啤酒消费越来越侧重于情感。"于是力波啤酒再次认真考虑其大众化策略和本地化道路。上海亚太和达彼思(上海)广告公司再度挖掘力波啤酒的品牌精髓,目标是塑造一个年轻有活力的,充满国际感的新力波品牌形象。

13 年前诞生的力波啤酒,多年来已经同上海人结下了难以割舍的情感,与上海的渊源及其深厚的历史积淀是其他竞争对手无法具备的独特资产,无论是外来的三得利、百威,还是国产的青岛。再加上啤酒的消费者普遍认同本地啤酒相对比较新鲜的信念,于是力波决意搭上"上海"这趟车,打出"上海品牌"的概念。广告策略抓住了上海概念的三个核心层面:

上海是国际大都市,什么都有,什么都是最新的,"我"因此感到自豪;上海的成长日新月异,上海人求新求变,力波同上海人一起经历巨大变迁,融会了上海的精神;上海是国际文化中心,最流行的前沿,生活在上海可以非常享受生活。

上海人亲眼目睹上海的变化,也珍惜大变化大发展给予每个人的机会,他们积极地参与这场创业浪潮,既推动了上海的发展,也实现了自我价值……

最后,广告策略定为"力波啤酒,喜欢上海的理由",格调(tone & manner)定为"求新求变"。电视广告片准确地抓住目标消费者的生活形态,选择能触动他们情绪的场景来传达广告主题:躺在窗下看走过的女孩;橱窗里的泳装模特表演;证券交易所门口拥挤的人群;模仿外国人的发型勇敢地冲进发廊;"时间就是生命,效率就是金钱"的标牌……一个个场景,引发起一段段回忆,心头涌起万般感慨。

报纸媒体与电视广告配套,大版面讲述着上海人和力波啤酒的故事:

"上海是我长大成人的所在 / 带着我所有的情怀 / 第一次干杯,头一回恋爱 / 在永远的纯真年代 / 追过港台同胞,迷上过老外 / 自己当明星,感觉也不坏 / 成功的滋味,自己最明白 / 旧的不去,新的不来 / 城市的高度,它越变越快 / 有人出去,有人回来 / 身边的朋友越穿越新派 / 上海让我越看越爱 / 好日子,好时代 / 我在上海,力波也在。"

与广告战役同步,从 2001 年 6 月起,力波啤酒以全新的姿态推出超爽型啤酒,采用与众不同的透明瓶包装,不仅强化了其超爽且清新的口感,更显示了力波对自己的技术和操作的信心。

力波啤酒 2001 年终于抓准了上海消费者的真实情感和想法,赢得了广泛的共鸣与认同,有力地推动了市场份额的迅速增长,并产生了延续效应,2002 年与 2001 年相比,市场份额增长 20% 以上。

资料来源:中国消费者行为报告

第一节　消费者的气质

一、气质的概念

气质是个人与生俱来的心理活动的动力特征。这一概念与我们平时常说的"禀性"、"脾气"相似。这种心理活动动力特征包括三个方面：一是心理过程的强度，如情绪体验的强度、意志努力的程度；二是心理过程的速度和稳定性，如感知的速度、思维的灵活度、注意力集中时间长短；三是心理活动的指向性，即心理活动倾向于外部事物，从外界获得新印象，或倾向于内心世界，经常体验自己的情绪，分析自己的思想和印象。

人们气质的不同就表现在心理活动的动力特征上的差异。例如在日常生活中，我们可以看到，有的人总是活泼好动，反应灵敏；有的人总是安静稳重，反应缓慢；有的人无论做什么事情总显得十分急躁，而有的人做事情总是那么不紧不慢。

气质是人典型的、稳定的心理特点，主要是由先天因素决定的，气质的表现使个体行为常常有独特的个人色彩。在长期的生活历程中，人的气质虽也会发生某些变化，但变化是相当缓慢的。因而气质具有显著的稳定性与持久性。气质不具有社会评价意义，不受人的思想意识、行为动机以及活动内容的影响。气质与人的其他心理特征相比，是最稳定的，它不因人的动机和心理状态的不同而改变。某种气质类型的人往往在各种不同内容、不同动机的行为活动中，都会显示出同样性质的动力特征，即一个人的气质特点不依活动内容为转移，表现出一个人生来就具有的自然心理特征。

二、气质的类型

公元前 5 世纪，古希腊医生希波克拉底提出 4 种体液的气质学说。他在自己的临床实践中提出人体内有血液、黄胆汁、黑胆汁、黏液四种体液。根据每种液体在人体内所占的比例不同，可以形成四种气质类型。血液占优势的属于多血质；黏液占优势的属于黏液质；黄胆汁占优势的属于胆汁质；黑胆汁占优势的属于抑郁质。

巴甫洛夫认为，人的气质与人的高级神经活动类型密切相关（见表 3-1）。人的高级神经活动类型是人的气质的生理机制，气质是高级神经活动类型在人的心理活动和行为动作中的表现。他用条件反射方法发现高级活动的两种基本过程——兴奋与抑制，具有三种基本特征：强度、平衡性和灵活性。并提出气质不是由某一种神经系统的特性决定的，而是由三种特性的整合作用决定的。三种特性的不同组合形成了神经系统的四种基本类型：强而不平衡型、强而平衡的灵活型、强而平衡的迟缓型、弱型。即兴奋型、活泼型、安静型、抑制型。巴甫洛夫指出，这四种类型就是传统上所说的胆汁质、多血质、黏液质、抑郁质四种气质类型的神经生理机制。

表 3-1　高级神经活动的特点与类型

高级神经活动类型	强　度	平衡性	灵活型	气质类型
兴奋型	强	不平衡	一般	胆汁质
活泼型	强	平衡	高	多血质
安静型	一般	平衡	低	黏液质
抑制型	弱	一般	低	抑郁质

气质类型的另一维度——场依存型与场独立型

场依存型与场独立型的理论最初是为阐明垂直知觉的个别差异而提出来的。在暗室做棒框实验时，被试面对着一个可调倾斜度的亮框，框中心安装着一个能转动度数的亮棒，要求被试把亮棒调垂直。结果发现，一些被试往往把亮棒调成与亮框看齐，即根据亮框的主轴来判断垂直，这类人属于场依存型。另一些被试则往往利用自己所感觉到的身体位置把亮棒调成垂直，这类人属于场独立型。后来大量的研究表明，场依存型和场独立型是较多地依存于遗传因素和生理基础的一个人格维度，也可以把它们看作是两个对立的信息加工方式。场依存型倾向于以外部参照作为信息加工的方式，而场独立型则倾向于更多地利用内部参照。

场依存型和场独立型不仅表现在知觉中，也在他们的人际关系中表现出来。场依存型比场独立型更多利用外在的社会参照来确定他们的态度和行为，特别是在模棱两可的情况下是这样。场依存型的人注意别人提供的社会线索，优先注意他所参与的人际关系的情况，对他人感兴趣，并善于与他人交往；而场独立的人则对他人提供的社会信息不敏感，喜欢孤独的与人无关的情况，对他人不感兴趣，喜欢关心概念和抽象原则，行为是非社会定向的，不善于与人交往。

三、四种传统气质类型的特点

(一) 胆汁质

胆汁质气质的人其心理过程具有迅速而突发的色彩。他们的思维非常灵活，但理解问题有粗枝大叶不求甚解的倾向。心理特征表现为直率、热情、精力旺盛、情绪易于冲动、心境变化剧烈等，他们的抑制能力通常较差，反应速度快而不灵活。

(二) 多血质

多血质的人表现为心理活动迅速、思维灵活、反应迅速。喜欢与人交往，注意力容易转移、兴趣容易变换等。他们情绪兴奋度高，外部表露明显，反应速度快而灵活，情感丰富但不够深刻稳定。

(三) 黏液质

黏液质的人思维灵活度较低，但考虑问题细致，能够沉着而坚定地执行已采取的决定，但不容易改变旧习而适应新环境。心理特征表现为安静、稳重、反应缓慢、沉默寡言、情绪不易外露、注意力稳定但又难以转移、善于忍耐等。他们的情绪兴奋度低，外部表现少，反应速度慢，做事踏实，慎重细致但不够灵活。

(四) 抑郁质

抑郁质的人表现为敏感、行动迟缓、体验深刻、善于觉察别人不易觉察到的细小事物等。他们在任何活动中很少表现自己，但做起工作来很认真细致，不喜欢交际，显得孤僻。他们的情绪兴奋度高，反应速度慢而不灵活，对事物反应性较强，情感体验深刻，但很少外露。

我们在实际生活中都会遇到每种气质的典型代表人物。尤其是在文艺作品中，对四种气质的典型代表人物的描写更为多见。例如：《水浒传》中的李逵、《三国演义》中的张飞是典型的胆汁质类型人物,《红楼梦》中的王熙凤则是典型的多血质类型人物,林黛玉可谓典型的抑郁质类型的代表人物。但人的气质特点是千差万别的,虽然在生活中可以遇到四种气质类型中的每一种典型代表人物,但这毕竟是少数,大多数人都是近似于某种气质类型,或是几种气质类型某些特点的综合。

四、消费者气质的类型特征

气质使每个人的行为带有一定的色彩、风貌,表现出独特的风格。一个人会以同样的风格、特点出现在他所参与的各种活动中,而不依赖于活动的内容、动机和目的。一个具有某种气质特征的消费者无论购买什么商品,也无论出于怎样的动机和在什么场合,都会以同样的行为特点表现在各种不同的消费活动中。

气质可以影响一个人进行活动的方式和效率。在消费活动中,这种现象极为普遍。如对同一商品,不同气质类型的消费者会以完全不同的方式购买。外向型的消费者往往主动询问周围顾客的看法,并愿求助营业人员的帮助。内向型的消费者则恰恰相反,一般不主动与周围的人交谈,喜欢自己认真仔细地观察商品,不愿询问他人。

消费者的气质特点在其消费行为中主要反映在他们购买商品前的决策速度、购买时的行为特点和情绪的反应强度、购买后消费商品时的感受和体验等方面。不同的消费者气质类型表现如下:

(一) 冲动型的消费者

胆汁质的消费者的消费行为是冲动型的。他们喜欢标新立异,追求新款、奇特、有刺激性的流行商品;一旦感到需要,会很快产生购买动机并干脆利落地迅速成交;不善比较,缺乏深思熟虑,耐心不够,遇到怠慢的营业员会激起烦躁情绪和激烈的行为反应。

(二) 随机型消费者

多血质的消费者的消费行为是随机型的。他们在购物过程中观察敏锐,反应敏捷,容易适应购物环境,善于与营业员进行沟通,但在多种可选择的商品前难以取舍,容易发生兴趣转移,也受他人意见的影响,行为中常带有深厚的感情色彩。

(三) 理智型消费者

黏液质的消费者的消费行为是理智型的。他们购物比较谨慎、细致、认真、冷静,不易受广告宣传、推销、包装等的影响,喜欢在观察和比较后做出购买决定,对已熟悉的产品积极购买,并持续一段时间,对新商品持谨慎态度。

(四) 敏感型消费者

抑郁质的消费者的消费行为是敏感型的。他们在购物中考虑周全,对周围事物敏感,不轻易相信别人,容易观察到别人不易察觉到的地方,其购物缺乏主动性,行为拘谨,优柔寡断,容易出现购买后的后悔心理。

五、消费者气质对购买行为的影响

气质使每个人的心理活动都涂上了个人独特的色彩。当人们以消费者的身份出现在商店的时候,也会在自己的购买过程中将这种独特的个性色彩表现出来,并形成各种不同的购买行为。多血质和胆汁质的消费者,在消费行为中通常表现出积极主动,善于同营业员交谈,积极地提出问题并寻求解答,有时还会主动征询其他在场的顾客的意见,表现得十分活跃。以胆汁质为主的消费者好凭个人主观意见和兴趣办事,容易受商品广告宣传、商品外观、品牌、社会时尚以及他人劝说的影响而即兴购买。在消费者行为上为了赶时髦,讲奇特,求新颖,往往不问商品质量、价格、用途就贸然购买,但买后又常常后悔要求退货。他们语言直率,情绪热烈,比较外露。以多血质为主的消费者往往富于联想,富于激情,兴趣转换快,容易受情感的影响,审美感受灵敏,比较注重商品和服务的象征意义,商品外观造型、颜色、命名都能引起这类消费者丰富的想像和联想,其购买行为中情感色彩很浓。以黏液质和抑郁质为主的消费者,比较冷静慎重,能够理智分析作出购买决策。他们常常倾向于选购自己熟悉、信任的商品。他们善于控制自己的感情,不易受外界各种因素的干扰,例如,广告、各种促销行为等。以抑郁质和多血质为主的消费者,对商品的价格特别重视,对价格变化的反应敏感和迅速,善于发现别人不易察觉到的同类商品之间的价格差。这类消费者中的大多数在经济动机的支配下,以物美价廉作为消费购物的前提条件,对于削价、特惠、打折的商品尤其充满兴趣。

信 息 框

万宝路的个性

著名品牌万宝路,"男子汉的香烟",其品牌个性定位正是充分挖掘当时美国人的潜意识需求才获得了巨大的成功。当时正值"二战"结束不久,工业经济得到迅猛的发展,工业化中的美国人普遍存在着一种反叛现实的思潮。他们厌倦了紧张忙碌、枯燥乏味的都市生活,怀念过去那种无拘无束、自由自在的乡野情趣。针对这种心态,万宝路广告持久地以美国西部牛仔作为其个性表现形象,以充满原始西部风情的画面衬托着矫健的奔马、粗犷的牛仔,突出了男子汉放荡不羁、坚忍不拔的性格,尽显硬汉本色。这一品牌个性的塑造恰恰迎合了大多数美国人的心理欲求,很快便博得了美国烟民的喜爱与认同。其实,谁心里也明白,即使一天抽一条"万宝路"也成不了一个牛仔,但它却可以达到对世俗尘嚣的排遣和解脱,从而使人得到一种心理的补偿。

第二节　消费者的性格

一、性格的概念

性格是个人对现实的稳定的态度和习惯化了的行为方式。人对现实的稳定态度决定着他的行为方式,而习惯化的行为方式又体现了他对现实的态度。

性格是人的个性中最重要、最显著的心理特征。在个性的三大组成部分中,气质是心理活动的动力特征,能力是心理特征的表现,而性格是个性心理特征的核心部分,是个体本质属性在心理与行为中的表现。例如,一个人在各种场合总是表现出对他人热情忠厚、与人为善,对自己虚心谦逊、严于律己、遇事坚毅果断、深谋远虑,这种对人对己对事的稳定态度和习惯化的行为方式所表现出来的心理特征,就是这个人的性格。但是,并不是人对现实的任何一种态度都代表他的性格特征,在有些情况下对待事物的态度是属于一时情境性的、偶然的,同样,也不是任何一种行为方式都可以表明一个人的性格特征,只有习惯化了的行为方式,才能表明其性格特征。

性格与气质是有区别的,主要表现在下列三个方面。第一,从起源上看,气质是先天的,一般产生在个体发生的早期阶段,主要体现为神经类型的自然表现。性格是后天的,在个体的生命开始时期并没有性格,它是人在活动中与社会环境相互作用的产物,反映了人的社会性。第二,从可塑性上看,气质的变化较慢,可塑性较小,即使可能改变,但较不容易。性格的可塑性较大,环境对性格的塑造作用是明显的。第三,气质所指的典型行为是它的动力特征而与行为内容无关,因而气质无好坏善恶之分。性格主要是指行为的内容,它表现为个体与社会环境的关系,因而性格有好坏善恶之分。

二、消费者的性格类型

消费者不同的性格特点,体现在各自的消费活动中,从而形成千差万别的消费行为。消费者的性格类型可以从消费态度和购买方式两个角度进行划分。

(一) 以消费态度划分

1. 节俭型

节俭型的消费者在消费观念和态度上崇尚节俭,讲究实用。在选购商品的过程中较为注重商品的质量、性能、实用性,以物美价廉作为选择商品的标准,而不在意商品的外观造型、包装、品牌及消费时尚,不喜欢过分奢华、高档昂贵、无实用价值的商品。

2. 保守型

保守型的消费者在消费态度上较为严谨,生活方式刻板,性格内向,怀旧心理较重,习惯于传统的消费方式,对新产品、新观念持怀疑态度,选购商品时,喜欢购买传统的和有过多次使用经验的商品,而不愿冒险尝试新产品。

3. 顺应型

顺应型的消费者的态度比较随和,消费观念属于大众型,没有长久稳定的看法,随时尚的变化而变化,在选购商品方面表现出很大的随意性,他们选择商品的标准往往多样而不稳定,经常会根据自身的需要和商品种类的不同,采取不同的选择标准和要求,容易受同事、邻居、朋友等社会群体因素的影响,也较容易接受广告和其他促销手段的宣传,容易接受销售人员的诱导和推荐。

信 息 框

内外倾性格与购买行为

有证据显示,内倾型消费者倾向于运用自己内心的价值观或标准来评价新产品,他们更可能成为创新采用者;相反,外倾型消费者倾向依赖别人的指引做出是非判断,因此成为创新采用者的可能性相对要小。上述两种类型的消费者在信息处理上也存在差别。一般来说,内倾型消费者似乎较喜欢强调产品特性和个人利益的广告,而外倾型消费者更偏爱那些强调社会接受性的广告。由于后者倾向根据可能的社会接受性来理解促销内容,所以这类消费者更容易受广告影响。

(二) 以购买方式划分

1. 习惯型

习惯型的消费者在购买商品时习惯参照以往的购买和使用经验。当他们对某种品牌的商品熟悉并产生偏爱后，就会经常重复购买，从而形成惠顾性购买行为，这一类的消费者受社会时尚、流行趋势影响较小，不轻易改变自己的观念和行为。

2. 挑剔型

挑剔型的消费者在性格上一般意志坚定，独立性强，不依赖他人。在选购商品时强调主观意愿，自信果断，很少征询或听从他人的意见，对商场销售人员的解释说明常常持怀疑和戒备心理，观察商品细致深入，某些时候甚至过于挑剔。

3. 自由型

自由型的消费者其购买行为比较随便，生活方式自由。在选购商品时，选购标准呈多样化，比较注重商品的外观，能接受销售人员的推荐和介绍，但并不会依赖售货员的意见和建议，有较好的购买技巧。

在现实的消费活动中，由于客观环境的影响，消费者的性格很少以原来的面貌表现出来，有时在不同的场合购买不同的商品时表现出来的性格类型不尽相同。因此，市场营销人员需要通过认真观察、深入交谈或调查分析来认识消费者的性格特征，了解其行为倾向，不能仅以消费者一时的消费态度和偶然性的消费行为来判断其性格类型，并且应根据各种消费者的不同性格特征有针对性地进行对待，以提高服务质量。

三、消费者性格对购买行为的影响

1. 消费观念的陈旧与更新、积极与消极

例如，有的人对商品有浓厚的怀旧心理，对日新月异的新产品难以接受，有的人对新潮流跃跃欲试，对新产品总是先人一步，抢先消费，甚至超前消费，有的人为了攒钱，衣食住行消费处于最低生活水准，有的人则能科学的适度消费。于是乎，就有了"北大荒"、"老三届"餐馆，让人们流连忘返于 20 世纪 60 年代的知青生活岁月；也就有了如今的"新新人类"让年长者跟不上的年轻一代的生活方式，等等。

2. 消费决策的果断与犹豫、迅速与迟缓

例如，有的消费者购物时目标明确、积极主动，遇到符合个人意愿的商品，从不犹豫，当即果断地将商品买下。有的消费者购物时，左看看，右看看，反反复复地比较权衡，缺乏自信与主见，对商品的品牌、款式等没有固定的偏好，常需要别人帮助做出购买与否的决定。这类消费者的购买行为常常处于被动状态。

3. 消费情绪的乐观与忧郁、外倾与内向

例如，购买行为中，有的消费者热情开朗，乐于与营业员和其他顾客交谈，购买心理容易受环境影响，具有很大成分的从众心理行为；有的消费者少言寡语，情绪活动集中于内心，购买心理不易受外界环境的影响。

4. 消费态度的节约与奢华、控制与放纵

例如，有的人不惜债台高筑，借钱购买高档商品，以显示生活水准达到了一定的档次（注意此消费与信用信贷消费不是一个概念)。有的人收入水平很高,购买中低商品津津乐道,以俭朴为荣。这两种消费品格也在现实生活中形成了鲜明的对比,一方面是繁华街面上一家接一家的专卖店里人头攒动;另一方面是连锁平价超市里长长的蛇阵在等待着结款。

5. 购买行为的冷静与冲动、稳定与摇摆

例如,有的消费者购买商品时喜欢从一时的兴趣出发,不注意商品的使用价值,看到别人买自己也买。有的消费者购买商品时很沉着冷静,仔细比较,深思熟虑,不受广告、促销、打折、营业推广等各种外界因素的影响。

案例

解构品牌性格　让消费者迷恋

一位消费心理专家曾这样解释"性格"品牌成功的必然性:"其实消费者并不知道自己想要什么,他们的选择是随时受到外界影响的。但在这种影响中,他们又总是特别迷恋某种长期保持自己风格不变的产品,这种产品往往具有品牌震撼力。"

瑞士表是早期成功进入中国市场的奢侈品之一,成功原因中非常突出的一点是:对于典范产品长期坚持设计思想的统一性;明确不同产品定位之间的区别并制定相应市场营销策略。在世界流行风潮变幻无常的时代,瑞士表采取了中高低端全面覆盖式的策略,以中低端去应合时尚风潮,用高端产品来坚持自己的"性格"。

江诗丹顿亚太区董事总经理柏尚文曾在北京的一次派对上遇到一位戴着江诗丹顿古董表的年轻小伙子。小伙子这样回答他的询问:他的祖父传给了他的父亲,父亲又传给了他。就这样,这经久耐用且值得珍藏的腕上奢侈品成为了其家族历史的传承与情感的延续。

欧米茄的设计者也认为,许多消费者喜欢这个品牌是喜欢这个品牌的传统。如果改变了,就会破坏欧米茄在消费者心目中的形象。在设计过程中,设计师常常是回到博物馆,去研究欧米茄以前成功的设计,再融合一些现代的元素,让其设计讲究历史的一脉相承。

再如雷达表,其设计主流是简单大方,主要是黑白两色。表盘上几乎只有几个简单的数字,甚至连刻度都没有,倡导一种"简单就是美的观念"。另外,雷达表还追求材质的独特——使用很久以后还跟新的一样。从1962年第一块不易磨损的雷达表诞生以后,雷达就一直坚持这样的设计理念。

而除了产品的设计,我们看到高档腕表品牌也通过终端的形象在顾客中树立自己独特的"性格",如欧米茄在成都的店面装修上突出自身的特点——统一以米色为主,陈设、灯箱的设计也以米色和白色居多,突出其热情、典雅的品牌风格,让人一看就知是欧米茄的店。另一方面,品牌的形象代言人也再度说明了品牌的"性格"。以浪琴为例,为了突出"优雅"风格,曾聘请了多位世界知名人士担当形象代言人,最成功的当属赫本。而为了开启中国市场,浪琴启用港星刘嘉玲、郭富城来代言"优雅",收效惊人。今年,据悉其又签下亚洲红星林志玲,表明要在延续优雅的传统中增添娇媚的新貌;另一品牌雷达为了出击中国市场,则聘请了张静初为新的代言人,通过其健康、青春、靓丽的形象传达雷达"持久美丽"的愿望。

资料来源:华西都市报

第三节　消费者的能力

一、能力的概述

(一) 能力的概念

能力是人顺利地完成某种活动所必须具备,并直接影响活动效率的个性心理特征。它是影响人的活动效果的基本条件,能力的高低直接影响个体从事活动的快慢、难易和巩固程度。

对能力的含义,历来有不同的解释。其中一种解释认为可以从两方面来理解能力的含义,一方面,指个人到目前为止所具有的知识、技能;另一方面,则指可造就性或潜力的意思。

能力与活动是紧密联系的,它总是存在于人的具体活动之中,并通过活动表现出来。例如,一位消费者的购买能力在具体的消费行为中体现出来。任何一种活动的完成,有赖于多种能力的综合表现,如完成某种学习任务,需要靠记忆力、观察力、理解力、逻辑推理等能力的综合。

(二) 能力的分类

能力分为一般能力和特殊能力两大类。一般能力是在很多基本活动中表现出来的能力,如观察能力、注意能力、记忆能力、思维能力和表达能力等,它适合于多种活动的要求。西方心理学一般把一般能力称为"智力"。特殊能力是表现某些专业活动中的能力,它只适合于某种狭窄活动范围的要求,如购买某些特殊商品所必需的能力,如古董、字画的鉴赏能力,珍贵毛皮、中药药材的鉴别能力等。

在消费者的购买活动中,往往有多种能力共同发挥作用,如注意力、决策力等,购买特殊商品时,还要有鉴别力等。每个人的一般能力发展与特殊能力的提高存在着相互依存、相互联系、相互促进的关系。一方面,特殊能力是特定活动所要求的多种基本能力的有机结合,是一般能力在具体活动中的发展;另一方面,特殊能力发展的同时,也发展了一般能力,提高了一般能力的水平。

(三) 能力的个体差异

人的能力有大有小,智力水平有高有低,这是客观存在的。无论社会怎样发展,科学技术怎样进步,人的能力差异都是存在的。它们的差别主要表现在四个方面:

1. 认识能力的差异

在观察力、记忆力、思维力、理解力、想像力和语言表达能力等方面,人与人之间是有差别的。有的人观察力强些,有的人理解力强些。单就记忆力来说,有的人记的快,忘的也快,而有的人记的慢,忘的也慢,甚至有的人过目不忘。

2. 能力类型方面的差异

有的人观察能力强,记忆印象鲜明,想像力丰富,可将他们称为艺术型;而有的人概括能力强,善于思考,可称为思维型。

3. 能力发展水平上的差异

多数人具有一般能力,能够顺利完成活动,并取得一定成绩。少数人具有特殊才能,能创造性地进行活动,并取得良好的成绩。才华出众者,是极少数。能力低下者,也是极少数,大部分人的能力都处在普通水平。

4. 能力发展的年龄差异

人的能力的发展,是有早有晚的。有的人能力发展早,如我国唐朝文学家李贺,7岁就能作诗了。也有的人属于大器晚成者,如画家齐白石,青年时做木匠,30岁才学画,40岁显露才能。

信 息 框

智 力 测 验

智力测验是测量人智力的一种普遍的方法。这是由法国人比纳(A. Binet)和西蒙(T. Simon)于1905年首创的。后经过许多国家的心理学家根据自己国家的实际情况加以修订,这当中以推孟(L. M. Terman)在斯坦福大学先后四次修订而成的斯坦福 – 比纳量表最为有名。智力测验是用一组标准化问题测验被试者,它由按年龄阶段或难易程度编制的一系列问题组成,问题的内容尽量排除知识性的因素,对其难度、答案、适用年龄阶段、指导语、进行程序、评分标准等,都经过反复试验,多次修订,加以标准化。通过统计处理求出年龄常模(即同龄的大多数人能达到的标准)。测验时把表显示于被试者之前,要求他用语言、文字或动作解答,主试者根据事前规定的评分标准打分,然后依照公式求出被试者的智商,从而确定被试者的智力水平的高低。智商计算的公式是:

$$IQ = \frac{MA}{CA} \times 100$$

其中,IQ 代表智商,MA 代表智力年龄或心理年龄,CA 为实足年龄或生理年龄,乘100是为了消除小数。有关研究表明,智力居中的人占绝大多数,智力非常高或非常低的人只占很少一部分,约占2%。智商的分布见表3-2。

表3-2　智商的分布

智　商	名　称	占全部人口总数的百分比
130 以上	智力超常	1
110 ~ 129	智力偏高	19
90 ~ 109	智力中常	60
70 ~ 89	智力偏低	19
70 以下	智力低常	1

二、消费者能力的构成

现代市场经济的条件下,随着社会物资的极大丰富、人们生活水平的不断提高,消费者从事的消费活动的内容和领域都在迅速扩展,在深度和广度上超过了以往任何时代。消费者只有综合运用和不断提高相应的能力与技能,才能在复杂多变的市场环境中保持高度的自主性与行为自由度,最大限度地满足自己多方面的消费需求。

(一) 感知能力

感知能力是指消费者对商品的外部特征和外部联系加以直接反映的能力。感知能力是消费者行为的先导,通过它,消费者可以了解到商品的外观造型、色彩、气味、轻重以及所呈现的整体风格,从而形成对商品的初步印象,为进一步做出分析判断提高依据。

消费者的感知能力差异主要体现在速度、准确度、敏锐度上。感知能力的强弱会影响消费者对消费刺激的反应程度。能力强的消费者能够对商品的细小变化或同类商品之间的细微差别清晰地辨认,能力弱的消费者可能忽略或难以区分细小的变化。

(二)分析评价能力

分析评价能力是指消费者对接收到的各种商品的信息进行加工整理、分析综合、比较评价,进而对商品的优劣好坏做出准确判断的能力。分析评价能力的强弱主要取决于消费者的思维能力和思维方式,同时与消费者个人的知识经验有关。

(三)选择决策能力

选择决策能力是消费者在充分选择比较商品的基础上,及时果断地作出购买决定的能力。当消费者运用分析评价的能力、感知能力对商品进行综合分析后,就进入了购买决策阶段。消费者决策能力的高低直接取决于其自信心、抱负水平等因素的影响。

三、消费者能力的分类

(一)熟练型

这类消费者对所要购买的商品非常了解,并具有长期的、丰富的消费经验,对于商品的性能、价格、质量或生产情况等非常熟悉。他们在选购商品过程中往往显得自信和坚定,自主性较高,注重从总的方面综合地评价商品的各项性能,尤其注重商品的内在质量。能够按照自己的意志独立地做出决策,很少受外界宣传的影响。

(二)一般型

这类消费者对于所要购买的商品比较了解,具有比较丰富的消费经验,与熟练型消费者相比,其消费技能要逊色一些。他们在选购商品时往往只能从商品的外观指标来判断商品,由于对商品的内在质量、性能等不是非常了解,因此在购物过程中,往往更乐意听取他人或销售人员的介绍,容易受广告宣传的影响。

(三)缺乏型

这里消费者对于所购买的商品缺乏了解,具有较少的消费经验,掌握少量的商品信息。例如,消费者所购买的商品是一种自己从来没有使用过的新产品,以至于不具备购买和消费这种商品的基本技能。在做出购买决策时,经常表现出犹豫不决,易于受到环境的影响和他人意见的左右,使自己的购买行为常常带有很大的随意性和盲目性。

第四节　消费者的自我概念与消费行为

一、自我概念概述

自我概念又称自我形象,是指个体对自身一切的知觉、了解和感受的总和。每个人都会逐步形成关于自身的看法,如是丑是美、是胖是瘦、是能力一般还是能力出众等。自我概念回答的是"我是谁?"和"我是什么样的人?"一类问题,它是个体自身体验和外部环境综合作用的结果。由于人们具有行为和自我观念相一致的需求,对自己的认知形成了个性基础的一部分。

一般认为,消费者将选择那些与其自我概念相一致的产品与服务,避免选择与其自我概念相抵触的产品和服务。通过以一种和自我观念一致的方式行为,消费者能够保持他们的自信。正是在这个意义上,研究消费者的自我概念对企业特别重要。

消费者不只有一种自我概念,而是拥有多种类型的自我概念,如:

(1) 真实的自我:个人实际上如何看待自己。

(2) 理想的自我:个人希望自己是怎样的。

(3) 社会的自我:个人认为他人如何看待自己。

(4) 理想的社会自我:个人希望他人如何看待自己。

(5) 预期的自我:介于真实和理想自我之间的自我形象。

(6) 环境的自我:在特定环境下的自我形象。

(7) 延伸的自我:包含个人财产对自我形象影响的自我观念。

(8) 可能的自我:个人希望成为、可以成为或害怕成为什么样子。

(9) 连通的自我:个人根据与他相关的他人或团体来定义自我的程度。

二、消费者自我概念与产品象征性

20 世纪 80 年代,在消费者自我概念与产品形象之间一致性的讨论中,较为著名的是"自我概念——产品形象一致"的理论。该理论认为,包含象征性意义的品牌通常会激发包含同样形象的自我概念。例如,一个包含"高贵身份"意义的品牌会激发消费者自我概念中的"高贵身份"形象。由于自我形象是产品意义激发的结果,因此产品和其形象属性的价值将取决于所激发的自我形象。

一个产品形象的价值或"意义"并不是无中生有,它是由所激发的自我形象维度决定的。这一理论不仅说明产品形象和自我概念之间的各种关系,也表明了消费者的自我概念或自我形象一致是影响消费行为的重要因素。

在很多情况下,消费者购买产品不仅仅是为了获得产品所提供的功能效用,而是要获得产品所代表的象征性价值。换句话说,消费者购买产品或者服务不仅为了它们能做什么,而且还为它们代表什么。如购买"劳斯莱斯"、"宝马",对购买者来说,显然不是购买一种单纯的交通工具。因此,消费者购买的许多产品或者服务反映了消费者的形象——消费者的价值观、人生目标、生活方式、社会地位等。在一项对摩托车拥有者的研究发现,许多购买并不是因为机车的性能,而是由于骑乘时的自由独立、活力蓬勃的感觉以及在摩托车族中形成的微妙伙伴关系。

产品的象征性意义对于消费者的重要性可以用图 3-1 加以说明。图中主要由三部分组成,即消费者的自我概念、参照群体、具有象征性价值的产品。消费者首先会购买能体现自我一致性的具有某种能够向别人传递其自我概念的产品;然后具有形象性价值的产品作用于参照群体,并使他们产生某种体验;最后参照群体根据自己的体验将产品所具有的形象性价值看作是其自我概念的一部分。其实,在我们看来,这个过程对消费者的购买行为应该会循环地产生影响,而且可以说最后一步对于消费者的作用无疑是一种强化,进一步坚定了消费者对自我概念的认识,从而导致他再次购买类似体现这一形象的产品。这实质上也反映了自我概念在消费者行为中的地位。因此,可以说消费者的消费行为就是为了拥有某种产品并通过产品的形象性价值向社会传递关于消费者自我概念的不同方面。其实,这也正是自我概念决定人们的期望这一心理功能的体现。

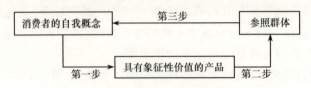

第一步:购买象征自我的产品
第二步:参照群体将人与产品联系起来
第三步:参照群体将产品的象征品质归因于人
图 3-1 自我通过象征性产品与他人沟通

　　当然,并不是所有的产品都可能通过广告营销活动成为传递消费者自我概念的符号或者象征品。一般说来,能够通过广告营销活动成为传递消费者自我概念的象征性意义产品应该具有三个方面的特征:第一,具有使用可见性,也就是说,它们的购买、使用和处置能够很容易被人看到;第二,具有差异性,换句话说,由于资源禀赋的差异,某些消费者有能力购买,而另一些消费者则无力购买。如果每个人都拥有"宝马"、"奔驰"车,那么这类产品的象征性价值就丧失殆尽了;第三,具有拟人化性质,能够在某种程度上体现一般使用者的典型形象。像汽车、珠宝等产品均具有上述特征,因此,它们很容易地被人们作为传递自我概念的象征品。

女性　家庭　健康
——舒肤佳联手广西卫视合作植入式广告营销

　　2006 年,"风情万种,随你心动"的广西卫视,即将推出中国第一档大型女性资讯节目《华灯丽影》。几年来的积累推广,广西卫视的女性战略定位逐步获得了客户和观众的认同,赢得了市场的初步肯定。在新的一年里,这个美丽卫视计划进一步丰富巩固自己的美丽资源。《华灯丽影》即将"华丽"登场,就是其中一个重要动作。《华灯丽影》将从真正的女性视角、以全新女性价值观对大量资讯进行解读,引领、煽动、凝练与时俱进的女性观点,打造新时代女性权威资讯平台。

　　同样对未来充满信心与期待的,还有和广西电视台具有长期合作关系的美国宝洁公司。

　　2005 年宝洁是美国广告投放量最大的公司,同期大中华市场攀升为宝洁全球各市场中的第二名,对其全球战略的重要性不言而喻。2006 年宝洁提出了一个非常具有挑战、面对未来三至五年长线目标,除了占领市场,更期望为中国消费者带来最好的产品、最好的服务,以及更好的生活。在这个理念下,宝洁公司也希望突破传统广告投放理念,从媒体得到更长久的战略性支持。

　　宝洁旗下拥有的众多品牌与大众消费者尤其是女性消费者密切相关,广西卫视定位女性、时尚、家庭,二者气质相近,共同的发展需要使双方迅速达成共识。借着《华灯丽影》推出的契机,适逢宝洁旗下舒肤佳品牌 2006 新品上市,宝洁和广西卫视都非常乐于进行一次植入式广告的合作。

2006 年 1 月,接到客户需求,广西电视台迅速成立了一个集合营销专家、节目制作、企划、业务的专案小组,利用即将推出的《华灯丽影》节目资源,策划形成名为"幸福伊人"的第一稿活动方案和"幸福好当家"第二稿活动方案。"幸福伊人"主要内容是行业新知性、新健康美丽女性评选,而舒肤佳作为灭菌型洗涤类产品品牌,以关爱家庭幸福、善于处理家庭与事业关系的知性女人为诉求;"幸福好当家"第二稿活动方案,以"保障幸福家庭"的核心展开内容,在娱乐元素的包装下,在节目和竞赛环节中让知性女人分享关爱家人、健康生活经验,体现家庭生活的内容。活动将联合行业协会、门户网站和女性杂志举办,面向各行各业的女性,并将充分借助行业协会等优势加以推动,选手报名时需要出示舒肤佳产品。"幸福好当家"的宗旨是希望以小见大,通过生活细节来凸显家庭的温馨、幸福,将健康的理念带给消费者的同时,舒肤佳的品牌诉求也以潜移默化的形式深入人心,节目风格与舒肤佳品牌理念形成高度的契合。

资料来源:中国广西电视台广告中心网

三、品牌与消费者的自我概念

从心理学的角度看,消费者的购买行为既是为了满足消费者的潜意识的本能欲望、释放一种心理压力、获得某种心理的补偿,同时其购买行为也是试图与长期以来的自我概念保持一致。也就是说,消费者购买的产品或者服务在满足潜意识被压抑的本能欲望的同时,其过程是与他的自我概念相一致的,因为消费者购买的产品或者服务在外部反映了消费者的形象,体现了消费者的价值观、人生目标、生活方式、社会地位等。

在产品高度趋于同质化的市场条件下,消费者对品牌象征性意义认识尤为重要。如,"劳斯莱斯"品牌是地位的象征;"卡迪拉克"品牌是成功的象征,同样都是汽车,但它们的象征性意义绝对是不一样的。品牌的象征性意义是在长期的营销过程中,在消费者的心里逐渐形成的。当一个品牌给消费者带来象征性意义时,一个品牌就有了独特的个性。而品牌个性又深深影响着消费者潜在的欲望和冲动并与消费者建立感情、形成偏好。可以说,品牌如果没有稳定的内在特性和行为特征的个性,品牌也就不可能影响消费者心理。

在不同产品类别的品牌个性与消费者自我概念研究中发现,随着消费者自我概念与品牌个性的一致性程度趋同,消费者对其品牌的购买意愿会随之增强。无论是消费者卷入程度较低的产品,如手机、手表或电池等,还是消费者卷入程度较高的产品,如汽车、房子,消费者在购买过程中都力图使购买的产品符合长期以来对自我的认识。尽管消费者的自我概念层面比较复杂,但我们至少可以区分两种不同类型的自我概念:真实自我(actual self),一个人如何真实地看待他(她)自己;理想自我(ideal self),一个人希望如何看待他(她)自己。一般认为,消费者根据认为自己是什么样的人(真实自我)和希望自己成为什么样的人(理想自我)指导着自己的消费行为。这是因为商品的购买、展示和使用可以向个体或者其他人传递一种象征意义,个体为了维护和强化其自我概念,就必然要使消费行为与自我概念相一致。

市场产品极大丰富,同一类型产品均有多种品牌存在。在市场条件下,消费者完全可以在不同品牌之间进行自由的选择。在追求一致性的影响下,消费者将根据其对真实自我所持有的概念而消费。他们通过购买与其真实自我概念相类似的产品或服务来保持一致性。如果一位消费者把自己看作是严谨、自制的人(真实自我),他就会穿着西装、打着领带,不会购买太过时髦显眼的衣着。作为经营者,一定要让品牌个性与消费者的真实自我概念保持一致。

　　一个把自己看作是严谨、自制的消费者,长期穿着西装、打着领带,不会衣着太过时髦和显眼。如果长期如此下去,他有可能对自己也不满意,会选择适当地改变自己。每个人都有一个理想的自我形象,消费者依据理想自我概念在衣着上会做出改变。消费者的理想自我概念与消费者的自尊有关。消费者的真实自我概念与理想自我概念之间的差距越大,他的自尊就越强。在营销领域,消费者对自己的不满可能会影响到购买,特别是影响到购买能够增强消费者自尊的产品。因此,一个越是对自我形象(真实自我)没有信心却又非常渴望时髦、富有魅力(理想自我)的女人为了满足其高度的自尊而成为了时尚服装、高级美容化妆品的购物大军。

　　总之,作为品牌管理者应该知道,在产品越来越同质化的时代,消费者之所以购买某种产品或服务,是因为该产品或服务满足了消费者的潜意识需要、消费者在满足其潜意识需要的同时总是试图与其自我概念维持一致。因此,品牌管理者完全可以通过市场细分的策略区分出该品牌的使用人群,只要充分挖掘出该使用人群的潜意识需要和自我概念就可以为品牌的个性定位和塑造提供富有针对性的策略和途径,在未来的市场营销中立于不败之地。

本章小结

　　1. 气质是个人与生俱来的心理活动的动力特征。气质可以影响一个人进行活动的方式和效率,在消费活动中非常普遍。消费者的气质特点在其消费行为中主要反映在他们购买商品前的决策速度、购买时的行为特点和情绪的反映强度、购买后消费商品时的感受和体验等方面。

　　2. 性格是个人对现实的稳定的态度和习惯化了的行为方式。性格是人的个性中最重要、最显著的心理特征。以消费态度来分,可将消费者的性格分为节俭型、保守型和顺应型,而以购买方式划分,可分为习惯型、挑剔型和自由型。消费者不同的性格特点,体现在各自的消费活动中,从而形成千差万别的消费行为。

　　3. 能力是人顺利地完成某种活动所必须具备、并直接影响活动效率的个性心理特征。能力分为一般能力和特殊能力两大类。消费者的能力包括感知能力、分析评价能力、选择决策能力。消费者的能力类型可分为熟练型、一般型、缺乏型。消费者只有综合运用和不断提高相应的能力与技能,才能在复杂多变的市场环境中保持高度的自主性与行为自由度,最大限度地满足自己多方面的消费需求。

　　4. 自我概念又称自我形象,是指个体对自身一切的知觉、了解和感受的总和。在消费活动中,消费者将选择那些与其自我概念相一致的产品与服务,避免选择与其自我概念相抵触的产品和服务。在很多情况下,消费者购买产品不仅仅是为了获得产品所提供的功能效用,而是要获得产品所代表的象征性价值。

思考题

　　1. 消费者的气质有哪些类型?气质在消费领域中的实践意义是什么?

　　2. 消费者的性格类型有哪些?

　　3. 能力可以分为哪些类型?消费者的能力应该包括什么?

　　4. 什么是自我概念?消费者的自我概念与消费行为之间有什么样的联系?

男性化妆品的"美丽谋略"

　　2004 年山花浪漫的春天,采诗在央视领先投放了关于男性化妆品的广告,宣称"干净的男人,女人更爱",显示了国内化妆品商家决心虏获男性美容消费这块诱人却烫手的馅饼的信心。男性化妆品市场一直处于"冷僻"的地位,尽管国外的品牌如雅诗兰黛、CD、碧欧泉、阿迪达斯、资生堂等均开发了男性护肤化妆品系列,国内的大宝、采诗、高夫等也进入男性护肤美容市场,然而针对男性化妆品市场的开发一直是处于"犹抱琵琶半遮面"的状态。

　　首先,这些男性化妆品品牌没有鲜明的男性色彩,并不符合现代男性个性消费的趋势。很多具有高知名度的品牌没有开发男性的专属品牌,往往只是借助本品牌在女性市场中所建立的高知名度在市场上立足。如香水市场上的"男用杜夫"、"男士鸦片""男用风度"等。在日本人气冲天的资生堂针对日益增长的男性美容化妆市场需求也只是在欧伯莱品牌下开发了"俊士"系列。男性化妆品牌的建立得不到足够的重视,男性消费者也只能在女性的化妆护肤专柜前羞答答地流连,影响了男性消费的热情。

　　其次,缺乏针对男性肤质特色的化妆产品开发。据有关调查显示,大多数的男性化妆品产品只是在原有女性产品的基础上进行改良,更换了包装后就粉墨登场。在国内国产化妆品牌居首位的"大宝",其"大宝挺好的"、"大宝天天见"等广告给消费者留下了深刻印象,大宝所隐约提倡的男性护肤观念及大宝产品老少皆宜的诉求得到广大消费者的认同。

　　再次,针对男性化妆品的信息传播渠道阻塞,引起了男性消费者对男性护肤化妆品的认知不足。在国内,分销渠道上男性化妆品专柜是凤毛麟角,更不用说男性化妆品专卖店。同时,关于男性化妆品的信息传播力度不大,许多商家以杂志、报纸为主投入广告预算,很少利用电视等高端媒体进行商品信息的传播。信息传播缺乏针对性和广泛性,使消费者不易于经常接触,加之传统男性性别身份的角色观念影响,进一步形成男性对化妆品消费观念的固化和认知的空白。

　　尽管这些先进入男性化妆品市场的商家慢条斯理地出牌,然而谁的内心都抗拒不了这块大馅饼的诱惑。据有关资料显示,近年来全球男性美容护肤品的销售额涨幅超过50%,其中美国男性每年消耗的美容护肤品超过6.3亿美元,中国男性化妆品市场的销售额也将以15%的年平均速度增长。男性化妆品市场商机无限,如何赢得金玉满怀是众多商家进行男性化妆市场"美丽谋略"的终极目标。

"美丽谋略"之三策略

策略一:敲敲他的心门

　　由于传统观念对男性角色的定位,开发男性化妆品市场一直处于一种尴尬的局面。"郎才女貌"是中国传统对男女性别美的界定,对男性的评判标准重"才"而轻"貌",男性注重外表常被讥笑为"娘娘腔"。这便是性别身份所带来的社会角色定位。性别身份是男性消费者自我概念中的一个重要组成部分,它不仅指身体上的状态也指精神上的。人们通常会遵从文化对于某一性别该怎么做、怎样做的期望。不同的文化也赋予男性不同的男性气质和行为。理想的男性往往被塑造成坚强的富有进攻性的肌肉强壮的形象,虽然关于男性性别身份的准则会随着时空的变化而改变,但这种传统的男性角色观念并未完全消逝。

随着社会物质文化的提高和社会交往活动的频繁,男性注重"内外兼修"已是一种时尚潮流。有关资料表示,上海男性在"修颜"方面的花费已超过2亿元人民币;在西安消费水平相对高的开发区,约有10%的成年男性时尚意识强,愿意花费更多的财力和精力在"美容"上。虽然,国内的男性美容尚是涓涓小溪,而在国外早已是暗潮涌动。日本的男性尤为突出,男性拔眉、使用面膜已成为日常"功课"。

美国学者迈克尔对于消费者修饰自身外部的目的作了研究和阐述,他认为在每一种文化里,身体都会被以某种方式修饰或改变。对自我的修饰通常处于以下几个目的:用于区分群体成员与非群体成员;个体融入社会组织的需求;个人对性别范畴的认识;增加性别角色的认同感;象征期望的社会行为和高的地位等级;为自我提供一种安全感。因此,我们不难理解男性在悦己与悦人的同时,更注重自我修饰所带来的群体认同和安全感。现代男性已经意识到外表是人的第一张名片,干净利索、容光焕发的容颜可以给人带来更多的机会,并增加自我的满足感及给群体的信任感。从这个意义上讲,男性美容护肤已被看成是一种工作、交流的需要。

我们知道一个潜在的市场容量主要取决于购买者、购买能力和购买动机。因此,商家应能洞察男性消费者观念转变的潜流,并积极激发男性消费者的生理和心理需求,引发其购买动机,进一步引导和巩固男性消费者接受护肤美容的新观念,使之转化为销售力。

策略二:打造他的专署通道

不同的消费者对产品的需求不同,商家应针对不同的消费群体本身的需求特征,量体裁衣开发产品。男性化妆品作为快速消费品,要有光明的营销前景首先还得靠产品本身来说话。即在产品的功能设计上要不断推陈出新,创造男性消费者的需求和可感知的细分差异,或从附加利益方面打造产品的市场优势。

男性化妆品的消费群体多为成熟男性,购买能力相对比较高,对产品的选择较为理性,容易形成品牌偏好度,男性消费行为特征为注重产品的简易、快捷、安全。从男性的生理层面(肤质、性别特征等)及心理层面(男性追求健康和活力)方面看都与女性迥异。虽然男性消费的市场潜力大,但很多商家只是从销售策略去重视而不是从产品的针对性去入手。在目前,男性化妆品大都效仿女性化妆品的情况下,男性化妆品的功效成分也向女性看齐,缺乏符合男性生理和心理需求的产品。因此,开发男性化妆品要讲究产品的系列化、专业化和特色化。开发从洁肤、护肤、保养到洗浴的系列产品是男性护肤用品发展的必然趋势。

同时,男性化妆品的开发应彰显男性美。男性消费者对化妆品的要求表现在质、形、香三个方面。因此,男性化妆品的产品在包装设计上应突出男性豪爽、洒脱、刚毅的气质,使之与女性化妆品的柔美气质区分开来。在产品的香料配置上应以清香为主,突出其雅而不俗、清而不混、独特超群的气息。

策略三:有话好好对他说

商家摸清了消费者的心理,对产品进行了定位,但要使产品最终为消费者所接受并建立品牌知名度还离不开信息传播这一关键环节。男性化妆品要打开市场需要在整合营销传播上下足功夫。

首先,商家要知道对"谁"说。男性化妆品市场的主体消费者已经浮出水面,他们是现代"新男性"。所谓新男性包括两种人,一种是外在的装备水平可被公众明显感知其是男性中的精英分子;另一种是自认属于新男性或至少自认具备新男性的现实潜力群体,但他们一般不为社会公众所感知。新男性具备实力、品质和个性魅力合一的人格。因此,商家在广告表现时应塑造符合新男性性格特征的产品形象,在传播强调一个产品功能的同时,应从力度、深度上体现男性的魅力。目前,许多企业并未意识到在众多的男性广告中,男性形象空洞、绵柔,缺乏男性气质,外表英俊却缺少内涵。广告的表现策略与男性消费者对自身形象和期望存在认同的差距,无法引发新男性的心灵共鸣,更不用说引起男性消费者追崇的心理欲求。

其次,商家要知道怎么说,即广告说什么。商家要善于发掘每个产品自身的戏剧性,赋予产品独特的销售主张。在产品同质化时代,快速消费品面临着千军万马过独木桥的严酷竞争局面,如何凸现产品和品牌的价值抢先攻入消费者心智是其取胜的关键一步。目前,各商家的广告诉求皆有不同。如热播中的采诗宣称"干净的男人,女人更爱"走产品功效与情感结合的路线;风靡欧洲的阿迪达斯则一贯以强调健康为主线,如"喜欢运动,充满活力"、"健康肌肤的源动力";国内的高夫则高举"你自己的选择"的个性化旗帜。说什么与如何说永远是信息传播沟通成功需要考虑的因素。

除了进行广告宣传引导消费观念,建立产品品牌这一渠道外,利用终端营销渠道的传播,拉近与男性消费者的距离,增强其认知度也是可行之举。同时,不容忽视女性的推动力,女性对男性的消费观念有影响作用,女性的认同将提高男性的满足感和被认同感。采诗认为"干净的男人,女人更爱"便是借助了女性的审美观,期望在男性化妆品市场赢得更多的人气。

男性化妆品市场的春天渐渐来临,各商家也是各显神通进行着关于男性"美丽"的谋略。而到底男性化妆品市场这座宝藏为谁的"芝麻开门"的呼唤而打开大门,还得看商场上各家的修行。

资料来源:中国市场学会网

分析讨论题:

1. 上述案例反映了男性消费者哪些个性特征?

2. 运用消费者的自我概念的有关理论,结合本案例,谈一下产品的个性是如何与消费者的个性相结合的?

第四章 消费者的购买需要和购买动机

在影响消费者行为的诸多心理因素中,需要和动机占有特殊、重要的地位,与行为有着直接而紧密的联系。这是由于人们的任何消费行为都是有目的的,这些目的或目标的实质是为了满足人们的某种需要或欲望。当一种需要未得到满足时,人们会产生内心紧张;这种紧张状态激发人们争取实现目标的动力,即形成动机;在动机的驱使下,人们采取行动以实现目标;目标达到,需要得到满足,内心的紧张状态消除,行为过程即告结束。现代企业经营的核心内容,就是把握消费者的需要,以自己的产品或服务来激发消费者的消费动机,满足消费者的需要。

引导案例

两则企业成功营销的案例

案例一:"吉列"手动剃须刀的手柄不仅有一圈圈的凸纹来增加摩擦力,以防止剃须刀滑出手而刮破脸,而且吉列还想到了在凸纹上套一圈橡皮让你握在手中更贴合皮肤、更舒服,其每一细微之处都对消费者十分体贴。再如海尔集团通过调查发现,三口之家常常只有少量衣物要洗,夏天更甚,用传统3.5千克以上的洗衣机就显得十分浪费,于是海尔集团开发出"小小神童即时洗"洗衣机,结果风靡市场。

企业在产品功能开发、设计行为上应体现"以人为本"。从人出发、替人着想、为人设计,使产品在外观、内在功能和实用性上真正抓住消费者的心。只有用热情服务顾客、用情感打动顾客、用真心争取顾客,充分满足顾客被重视、被关爱的心理需求,企业才能在市场竞争中立于不败之地。

案例二:20世纪80年代,在美国曾掀起一次领养椰菜头洋娃娃的狂潮,这是一次非常成功的促销活动。产品投放市场前,设计者对消费者的心理作了分析:因社会过分强调孩子的独立,使得孩子较早脱离了家庭,许多家庭生活寂寞,单亲家庭更是孤寂无依,需要精神上的安慰。因此,他们把娃娃设计成一种有生命力的东西,购买者要办理"领养证",并把娃娃设计完全个性化,几乎找不到两个完全一样的娃娃。商品一推出就被抢购一空。

案例二中,主要是满足了消费者爱与被爱的心理需求,深刻挖掘消费者内心对爱的强烈渴望并完全满足,它填补了人们心中的空虚,使每个人都充满了爱心,使整个社会都变得温情起来,所以一经推出便大获成功。

第一节 消费者的购买需要

一、需要的概述

(一) 需要的含义

需要是人对某种目标的渴望和欲求,它反映了正常生活的某个或某些方面的缺失或者不平衡。缺失和不平衡导致个体对一定生活和发展条件的要求。个体缺失和不平衡的情况多种多样,有生理上的,也有心理上的。而且,这种缺失和不平衡,可能是人意识到了的,也可能是尚未意识到的。在人们的消费活动中,意识到的需要具有重要意义。而对现代企业来说,把握消费者的需要,提供能满足消费者需要的产品或服务,是自身生存发展的基本前提。企业要想在日益激烈的竞争中保持领先地位,发现或激发消费者潜在的需要是一个关键因素。

首先看看最简单的,有诸如饥饿等生理缺乏和不平衡引起的、人能简单直接意识到的需要。在正常情况下,人一段时间不进食,血糖浓度会下降,如果下降到一定浓度,神经系统就会产生神经冲动,人感到紧张和不安,引起通常所说的饥饿感,也就是说,人意识到能量(食物)的缺乏了。这种感觉会随缺食时间的不断延续而增强。直到人进食以后,血糖由消化系统对食物的消化吸收得到补充,血糖浓度提高,神经系统的相关冲动消除,饥饿感消失,对事物的需要停止。

有经验、知识也可以产生缺乏和不平衡感。这种缺乏常常不是人生来就能意识到的。如对维生素的需要,很长时间内人们未意识到,直到在特定条件下,在长期航海生活中的水手们才发现了维生素 C 对人的重要性。而到现在,由于人们普遍意识到了维生素 C 的重要性,才引发了人们每天对蔬菜、水果强烈的消费需要。

对安全感、归属感、自尊、自我实现等方面的需要,也是人在社会活动中心理上的某种缺乏或不平衡引起的。例如,在一个特别强调归属感和集体主义的文化环境中,年轻人不跟随社会主流,即难得到社会的承认,自己也很难有成就感。看看具体的消费生活,在当今崇尚突出个性的社会,人们的服装消费体现出强烈的个性特征,而在强调集体意识的 20 世纪六七十年代,无论是普通居民还是机关单位里的工作人员,其服装消费都相对比较保守、整齐划一。

(二) 解释需要的几种理论

1. 精神分析论

自有人类以来,人们就在思考,什么是推动人类行为的原动力? 近代,奥地利精神病学家和心理学家弗洛伊德(Sigmund Fueud)提出的精神分析论是具有代表性并且有影响的需要理论。

精神分析论认为,人类各种行为的源泉和力量,在于人类从动物祖先那里继承下来的那些本能的作用,而所谓本能,又主要是性本能和自卫本能。随着人类社会的发展,出现了与人无拘无束实现本能相冲突的因素。而人的心理,相应的由无意识、潜意识、意识三个领域组成。其中,无意识领域主要包括人一些原始本能的冲动和欲望,而意识领域是人们自己日常感到的心理需要,潜意识则在两者之间起着缓冲作用,使无意识领域强烈的本能的欲望和冲动不至于过分渗透到意识领域。打个比方,人的心理就像水中的一座冰山,浮在水面上的好比人的意识领域,它只是冰山的一角,绝大部分冰山(需要)藏在水下(无意识领域),在无意识领域充满热情、冲动及被压抑的情感。弗洛伊德认为,由于人的意识领域只是人全部心理生活的一小部分,要理解人的行为,单分析意识领域是不够的,必须深入到前意识、无意识领域,为此他运用了自由联想和释梦等方法来探索无意识领域。

弗洛伊德认为,人的行为相应可看作人格的几个部分相互作用的产物,与人的心理相对应,人格主要有三部分组成:本我、自我和超我。

本我(id)是人心理体系中最原始、最基本的部分。它包括人本能的冲动、欲望和要求,如性欲、食欲、侵犯破坏等。弗洛伊德认为,本我包含的本能的冲动、欲望和要求是与生俱来的,它只按快乐的原则行事,他作用的倾向是立即满足原始的欲望,只不过随着人在社会中生活的时间的增长,越来越多的外部因素限制了原始欲望的立即满足,这种倾向逐渐减弱,自我就开始发展起来。

自我(ego)是从本我中分离出来的,其动力来自本我,但是它与外界有很多接触,不是单纯追求本能欲望的合理满足,而是根据现实的原则来行动。它大部分是意识性的,既要满足个体的欲望,又不能因为满足个体欲望而招致其他个体及社会的惩罚和排斥,使自己处于不安全的地位。因此,自我占据着人格的中心地位,协调着本我、超我及外界的关系,它设法在环境许可的条件下来满足个体的欲求。

超我(super ego)是人格中最终形成的部分,主要指人类个体在后天的家庭及社会生活中形成的伦理道德观念、价值观念等。它反映着社会的各项准则,具有理想、良心、自我观察等功能,使个体根据"是非善恶"的原则行事,指导自我去控制本我的冲动。

应用这一理论可以解释一些与人的原始需要相关的问题。现代社会里,我们每天都会在街上、商店里、别人家里看见很多自己想得到的事物。更具体些,假设你走在街上,感到饿了,看见精美的食品,你反省一下,如果没有任何限制(指白拿白吃不会遭到惩罚),你的食欲一定会指使你直接伸出手去拿来(不付钱、不经过别人允许,因为那太麻烦,与食欲的马上满足相冲突),但是实际上绝少有人这么做——虽然内心没有人不想吃——其原因就在于人们在后天的社会生活中获得了对社会法律规则、价值观、道德观念的认识,社会不允许个体无限制的满足自己的欲求,如果违反社会的法律规则、道德价值观念,个体将遭到惩罚,不但欲望得不到满足,而且还会使自己的安全受到威胁。

从上面的简单例子可以看到,即使极为原始的需要,人们也可能因为种种原因而压抑隐藏起来。在后天的社会生活中个体的需要发展得更加复杂,表现更加丰富多彩。具体到人们的消费行为,运用这一理论进行分析,可以肯定,消费者对商品的选择,有时是由他本人没有意识到的因素决定的,当一个消费者购买(不购买)某种商品时,若直接问他为什么要(或不)购买,有时无法探明其内心的真正原因。这时只有采用一定的方法和技术,达到消费者无意识的境地,才能探明真相。另外,还可以从消费者人格与商品之间的关联入手进行分析。后面我们要讲到自我意象与产品意象,就是认为消费者把自己的人格投到了他需要的商品上。

2. 马斯洛的需要层次论

美国心理学家马斯洛(Abraham Maslow),在其著名的需要层次论中指出,在人类的价值体系中,有两类不同的需要,一类是生理的、低级的需要,另一类是高级的需要。具体来说,需要可以细分为五种,也就是五个层次。层次较低的需要得到满足后,个体才发展体现出下一个较高层次的需要;而且,较高层次的需要发展以后,较低层次的需要并不消失,而是作为一个基础仍然存在,只是此时较低层次需要的影响相对降低了。五个层次的需要分别是：

（1）生理的需要。这是个体为保存自身生存、种族繁衍而表现出的对事物、水、空气、住所、性等的需要。生理的需要中，又以饥、渴的需要为最基本和普遍。马斯洛认为，生理需要在人类各种需要中是最基本的，生理需要得不到满足，与其他需要的不满足相比，它具有最强的影响优势。如果一个人为生理需要控制，其他的需要均被放到次要的地位。马斯洛举例说："对于一位处于极端饥饿状态的人来说，除了食物，没有别的兴趣，就是做梦也梦见食物。甚至可以说，这时（只有这时）充饥才成为为惟一的目标。"

（2）安全的需要。人的生理需要得到基本满足以后，安全的需要便发展起来，并越来越具有相对重要性。所谓安全的需要，是人要求安全与稳定保险的愿望、受保护的愿望等。如希望生存环境有秩序、稳定，希望熟悉、把握环境的特点规律，避免野兽的袭击，避免成为犯罪的目标，避免失业等。

（3）归属感的需要。在上面两个层次的需要得到基本满足后，人就开始发展更具有社会性的归属感需要。归属感的需要一方面表现为人都希望依附于某个群体、阶层或社会，参加一定的组织，得到群体、阶层、社会、组织的认同，另一方面是人对爱和被爱的需要。

（4）尊重的需要。社会中的人都希望自尊和为他人所尊重。尊重的需要可分为两类：一类是渴望实力、成就、独立与自由等；二是渴望名誉和声望，希望受到别人的尊重、赏识，希望自己被重视、被给予较高评价。尊重的需要满足与否，直接关系到一个人能否产生足够的自信、价值、能力等方面的感觉。尊重的需要得不到满足，会使人产生自卑、虚弱、无能等与失败相关联的感觉。

（5）自我实现的需要。在前面四种需要得到满足以后，人就产生最高形态的需要，即追求发挥自己潜力、实现自我理想、体现自身价值的需要。例如一个企业家渴望自己的领导能使企业发展，员工有满足感，对社会有贡献等。

需要层次论在消费心理有重要意义，不仅在于它用需要的金字塔指出了人的需要中有社会性、心理性的方面，而且还在于它实际指出了高层次需要在人类需要发展中将具有越来越重要的地位。马斯洛认为，人类不同层次需要的发展过程，大体上与个体年龄的增长相对应。这通过考察人的成长可以得到验证，人刚出生时当然不可能有什么强烈的社会性的需要，高层次的需要只能在后天的社会生活实践中产生。随着社会的发展，较低层次的需要一般都能获得相当甚至良好的满足，这时人们的行为大多是由追求较高层次需要的满足引起的。较高层次的需要得不到满足，可能导致人强烈的受挫失败感。针对这种情况，研究者认为，消费可以成为人们体现自我的一种手段。例如，小汽车过去是有钱有地位的人才能消费享受的东西，随着社会的发展，它在发达国家已经成为一种人人都可能消费得起的消费对象，这就可以使一些在工作、事业、地位、实力等方面不能获得满足的人在心理上得到一些补偿或平衡。在工作、事业上体现自己的个性能力不是人人都能做到的，但是现在人人都能通过消费得到，比如消费有特色的服装、汽车、住房别墅来体现自己的个性和品味。

二、消费者需要的含义和特征

（一）消费者需要的含义

消费者需要包含在人类的一般需要之中，它反映了消费者某种生理或心理体验的缺乏状态，并直接表现为消费者对获取以商品或劳务形式存在的消费对象的要求和欲望。例如，人们感到饥饿时，会产生对食物的需要；感到寒冷时，会产生对御寒衣物的需要；感到孤独、寂寞时，会产生对交往、娱乐活动的需要;感到被人轻视时,会产生对有助于提高身份地位的高档、贵重商品的需要。这些需要成为人们从事消费活动的内在原因和根本动力。正是为了满足形形色色的消费者需要,消费者才实施相应消费行为。原有的需要满足之后,又会产生新的需要,新的需要推动新的消费行为发生,如此循环往复,形成延续无尽的消费行为序列。

任何需要都是有对象的。消费者需要总是针对能满足自身生理或心理缺乏状态的物质对象而言的。在商品社会中,消费者需要具体体现为对商品和劳务的需要。倘若现实生活中不存在或社会尚不能提供某种商品,对这种商品的消费者需要就无从产生,需要本身也就变得毫无意义。

值得指出的是,有时消费者并未感到生理或心理体验的缺乏,但仍有可能产生对某种商品的需要。例如,面对美味诱人的佳肴,人们就可能产生食欲,尽管当时并不感到饥饿;而华贵高雅、款式新颖的服装经常引起一些女性消费者的购买冲动,即便她们已经拥有多套同类服装。

这些能够引起消费者需要的外部刺激(或情境),称作消费诱因。消费诱因按性质可以分为两类:凡是消费者趋向或接受某种刺激而获得满足的,称为正诱因,凡是消费者逃避某种刺激而获得满足的,称为负诱因。心理学研究表明,诱因的刺激强度过大或过小都会导致个体的不满或不适,从而抑制需要的产生。例如,如果处在一个接连不断的广播广告或电视广告宣传的环境之中,消费者就可能产生厌烦和抗拒心理,拒绝接受这些广告。需要产生的这一特性,使消费者需要的形成原因更加复杂化,同时也为人为地诱发消费者需要提供了可能性,即通过提供特定诱因,刺激或促进消费者某种需要的产生。这也正是现代市场营销活动所倡导的引导消费、创造消费的理论依据。

(二) 消费需要的特征

1. 多样性

在分析消费需要时讲到,需要情况多种多样:有明显的,也有隐私的;有生理的,也有较高级的(如归属感、尊重的、自我成就的需要);有自然的,也有社会的;有物质的,也有精神的,等等。而且,我们强调,人类的需要是历史发展而来的,人从出生起就不是孤立的个体,而是生活在家庭、社会之中,不仅纯粹社会性、精神性的需要是后天习得的,而且即使是自然的、物质的需要也有强烈的社会性。因此,要把握消费需要,必须具体地考察各种情况导致的消费需要的差异。例如要分析消费者所处的社会政治环境、文化背景、社会总的经济环境的不同,以及消费者民族习惯的不同,分析消费者在收入水平、文化程度、宗教信仰、审美情趣等方面存在的差异,并研究他们由于在这些方面存在的差异而导致的消费需要的差异以及满足消费需要的方式的多样性。

上面是从较大的范围分析消费需要的多样性。把范围缩小,处在同一社会环境中的消费者,他们的收入水平、文化程度和生活情况以及他们的个性、能力、兴趣的个人特征不可能完全相同,这些差别同样会体现在消费者的需要中。即使是同一个消费者,在不同的具体条件下甚至不同的心情下,需要也可能不同。

消费需要的多样性在现代市场上具有重要意义。需要的不同在一定条件下就会表现为行为的不同。对消费者而言,消费需要的不同可能表现为消费对象、消费方式、消费时间、消费地点等方面的不同。在市场日益发展、竞争日益激烈的今天,想以单一的产品(服务)去满足所有消费者的需要,包打天下,已经越来越行不通。绝大多数情况下,企业要想获得经营成功,必须对市场上消费者的需要进行调查,并根据调查的结果进行统计、分析、归纳,在对整个市场细分的基础上,结合自己的条件和竞争对手的情况选择自己的目标市场,进而根据所选定的目标市场消费者的需要采取有针对性的经营措施。这种方法还有利于发现被忽视的需要,而那很可能是一个潜在的市场。例如,一个过去生产零配件的老电子厂准备转产家用电器,而家用电器门类众多,选择哪一种呢?首先从宏观上应该分析一下,消费者现在用哪些家用电器,满足哪些需要,哪些现有产品市场上有未被占领的空白点。更重要的是分析消费者现在还有哪些需要可以用适当的家用电器来满足,根据社会的发展趋势,消费者还将产生哪些新的家电需要。假设该企业选定生产家用食品加工电器,那么还必须进一步明确,哪些类型的家庭将需要这类产品,是否应根据自身条件和竞争对手的情况选定某个群体(城市的、农村的,高收入的、中等收入的……)作为自己的目标市场。再进一步,产品决定投产了,还要明确如何在产品、价格、广告宣传、销售渠道、销售场所等方面采取适应目标市场消费者需要的措施。

2. 无限性

随着社会的发展,消费者的心理需求也将不断被激化和推进,一种需要得到满足,另一种需要又会产生,永无止境地向前发展。需要的无限发展性与科学技术的发展相互作用,成为人类社会发展的重要推动力。

消费需要的发展,既体现在需要的种类、范围的不断增多扩大上,也体现在同类需要的等级水平的发展上。以我国居民近十几年的情况为例,家用电器消费的种类从 20 世纪 70 年代以前为数不多的收音机、电熨斗等几种,发展到现在组合音响、电视机、录像机、电冰箱、洗衣机、空调机、电脑,等等。单从十几年电视发展看,从最早人们没有电视到拥有黑白电视,后来有了彩色电视,不久出现了带遥控的彩色电视,以后电视屏幕从普通凸出的较明显的发展到直角平面的,后来是与录像机、卡拉 OK 机配套的电视,90 年代以后又出现了大屏幕、数字式、高分辨率、带立体声效果的电视。

我国日用化学用品市场近十年的发展情况充分说明了这一点。20 世纪 80 年代以前,我国消费者靠肥皂、洗衣粉、雪花膏过了几十年。改革开放以后,大城市的日化企业适应人民消费水平的提高,相应进行了产品升级换代,相当一部分还引进了外国先进技术、设备等。但是,80 年代中期以后,面对进口的、独资合资企业日用化学产品的大量出现,国内企业一方面可能对自己产品与进口及三资企业产品之间几倍、十几倍的价格比过分自信,认为凭自己的价格优势还可以把握市场的主动权,不料不到十年,那些 80 年代初期、中期在我国大中城市领尽风骚的日化类化学品品牌,地位一落千丈,沦为完全的配角,在夹缝中求生。市场已经成为飘柔、海飞丝、潘婷、力士、汉高等国外品牌的天下。我们为国产品牌痛惜,但更重要的是要深刻认识到消费需要的不断发展,认识到市场发展的规律。

3. 时代性

虽然每个消费者的需求各不相同,而又千变万化,但在一定时期、一定的社会范围内,人们往往会对某一种或某些商品表现出普遍的爱好,具有那个时期(时代)的特征。如我国男性服装在 20 世纪历经了长袍马褂(旗袍)——中山装——西装几个鲜明的变化发展阶段,表现出强烈的时代性。

企业的产品(服务)要跟上时代的要求,其实质就是要适应在不断变化发展的时代中消费者对商品(服务)的需要。对消费需求时代性特点的认识,使企业不会在消费者多种多样、无限发展变化的需求之中迷失方向、无所适从,使企业能把握住市场发展的当前特点和未来趋势。

例如,由于生活水平的提高、营养知识的普及、饮食观念的变化,人们对食品中的各种成分的看法发生了变化:过去低水平生活条件下,人们主要考虑营养是否充足,食品中糖类、淀粉类、油脂类等主要提供能量的成分非常重要,人们在选择食品时很关心这几类营养成分含量是否丰富;而现在人们开始更多地关心食品的成分与自己健康、美容、保健等方面的关系,低糖、低脂类食品开始受到市场的欢迎,一些反应敏锐的企业及时推出了低(无)糖饮料、低热值啤酒等食品品种,很好地适应了消费者新的需要。

又如,我国消费者对服装需要的变迁,同样是消费需要随时代变化的典型例证。六七十年代由于收入水平和消费观念的限制,单纯注重实用,结实耐穿是消费者的首要要求,街上是清一色的蓝布中山装。但到今天,时代变了,消费者的需要也变了,对服装的要求不仅仅是实用,而且越来越强调穿着美观大方、突出个性等特点,服装从材料、颜色、设计、款式、加工、风格等各方面表现出强烈的时代性。

4. 伸缩性

由于受到各方面条件的限制,消费者经常有些需要得不到满足,另外还有相当一些需要只能部分满足,但在一般情况下,消费者对需求得不到满足的状况有一种忍耐力。另一方面,如果条件许可,外界刺激强烈,消费需要有可能超常发挥,出现过度消费。也就是说,消费者的需要具有伸缩性。例如,一个消费者觉得饿了,但是因为身上没钱或有钱找不到卖食品的地方,他会忍住。又如,一个人吃饱了,但是如果面对一桌丰盛的美味佳肴,有可能胃口大开。

对企业而言,意义是多方面的:市场是变化的,如果自己的产品(服务)不能很好地满足消费者的需要,或者销售渠道不畅,或者广告宣传不够,对这一特定产品,消费者的需要将表现出压缩、克制,购买消费行为较少;相反,如果产品适应消费者需要,甚至抓住、激发了消费者的潜在需要,并且宣传推广得力,那么结果不言而喻,不仅消费者正常的需要会充分体现在实际的购买、消费行为中,而且市场容量将变大,消费者的购买力有可能超水平发挥。

5. 可导性

消费者心理需求的产生、发展和变化,同现实生活环境有密切关系。生产技术的发展,消费品(实物和服务)的发展变化,消费观念的更新,社会时尚的变化,工作环境的变化,文化艺术的熏陶,广告的诱导等,都可能使消费者的需要发生变化。

能以自己的产品(服务)或各种营销手段引导消费需要,企业经营将具有主动权。还是以食品为例,如果企业决策管理部门经过调查分析,发现相当一部分消费者开始对自己发胖而苦恼,却不清楚那主要是因为营养过剩导致的,也没有适当的办法来解决问题,那么企业可以采取下列措施:在向市场推出低热值健美食品的同时,在广告宣传中向消费者进行营养知识教育,引导消费者消费需要向健康、合理的方向变化,使他们从自己的健康出发产生对相应保健食品的需求。如此双管齐下并且实施得当的话,企业很有可能开拓出一个崭新的市场领域。

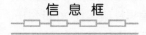

信 息 框

中国目前存在的三种消费阶层

国家统计局主管的中国国情研究会不久前发布了《2006 中国生活报告》,该报告调查了北京、上海和广州、西安、成都等 10 座大城市共 5126 名消费者,最后得出的结论是:中国有三个消费阶层。第一阶层,是那些年收入在 8 万元以上的高收入者,钱已经不是问题,问题是钱该花在哪里。第二阶层是都市工薪阶层,他们处于从讲究消费数量向讲究消费质量转变的阶段。末端的第三消费阶层则是指低收入群体,他们面临的最大问题是"想买但却没有钱",属于清贫型的消费阶层。第一阶层人口占 15% ;第二阶层人口占 80% ,它们构成了中国消费世界的主流。

中国国情研究会秘书长张仲梁介绍,高收入支持的消费群体正处在从国内富裕型家庭向国际中等水平冲击、跨越的阶段,是国内消费水平、消费特点与国际消费衔接,并起示范作用的先导力量。时尚、品牌、品位、格调、流行、个性、身份、圈子,这些因素是影响第一阶层的主要消费因素。而中等收入支持的第二阶层消费群体正处于从小康型向富裕型、从讲求消费数量向讲求消费质量转变的阶段。住宅、教育、旅游是这个群体的消费主题。

张仲梁认为,第一阶层也许能代表未来,但在中国,真正能说明现在的是第二阶层的人们,他们是人口的大多数,他们的消费生活其实是今日中国最为真实的写照。很显然,中国和许多国家一样,存在着不同消费需求、能力和愿望交差并存的社会现实。一方面,收入较高、经济较发达的地区出现了高档奢侈品消费过热,另一方面,贫困群体和落后地区群众出现了除满足温饱之外再无其他额外消费能力,再就是处于多数人群的中间阶层受住房、子女上学等因素的影响,在满足了基本生活需求的消费之外,才敢考虑享受型的消费。

目前,中国正在进行国民收入分配体制的改革。改革的主要目的是缩小存在的贫富差距,增加居民收入。姜德增研究员认为,从中国政府的改革主旨看,其实这一改革的主要目的还是在提高中低收入者的收入上。

贫富差距是任何国家都存在的现象,既然贫富差距目前还不可改变,那么提高中低收入者的收入,让他们有能力消费,显然是一种比较好的做法。而居民收入的增加也可以将积存的消费潜力转化为消费能力,这是中国急需要做的事情。从 20 世纪 90 年代开始,中国政府就想方设法扩大内需,提高国内消费比例,取得了一定成效。

国民收入分配体制的改革又提出,着力提高低收入者收入水平,逐步扩大中等收入者比重,有效调节过高收入。严格执行最低工资制度,逐步提高最低工资标准。同时,把扩大就业摆在经济社会发展更突出的位置,完善对困难地区、困难行业和困难群体的就业援助制度。积极发展就业容量大的劳动密集型产业、服务业和各类所有制的中小企业。健全社会保障体系,继续扩大养老、医疗、失业保险的覆盖面。完善城市居民最低生活保障制度,逐步提高保障标准。

2006 年 7 月 1 日开始,中国公务员开始实行新的工资制度,这是中国第四次大的工资制度改革。前三次分别是在 1956、1985 和 1993 年,每次都提高了国家财政支付报酬的人员的工资。这次公务员工资改革,适当向基层倾斜,进一步加强工资的激励作用。国家公务员队伍 60% 在县以下基层单位,92% 是科级以下人员。新的工资制度规定:加大低职务对应级别数,使低职务公务员有充分的晋升空间;实行级别与工资等待遇适当挂钩,使基层机关因机构规格和领导职数限制没有晋升职务机会的公务员也能提高待遇。向艰苦边远地区倾斜。完善艰苦边远地区津贴制度,扩大实施范围,提高津贴标准,增加津贴类别,建立动态调整机制。这对于扶持艰苦边远地区公务员提高工资收入,缩小地区间收入差距有着重要作用。

此外,近几年来,中央财政较大幅度增加了低保补助,由 2000 年的 8 亿元增加到 2005 年的 112 亿元,覆盖人数由 2000 年的 400 多万人增加到 2005 年的 2200 多万人,目前已趋于稳定。中国政府决定,2006 年低保对象的月人均补助水平比 2005 年要有一定幅度的提高。

姜德增介绍,政府只要将财政更多的投入到公共领域,完善各种保障机制,并通过各项政策调整居民与居民、居民与政府间的收入分配格局,就有可能真正调动居民消费热情,提升居民消费潜力,从而促成居民消费更快地增长。从而也就可以改变中国目前主要依靠投资拉动的经济增长模式。

资料来源:《北京周报》

三、消费者需要的种类

消费需要是消费者消费活动的动力,而消费者的消费需要又在消费活动中体现出来,并在消费活动中得到满足。消费者需要的类别丰富多样,有关学者对其研究的角度不尽一致,因此,分类的结果也各不相同。可以从不同的角度对需要进行分类,如图 4-1 所示:

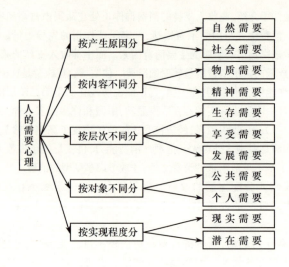

图 4-1　人的需要分类图

限于篇幅,下面我们着重分析两个不同角度。

(一) 自然需要和社会需要

这是按照消费需要的起源原因,以及消费需要被满足的层次顺序来进行划分的方法。

人类的自然需要,是指人对那些保护和维持自己及后代的生命所必需的条件的要求,又可称为生理需要。这主要包括一些与生俱来的本能要求,如正常的人都有饿了进食,渴了喝水、凉了御寒、累了休息睡眠等要求。这些天然需求在心理上又叫一次欲求,其功能在于维持和发展消费者的生命,使人体的生理机制得以保持平衡。

自然需要之外,人们在社会生活和交往中,形成了社会性需要。社会性需要是人类独有的需要,如人对友谊、爱、归属感的需要,以及对交往、地位、威望、成就等的需要。这些在心理学上称为"二次欲求"。"二次欲求"的功能在于指导、调节人的行为目标,从而谋求或显示自身在社会生活中的地位和作用,满足主体提高自我、发展自我、完善自我的需要。人的社会性需要是在社会生活中形成的。人所处的政治、经济、文化环境不同,所受的教育不同,生活习俗不同,社会性需要就可能不同。

在现代社会,人们的自然需要,如对食物、衣物、住处等条件的需要,正常情况下大多数要通过购买行为实施消费,最终实现需要的满足,这一点显而易见。实际上,消费者社会性需要的满足,相当程度上也要通过购买、消费的行为来实现。例如,消费者对归属感的需要,很大程度上体现在一个群体的成员相似的消费对象、方式或习惯上。纵向看,明清以后长袍马褂曾是中国商人的象征,20 世纪三四十年代以来,中山装成了中国政治人物特有的服装;横向看,中国人的饮食与西方有很大区别,在海外生活的中国人一说起中国的茶叶、豆浆、油条、豆腐脑会感到特别亲切。又如,现在不少人倾向于把消费水平的高低与一个人的经济收入、社会地位甚至是成就联系起来,相应的相当一部分人把高水平的消费作为显示自己身份、地位、成就的手段。

（二）物质需要和精神需要

按照需要的对象或需要的内容来划分,人的消费需要可分为物质需要和精神需要两大类。

物质需要是指人对物质对象的需要。进一步可分为两类:一是基本的物质需要,是消费者在衣食住行等方面对物质的需要,以及人类为从事劳动对工具的需要等;二是由精神需要引起的物质需要,如要作曲需要钢琴,学外语需要录音机等。

精神需要是人们归属感的需要、尊重的需要、自我实现的需要的体现,是人对精神享受的欲求,对社会文化、意识产品的欲求,对享受美的欲求以及对自身价值实现的欲求等。如参与交往以促进人与人之间了解的需要,学习以增长知识的需要,看电影、听音乐等娱乐的需要,为社会做贡献以实现自我价值的需要,等等。从人类社会的发展看,个体与其他人交往,是人类最早形成的精神需要,而且在现代社会,交往的需要仍然是人的精神需要中最基本、最重要的方面。这不难理解,归属感的需要、尊重的需要、自我实现的需要都是社会生活中的需要,没有社会交往,社会需要既没有产生的源泉,也没有存在的必要。

消费者的物质需要与精神需要既相互区分,又不是截然分开的。在人们的消费过程中它们相互联系、相互交叉,共同作用于消费者。例如,人们买衣服的时候,总是希望合体舒适与美观大方兼而得之。又如,在商场买食品,体现的主要是物质需要,但是,如果购物时售货员态度恶劣,消费者觉得自己的自尊受到伤害,很可能会中断购买行为。

第二节　消费者的购买动机

购买动机是在消费者需要的基础上产生的、引发消费者购买行为的直接原因和动力。相对于消费者的需要而言,动机更为清晰显现,与消费行为的联系也更加直接具体。动机把消费者的需要行为化,消费者通常按照自己的动机去选择具体的商品类型。因此,研究消费动机可以为把握消费者购买行为的内在规律提供更具体、更有效的依据。

一、一般动机理论

（一）动机的概念与形成

动机(motivation)这一概念是由伍德沃斯(R. Woodworth)于 1918 年率先引入心理学的。他把动机视为决定行为的内在动力。一般认为,动机是"引起个体活动,维持已引起的活动,并促使活动朝向某一目标进行的内在作用"。

动机是一种内在的驱动力量,当个体采取某种行动时,总是受到某些急切需要实现的意愿、希望、要求的驱使,而这些内在的意愿、要求具有能动的、积极的性质,能够激发和驱动特定行为的发生。由于行为都是由动机引起的,并通过动机导向预定的目标,因此,人类行为实质上是种动机性行为。同样,消费者的消费行为也是一种动机性行为,他们所从事的购买行为直接源于各种各样的购买动机。

动机是一种基于需要而由各种刺激引发的心理冲动,其形成要具备一定的条件。首先,动机的产生必须以需要为基础。只有当个体感受到对某种生存或发展条件的需要,并达到足够强度时,才有可能产生采取行动以获取这些条件的动机。动机实际上是需要的具体化,但是,并不是所有的需要都能表现为动机。动机的形成需要相应的刺激条件。当个体受到某种刺激时,其内在需求会被激活,使内心产生某种不安情绪,形成紧张状态。这种不安情绪和紧张状态会演化为一种动力,由此形成动机。此外,需要产生以后,还必须有满足需要的对象和条件,才能形成动机。例如,消费者普遍具有御寒的需要,但是,只有当冬季来临,消费者因寒冷而感到生理紧张,并在市场上发现销售的冬装时,才会产生购买冬装的强烈动机。在消费者动机的形成过程中,上述三个方面的条件缺一不可,其中尤以外部刺激更为重要。因为在通常情况下,消费者的需求处于潜伏或抑制状态,需要外部刺激加以激活。外部刺激越强,需求转化为动机的可能性就越大,否则,需求将维持原状。因此,如何给消费者以更多的外部刺激,是推动其购买动机形成乃至实现购买行为的重要前提。动机过程如图 4-2 所示。

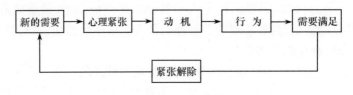

图 4-2　动机过程

(二) 动机的功能及与行为的关系

心理学认为,动机在激励人的行为活动方面具有下列功能:

1. 发动和终止行为的功能

动机作为行为的直接动因,其重要功能之一就是能够引发和终止行为。消费者的购买行为就是由购买动机的发动而进行的,而当动机指向的目标达成,即消费者在某方面的需要得到满足之后,该动机会自动消失,相应的行为活动也告终止。

2. 指引和选择行为方向的功能

动机不仅能够引发行为,还能将行为导向特定的方向。这一功能在消费者行为中,首先表现为在多种消费需求中确认基本的需求,如安全、社交、成就等;其次表现为促使基本需求具体化,成为对某种商品或劳务的具体购买意愿。在指向特定商品或劳务的同时,动机还势必影响消费者对选择标准或评价要素的确定。通过上述过程,动机使消费行为指向特定的目标或对象。与此同时,动机还可以促使消费者在多种需求的冲突中进行选择,使购买行为朝需求最强烈、最迫切的方向进行,从而求得消费行为效用的最大化。

3. 维持与强化行为的功能

在人们追求实现目标的过程中,动机将贯穿于行为的始终,不断激励人们努力采取行动,直至目标最终实现。另外,动机对行为还具有重要的强化功能,即由某种动机强化的行为结果对该行为的再生具有加强或减弱的作用。使人满意的动机的结果能够保持和巩固行为,称为正强化;反之,则减弱和消退行为,称为负强化。消费者在惠顾动机的驱使下,经常对某些信誉良好的商店和商品重复光顾和购买,就是这一功能的明显体现。

当消费动机实现为消费行为的时候,他的动机直接促成一种消费行为,例如在饥饿状态下,觅食动机会直接导致寻求和摄取食物的行为;而有些动机则可能促成多种消费行为的实现,例如展示个性、显示自身价值等较复杂的动机,会推动消费者从事购买新潮或名牌服装、购置高档家具、收藏艺术品等多种行为;在某些情况下,还有可能由多种动机支配和促成一种消费行为。例如城市居民购置房产,就可能出于改善住房条件、投资增值、馈赠子女等多种动机。由此可见,动机与消费行为之间并不完全是一一对应的关系,同样的动机可能产生不同的行为,而同样的行为也可以由不同的动机所引起。动机与行为之间的关系如图4-3所示。

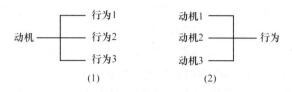

图4-3 动机与行为之间的关系

二、动机的特点

(一) 主导性

在现实生活中,每个消费者都同时具有多种动机。这些复杂多样的动机之间以一定的方式相互联系,构成了完整的动机体系。在这一体系中,各种动机所处的地位及所起的作用互不相同。有些动机表现得强烈、持久,在动机体系中处于支配性地位,属于主导性动机;有些动机表现得微弱而不稳定,在动机体系中处于依从性地位,属于非主导性动机。一般情况下,人们的行为是由主导性动机决定的。尤其当多种动机之间发生矛盾、冲突时,主导性动机往往对行为起支配作用。例如,吃要营养、穿要漂亮、用要高档是多数消费者共有的动机要求,但受经济条件所限,上述动机无法同时实现时,讲究家庭陈设与个人服饰的消费者,宁可省吃俭用也要满足衣着漂亮、室内陈设优雅美观的需要;而注重知识层次的消费者,却往往把主要收入用于购买书籍、报纸杂志和子女培养教育方面;有些讲究饮食营养、注重身体保健的家庭,也许宁可压缩其他开支,而把大部分收入用于购买食品和营养保健品。这些都是出于消费者的主导性动机不同而导致在消费行为方面的差异。

(二) 可诱导性

消费者的购买行为主要取决于主导性动机,但在动机体系中处于从属地位的非主导性动机并非完全不起作用,而是处于潜在状态。可转移性是指消费者在购买或决策过程中,由于新的消费刺激出现而发生动机转移,原来的非主导性动机由潜在状态转入显现状态,上升为主导性动机的特性。在现实中,许多消费者改变预定计划,临时决定购买某种商品的行为现象,就是动机发生诱导的结果,例如,某消费者欲购买羽绒服,但在购买现场得知皮衣降价销售,降价刺激诱发了该消费者潜在的购买动机,遂转而决定购买皮衣。有时,消费者之所以改变动机,是出于原有动机在实现过程受到阻碍。例如,由于售货员态度恶劣,使消费者的自尊心受到伤害,其购买商品的主导性动机被压制,从而诱发了维护个人自尊的动机,结果导致购买行为的终止。

（三）内隐性

动机并不总是显露无遗的。消费者的真实动机经常处于内隐状态，难以从外部直接观察到。人的心理活动是极为复杂的。在现实中，消费者经常出于某种原因而不愿意让别人知道自己的真实动机。早在 20 世纪 40 年代，美国心理学家关于速溶咖啡投放市场受到阻碍的调查结果就表明，家庭主妇之所以拒绝购买速溶咖啡，并不是如她们表面上所说的不喜欢速溶咖啡的味道，而是由于不愿被他人视为懒惰、不称职的主妇。因为当时的流行观念认为，按照传统方式煮咖啡的主妇必定是勤俭、善于持家、懂得生活的。这种表面动机与内在真实动机不相一致的现象，在现代消费者当中仍然比比皆是。除此之外，动机的内隐性还可能出于消费者对自己的真实动机缺乏明确的意识，即动机处于潜意识状态。这种情况在多种动机交织组合、共同驱动一种行为时经常发生。例如，某消费者购买一副高档眼镜的主要动机是为了保护眼睛，但同时也可能怀有增加魅力和风度，或者掩盖眼部缺陷等其他潜在动机。

（四）冲突性

当多种动机被同时激发时，会出现一种难以避免的现象，即购买动机的冲突。购买动机的冲突，是指消费者面临两个或两个以上的购买动机，其诱发力大致相等但方向相反。在时间、收入、精力等条件的制约下，消费者经常面临在几种同时欲求的产品、服务或活动中作出选择的问题，因此，购买动机的冲突是很普遍的。通常，消费者面临三种类型的冲突情形。

1. 双趋冲突

这是指消费者具有两种以上都倾向选择的目标而又只能从中择选其一时所产生的动机冲突。在这种情形下，被选目标或产品的吸引力越旗鼓相当，冲突程度就越高。获得一笔年终奖金后，是到新、马、泰旅游还是添一套高级音响？星期天是和朋友一起郊游还是去看一场精彩的电影？此类抉择均是双趋冲突的典型代表。在广告宣传中强化某一选择品的价值与利益，或通过降价，通过延期付款等方式使某一选择更具有吸引力，均是解除双趋冲突的有效方式。

2. 双避冲突

这是指消费者有两个以上希望避免的目标但又必须选择其中之一时面临的冲突。当家里的洗衣机经常出故障时，消费者可能既不想花钱买一台新的，又觉得请人来修理不甚合算，处于不知怎么办的境地。此时，消费者就面临双避冲突。应付或解除消费者双避冲突的方式很多。首先，消费者可能对冲突中的问题存在不正确的信念。此时，就应通过宣传，消除或部分消除这种不全面或错误的信念。其次，双避冲突情形下可能恰恰为企业提供了新的市场机会，如在前述洗衣机出故障例中，通过推出以旧换新推销方式，或通过为新洗衣机提供更长时间保修承诺，均可能促使消费者采取购买行动来解除冲突。有时，在没有完全令人满意的选择方案下，承认这一点也无妨，只要能令人信服地使消费者相信所推荐的选择方案是最好的，双避冲突也可能被解除，如一些医疗机构在宣传某种戒毒方法、疾病治疗方法时常常采用这一策略。

3. 趋避冲突

这是指消费者在趋近某一目标时又想避开而造成的动机冲突。当被购买的产品既有令人动心和吸引人的特征，又有某些不尽如人意的地方，那么，趋避冲突就会由此而生。在购买某些高档品、耐用品时，消费者可能对所选的商品爱不释手，但另一方面又嫌商品价格太高，或担心所选商品一旦出现质量问题会带来很多麻烦,一些消费者正是在这种游移不定的状态下放弃了购买。经验丰富的销售人员在发现这种趋避迹象后,常常会灵活地采用各种方法消除消费者的冲突。比如,提供保修承诺,保证在一定时期内如果消费者找到以更低价格出售同类产品的商家,就返回差价甚至予以奖励,等等。美国米勒酿酒公司针对一些顾客既爱喝啤酒,同时又担心摄入酒精后影响身体健康的心理,开发出不含酒精的啤酒,就是对消费者双趋冲突的一种反应。

三、消费者具体购买动机类型

消费者的需要和欲望是多方面的,其消费动机也是多种多样的,可以从不同角度对动机的类型作多种划分。因此,对于经营者来说,深入了解消费者形形色色的购买动机,对于把握消费者购买行为的内在规律,用以指导企业的营销实践,具有更加现实的意义。消费者的购买动机主要有以下几种:

(一) 求实动机

它是指消费者以追求商品或服务的使用价值为主导倾向的购买动机。在这种动机支配下,消费者在选购商品时,特别重视商品的质量、功效,要求一分钱一分货,相对而言,对商品的象征意义、所显示的"个性"、商品的造型与款式等不是特别强调。比如,在选择布料的过程中,当几种布料价格接近时,消费者宁愿选择布幅较宽、质地厚实的布料,而对色彩等给予的关注相对较少。

(二) 求新动机

它是指消费者以追求商品、服务的时尚、新颖、奇特为主导倾向的购买动机。在这种动机支配下,消费者选择产品时,特别注重商品的款式、色泽、流行性、独特性与新颖性,相对而言,产品的耐用性、价格等成为次要的考虑因素。一般而言,在收入水平比较高的人群以及青年群体中,求新的购买动机比较常见。改革开放初期,我国上海等地生产的雨伞虽然做工考究、经久耐用,但在国际市场上,却竞争不过我国台湾省、新加坡等地生产的雨伞,原因是后者生产的雨伞虽然内在质量很普通,但款式新颖,造型别致,色彩纷呈,能迎合欧美消费者在雨伞选择上以求新为主的购买动机。

(三) 求美动机

它是指消费者以追求商品欣赏价值和艺术价值为主要倾向的购买动机。在这种动机支配下,消费者选购商品时特别重视商品的颜色、造型、外观、包装等因素,讲究商品的造型美、装潢美和艺术美。求美动机的核心是讲求赏心悦目,注重商品的美化作用和美化效果,它在受教育程度较高的群体以及从事文化、教育等工作的人群中是比较常见的。据一项对近 400 名各类消费者的调查发现,在购买活动中首先考虑商品美观、漂亮和具有艺术性的人占被调查总人数的 41.2% ,居第一位。而在这中间,大学生和从事教育工作、机关工作及文化艺术工作的人占 80% 以上。

(四) 求名动机

它是指消费者以追求名牌、高档商品,借以显示或提高自己的身份、地位而形成的购买动机。当前,在一些高收入层、大中学生中,求名购买动机比较明显。求名动机形成的原因实际上是相当复杂的。购买名牌产品,除了有显示身份、地位、富有和表现自我等作用以外,还隐含着减少购买风险、简化决策程序和节省购买时间等多方面考虑因素。

（五）求廉动机

它是指消费者以追求商品、服务的价格低廉为主导倾向的购买动机。在求廉动机的驱使下，消费者选择商品以价格为第一考虑因素。他们宁肯多花体力和精力，多方面了解、比较产品价格差异，选择价格便宜的产品。相对而言，持求廉动机的消费者对商品质量、花色、款式、包装、品牌等不是十分挑剔，而对降价、折让等促销活动怀有较大兴趣。

（六）求便动机

它是指消费者以追求商品购买和使用过程中的省时、便利为主导倾向的购买动机。在求便动机支配下，消费者对时间、效率特别重视，对商品本身则不甚挑剔。他们特别关心能否快速方便地买到商品，讨厌过长的候购时间和过低的销售效率，对购买的商品要求携带方便，便于使用和维修。一般而言，成就感比较高，时间机会成本比较大，时间观念比较强的人，更倾向于持求便的购买动机。

（七）模仿或从众动机

它是指消费者在购买商品时自觉不自觉地模仿他人的购买行为而形成的购买动机。模仿是一种很普遍的社会现象，其形成的原因多种多样。有出于仰慕、钦羡和获得认同而产生的模仿；有由于惧怕风险、保守而产生的模仿；有缺乏主见、随波逐流而产生的模仿。不管缘于何种缘由，持模仿动机的消费者，其购买行为受他人影响比较大。一般而言，普通消费者的模仿对象多是社会名流或其所崇拜、仰慕的偶像。电视广告中经常出现某些歌星、影星、体育明星使用某种产品的画面或镜头，目的之一就是要刺激受众的模仿动机，促进产品销售。

（八）好癖动机

它是指消费者以满足个人特殊兴趣、爱好为主导倾向的购买动机。其核心是为了满足某种嗜好、情趣。具有这种动机的消费者，大多出于生活习惯或个人癖好而购买某些类型的商品。比如，有些人喜爱养花、集邮，有些人爱好收集古玩、古董。在好癖动机支配下，消费者选择商品往往比较理智，比较挑剔，不轻易盲从。

以上我们对消费者在购买过程中呈现的一些主要购买动机作了分析。需要指出的是，上述购买动机绝不是彼此孤立的，而是相互交错、相互制约的。在有些情况下，一种动机居支配地位，其他动机起辅助作用；在另外一些情况下，可能是另外的动机起主导作用，或者是几种动机共同起作用。因此，在调查、了解和研究过程中，对消费者购买动机切忌作静态和简单的分析。

第三节　消费者购买动机的可诱导性

购买动机产生之后，就要设法激发购买行为的产生。一般情况下，市场营销者要针对自己所营销的产品类型和特点、市场的分类、目标市场的不同以及市场定位的情况，了解、分析消费者购买自己所营销产品的动机到底是什么,购买的角色如何等,营销者要确定如何才能激起消费者的购买动机,以引导其购买行为。

一、概述

(一) 动机诱导理论

在现实生活中, 由单一动机引起消费者购买行为的情况为数不多。消费者的购买行为往往是在多个动机共同驱使下进行的,是种种有意识和无意识动机总和的结果。动机总和基本上有两种情况。一种是几个动机共同作用于促进购买行为方向的(如图4-4所示), 动机 a_1、a_2… a_m 都促进购买。显然,购买的动机得到强化,动机总和为各个动机之和,使消费者产生更为强大的推动购买的力量, 很容易产生购买行为。

在这种情况下, 营销者要清楚了解消费者都会有哪些购买动机,如何激发?营销者要善于激发那些指向相同的购买动机, 以使指向购买的动机得到强化,起到事半功倍的效果。另一种情况(如图4-5所示)是有的动机促进购买行为,有的阻碍购买行为。即存在方向相反相互抵触的动机。动机总和不是各个动机之和,要比动机之和小,但只要不为零,就说明动机总和所代表的动机是存在的,要发生作用。这时占上风的动机力群决定购买行为。

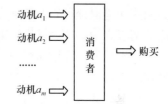

图 4-4　相同方向的购买动机

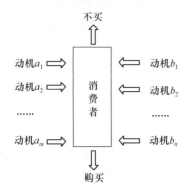

图 4-5　不同方向的购买动机

即如果: $\sum_{i=1}^{m} a_i > \sum_{i=1}^{n} b_i$($a_i$ 促进购买,b_i 阻碍购买),则总结果为购买,而如果 $\sum_{i=1}^{m} a_i < \sum_{i=1}^{n} b_i$,则不会产生购买行为。如果动机总和处于平衡状态,即 $\sum_{i=1}^{m} a_i = \sum_{i=1}^{n} b_i$ 时, 会怎么样呢? 此时消费者在买与不买之间徘徊,处于犹豫不定、优柔寡断的状态。此时要使消费者决定购买或不买就需要加入外力。如果所加的是倾向购买的外力,就会强化购买的动机,对购买行为往往产生决定性的影响。如果所加入的外力倾向不购买的话,就会加大阻碍购买的动机,使消费者决定不购买。比如某消费者与妻子一起逛商场时对电脑学习机发生了兴趣,他想让孩子早点学会电脑,赶上潮流,但是又对电脑学习机是否真的有用产生了怀疑,而且觉得价格也太高了点。正在犹豫之时,他的妻子在一边说:"不要买了,邻居××为她的孩子买了一台'586',那个孩子整天打游戏,根本不是用于学习,听说最近她孩子的学习成绩也下降了。"于是他也就决定不买了。

所以说,当作用于消费者头脑中的动机相抵、总和平衡之时,外力的加入——诱导就显得极其重要了。

(二) 动机诱导的方式

1. 购买动机的激发

个体的大多数具体需要在大部分时间是处于潜伏状态的。在特定的时刻里,个体身体内部出现的刺激,或情绪变化或认知加工,或者外界环境的刺激都能造成个体一些特定需要的唤醒。

(1)生理的唤醒。任何特定时刻的身体需要都是建立在特定时刻下个体身体条件的基础之上的。血糖水平的下降或胃部的收缩将会激起个体的饥饿意识。荷尔蒙的分泌将会唤醒性需要。体温的下降会导致颤抖,从而使个体意识到温暖的需要。大多数的这些身体信号都是本能的。然而,它们却激发了相关的需要,导致了令人不适的紧张感直到需要得到满足。例如,一个瑟瑟发抖的人可能会打开家里的暖气消除不适;他也有可能在大脑中记下要买棉衣了。研究表明,电视节目经常会唤醒观众的生理需要(如饥饿)从而影响随后的商品宣传效果。

(2)情绪的激发。有时候做白日梦也导致潜伏需要的唤醒或激发。在实现目标的过程中感到困惑或遭遇挫折的人经常会做白日梦(自我中心思维),在白日梦中他们想像自己正处于各种舒适的情境之中。这些思想活动将会唤醒潜伏的需要,这些需要又可能会产生令人不适的紧张感,驱使他们采取目标导向行为。梦想成为实业巨头的年轻女性可能会报考商学院;梦想成为小说家的年轻人可能会报名参加写作研讨班。

(3)认知激发。有时,漫无目的的思考能导致需要的认知觉醒。有关家的回忆的广告立即就激发了个体对父母的思念之情,并渴望与他们通话。这就是许多长途电话公司竞相强调国际长途电话资费低成本的基础之所在。

(4)环境激发。个体在特定时间所体验到的一系列需要经常是靠环境中的一些具体信号来激发的。没有这些信号,需要可能依然处在潜伏状态之中。例如,6点钟的新闻,烘烤食品的视觉效果或香味,电视上的快餐食品,一天学校生活的结束——所有这些都可能会唤醒对食物的"需要"。在这个例子中,为了减少对饥饿的唤醒,改变环境是必要的。

最有优势作用的情境信号是目标本身。当看到邻居家崭新的宽屏家庭影院时,某个女性可能会强烈地体验到需要买一个新的电视机;当经过商家的商品展示窗时,某个男性可能突然会体验到对一辆新轿车的需要。有时候,广告或其他的环境信号会在观众心里产生不平衡的心态。例如,一向对自家花园引以为豪的某个男性,可能会看到广告中的牵引割草机明显的比自己使用的转割机工作起来效率更高,这则广告会让他对自己的老式割草机很不满意以至于体验到严重的紧张情绪,直到他为自己买下新式的割草机为止。

当人生活在复杂的高度变化的环境中,他们会有很多机会体验到需要被激发起来。相反的,当生活环境中刺激贫乏或被剥夺时,很少需要能被激活起来。这就解释了在不发达国家里,电视之所以对人们的生活有着那么大的复杂影响的原因。电视向他们展示了众多的生活方式和昂贵的商品,没有电视,他们不可能见到这些东西,电视唤醒了他们几乎没有机会或者甚至没有希望满足的欲求与欲望。因而,电视在丰富人们生活的同时,它也让人感受到了没有钱或没有文化或没有希望所带来的挫折,并有可能导致采取诸如抢劫、抵制甚至叛乱等行动。

2. 动机诱导的具体方式

诱导是消费者在购买时处于犹豫不决的状态时采用的有效的沟通方式,此时的诱导如果运用得当就会起到"四两拨千斤"的作用。

如何对消费者的购买动机进行诱导,进而影响其购买行为呢?一般而言,要围绕着影响消费者购买的环境因素进行诱导,也要根据影响购买行为的主要动机类型进行诱导。

(1)品牌强化诱导。消费者对于购买某种物品已经做出了决定,但是挑选哪个品牌心里没底,在购买现场会表现为这个品牌的情况问一问,那个品牌的说明书也拿来看一看,可还是下不了决心。此时运用品牌强化诱导方式，售货员可以突出介绍一个品牌，详细说明它的好处，以及其他消费者对这个品牌的认识、感受，就可以促进消费者的购买。而如果这个品牌介绍一下，那个品牌也介绍一下，最后，消费者还是不知选哪一个好。

（2）特点补充诱导。当消费者对选择某一品牌已有了信念，但是对其产品的优缺点还不能一时做出判断时，采用特点补充诱导方式，在消费者重视的属性之外，再补充说明其他一些性能特点，可以通过品牌之间的比较进行分析，帮助消费者进行决策，比如消费者在购买冰箱时，重视外观的好看与否，容量的大小、噪声的高低，但在这些因素进行了比较之后还不能决定时，可以提示消费者××牌的冰箱环保性能优越，还可以左右开门，方便在不同地点使用等来补充产品的优点，刺激其购买。

（3）利益追加诱导。消费者对产品带给他的利益是感性的、有限的，这就使得消费者对商品的评价具有局限性，此时应利用利益追加诱导方式，增加消费者对某一品牌、某一类型商品的认识，提高感知价值。还以冰箱为例，某消费者已对华凌三门 BCD-268W 大冰箱表示了浓厚兴趣，对于品牌、容量都比较满意，但是对于中间那个门的作用认识不足，这时厂家推销员过来介绍到：中间那个门里面有个温度控制开关可以把温度调高，扩充冷藏室的容积（空间），也可以把温度调低，扩充冷冻室的容积（空间）。可以随您的需要进行调整。还有一个更重要的作用，一般而言冷冻室温度过低，把生肉等食物放进去以后会迅速冷冻，使得味道变差一些，但可以保持较长时间，中间那个门里放进熟食、熟肉，两三天内食用绝对不会改变味道，又不用拿出来解冻，可以作为熟食的专用柜。这个消费者一听，马上就下定了购买的决心。

（4）观念转换诱导。消费者对某一品牌的印象较小，往往是由于这个品牌的商品在消费者认为比较重要的属性方面还不突出，不具有优势。此时可以采用观念（信念）转换诱导方式。改变消费者对商品的信念组合，这也是心理再定位的方法。改变消费者对商品属性重要性的看法。比如购买冰箱时，消费者把质量放在第一位，价格放在第二位，容量放在第三位，而××牌的价格不占优势，使得顾客在购买时难以下决心。此时告诉消费者，价格不是主要的，容量比价格更重要，容量选择过小以后要改变就很难了，而价格不是重要的，即使一次购买时价格略高一点，钱还可以以后再挣，但要改换冰箱就不太容易了。这样就会改变消费者对本企业冰箱价格高容量大的消极的看法，认为容量大比较适合需要，进而对价格也就不那么敏感了。

（5）证据提供诱导。有时消费者对于选择什么样的商品，选择什么品牌的商品都已确定下来了，但是还没有把握，怕风险而犹豫不决。此时运用证据提供诱导方式，告诉消费者什么人买了，有多少人买了这种商品，促使从众购买动机的强化，消除消费者的顾虑，也可以促成购买行为的产生。有效的诱导，除了方式方法之外，还要掌握好时机。一个人说话的内容不论如何精彩，如果时机掌握不好，也无法达到应有的效果。因为听者的内心往往随着时间的变化而变化。要对方听你的话或接受你的观点、建议，都要把握住适当的时机。这就好比一个参赛的棒球运动员，作为一个击球手，虽然有良好的技术、强健的体魄，但是如果没有掌握住击球的"决定性的瞬间"，迟了早了，都很难打出好球。要想使诱导取得成功，还要注意克服一些不利因素的影响，比如，消费者对推销员、售货员的不信任，会造成对产品的不信任，对介绍内容的不信任；销售现场的环境也会影响诱导的效果。

二、应用

(一) 包装上的应用

包装是无声的推销员,良好的包装不仅可以增加商品的价值,提高企业形象,同时也能提高销售量,而销量的提高就是包装对消费者购买动机引导的结果。有这样一个小故事:一位老太太在一所大学门前卖苹果,天很冷,她的苹果很好却没有人买,这时一位教授从此走过,出于同情对老太太指点一二,于是,老太太买了一些红丝带,将两个苹果绑在一起,并取名叫"情人果"。很快老太太的苹果就卖完了。同样的产品,不同的包装,销售的结果完全不同,这其中的奥妙就在于教授懂得激发消费者的购买动机,用红丝带和特殊的名字来吸引消费者。当前,消费者喜欢在环境幽雅、商品种类繁多的超市购物,在没有专门的服务人员进行介绍的情况下,顾客买什么品牌的产品在很大程度上与包装这一"引子"有关,若包装非常精美或别具一格、与众不同,那么,顾客选择此种产品的可能性就很大。因此,企业要想在激烈的竞争中立于不败之地,必须注重产品的包装,以良好的包装吸引顾客、赢得市场。

(二) 广告上的应用

广告是指通过各种媒体将产品或服务的信息传递给消费者,激发消费者的购买欲望从而促进消费者做出购买决定的一种企业广泛使用的促销手段。广告之所以有这样的作用,应该说原理就在于消费者购买动机的可诱导性。比如,一个外地顾客出差到上海,在南京路办事,临近中午突然感到饥饿。这时他正好看到荣华鸡商店在卖荣华鸡,阵阵香味扑鼻而来,又看到旁边的广告宣传,把荣华鸡的特点介绍得清清楚楚,这样他就毫不犹豫地决定买荣华鸡。当这位顾客吃了以后感到十分满意,加深了对荣华鸡的印象,回去以后又会在同事或家庭中对此加以宣传,扩大了荣华鸡的影响。

(三) 推销上的应用

推销是指企业通过从业人员与顾客的人际接触,传递商品信息促进销售的一种促销手段。它具有灵活性、针对性强的特点且能够及时成交,对企业开拓市场非常重要。有这样一个故事,某鞋厂销售经理让两位(甲、乙)推销员去开拓一个岛国市场,其中一位到了岛国以后,看见当地的人们都没穿鞋,他想,看来人们都不需要鞋,于是就回去了,他告诉经理岛国没有市场;另外一位推销员,看到当地的人们没有穿鞋,他想这太好了,这里有很大的市场。之后,他就引导人们要穿鞋,他给人们讲穿鞋的好处:穿着鞋不会扎破脚、穿着鞋跑得快、穿着鞋不会得脚病等。当地居民不信,他就和他们进行赛跑,结果他赢了,他告诉人们,他所以跑得快是因为他穿了鞋,他让人们试一试,人们一穿还真如他所说,所以人们就互相转告,争着买他的鞋子。他回去告诉经理,岛国市场很大。同样的市场,同样的顾客,会有不同的结果,为什么?那是因为第二个推销员懂得引导消费者的需求,激发他们的购买动机。在驱力理论中,我们知道:人的需求大多数都是后天学习得来的。虽然岛上的居民祖辈都不穿鞋,要改变他们的习惯很困难,但是只要你能抓住穿鞋带给他们的好处,让他们亲自尝试,他们感受到确实好的时候,你就成功了。事实上,推销员说服居民的过程,就是他们学习的过程。

有三个推销员向一位老和尚推销梳子,第一个推销员被老和尚骂出来了;第二个推销员跟老和尚说,您可以把梳子送给您的香客,老和尚留下了十把梳子;第三个推销员对老和尚说,您德高望重,字也写得好,您在梳子上写上"积善"二字"赠送"给香客,香客们肯定不好意思白拿,他们就会给庙里捐钱,你这庙里就有了一部分收入,而且还会烟火不断。老和尚听完特别高兴,当下就和他签了订单。

通过这两个小故事,我们不难看出:原本对产品没有需求的顾客最后都买了推销员所推销的产品。为什么呢? 一方面,我们不可否认推销员的机智聪明;另一方面,我们不难看出,这其实就是消费者购买动机的可诱导性在起作用。由此看来,怎么卖产品,关键是如何引导消费者,如果能正确引导,一定能得到满意的结果。

(四) 营业推广上的应用

营业推广就是指企业利用各种短期诱因刺激消费者及时做出购买决定。比如,降价、折扣、有奖销售、免费试用等手段都是使用短期诱因促使消费者及时做出购买决定。营业推广的促销手段就是诱因论中预期—激励机制这一理论的实际运用。消费者一般都会有这样一种心理预期:花小钱,买好东西。消费者,尤其是"冲动型"的消费者,在看到或听到降价或有奖销售时,就感到他自己的预期有了结果,于是,他就有了购买的冲动,那么企业的目的也就达到了。当然,企业所运用的促销手段要合法,不能有欺骗消费者的行为。消费者购买动机的可诱导性在企业进行营销过程中,可发挥作用的地方很多在这里就不一一列举了。总之,企业要想赢得更多的消费者,就应该好好研究消费者的购买动机,加以利用。

 **本章小结**

1. 消费者需要包含在人类的一般需要之中,它反映了消费者某种生理或心理体验的缺乏状态,并直接表现为消费者对获取以商品或劳务形式存在的消费对象的要求和欲望。

2. 消费需要的特征:多样性,无限性,时代性,伸缩性,可导性。

3. 动机是引起个体活动,维持已引起的活动,并促使活动朝向某一目标进行的内在作用。

4. 动机的特点:主导性、可诱导性、内隐性、冲突性。

5. 消费者的购买行为往往是在多个动机共同驱使下进行的,是种种有意识和无意识动机总和的结果。

6. 可以通过生理唤醒、情绪、认知、环境等来激发消费者的购买动机。具体方式有品牌强化诱导、特点补充诱导、利益追加诱导、观念转换诱导、证据提供诱导。

7. 动机的可诱导性在包装、广告、推销、营业推广方面均有应用。

思考题

1. 什么是消费者需要? 消费者需要有哪些基本特征?

2. 消费者需要的基本内容是什么?

3. 消费者动机产生的原因有哪些?

4. 简述动机诱导理论。

5. 结合具体实例,试述消费动机诱导在医药商品营销策略中的应用。

典型案例与讨论

江中健胃消食片:卖得多的"小药片"

2003 年,江中健胃消食片销售近 7 亿元。7 亿元,对于零售价每盒不到 6 元的江中健胃消食片,表明实际销售了近 2 亿盒! 2002 年,江中健胃消食片是如何突破多年的销售瓶颈,实现这一飞跃的?

成美营销顾问公司早在 2001 年分析发现:消费者用药率低,需求未被满足。特别是消化不良市场的用药率较低,部分消费者出现消化不良症状(肚子胀、不消化)时采取置之不理,揉揉肚子或散散步等方法解决。

其中,儿童市场用药率低的情况尤为突出。儿童由于脾胃尚未发育完全,消化不良的发病率高于其他人群,主要表现症状是挑食、厌食。同时,儿童正处在长身体阶段,家长担心消化不良会影响其生长发育,所以解决消化不良的需求更为迫切。然而,家长担心药品毒副作用会伤害到儿童的身体健康,在用药选择上非常谨慎。因此,很多家长因为找不到合适的药,而多采用一些民间土方、食疗等解决。最终造成儿童市场发病率高、需求最迫切但用药率低的怪圈。

由于儿童是一个特殊的群体,其主要症状是"食欲不振",而不是成人的"胀"。另外,儿童及家长的媒体收视习惯、儿童适用药品在广告表现上均有较大不同。这样一条片很难同时影响两个迥异的人群,企业决定对儿童再单独拍摄一条广告片,在儿童及家长收视较高的时段投放,推广主题为"孩子不吃饭,快用江中牌健胃消食片"。

在广告片创作中,成美营销顾问公司建议为江中健胃消食片选用一个和品牌定位的风格、形象趋于一致的演员,并推荐了小品、影视演员郭冬临,主要是看中他以往的作品中塑造的大多是健康、亲切、关爱他人、轻松幽默又不落于纯粹滑稽可笑的形象。而且当时郭冬临拍摄的广告片数量较少,消费者不易混淆。同时,郭冬临一人演绎了江中健胃消食片的"成人"、"儿童"两条广告片,避免消费者误认为是两个产品,从而加强两条片之间的关联。

在针对成人消费者的电视广告中,穿浅绿衬衣的郭冬临,关怀地对着镜头询问,"你肚子胀啦?",接着镜头拉远,他坐在椅子上,作出胃胀腹胀的表情,"胃胀?! 腹胀?!",随后引出解决之道,"胃胀、腹胀、不消化,用江中牌健胃消食片"。广告片的画面干净简单,与国际 4A 所倡导的塑造"品牌形象"的做法大相径庭,祛除了过多的装饰,定位广告直击消费者心智,从而快速引起消费者共鸣。这使得众多的消费者消化不良,出现胃胀腹胀的症状时,立即会想到江中健胃消食片,并加以考虑选择——这就是直接见效的品牌广告。

针对儿童的电视广告,同样简单明确,直接提出家长的烦恼:孩子不喜欢吃饭。"哄也不吃,喂也不吃"是最真实的写照,快速引起家长的关注。最后,"孩子不吃饭,用儿童装江中牌健胃消食片",告知解决之道。这样的广告片,直击消费者需求,能够快速地拉动销售。

直接见效的品牌广告,可以协助品牌更快走入市场,同时激起企业、经销商与消费者的热情,有利于良性地将品牌推广进行下去,一步步地加强消费者的认知,逐渐为品牌建立起独特而长期的定位——真正建立起品牌。

资料来源:《销售与市场》

分析讨论题:

1. 在这个营销案例中考虑到了消费者的哪些需要?

2. 结合案例简述消费者需要的特点。

3. 在本案例中,销售者具体采用了哪些手段诱导消费者动机?请结合需要动机理论简要阐述这些手段的理论基础。

第五章 消费者的购买决策和购买行为

消费心理学从两个角度对消费者行为进行描述,一是把消费者描述为理性的、有计划的决策者,二是把消费者描述成对各方面市场信息的主动理解者,他们所处的社会文化背景都会影响消费者对市场及市场营销信息的反应。研究表明:一个完整的消费心理与行为过程包括从唤起消费需求、消费动机到消费态度形成直至购买行为,要经过一个由心理到行为的转换过程,实际上就是消费者的购买决策过程。因此,一个有效的营销策划必须构建在对消费者购买决策心理过程的认识与分析的基础上,否则很难产生出有创意的营销方案来。

引导案例

最是一年春好处:2006 减肥市场前瞻

自 20 世纪 80 年代以来,随着中国人的餐桌、身姿和钱袋日渐丰盈,以瘦为美的"骨感"渐成社会审美时尚的主流;而当越来越多的中国女性为了一副曼妙身材不惜付出金钱、健康乃至生命的代价,一个历经 20 年蓬勃发展,有着"野火烧不尽,春风吹又生"般强韧生命力的百亿减肥市场,也就由此应运而生。

爱美的女人当仁不让地成为减肥市场的消费主体,而女性爱冲动、易盲从、情感重于理智的购买决策和购买行为特点也在这个市场表露无遗。我们认为:融合了一点点痴迷、一点点傻气和一点点疯狂的"痴狂",既是减肥市场最主要的消费行为特征,也是解读减肥市场过去、现在和将来的一把钥匙。从消费需求的角度分析,这种带有浓厚非理性色彩的"痴狂",具备以下基本特性:

1. 急迫性

消费行为的普遍急切,构成了减肥市场的核心特性。对广大减肥女性来说,这种消费急迫性主要体现在以下方面:

(1) 急于兑现消费需求。高度成熟的减肥市场不需要市场教育,进入成本极低。减肥女性们寻求解决之道的心情是如此的焦急、迫切,以至推广者只需振臂一呼,她们就会闻风而至、踊跃购买;哪怕再平庸的减肥产品,只要宣传得法,也能如愿以偿地分一杯羹。减肥之所以成为医药保健品行业永恒的市场热点,之所以如磁石般引得万千厂商竞相为之折腰,原因正在于此。

(2) 急于体认产品功效。减肥女性们孜孜以求的,是立竿见影的减肥效果,在产品功效上没有任何耐性可言。只要产品能够迅速起效,什么样的副作用她们都能忍受,即便为此透支健康乃至生命,也在所不惜;而如果不能在短时间内体认到明显的效果感,再安全的产品,她们也会毫不犹豫地舍弃。绘声绘色的效果描述和言过其实的功效承诺之所以成为减肥产品屡试不爽的宣传主题,在产品中私下添加违禁药物之所以蔚然成风、屡禁不止,原因正在于此。

2. 盲目性

消费行为的盲目轻率,是减肥市场的基本特性。对广大减肥女性来说,这种消费盲目性集中体现在以下方面:

(1)盲从。减肥女性普遍缺乏主见,有着浓厚的从众心理,在购买决策上很容易被媒体广告所营造的舆论氛围所左右,或受他人影响——往往是哪个产品的广告声势大,就购买哪个产品;哪个产品在销售终端卖得好,就跟风购买哪个产品。减肥产品的运作之所以严重依赖于媒体广告的疯狂投放,"强者愈强、赢家通吃"的马太效应之所以在减肥市场屡见不鲜,原因正在于此。

(2)轻信。不顾一切的爱美之心和交易双方严重的信息不对称,动摇了绝大多数减肥女性的消费理智,让她们在这个问题上彻底丧失了平常心和正常判断能力,变得幼稚而轻信;以至于连厂商炮制的那些明显有违常识的销售说辞,她们也能照单全收、深信不疑,结果自然是"上了一当又一当,当当不一样"。匪夷所思的实际功效和形形色色的虚假宣传之所以在减肥市场层出不穷,原因正在于此。

3. 多变性

消费行为的复杂多变,是减肥市场的重要特性。对广大减肥女性来说,这种消费多变性主要体现在以下方面:

(1)冲动性。绝大多数减肥女性的购买决策并非深思熟虑的产物,而是一时兴致所致的结果——据笔者多年来的观察与总结,事先并无购买计划,完全受促销活动现场火暴气氛的渲染,或者受终端销售人员现场推介的影响,出于一时冲动临时达成的购买行为,至少占减肥产品总销售额的1/3以上。终端导购和促销活动之所以成为运作减肥产品的必杀技、重头戏,原因正在于此。

(2)随意性。善变的女人,有着最难捉摸的心思,消费随意性极强。哪怕已经做出了购买某品牌产品的决策,但在最终购买行为发生之前,她们随时都可能改换门庭,让推广者功亏一篑;所以运作减肥产品,讲究的是"落袋为安"——绝不能只依赖媒体广告,寄期望于消费者的指名购买;必须高度重视销售流程上的每一环节,尤其是围绕销售终端精心设计拦截与反拦截战术,力争全程把握消费者,防止她们在最后关头改弦易辙。

(3)低忠诚度。一方面因为减肥产品的实际功效和宣传承诺普遍脱节,一方面是出于女人喜新厌旧的天性,在"没有最好,只有更好"的减肥市场,建立在消费者由衷满意基础上的品牌忠诚和美誉已濒临绝迹;而在产品科技含量普遍低下、企业经营心态普遍急功近利的背景下,任何试图建立品牌忠诚的营销举措,都注定风险重重。减肥产品的平均生命周期之所以只有短短的1~2年,以"短、平、快"为特征的短线炒作之所以占据市场主流,原因正在于此。

4. 周期性

消费行为按照特定时间周期有规律地循环往复,是减肥市场的固有属性。对广大减肥女性来说,这种消费周期性主要体现在以下方面:

(1)季节性。如同一场周期性发作的热病,每年春风乍起时,当爱美的女人纷纷褪去臃肿冬衣、换上靓丽春装,蛰伏了整整一个冬季的减肥市场就此轰然开启,并在"五·一"前后,进入一年中最红火的销售高峰期。减肥市场的季节性是如此之强,以至错过这个销售旺季,就约等于错过了这一整年的大好商机;而每年一度的"五·一"大限,就是这些产品决胜负的分界线、定生死的鬼门关。

(2) 往复性。尽管每个减肥产品都信誓旦旦地保证"绝不反弹",尽管每位成功减肥的女性都梦想从此永葆窈窕身材,然而,只要饮食习惯和生活方式不做出重大改变,每年秋冬季节的体重回升就无可避免;次年春季,这些痴心不改的减肥女性就势必再次加入浩浩荡荡的减肥大军,构成支撑减肥市场过半销量的中坚消费群体——这种同一群体年复一年循环往复消费的独特现象,正是减肥市场长盛不衰、年年有机会、岁岁出黑马的最大诱因。

资料来源:《中国营销传播网》

第一节　消费者购买决策及其信息加工模型

一、消费者决策的理论

在现实社会中,消费者的消费行为可能同时兼有心理、社会、文化和经济的因素,不同学科领域的研究者也可能采取不同的视角加以分析。比如心理学家和社会学家见到一个人购买小汽车的理解就会有很大差异,心理学家可能会从态度、决策标准等方面来解释这一行为;社会学家可能从社会环境、社会地位、社会阶层等方面理解这一行为。这两种理解可能都有一定道理,但都不全面。可见理解消费者决策行为是复杂的。

(一) 消费者决策理论中关于消费者的四个假设

消费者决策理论的观点受到消费者个体行为观念和环境因素的影响,即消费者个体行为怎样表现和为什么这样表现的观点将影响消费者行为的决策。目前,消费者心理与行为理论认为消费者决策主要有四种观点,即经济的观点、被动的观点、认知的观点和情绪的观点。

1. 经济的观点

在经济学理论中,消费者通常都是被描写为能够做出理性的决策。这种"经济人"的理论模型,已经由于许多原因而受到研究者们的批评。要像经济学所说的那样做出理性行为的消费者应该:①了解所有的可以获得的产品选择项;②能够按照每一个选择项的利弊来正确地将它们排序;③能够找出最好的选择项。然而在现实中,消费者很少能够拥有所有的信息或充分准确的信息,也很少有足够大的参与欲望和动机来做出这种所谓的"完美"决策。

同时,消费心理学研究认为,经典经济学所提出的完全理性消费者模式是不现实的,其主要原因是消费者在购买决策时受到已有的技巧、习惯和反应能力、已有的价值和目标、已有的知识范围等因素所制约。消费者常常是在一个并不完全理想的世界中进行决策,在这个世界中他们并不是根据经济方面的考虑,如价格与数量关系、边际效用等问题。事实上,消费者通常并不愿意进行广泛的决策,他们更可能是进行一个"满意的"决策。再如,近来的研究发现消费者讨价还价的最初动机不是像我们长期以来所认为的那样是为了获得一个较好的价格,即所谓以更好的价位购买,而是与成就需要、归属需要和支配需要相关。这一点对研究广告与消费心理具有重要的启示意义。

2. 被动的观点

与消费者的理性经济观点相反的是,被动观点将消费者描述为总是受到他自身的利益和营销人员的促销活动的影响。根据被动的观点,消费者被看作是冲动和非理性的购买者,总是会受到营销人员的目的和手段的作用。至少在某种程度上,消费者的被动模型受到那些竭力促销的老式的超级销售人员的赞同,在他们接受的训练中,都将消费者看作是可以控制的对象。

被动模型的主要局限在于它没有认识到消费者即使不在许多购买情形中占据支配性的地位,至少也处于同等的地位——有时他会搜寻关于产品备选项的信息并选择看起来会提供最大满意度的产品,有时他也会冲动地选择一个满足当时的心境或情绪的产品。然而,目前更多的理论认为消费者在当今市场下是一个很难成为营销者控制的对象。

3. 认知的观点

认知模型主要研究消费者搜寻和评价关于某些品牌和零售渠道的信息的过程。该模型将消费者描绘成一个思维问题的解决者,它常常把消费者描绘成或者是接受或者是主动搜寻满足他们需求和丰富他们生活的产品与服务。

在认知模型框架中,消费者通常被看作信息的处理者。对信息的处理加工导致形成偏好并最终形成购买的意向。认知观点同样也认识到消费者不可能尽力去得到关于每个选择的所有可能信息。相反,当消费者认识到他们已经拥有了可以做出一个"满意"决策的充分信息时,他们就会停止搜寻信息的努力。就像这种信息加工观点所认为的那样,消费者常常会利用捷径式的决策规则(也称作启发式或试探法)来加快决策过程。他们也会运用决策规则来应对信息太多的情况(例如,信息超载)。认知或问题解决观点所描述的消费者是对经济观点和被动观点的折中,认为虽然消费者没有(或不可能有)关于可获得的产品选择项的所有知识,无法做出完美的决策,但是他们仍然会积极搜寻信息并尽力做出满意的决策。

4. 情绪的观点

尽管营销人员早已了解消费者决策的情绪或冲动模型,但他们仍然偏好于根据经济的或被动的观点来考虑消费者。然而事实上,我们每个人可能都会把强烈的感情或情绪,例如快乐、恐惧、爱甚至是一点点"兴奋"与特定的购买或物品联系在一起。这些感情或情绪可能会使个体高度投入。

当消费者做出一种基本上是情绪性的购买决策时,他会更少地关注购买前的信息搜寻,相反,则更多的是关注当前的心境和感觉。消费者的心境对购买决策的影响是重要的,所谓"心境"是一种情绪状态,是消费者在"体验"一则广告、一个零售环境、一个品牌或一个产品之前就已经存在的事先心理状态。一般说来,处于积极心境中的个体会比处于消极心境中的个体回忆起更多的关于某一产品的信息。但也有研究表明:除非事前已有了一个品牌评价,否则在做出购买决策时所诱发的积极心境对购买决策并没有多大影响。

(二) 消费者决策理论——消费者卷入理论

"消费者卷入"理论是 20 世纪 60 年代消费者心理学家提出的一个重要理论,它是指消费者主观上感受客观商品、商品消费过程以及商品消费环境等与自我的相关性。主观上对于这些因素的感受越深,表示对该商品的消费卷入程度越高,称为消费者的"高卷入",该商品则为"高卷入商品",反之则称为消费者的"低卷入"或"低卷入商品"。

比如购买一辆"小汽车"与购买一包"方便面"的决策。前者需要消费者对商品的性能、质量、价格、消费环境、使用技能等方面进行很高程度的关注,购买决策过程比较复杂,属于高卷入商品;而消费者对后者一般不需要花费太长的时间与精力去了解商品功能与构成、消费环境一类的问题,决策过程相对比较简单,属于低卷入商品。

消费者的卷入是购买决策中的心理活动,影响到消费者对于商品信息的搜集、对于商品性能的认识,并且最终影响到消费者对于该商品的态度。因此研究消费者的卷入现象,可以从侧面反映消费者对于商品的认知以及态度。这一原理也可以反过来解释,即从消费者的态度以及认知程度,可以反映出消费者对商品的卷入状态。

喜爱健美的消费者,可能需要定期或不定期地购买健美运动器材,如多功能健美训练器、拉力器、哑铃等;购买健美运动中所穿戴的服装,如紧身衣、健美裤等;为了了解科学的健美方法与程序,还需要经常购买一些健美书籍与杂志、经常从电视中观看健美运动的节目;为了长期维持形体健美的需要,对于自己的饮食消费还有一定的限制,日常饮食比较注意其营养成分、热能含量等方面的问题。因此这类消费者的高卷入商品包括健美运动器材、运动衣、健美饮食等,为了获得更多的健美信息,高卷入媒体有健美书籍与杂志、电视节目等。相对而言,对药品、电器等商品及相关信息的卷入程度要低一些。

二、消费者决策原则

消费者的决策总是依据一定的标准、尺度,对各种方案进行比较选择,从中确定最优方案。而选择标准、尺度又是从一定原则出发的,决策原则贯穿于决策过程的始终,指导着消费者决策活动的进行。

(一) 最大满意原则

就一般意义而言,消费者总是力求通过决策方案的选择、实施,取得最大效用,使某方面需要得到最大限度的满足。按照这一指导思想进行决策,即为最大满意原则。遵照最大满意原则,消费者将不惜代价追求决策方案和效果的尽善尽美,直至达到目标。最大满意原则只是一种理想化原则,现实中,人们往往以其他原则补充或代替之。

(二) 相对满意原则

该原则认为,现代社会,消费者面对多种多样的商品和瞬息万变的市场信息,不可能花费大量时间、金钱和精力去搜集制定最佳决策所需的全部信息,即使有可能,与所付代价相比也绝无必要。因此,在制定购买决策时,消费者只需作出相对合理的选择,达到相对满意即可。例如,在购置皮鞋时,消费者只要经过有限次数的比较选择,买到质量、外观、价格比较满意的皮鞋,而无须花费大量时间跑遍所有商店,对每一双皮鞋进行挑选。贯彻相对满意原则的关键是以较小的代价取得较大的效用。

(三) 遗憾最小原则

若以最大或相对满意作为正向决策原则,遗憾最小则立足于逆向决策。由于任何决策方案的后果都不可能达到绝对满意,都存在不同程度的遗憾,因此,有人主张以可能产生的遗憾最小作为决策的基本原则。运用此项原则进行决策时,消费者通常要估计各种方案可能产生的不良后果,比较其严重程度,从中选择情形最轻微的作为最终方案。例如,当消费者因各类皮鞋的价格高低不一而举棋不定时,有人便宁可选择价格最低的一种,以便使遗憾减到最低程度。遗憾最小原则的作用在于减少风险损失,缓解消费者因不满意而造成的心理失衡。

(四) 预期满意原则

有些消费者在进行购买决策之前,已经预先形成对商品价格、质量、款式等方面的心理预期。消费者在对备选方案进行比较选择时,与个人的心理预期进行比较,从中选择与预期标准吻合度最高的作为最终决策方案,这时他运用的就是预期满意原则。这一原则可大大缩小消费者的抉择范围,迅速、准确地发现拟选方案,加快决策进程。

三、消费者决策的信息加工模型

有关消费者决策模型有不少研究,这里仅介绍目前比较流行与适用的消费者决策的信息加工模型。该模型有三个主要的组成成分:输入、加工和输出。

(一) 输入

输入部分主要指向潜在消费者宣传产品和服务的有关信息的活动,这些影响如果得到内化,就会影响消费者的购买决策。输入的第二方面是社会文化的影响如社会阶层、文化、亚文化,虽然没有营销策略那么直接,但它们是内化的重要输入因素,会影响消费者如何评价产品以及最终是否接受该产品。

(二) 加工

这一部分主要涉及消费者如何做出决策的心理因素的影响,如动机、感知、学习、人格和态度。心理因素对消费者做出决策行为的三个阶段都有作用。消费者决策规则主要有两种类型:补偿性决策规则和非补偿性决策规则。

1. 补偿性决策规则

如果采用补偿性的决策规则,消费者主要根据每一种相关的属性来评价供选择的品牌并计算出每个品牌的加权或加总分数。计算出的分数反映出该品牌作为一种潜在的购买选择的相对价值。决策的假设是消费者将选择在所有被评价的备选对象中得分最高的品牌。补偿性决策规则的一个独特之处是它可以用某个品牌在一种特征上的积极评价来平衡该品牌在另外一些特征上的消极评价。例如,一种特定品牌或类型的灯泡所提供的节能方面的积极评价可以抵消这种灯泡因为在光输出方面减少而导致的不满意评价。

2. 非补偿性决策规则

如果是非补偿性决策规则,消费者不能以一种品牌在一个属性上的积极评价来抵消它在其他一些属性上的消极评价。非补偿性决策规则主要有四个:连接规则、分离规则、排除式规则和词典规则。

按照连接规则,消费者为每一个属性建立一个独立的、最小满意层次作为最低可接受的表现水平。如果有某种特定的品牌在任何一个属性中低于最低可接受性的表现水平,该品牌就从进一步考虑中排除出去。但是因为连接规则会导致几个可接受的备选项,所以在这种情况下消费者就需要运用辅助的决策规则来达到最终的选择,如接受第一个满意的品牌。连接规则在快速缩减所考虑的备选项的数目的情况中格外有用。消费者接着可以利用另外的、更为精确的决策规则来做出最终的选择。

分离规则或析取规则是连接规则的"镜像"。应用这条规则时,消费者为每一种属性建立一个独立的、最小满意的、可接受的表现水平。在这种情况下,如果一个品牌备选项满足或超过任何一个属性的最低表现水平,它都可以被接受。这里同样也会有一系列品牌会超过最低可接受的表现水平,从而引出需要其他的决策规则的情景。当这种情况发生时,消费者可以接受第一个满意的品牌作为最终选择,或者应用其他可能更为合适的决策规则。

排除式规则要求消费者对评价标准按重要程度排序,并对每一标准设立切除点。从最重要的属性开始对所有品牌进行考察。那些没有超过切除点的被选品牌被排除在外。如果不止一个品牌超出切除点,考察过程将根据第二个重要标准重复进行,直到剩下一个品牌为止。

词典规则是指消费者首先按照所认识到的相关性或重要性来对属性进行排序,消费者接着就可以根据某个自己所认为的最重要的特性来比较各种品牌备选对象。如果有一个品牌的得分在这个最受赏识的属性上得分足够高的话(无论它在其他属性上的得分高低),消费者就选择这个品牌并结束这个过程。当最后还有两个或更多的备选品牌时,这个过程就根据第二重要的属性重复,直到由于某一个品牌在特定的属性上超过了其他品牌而被选择出来为止。

根据词典规则,排序最高的属性(最先被利用的)可能揭示了个体的一些基本消费(或购物)取向。例如,"买最好的"规则可能就意味着消费者是质量导向的,而"买最有名的品牌"的规则可能意味着消费者是地位导向的;"买最便宜的"规则可能揭示了消费者是经济导向的。

(三) 输出

消费者决策的输出主要是购买行为的实施,当然也包括购买后的使用和评价等一系列行为,在这里只介绍购买行为,购后行为将在后面有专门章节论述。

消费者的购买(行为)有三种类型:尝试性购买、重复性购买和长期性忠诚购买。当一位消费者第一次购买某件商品(或者品牌)并且购买量比通常少时,这种购买就被认为是一种尝试性购买。从消费者心理角度说,这是一种探索性行为。在这个阶段中消费者通过直接使用来试图评价一件产品。例如,当消费者购买一个他们没有把握的新品牌洗涤用品时,他们很可能会购买比熟悉品牌要少的尝试性的数量。因而可以用诸如免费试用、折价券或便宜的价格等促销策略来鼓励消费者试用一种新产品。当消费者试用过一类已有产品(牙膏、口香糖或可乐)中的一个新品牌后,发现它比其他品牌都更让人满意或者比其他品牌更好,消费者就会重复这种购买。因为重复购买行为使市场更为稳定,所以这种行为与大多数企业都尽力鼓励的品牌忠诚概念紧密地联系在一起。与消费者只以很少的量进行试用,并且没有什么承诺的尝试性购买所不同的是,重复性购买通常都表明产品赢得了消费者的赞许,他们愿意再次以更大的量使用该产品。在这个基础上最终形成长期性忠诚购买。

四、风险决策

(一) 什么是风险决策

任何一个消费者在决策购买商品时,都会遇到这样一些问题,即购买某商品给自己带来了满足、愉快的同时,也会带来他不愿意、不希望的损失或潜在危害,甚至会带来一些现实的危险,这些潜在的或现实的损失和危害就是决策风险。用一句话概括,决策风险是由于消费者不能完全预测到购买决策的结果而产生的不确定性。

决策风险的类型包括以下几种:

(1) 功能风险,即购买的物品的使用价值是否能满足消费者的需求。

(2) 安全风险,即购买的物品可能本身具有潜在危险,会给消费者的身体带来伤害。

(3) 经济风险,即购买的物品的价值低于消费者付出的货币量。

(4) 社会风险,即消费者的购买决策可能会给消费者的社会关系带来损害和危险,如物品的消费会带来环境污染,或损害邻里关系。

(5) 心理风险,即消费者的消费决策可能会给消费者本人的形象带来损害和危险,如受到周围朋友、同事的嘲笑。

(6) 时间风险,即消费者在制定购买决策时投入了大量时间精力,如果决策结果令消费者不满意,就会造成时间精力的浪费。而重新收集信息制定决策,又需要花费很多时间,此时消费者就会面临决策的时间风险。

在消费者做出购买决策时,上述风险有些是被清楚地意识到的,这就是消费者决策过程中的风险知觉。

(二) 降低决策风险的措施

1. 加强消费信息的获取

风险产生的根源是掌握信息的不充分。为此,消费者应加强信息搜寻工作,努力获取尽可能多的消费信息。随着信息量的增加,购买决策的风险会相应降低。获取的信息越多,风险也就越低。

2. 保持品牌忠诚度

消费者如果坚守品牌忠诚,只购买自己以前购买过的品牌,由于对其效能质量等有深入了解和亲身体验,遭受损失的风险就会大大降低。

3. 购买知名度高的品牌

品牌知名度高的厂商为了维护自己的产品信誉、市场份额和企业形象,通常会向消费者提供质量和服务保证。万一产品出现质量问题,消费者也可得到厂商相应的赔偿,从而可以在很大程度上降低风险损失。

4. 从信誉高的零售商处购买商品

信誉高的零售商与品牌知名度高的厂商一般可靠性强,风险程度较低。

5. 购买最贵的商品

价格昂贵的商品一般品牌知名度较高,质量和服务有保证,一旦出现质量问题,风险程度较低。

第二节 消费者购买决策过程

在认知心理学中,决策是指从思维到做出决定的心理过程。一般可将决策理解为:人们为了达到某一预定目标,经过思考或逻辑推理对几种可能采用的方案做出合理的选择的过程,即对几种方案做出合理选择以求达到最佳效果的过程。

一、消费者购买决策的含义

如果把消费者购买决策过程视为一个特定目标为中心的解决问题的过程,这时的决策就是指为了达到某一预定的目标,在两种以上的备选方案中选择最优方案的过程。

消费者购买决策在消费者购买活动中占有极为重要的关键性地位,可以说它是购买行为中的核心环节。这是因为,消费者决策进行与否决定了其购买行为发生或不发生,同时决策的内容规定了购买行为的方式、时间及地点;再次,决策的质量决定了购买行为的效用大小。因此,决策在购买行为中居于核心地位,起着支配和决定其他要素的关键作用。

消费者的购买决策包括以下几方面内容:

(1) 为什么买?即购买动机。消费者的购买动机是多种多样的。同样购买一台洗衣机,有人为了节约家务劳动时间;有人为了规避涨价风险;有人则是买来孝敬父母。

(2) 买什么?即确定购买对象。这是决策的核心和首要问题。决定购买目标不只是停留在一般类别上,而是要确定具体的对象及具体的内容,包括商品的名称、厂牌、商标、款式、规格和价格。

(3) 买多少?即确定购买数量。购买数量一般取决于实际需要、支付能力及市场的供应情况。如果市场供应充裕,消费者既不急于买,买的数量也不会太多;如果市场供应紧张,即使目前不是急需或支付能力不足,也有可能购买甚至负债购买。

(4) 在哪里买?即确定购买地点。购买地点是由多种因素决定的,如路途远近、可挑选的品种数量、价格以及服务态度等。它既和消费者的惠顾动机有关,也和消费者的求廉动机、求速动机有关。

(5) 何时买?即确定购买时间。这也是购买决策的重要内容,它与主导购买动机的迫切性有关。在消费者的多种动机中,往往由需要强度高的动机来决定购买时间的先后缓急;同时,购买时间也和市场供应状况、营业时间、交通情况和消费者可供支配的空闲时间有关。

(6) 如何买?即确定购买方式。消费者购买方式的选择受到诸多因素影响,如销售点的服务质量和信誉、消费者的便利等。例如,有些医药产品通过广告宣传提供了有关产品的邮购地址,这时消费者在确定购买方式时服务质量和信誉显得尤为重要。

二、消费者决策的基本类型

由于消费者的卷入程度不同、与决策方案相关的信息量以及对方案的认知程度不同,消费者的决策是不同的。也就是说,消费者的购买决策是一个连续体的过程,一端是程式决策,另一端是广泛决策,中间则是有限决策,如图5-1。

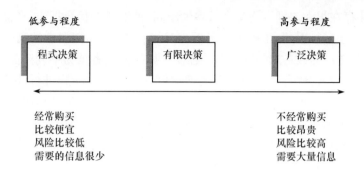

图 5-1　三种决策类型与介入程度

在程式决策方式下,消费者参与程度很低、制定决策所花时间很短、所购的往往属于经常性与成本低、风险小的产品或者服务,例如消费者对一条口香糖的购买决策;广泛决策是最复杂的购买决策方式,消费者参与程度很高、制定决策所花时间很长、投入很大精力收集信息、所购买的是不熟悉、较昂贵、风险大的产品或者服务,例如消费者对汽车或者房屋的购买;有限决策介于程式决策与广泛决策之间,其参与程度、制定决策的时间、购买的经常性、产品或者服务的昂贵程度、风险性等都表现出中等程度,例如消费者对自行车或者电风扇的购买。

除了将消费者的购买决策分为以上三种方式以外,我们还可以依照购买的卷入程度与消费者购买经验的多少两个变量的高低程度,将消费者的购买决策分为四种类型,即广泛型决策、有限型决策、品牌忠诚型决策和程式型决策,如表 5-1。

表 5-1　四种消费者购买决策

	高卷入	低卷入
经验少	广泛型决策	有限型决策
经验多	品牌忠诚型决策	程式型决策

(一) 广泛型决策

当消费者对于如何评价一类产品或该类产品中的特定品牌还没有确定的标准时,或者是还没有把他们所考虑的品牌数目减少到较少的便于把握的程度时,他们的决策就可以归为广泛的问题解决。在这一类型决策上,消费者需要大量的信息来建立用以判断特定品牌的一组标准,还需要关于他所要考虑的每一种品牌的相当多的信息。

以购买个人计算机为例,如果购买者对计算机本身以及计算机市场的情况均不熟悉,那么他就需要从各方面搜集信息,了解市场上有哪些牌号的计算机,各种牌号计算机在性能、价格等方面的差异,以及应从哪些方面来评价计算机的好坏、优劣等。也许他要花上几天甚至几个星期的时间才能决定选择何种规格、何种品牌和带有什么样配置的计算机。

因此,对于具体的购买问题,消费者是否广泛搜集信息和作出大量的评价、比较取决于三个方面的因素:一是消费者的购买介入程度。所谓介入程度(involvement),是指消费者对购买或购买对象的重视程度、关心程度。对不同产品的购买,对同一产品在不同情形下的购买,消费者的介入程度是不同的。比如,购买汽车、房屋等大宗商品,消费者的介入程度明显较购买牙膏、香皂等产品要高。对同一种产品的购买,比如化妆品的购买,在作为礼品送给朋友和供自己使用时,花的时间、投入的精力可能存在很大差别。购买介入程度越高，消费者在信息搜集、产品评价与选择上的投入和花费的精力也越多。因此，在很多情况下，广泛型决策是和消费者的高度介入密切联系在一起的。二是各种备选产品或备选品牌的差异程度。如果购买者认为不同产品或品牌在品质、功能、价格等方面差异比较大，就会更倾向于广泛搜集信息和对各种品牌进行认真比较；反之，购买者就会减少在这方面的投入量。三是购买时的时间压力。在极为紧迫的情况下，消费者花很多时间于购买决策过程既不明智也不可能。比如，如果汽车因轮胎故障而中途抛锚，此时，只要遇有轮胎出售，哪怕价钱贵一点，司机也会不假思索地购买。如果在平时购置轮胎，决策过程很可能更为复杂，购买时花的时间更多。

总之，在广泛型决策情况下，消费者一般先要广泛搜集内、外部信息，然后形成对不同品牌的态度，继而形成购买意向和做出购买决定。产品购买后，还很容易对购买决定的正确性产生怀疑，从而引发对购买的全面评价。

（二）有限型决策

在这类决策上，消费者已经确立了评价产品种类和该种类中多种品牌的基本标准。然而，他们还没有完全确立对某些特定品牌的偏好。他们对于更多信息的搜寻更像是"收听电台时的微调"，他们必须收集更多的品牌信息来对众多的品牌做出区别。

有限型决策常常指消费者对产品和品牌的选择建立起一些基本的评价标准，但还没有形成对某些特定品牌的偏好，因此还需要进一步搜集某些信息，以便在不同的品牌之间做出较为理想或满意的选择。当消费者认为备选品牌之间的差异不是很大、介入程度不是很高、解决需求问题的时间比较短时，消费者所面临的大多属于有限型决策。此时，消费者的决定也需经过认知问题、搜集信息、评价选择、采取购买行动、购后评价五个阶段，但在这些阶段，消费者花的时间、精力都非常有限。以购买速溶咖啡为例，当消费者意识到家里的速溶咖啡快用完的时候，他就认识到了要买速溶咖啡这一问题，然后走进商店简单地询问或检查有哪几种牌号的速溶咖啡出售，各自的价格如何，随即做出购买决定。将速溶咖啡买回家后，如果没发现什么异常，消费者一般很少再作进一步评价。如果品质特别的好或特别的不好，消费者可能会偶尔向他人提及，或在下一轮购买中根据自身体验决定是否仍然选择该品牌。总之，在有限型决策情形下，信息搜集主要来自内部，外部信息搜集比较有限，进入备选范围的产品不多，而且通常只对产品的某个或少数几个方面进行评价。除非产品在使用过程中出现问题或售后服务不尽如人意，否则，事后很少对产品的购买与使用进行评价。

（三）程式型决策

在这类决策上，消费者对于产品的种类已经有了一定的经验，对于他们正在考虑的品牌也已经有了一套确定的评价标准。在有些情况下，他们会搜寻少量的额外信息；在另外一些情况下，他们只是利用自己已经知道的信息。消费者决策（问题解决）的广泛程度取决于他的选择标准的确定程度，以及他对于所考虑的每一种品牌的信息了解的多少，还有供他做出选择的品牌选择项集合的大小。显然，广泛的问题解决意味着消费者必须在选择时搜寻更多的信息，而程式化的反应行为就不太需要额外的信息。我们生活中的决策不会都是复杂并且需要广泛的搜寻和考虑的，即我们不可能付出所需要的那么多的精力。所以有些决策不得不"简单"一些。

所以程式型决策就其本质而言并未涉及决策,也就是说,这类决策通常在购买介入程度很低的情况下进行。程式型决策也可以称为习惯性购买行为。研究认为,消费者形成程式型购买决策主要有两个方面的原因:一是减少风险;二是简化决策程序。对消费者心理的研究发现:形成品牌忠诚和选择著名品牌是应付购买风险的最常用的两种方法。同时,随着程式型购买的形成与发展,消费者搜集信息类型也发生了变化,由原来的侧重于一般性产品信息的搜集转向特定品牌信息的搜集。

(四) 品牌忠诚型决策

这类产品的购买决策是指消费者的卷入程度较高,然而消费者对这些产品或者服务的消费经验很多。虽然这类产品的单价并不一定很高,但由于消费者对这些品牌的产品或者服务进行的消费经验很丰富,同时害怕承担变换品牌所带来的潜在社会性风险。因此,这是一种以高度关注和丰富的经验为特点的决策方式,在这种方式中,品牌忠诚就成了消费者购买决策的重要因素,新品牌要想打入市场的机会也因此变得相对较低。例如牙膏与香水等产品或者服务的购买就是品牌忠诚型决策。需要指出的是,品牌忠诚与习惯购买不同,前者更强调对品牌或产品的坚定信念,一旦形成很难改变;后者则是因为由于消费者反复性购买行为和品牌间差异较小而引起消费者有限制或者根本不进行信息搜寻和评估可选品牌,它属于程式型决策。

三、消费者购买决策过程与营销策略

消费者的购买决策过程是指消费者在购买产品或者服务时所进行的一系列过程,它通常包括认知问题、搜寻信息、信息评价与决策、购买行为和购买后行为等六个步骤(如图5-2)。这里认知问题阶段是指认识某种欲望或需求的过程;搜寻信息阶段是指为找到解决所认识到的消费问题的方法,并从记忆里提取信息,或从外部搜寻相关信息;然后是对有关信息或方案进行评价阶段,选择出自己喜欢的方案;在购买阶段则按照所选择的方案购买;最后对购买行为进行评价以了解自己的期望满意程度。

图 5-2　消费者决策基本过程

消费者决策过程不总是一个简单的线性过程,同时并不是所有消费决策都是高介入的过程。因此,消费者决策过程可以帮助我们了解消费者是如何制定其购买决策,实施购买行为,同时可以帮助我们根据消费者在消费决策的不同过程阶段的消费行为特征制定相应的营销策略。

(一) 认知问题过程中的营销策略

消费者购买决策过程的第一步就是认知问题。认知问题也就是消费者要先界定其所面临的问题,问题的认知来自于消费者所感受到的需要不满足,这种需要的不满足也就是来自于理想状态与现实状态之间的差距。这种差距可以是消费者所面临的问题,也可以是一种机会。例如商家可以通过广告告诉家庭主妇所食用的食油在高温烹调下可能是会产生毒素,这样就造成家庭主妇对该潜在问题的忧虑,从而产生了消费者对问题的认知。

由于消费者对问题的认知是由理想状态与现实状态的差异大小以及该问题的相对重要性所决定的,所以,在认知问题的消费决策阶段,营销的目的就是使消费者了解到其理想状态与现实状态之间的不均衡,从而创造消费者的需要。也就是说,营销活动在问题认知阶段应该通过改变消费者对理想状态与实际状态的认知来激发消费者的问题认知。有研究表明,对于改变理想状态与现实状态的营销活动,不同的消费者以及同一消费者在不同的产品或者服务领域的反应均存在差异。因此,商家必须确保他们所采取的营销活动适用于产品或者服务的目标市场。

许多营销活动旨在影响消费者的理想状态。营销人员经常在广告活动中宣传其产品或者服务的优越之处,希望这些优点被消费者所看重,并成为消费者欲求的一部分。例如,率先为汽车配备安全气囊的汽车制造公司就在营销活动中一再强调这一装置的重要性,似乎安全气囊是"标准汽车"不可或缺的部分,其目的就是影响消费者关于"理想汽车"的概念。

另一种途径就是通过广告或者其他营销活动影响消费者对现实状态或者现有状态的认知。消费者可能习惯性地重复选择某一品牌,而不考虑是否有性能更好、品质更优的替代性产品或者服务。此时,提供替代性产品或者服务的商家就需要打破消费者的习惯性决策模式,使他们意识到现在所购买的产品或者选择的服务并不是最好的。例如许多护理产品和社会性产品经常使用的就是这种途径。"即使你最好的朋友也会向你保密……"或"Kim样样出色,而这种咖啡……"等广告语就是典型的激发消费者关注的现实状态的例子。理想状态在这里是新鲜的空气和优质的咖啡,设计这些信息就是为了引起消费者思考他们的现实状态是否与理想状态相吻合。

当然,有不少人对通过营销活动激发消费者的问题认知是否合乎道德产生质疑,把营销活动斥为促动甚至引起物质主义的思潮。但从我们看来,营销活动并不是导致物质性追求的根本原因,因为在营销活动出现之前的很长时间,人们就开始使用香水、服饰等东西以获得更高的物质地位和社会地位。

(二) 信息搜寻过程中的营销策略

消费者一旦认知问题,他们就会利用长时记忆中的相关信息确定是否有现存的令人满意的解决办法,各种潜在的解决办法有什么特点,并对这些解决办法进行比较、作出选择等,这就是内部信息搜寻。如果通过内部搜寻未能找出合适的解决办法,那么搜集过程将集中于与问题解决有关的外部信息,这就是外部信息搜寻。很多问题通过运用消费者过去储存的信息就能得到解决,购买他们所回忆起来的唯一的且令人非常满意的产品或者服务,这就是我们所讲的程式决策;同样,如果某消费者在了解了某产品或者服务的特性时联想到该产品或者服务能满意地解决过去的某个问题,从而作出购买决策,这就是我们所讲的有限决策。这两类决策方式基本上依靠的是消费者的内部信息搜寻。当消费者进行广泛决策时,外部信息才变得非常重要。而外部信息的主要来源是营销等商业活动,当然还有大众传媒和他人的口碑等。

真正有效的营销活动要考虑目标消费者在购买前所进行的信息搜集的性质。其中两个层面特别需要考虑,即决策类型和激活水平。前者影响信息搜寻的水平,后者影响信息搜寻的方向。表5-2描述的就是以这两个层面为基础的战略矩阵。

表 5-2　基于信息搜寻的营销战略

品牌位置	目标市场决策模式		
	程式决策 （几乎无信息搜寻）	有限决策 （有限信息搜寻）	广泛决策 （广泛信息搜寻）
激活域中的品牌	保持战略	捕获战略	偏好战略
不在激活域中的品牌	瓦解战略	拦截战略	接受战略

（三）信息评价与决策过程中的营销策略

在信息搜寻的基础上，消费者将形成一个品牌激活域，激活域里的品牌可能只有两三个，也可能有五六个甚至更多。消费者会根据一定的标准对激活域里的品牌进行评价，以此决定这些品牌分别在多大程度上能够解决消费者所面临的问题。消费者用来评价各个品牌的标准与消费者在购买中所追求的利益、所付出的代价直接相关。例如，许多希望避免蛀牙的消费者使用含氟牙膏。对于这些消费者来说，含氟是与防蛀这一利益相关的评价标准。

市场营销人员已经认识到消费者判断评价标准的能力和应用替代指示器的倾向，并对此作出了反应。例如，多数新消费品最初都经过了与其竞争者相比较的蒙眼测试。方法是在测试时不让受测试者知道产品的品牌名称。这种测试使得广告市场营销人员能评价产品的功能特征，并判定在没有受品牌偏好和商家偏好影响的条件下，新产品是否较竞争产品具有可觉察的显著差异。

营销人员也会直接运用替代性指示器。美国安代克（Andecker）公司的广告称其啤酒为"味道最贵的啤酒"，很显然，该广告试图利用许多消费者对啤酒持有的价格 - 质量关联。有时，为促进销售而提高价格就是基于人们持有的价格 - 质量关联观点。例如，有些产品的定价为几十元时并不好销，但在价格变为几百元后却变得异常畅销。其次，有些营销活动频频应用品牌名称为其产品进行宣传，以品牌作为产品或者服务品质的替代指示器，例如艾默（Elmer）超级胶水的广告词就是，"与您可信赖的名字粘在一起"。这些策略不但大大减少了与购买该品牌的产品或者服务的知觉风险，同时还是产品或者服务品质的一个强有力的替代指示器。

在信息评价与决策过程中，营销人员除了熟悉消费者的评价标准并据此制定相应的营销策略以外，消费者还必须熟悉消费者消费决策的规则。消费者常常单独或者同时应用的决策规则有连接式、析取式、排除式、词典式和补偿式五种。但实际上，我们并不能回答消费者在何种场合下会应用何种决策规则。但特定环境下所做的研究表明，人们的确用到了这些规则。低复杂度的购买决策涉及相对简单的决策规则，因为消费者会试图减少作出这类决策所付出的精神代价；高复杂度的购买决策涉及相对高的知觉风险，人们会趋于更仔细的评价：不仅会运用更复杂的决策规则，而且还有决策的阶段性，每一阶段中应用不同决策规则评价不同属性。当然，个体特征、产品特征和环境特征也会影响到消费者所采用的决策规则。

每个营销人员都必须清楚，对于考虑范围内的细分市场，消费者最可能应用的决策规则或者规则组合是什么，并制定出相应的营销策略。例如，Vigor 的广告，商家认为消费者将价格列为购买该产品的最关键的考虑因素，因此，它的营销活动就以宣传价格为主，同时考虑消费者可能进行复杂决策，因此还提供了很多其他的属性方面的信息。

（四）购买行为过程中的营销策略

消费者的实际购买行为涉及很多的行动与决策,如店铺的选择、购买时机、品牌选定、货币支付等。其中,店铺的选择是消费者实际购买行为过程中最重要的一环。而影响消费者在店铺选择上的一个重要因素就是店铺的形象。一个店铺的形象是由许多因素组成的,其中一些比较重要的因素有地点、装潢、商品配置、店铺的气氛、店堂广告(point-of-purchase advertising,简称 POP 广告)、销售人员的服饰与专业知识等。在此我们主要介绍消费者实际购买行为过程中的 POP 广告策略。

POP 广告是影响消费者实际购买行为的一项相当重要的工具。很多店铺就是运用 POP 广告向消费者传递店铺特性尤其是促销价格方面的信息,目的是吸引消费者走进店铺实施购买。一项涉及各类商品(包括汽油、床单、电子表、长裤、咖啡、礼服等)的 POP 广告的调查发现,由于产品的类别差异,POP 广告所产生的影响也存在很大的差异,但从总体看来,受 POP 广告影响而进入店铺的消费者中大约 50% 会实施购买行为。

事实上,如果我们仅以购买 POP 广告产品的数量来衡量 POP 广告的效果,那肯定会低估 POP 广告的实际影响。因为店堂内的消费者在受到 POP 广告影响时的实际购买行为可能会购买广告产品或者服务以外的产品或者服务,这种广告效果称为"溢出销售"。而且研究表明,溢出销售额几乎与被广告的产品或者服务的销售额相等。所以,我们在评价价格广告或者其他促销活动的效果时,应当考虑由此带来的整体销售和利润,而不能只考虑由于被促销产品销售增加所产生的利益。

虽然大多数的 POP 广告强调价格,尤其是促销优惠价格,但调查表明,价格往往不是消费者选择店铺的主要原因。这意味着对于很多店铺来说,通过强调服务、选择范围或者给消费者带来情感利益,其效果可能会更好。

在考虑采用价格广告或者以价格作为广告诉求点来吸引消费者时,店铺和商家面临着三个方面的决策:①采用多大的价格折扣;②是否采用参照价进行价格比较;③伴随价格促销应该采用什么样的语言表述。

由于消费者对于店铺的价格广告的理解倾向于把其中的价格看作是折扣价和促销价,因此,店铺应该选取恰当的手段通过价格广告大大提高消费者对商品或者服务降价的信息感知。值得店铺和零售商注意的是,价格广告传递的往往不只是被广告的产品或者服务的信号,同时还反映店铺整体的价格水平及相关信息。由于在消费者的印象中,价格、质量、服务等其他重要属性都是相互连接和相互影响的,不适当的价格广告可能会对店铺形象造成不利影响。因此,对于定位较高的店铺,使用价格广告时应格外慎重。

（五）购买后行为过程中的营销策略

在消费者的购后行为中有一种购后冲突的现象,这种现象发生于顾客对自己购买行为的明智性的怀疑。另外,一些购买则伴随不采用现象,即顾客将产品退还或者保存而不加以使用。对于大多数消费者来说,即使存在购后冲突也会伴随产品使用。产品的使用通常涉及包装和产品本身的处置。在使用过程中和使用后,消费者会对购买过程和产品进行评价。不满意的评价会产生抱怨行为,而商家作出的合适反应会减少顾客的不满意情绪。购后的满意或者不满意,要么导致消费者的重复购买与忠诚,要么导致转换品牌或者不再使用此类产品。

　　购后冲突之所以发生,是因为通常在消费者的很多购买行为中选择某一品牌的产品或者服务,是以放弃对其他品牌的产品或者服务的选择、甚至放弃其他品牌的产品或者服务所具有的诱人特点为代价。由于这种购后冲突令人不快,消费者也通常会设法减少冲突,有意识地去搜寻更多的信息来证实自己选择的明智性。因此,商家此时应该加大广告力度,这时的广告不仅有助于吸引新的消费者,而且有助于顾客在购后证实其购买行为的明智性。

　　大多数购买属于程式决策或者有限决策,因此很少引发冲突。消费者在获得产品或者服务以后根本不担心自己的消费是否明智。而且很多消费者即使对所消费的产品或者服务存在购后冲突,他们仍会继续使用这些产品或者服务。此时,营销人员应该积极关注他们的使用行为,一则消费者可能会用一种新的方式来使用产品或者服务以达到其他的目的,即消费者的使用创新。例如,苏打在国外最先只是用于烹饪,后来因为某些消费者在购后冲突中并没有保持其烹饪性用途,而是把苏打用来给冰箱除味。公司发现后,立即在广告中大肆宣传这些用途,从而增加了产品的功能性价值。另外,营销活动还应该考虑产品或者服务使用行为的地区性差异,例如同样是喝咖啡,有些地区加奶油,有些地区不加奶油;有些地区加糖有些地区不加糖;有些地区用无把杯子,有些地区用有把杯子。因此,咖啡营销管理人员就应该根据这些情况,在地区性广告中进行有针对性的广告宣传。

　　消费者的购后评价会导致消费者产生某种程度的购买动机:消费者可能强烈希望在未来避免选择该品牌的产品或者服务;也可能希望在某个时期再购买该产品或者服务;或者可能愿意将来一直购买该产品或者服务,甚至成为该产品或者服务的忠诚消费者。这些评价的过程和结果取决于消费者对产品或者服务的期望水平是否得到满足,如果产品或者服务在期望水平上满足了消费者的需要,那么消费者满意就可能存在;如果产品或者服务在期望水平上没有满足消费者的需要,就可能导致消费者的不满。在这些情况下所开展的营销活动具有较高的难度。对于消费者的不满意和抱怨行为,营销活动应该及时找到消费者的期望水平和实际感知之间的差别,尽量避免夸大和不实际的宣传,因为这些夸大和不实际的广告宣传会助长消费者的期望水平。同时,商家应该认真分析消费者的不满意和抱怨的根源,从产品或者服务本身及其营销活动等方面进行全方位的调整和改进。

　　一般说来,对于被消费者所选择的产品或者服务都在一定程度上是优越于其他被选对象的。因此,我们在营销活动中很自然地会强调这些产品或者服务的优越之处。然而,如果广告宣传中的这些强调又导致消费者形成某种较高的预期,而产品或者服务的本身又无法满足这些预期,消费者负面的评价就会由此引发。因此,营销活动应该在对产品或者服务的广告宣传与对产品或者服务的现实评价之间找到一个最佳平衡点,从而据此成功地开展营销活动。

第三节　购后过程

　　消费者的购后行为是指消费者作完产品或者服务购买决策并取得产品或者服务之后的一连串相关行为,它包括消费者可能马上使用,也可能不使用而把它搁置或者保存,还可能把它退还给卖主等行为。但对于大多数购买来说,使用是一种更普遍的现象。在使用过程中或者使用以后,消费者会对购买过程和产品本身进行评价,从而形成满意和不满意两种态度。消费者满意对企业无疑是有利的,会导致重复购买和品牌忠诚,而对于不满意情绪,关键就看企业的处理方法是否适当了:处理不好,就可能会最终为消费者所抛弃,从而被市场淘汰;处理得好,则能够转危为安。图5-3 描述的就是消费者的购后行为过程。

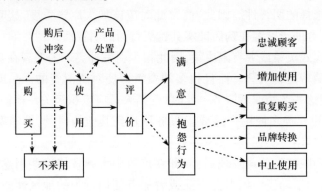

图 5-3　消费者购后过程

一、购后过程分析和购后评价

(一) 购后过程分析

消费者在做出购买产品或服务的行为之后,就进入了购后过程。通过自己的使用和他人的评价,消费者会对自己购买决策进行一个再评价,形成一种对产品、服务或者品牌满意与不满意的情感。

购买者对其购买活动的满意感(S)是购买者在特定的购买情形中对其所付出的是否得到足够回报的情感状态,也可以描述为购买者对产品的期望(E)和该产品可觉察性能(P)之间的函数,即$S = f(E,P)$。若$P = E$,则消费者感到满意;若$P < E$,则消费者会不满意;若$P > E$,消费者则会非常满意。购买者对产品所持的期望是消费者根据自己从卖主、朋友以及其他来源所获得的信息基础上形成的。如果卖主夸大其产品的优点,消费者将会感受到不能证实的期望,这种不能证实的期望会导致消费者的不满意感。所以,企业应使其产品真正体现出其可察觉性能,以便使购买者感到满意。有些企业为了提高满意度,只是强调产品某一方面的优点,而对其他一些优点有保留地宣传,使消费者产生了高于期望的满意感,并借此树立起良好的产品形象和企业形象。

消费者对其购买的产品是否满意,不仅影响到以后的个人购买行为,还影响到周围人群的购买意愿。如果对产品满意,则在下一次购买中可能继续采购该产品,并向其他人宣传该产品的优点。如果对产品不满意,则会尽量减少不和谐感,因为人的机制存在着一种在自己的意见、知识和价值观之间建立协调性、一致性或和谐性的驱使力。具有不和谐感的消费者可以通过抱怨、放弃或退货来减少不和谐,也可以通过寻求证实产品价值比其价格高的有关信息来减少不和谐感。

因此,营销人员应采取有效措施尽量减少购买者购后过程的不满意情绪,并通过加强售后服务、保持与顾客联系、提供使他们从积极方面认知产品的特性等方式,以加强消费者的满意度。

(二) 购后评价

顾客在购买所需产品或服务之后,使用或消费所买来的产品以满足需要。有时候,这是一个较长久的过程,如家电、家具等商品;有时只是一个直接消耗行为,比如喝饮料、看演出等。在使用产品时或使用产品后,消费者会根据自己的期望对该产品形成一个综合评价。这些评价有三种可能的结果:①实际的表现符合预期,导致中性的感觉;②表现超出预期,形成对于预期的积极反馈(导致满意);③表现低于预期,形成对预期的消极反馈(导致不满意)。对于这三种结果而言,消费者的期望和满意度都是紧密相连的,也就是说,当进行购后评价时,消费者倾向于根据他们的预期来评价他们的体验。期望和满意度是密切相关的。

购后评价的一个重要部分是消费者对选择的不确定性或疑问的降低。作为他们购买后分析的一部分,消费者总是想使自己感到所做的选择是明智的,也就是说,他们试图降低购后认知失调。消费者进行购买后分析的程度取决于购买产品决策的重要性和在使用该产品中所获得的体验。当产品符合期望时,消费者可能会再次购买。而当产品的表现令人失望或没有符合期望时,他们会寻找更合适的备选项。因此,消费者的购买后评价"反馈"成为他的心理的经验,并影响到未来的相关决策。

二、消费者满意与消费者忠诚

(一) 消费者满意

当今社会,各类商品和劳务供求总态势是供大于求,消费需求趋向选择性、个性化、档次化、感性化。随着经济的发展,各类市场进一步发育完善,市场竞争也异常激烈。消费者评判商品的标准不再仅仅是功能和品牌,而变成了与产品有关的系统服务,商家和企业竞争的重点也发展为立体化的服务;同时,消费者认证的商品不仅质量要符合要求,而且包装、服务、广告、咨询、送货、保管、售后服务等都成了消费者购买商品考虑的因素,商家和企业提供的商品已经不再是单位产品,而变成了产品体系,这要求企业在制定营销策略时,必须围绕消费者满意来展开。菲利普·科特勒在《营销管理》一书中明确指出,商家和企业的整个经营活动要以消费者满意度为指针,要从消费者角度,用消费者的观点而非商家和企业自身利益的观点来分析考虑消费者的需求。

有研究表明,消费者满意既是消费者本人持续购买的基础,也是影响其他消费者购买的重要因素;高度的满意能培养一种对品牌感情上的吸引力,而不仅仅是一种理性偏好。商家和企业必须十分重视提高消费者的满意度。只有使消费者感到满意才能使商家和企业得到不断的发展。

(二) 消费者忠诚

消费者忠诚是指对某产品或品牌感到十分满意而产生的情感上的认同,对该产品或品牌有一种强烈的偏爱。消费者忠诚可分为内部消费者忠诚和外部消费者忠诚。内部消费者忠诚是一种强大的凝聚力,表现为士气高、效率高。外部消费者忠诚指一般意义上的消费者,其表现形式通常为重复购买,在以后的购买决策时,只考虑该产品或品牌,而不再收集相关信息。有人称消费者忠诚是营销学的最高境界,可见,消费者忠诚是许多企业所努力的目标。

对某产品满意的消费者会产生重复购买行为。忠诚消费者是对于某一品牌或厂商具有情感上的偏爱,他们会以一种类似于友情的方式喜欢该品牌。而重复购买者对某品牌不一定具有情感上的偏爱,而且单纯的重复购买者容易受到竞争者行为的影响(在有些情况下,甚至不满意的消费者也可能产生重复购买行为,比如找不到令人满意的其他选择)。毫无疑问,满意的消费者更有可能成为忠诚消费者,忠诚消费者通常对产品也是极为满意的。对于商家和企业来讲,一个满意的消费者有可能会对产品、品牌乃至公司保持忠诚,从而给商家和企业带来有形和无形的好处:一方面消费者会进行重复购买,从而增加利润;另一方面,他们的口头传播又可以扩大产品知名度,并提升商家和企业形象。但值得说明的是,消费者满意度只是消费者忠诚的必要条件而非充要条件。所以,商家和企业应致力于发掘和提高消费者忠诚,并为此作出长期而不懈的努力,包括:

1. 明确重点,树立形象

建立消费者忠诚,首先必须明确品牌的定位。不同的消费者有不同的偏好,当品牌个性与消费者偏好一致时,才能取得满意的效果。因此,一个企业首先应明确目标顾客的定位。其次,品牌形象也是影响消费者忠诚的因素,同时也是消费者的认知基础。品牌形象不是企业自己的感觉,而需要依靠产品的优异性能,并且与服务、企业理念等方面相关。

2. 加强沟通,建立档案

企业与主要消费者加强沟通,提供咨询,建立感情,是提高品牌忠诚度的有效手段,而建立消费者数据资料库是其中的一种重要工具。建立这种数据库的最主要资讯来源是日常营销活动中得到的消息,例如优惠券背后的几个简单问题、保证卡、销售收据上的姓名、地址等,网络的发展也为数据库的建立提供了更高效的工具和更广阔的数据来源。

3. 广告推动,持之以恒

建立品牌忠诚度的活动对企业资源及营销管理水平有着较高的要求,并且其效果有一定的时滞性。所以,企业和商家应从其资源情况出发,将品牌忠诚度活动纳入其总的营销计划之中,合理设计品牌忠诚度活动。

三、消费者的不满和商家或者企业应对策略

消费者不满是指消费者由于对交易结果的预期与实际情况存在较大出入而引起的行为上或情绪上的反应。一旦消费者对所采购的产品或服务不满意,随之而来的问题就是如何表达这种不满。不同的消费者、同一消费者在不同的购买问题上,不满情绪的表达方式可能都会有所不同。

(一) 消费者不满情绪的表达方式

1. 自认倒霉,不采取外显的抱怨行为

消费者之所以存在不满情绪的情况下,采取忍让、克制态度,主要原因是他认为抱怨行为需要花费时间、精力,所得的结果往往不足以补偿其付出。很多消费者在购得不满意的产品后,未见其采取任何行动,大多恐怕是抱有这种"抱怨也无济于事"的态度。虽然如此,消费者对品牌或店铺的印象与态度显然发生了变化。换句话说,不采取行动不意味着消费者对企业行为方式的默许,这一点企业应当谨记。

2. 采取私下行动

比如说转换品牌,停止光顾某一商店,将自己不好的体验告诉熟人和朋友,使朋友或家人确信选择某一品牌或光顾某一商店是不明智之举。直接对零售商或制造商提出抱怨,要求补偿或补救。比如写信,打电话或直接找销售人员或销售经理进行交涉,要求解决问题。

3. 要求第三方予以谴责或干预

如向当地新闻媒体写抱怨信,诉说自己的不愉快经历;要求政府行政机构或消费组织出面干预,以维护自己的权益;对有关制造商或零售商提起法律诉讼等。

4. 直接对企业采取抱怨行动

安德鲁逊(Andreasong)和培斯特(Best)在对 2400 位居民的调查中发现,大约有五分之一的购买都不同程度地存在不满意的情况。在不满意情形下,消费者采取抱怨行动的不足一半。至于消费者会采取何种抱怨行为,部分取决于所购产品或服务的类型。对于价值不大、经常购买的产品,不足 15% 的不满消费者会采取某种抱怨行为,而对于汽车等耐用消费品,如果出现不满,50% 以上的消费者会诉诸于某种行动。对不满采取抱怨行动最频繁的是服装类产品,大约有 75% 的不满顾客将用行动来表达自己的不满。一般而言,消费者抱怨是基于两个方面的考虑。第一,获得经济上的补偿。比如要求更换产品,退货,或者要求对其蒙受的损失予以补救。第二,重建自尊或维护自尊。当消费者的自我形象与产品购买紧密相连时,不满意的购买可能极大地损害消费者形象。想像一下,在盛大的婚宴或其他庆典上喝假"茅台"的窘境,就不难解释主人当时的愤怒和事后的可能行动。

(二) 影响消费者抱怨行为的因素

很多因素影响消费者抱怨行为。诚如上面所指出,产品或服务的类型会影响消费者的抱怨倾向。随着产品成本和产品社会重要性的提高,抱怨的趋势将得到强化。一些研究人员认为,抱怨行为与以下因素存在密切关系:①消费者不满的程度;②消费者对抱怨本身的态度;③从抱怨行动中获得的利益大小;④消费者的个性;⑤对问题的归因,即将责任归咎于谁;⑥产品对消费者的重要性;⑦消费者用于抱怨的资源及其可获得性,比如是否有时间、精力来采取抱怨行动。在这七个因素中,消费者不满意的程度和消费者抱怨本身的态度这两个因素对理解消费者抱怨行为具有特殊的重要性。正如人们所预料,消费者不满情绪越高,采取抱怨行动的可能性也越大。同样,对抱怨本身持肯定态度的消费者,也更多地倾向于对不满予以抱怨。

最近的一项研究表明,后面五个因素都将影响消费者对抱怨的态度,而态度反过来又会影响实际的抱怨行动。因此,当产品对消费者的重要性增加,消费者的抱怨行为会改变,抱怨行动也会增加。以前的经验对抱怨行为也会产生影响,因为有过抱怨体验的人更了解如何与企业或政府机构进行交涉,从而有效地达到自己的目的。抱怨还需要时间以及拥有与有关方面接洽的能力,比如,能够在信中准确表达自己的意思、能够让有关方面听取自己的意见与申诉。

同样,消费者的归因对抱怨行为具有重要的影响。研究人员发现,当消费者把产品问题或责任归咎于企业而不是自身时。抱怨行动就会增加。同样一个问题,如果不愉快的体验被消费者视为是由企业可控制的因素引起的,消费者的抱怨情绪也会增长。20 世纪 80 年代初,通用汽车公司为节约成本,决定对其汽车发动机进行改进,使其成为可用于小汽车上的柴油发动机。改进后的发动机由于不能承受柴油燃烧所释放的巨大的内部压力,存在严重的不可靠性问题。消费者对此问题的反应是极为强烈的,他们成功地发动了一次集体诉讼,使通用汽车公司蒙受了数以百万美元的经济损失。

也有一些学者试图探究人口特征与消费者抱怨行为的关系。有一个研究发现,年龄、收入与抱怨行为之间存在一种中度的相关关系。年轻人和收入水平较高的人似乎更倾向于采取抱怨行为。另一项研究发现,拥有更高收入水平和教育水平的,抱怨更多。一种解释是,这些消费者或许将抱怨本身视为是自己与别人有所不同的方式之一。

（三）对消费者不满和抱怨的应对策略

现实生活中,大多商家和企业对于自己的产品是否令消费者满意非常重视并对此进行系统的调查和了解。斯道克斯(Stokes)在食品行业作的一项调查表明,60% 的企业几乎一点也不了解消费者对本企业产品的满意状况。然而,一些以消费者为主导的企业,如美国的宝洁公司、3M 公司等,在跟踪和了解消费者的购后反应上确实做出了特别的努力。有一些公司设立了消费者热线,以此搜集消费者对产品的反馈信息,并帮助消费者解决有关质量、售后服务等方面的问题。还有一些公司,如汽车制造公司,则在各个地区设立了服务代表,专门处理消费者的投诉、不满等事宜。

政府有关机构对消费者抱怨行为也怀有很大的兴趣。如果他们发现消费者在某一领域的投诉比较频繁和集中,就可能制定和颁布专门的法律或行政条例,予以规范和干预。对于企业而言,当然不太情愿看到政府做出过于强烈的反应。为此,只有通过自身约束或行业自律,来减少消费者的抱怨和避免政府的直接干预。在美国,商业改进协会(Better Business Bureau)每年都要整理并公布各个行业消费者投诉与抱怨的信息,目的是提醒有关企业或行业组织注意加强自律,避免与消费者、与政府发生正面冲突。

很多商家和企业开始意识到,完全消除消费者的不满可能不现实,但有一点企业是可以做到的,那就是建立起一种应对和处理消费者投诉或抱怨的内部机制。目前,采用得比较多的应对办法,一是设立免费的消费者热线,二是为产品或服务提供强有力的担保,如规定在哪些条件下可以退换和进行免费维修等。近年来,在美国等西方国家还发展起一种平息消费者不满情绪的新方式——服务合同。签订服务合同,类似于为产品买保险,消费者只要为产品多付一点点钱,就可以在一定时期内享受由卖方免费解决某些产品问题的权利。服务合同在汽车行业使用较普遍。1983 年,福特公司与客户签订了约 220 万份服务合同。福特公司的一位主管说,"我们发现,签了服务合同的客户再次购买我们公司产品的可能性比以前增加了一倍,而且他们更有可能成为满意的客户。"还有一些汽车公司在处理顾客抱怨事宜时采取仲裁的方式。例如,通用汽车、福特、克莱斯勒、奥迪等公司规定,消费者可以将其在产品消费中遇到的问题交由一个客观、公正的第三方进行裁决,以此决定企业应如何对其进行补偿。

 **本章小结**

1. 一个完整的消费心理与行为过程包括从唤起消费需求、消费动机到消费态度形成直至购买行为,要经过一个由心理到行为的转换过程。实际上就是消费者的购买决策过程。

2. 消费者心理与行为理论认为消费者决策主要有四种观点,即经济的观点、被动的观点、认知的观点和情绪的观点。

3. 任何一个消费者在决策购买商品时,都会遇到这样一些问题,即购买某商品给自己带来了满足、愉快的同时,也会带来他不愿意、不希望的损失或潜在危害,甚至会带来一些现实的危险,这些潜在的或现实的损失和危害就是决策风险。

4. 消费者购买决策在消费者购买活动中占有极为重要的关键性地位,可以说它是购买行为中的核心环节。

5. 消费者的购后行为是指消费者做完产品或者服务购买决策并取得产品或者服务之后的一连串相关行为。

思考题

1. 谈谈你对消费者决策理论的理解。
2. 举例说明消费者决策的基本类型。
3. 试述消费者决策的信息加工模式。
4. 简述针对消费者购买决策的基本过程的营销策略。
5. 消费者购后的不满情绪有哪些表达方式？企业和商家应该如何应对由此产生的抱怨？

典型案例与讨论

"宝宝金水"：别急着长大！

细心的观众会发现，前两年热播荧屏的立志公司的"宝宝金水"广告的主人公突然长大了，从哑哑学语的婴儿变成了一群又蹦又跳的中学生。

从中我们可以看出：立志美丽公司已不满足于在儿童市场上的表现，而试图将"宝宝金水"的品牌延伸到青少年市场，以期更大的利润空间。我想这无疑是揠苗助长的行为，"宝宝金水"正在落入一个叫做"FWMTS陷阱"（forgot what made them successful！ 意为"忘记了使他们成功的根本"！）之中而不自觉。

目前，"宝宝金水"已占同类产品市场份额的80%，真正成为行业的冠军和龙头，成功登上了儿童花露水市场的巅峰，是这个细分市场当之无愧的第一品牌。那么使它成功的根本是什么呢？

名字的号召力，确立领导地位

首先，"金"从颜色来看，宝宝金水的原料中含有的野菊花经过浸泡，呈现出金黄色且澄清、透明。其次，"金"字在汉语中表达有"珍贵的、宝贵的"等含义，可以寓意母亲对孩子的深深关爱。其次，在"宝宝金水"研制出来之前，市场上的清凉油等产品，普遍是油性的，其某些成分有兴奋和麻醉的作用，由于是油性的，不易挥发，儿童用后容易碰到眼睛和嘴巴，以上是取名"水"的原因。并且，在"宝宝金水"研制出来前，市场上没有儿童专用的"去痱、止痒、防蚊虫"的产品，市场上的"花露水"、"痱子水"等普遍含醇高，对儿童的皮肤有较强的刺激。取名"金水"一是和这些产品相区分，二是表明"宝宝金水"浓缩了中草药的精华，因为"金"是"精"的谐音。"宝宝金水"作为这一产品的名字是相当成功的，但是，无心插柳的"宝宝金水"却种下了一片柳树林，由于"宝宝金水"受到的良好市场反响，使得"宝宝金水"的品牌名称已成为儿童花露水的代名词。2003年春天开始，全国五六十个"金水"产品纷纷冒了出来，无论这些"金水"的制造商还是跟随者还是造假者，他们在一定程度上都承认了立志公司的"宝宝金水"在儿童花露水市场的领导地位。

争做第一，确定标准

柯达、可口可乐、IBM等等这些品牌，他们的共同点就是都是同类产品中第一个进入人们头脑的品牌。现在这些品牌仍然在同类产品中名列前茅。"宝宝金水"是第一个以儿童花露水的概念进入中国消费者头脑中的品牌，并确立了天然、低醇和无刺激的标准。"宝宝金水"经过两年在全国范围内的推广，占同类产品市场份额的80%，将竞争对手远远甩在身后。

高价的空子

"金水"说到底就是传统夏令花露水的掩体,而六神始终保持着庄家的身份,其主要策略是薄利多销,控制中低档市场,事实上,六神已占领了70%的中国花露水市场。但是高端市场恰恰是六神的软肋所在,195毫升的六神花露水售价仅为10元,而"宝宝金水"在这个产品类别中第一个发现了高价空挡,将批发价定为16元,建议零售价超市22~25元,药店25~28元,保证了相当可观的利润空间,与六神相比,又显示出了天然植物配方的价值感。

年龄的空子,小市场目标取得大成就

六神花露水是老少咸宜的产品,而"宝宝金水"只是定位于儿童。针对儿童肌肤幼嫩的特点,继承中国传统中医药独特配方,结合现代科技,研制开发适合儿童肌肤的洗化产品,虽然仅仅是以儿童为目标消费者的小市场,立志公司仅凭借"宝宝金水"单项产品,即在2002年和2003年分别取得了7000万和1.5亿的销售佳绩,更由于采取了高价策略,利润当然颇为丰厚。

简单但恰当的广告创意

看看"宝宝金水"的广告,创意很简单,就是一首改编自"好朋友"的儿歌,歌曲有很强的流行性,容易记忆,很符合小朋友和妈妈们的接受习惯。现在,有85%的儿童都会唱"宝宝金水少不了"的广告歌,可见这系列广告深入人心的程度,而处于学龄前期和小学期的儿童在客观上充当了广告的"二次传播"者。孩子在学会"宝宝金水少不了"的广告歌后,多半都会唱给家长听,也于不经意间加强了家长们对这则广告的印象,增加了对该产品的购买几率。

"宝宝金水"广告里的主人公长大了,透露出立志公司的忧心忡忡,如果是怕被定位为儿童专用产品,而赶走更多的消费者(像青少年、成人),那是过虑了。有一个重要的营销理念是:你的营销目标并不等于你要争取的市场。也就是说,市场营销目标并不就是实际上购买产品的人。成功的例子像菲利浦·莫里斯公司只将焦点集中于男人,接着,更是将焦点进一步聚焦于男人中的男人——牛仔,这个品牌就是万宝路。如今,万宝路拥有世界上最大的烟草销售量。在美国,万宝路在男人和女人中都是销量最大的烟草品牌。因此,"宝宝金水"应该将焦点只放在小宝宝身上,并在消费者的头脑中不断深化这个印象,不断巩固宝宝金水在儿童花露水市场第一品牌的位置。

资料来源:广告大观,2004年第9期

分析讨论题:

1. 从消费者购买决策与购买心理的角度,你认为宝宝金水是否应该急着"长大"?

2. 宝宝金水针对消费者的购买决策实施了哪些营销策略? 你认为还可以从哪些方面加以改进?

第六章　消费者的态度

　　态度是指人们对客观事物或观念等社会现象所持的一种心理反应倾向。基于这种心理倾向，人们可以对客观事物做出良好的反应，如赞成、支持、欣赏；或不良的反应，如反对、拒绝、厌恶等。态度总是针对客观环境中某一具体对象产生的，表现为对某种事物的态度。消费者通常以某类可供消费的商品或服务为具体的接触对象，因此，消费者的态度即为消费者对商品和服务等表现出来的心理反应倾向。消费者的态度对于市场而言是非常重要的，因为消费者的态度或多或少地影响消费者的购买行为。同时，还因为消费者根据自己选择商品或服务的经验常常改变态度，影响下次购买商品的决策和行为，所以了解消费者的态度，对于生产厂家、经营者来说具有重要价值。

引导案例

宜　家

　　DIY，英文 do it yourself，意为"自己动手干"，20 世纪 70 年代兴起于欧美国家，它代表"积极动手、参与其中"的生活态度。来自瑞典的全球最大的家居零售巨头——宜家（IKEA）是一个另类、新潮、率真、个性十足的家居零售商。它的成功在于它将自己倡导的生活方式融入产品之中，让DIY 变成消费者的一种生活态度。

　　渗透着浓郁北欧风味的宜家家居的核心价值是价廉物美。正如接受采访的宜家公关部经理许丽德女士所说："我们所倡导的 DIY 是通过最小程度地减少顾客的付出，增加顾客所购买产品的价值，并能够在这一购物过程中享受到乐趣。"在中国，宜家也已经超越了有形的家居用品的概念，而成为时尚、品味生活的活标本。

盯住年轻消费者

　　"宜家的目标市场相当清晰，例如我们仅仅在中国的上海和北京两地开店，我们的目标客户是25～45 岁、城市当中、家庭月收入在 3300 元以上的人群。"许经理介绍道。正是精确的市场定位，为宜家创造一个又一个的销售奇迹奠定了基础。因为宜家瞄准的是年轻的消费者，他们崇尚格调又不愿付高价；宜家通过自行设计低成本、便于安装、标准尺寸的组合家具，来满足这个特定顾客群的大部分需求，从而成为家居市场的领导者。

独特的成本控制思路，成就"有价值的低价格"

　　每个企业都会想到成本控制的问题，宜家又是如何做到"有价值的低价格"呢？首先，宜家家居的定价机制是"先设计价签,再定产品"。宜家在参照了所有销售记录,以及同类竞争产品的状况后,按"价格矩阵"设计产品,并且保证这个产品的价格是最有利于销售的,比如低于市价20%。其次,在产品研发阶段,宜家以独特的"模块"设计为导向,能够把低成本与高效率结为一体。其设计理念是"同样价格的产品看谁的设计成本最低"。于是,宜家公司里世界一流的设计师们常常会为了"是否少用了一颗螺钉或能否更经济地利用一根铁棍"而大动干戈。这样操作不仅能降低成本,而且往往会激发一些杰出的创意。随后,在生产阶段,设计师们与生产商们努力找出利用现有工艺制造家具的巧妙办法。一旦定稿,宜家的采购员会在全世界范围内寻找最合适的原材料的供应商。最后,产品生产完毕后,宜家的"平板包装"大大地降低了运输的成本和难度,并提高了运输的效率。而且在后续的卖场展示中,也节省了大量的空间,同时通过顾客的自助购买和运输以及自行安装,宜家价值流程各环节的水分也降低到了极致。

"Soft Sell(软销)":宜家的体验式营销

宜家创始人英格威·卡姆勃瑞德认为,企业之所以能够以裂变的形式增长是因为他们持续不断创新的家具营销观念。在销售终端上,宜家采用"soft sell(软销)"的方式。宜家规定其门店人员不允许直接向顾客推销,而是任由顾客自行去体验做决定,轻松、自在的购物氛围是宜家商场的特征。

跟国内的很多家具店动辄在沙发、席梦思床上标出"样品勿坐"的警告相反,宜家出售的一些沙发、餐椅的展示处还特意提示顾客:"请坐上去!感觉一下它是多么的舒服!"商品的旁边就是备好的产品,顾客一旦决定购买马上就可以取到商品。除非你主动要求店员帮助,否则店员不会轻易打扰你,以便让你静心浏览,在一种轻松、自由的气氛中做出购物的决定。

目录手册:DIY理念重要的传播工具

宜家目录是什么?Design Manual而已,这样类型的宣传手段在国内市场已经泛滥,可宜家的DM制作之精美,融家居时尚、家居艺术为一体,让你不能不看。比起中小企业盲目的影视广告投入、没有系统观念的品牌建设、简单制作随意发放的DM,宜家目录可以说是自我包装的巅峰之作。宜家目录的有效暴露频次几近100%,它不是在兜售一种产品,而是在兜售一种理念。这种"醉翁之意"的迂回"攻心战",在与顾客的直面沟通中,更易打动顾客的心。虽然成本的一次性支出很大,但相比电视广告等传统传播媒介而言,从长期来看,却更为节省。宜家目录作为DIY理念的一种重要的传播工具,在改变培养顾客的生活观念方面起到了举足轻重的作用。

第一节 消费者态度概述

一、消费者态度的特性

(一)习得性

态度的习得性也叫社会制约性。消费者对某类商品或服务的态度并非与生俱来,而是在长期的社会实践中不断学习、不断总结,由直接或间接经验逐步积累而成的。由于每个主体的社会生活实践不同,消费经验、阅历不同,因而形成了不同的态度。态度一经形成,它就会指导人们对外界事物和他人作出反应,同时在这种反应过程中不断修正自己的态度,使主体的态度体系日趋完善。离开社会实践,离开与其他社会成员、群体、组织的互动,以及将社会信息内化的过程,则无从形成一定的态度。因此,消费者的态度必然带有明显的社会性和时代特征。

(二) 对象性

态度的对象性也叫针对性。即态度是针对某一对象或状况而产生的,因此具有主体与客体的相对关系,离开了具体的对象,态度本身也就不存在了。

(三) 稳定性

由于消费者的态度是在长期的社会实践中逐渐积累形成的,因此,某种态度一旦形成,便保持相对稳定,不会轻易改变,如对某种品牌的偏爱。态度的稳定性使消费者的购买行为具有一定的规律性、习惯性,从而有助于降低决策风险,实现某些购买决策的常规化、程序化。当然态度也不是一成不变的,只不过态度形成后改变起来比较困难。

(四) 一致性

态度一般与所反映的行为具有相对的一致性,这也是研究者重视消费者态度的主要原因。通过研究消费者的态度往往能够指导和预测其未来的消费行为。

(五) 情境性

态度发生在一定的情境中并受其影响。这里,情境指的是事件和环境,它们在某一特定的时刻影响了态度与行为的关系。一个特定的情境可以促使消费者以一种与其态度不一致的方式产生行为。

(六) 差异性

消费者态度的形成受多种主客观因素的影响和制约。由于各种因素在内容、作用强度和组合方式上千差万别,因此,消费者的态度存在个体差异。不仅不同的消费者对待同一商品可能持完全不同的态度,而且同一消费者对待同一商品在不同的年龄阶段和生活环境中的态度也可能不同。态度的差异性对区隔和细分消费者市场具有重要的意义。

二、态度的结构

态度作为对特定对象的一种心理反应倾向是有一定结构的。在这个结构中,作为中介变量的情感、认知和行为倾向性是态度结构的基本要素。如图 6-1 所示。

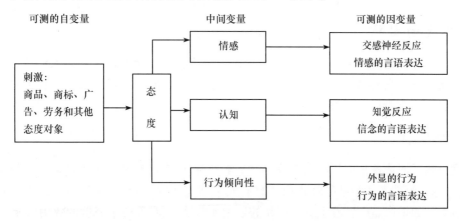

图 6-1　态度的结构

资料来源:马谋超等. 广告与消费心理学. 人民教育出版社,2000

（一）认知因素

认知因素表现为消费者对一定对象的观察、探究、知觉等各方面的特性,它为消费者提供有关商品、商标、包装、价格、广告以至企业形象,是具有评价意义的认知理解及赞成或反对。如消费者询问某种品牌化妆品的滋润性、保湿性、遮瑕性、美白效果以及安全性等,并对这些特点予以不同的重视度。了解消费者对不同特性的重视度,对于预测她的行为倾向性具有重要意义。比如说,消费者认为美白效果是最重要的,在选购时就势必会以此作为她的标准,制约着她对商品的评价和购买行为。在选购贵重商品时,态度的认知因素显得格外重要。

（二）情感因素

情感因素实质上是对态度对象的评价而产生的情感体验和情绪反应,它表达了消费者对具体对象的好恶。情感的强度实质上决定了态度的强度,积极的情感强烈,其评价就指向好的方面;消极的情感强烈,其评价就会指向坏的方面。例如,消费者购买了某品牌化妆品,用后感觉效果非常好,那么她就会对该品牌化妆品有良好的评价,从此可能会经常购买。

（三）行为的倾向性因素

行为的倾向性因素实质上是消费者对一定对象的反应倾向,即消费意向,它包括表达态度的言语和行为。态度的行为表现既见诸实际的购买活动,也见诸语言评价,在这里实质上是消费者的购买意向。而购买意向与购买行为的发生具有密切的联系。正因如此,便可能从外显行动和言语表述来推断其行为的倾向性。

态度的三种成分既相互依赖、相互制约,又协调一致,其中,认知因素是基础,情感成分是态度中最重要的成分。一般说来,如果三种成分发生矛盾时,往往是情感成分起主要作用。具体说,一个商品被认定是价廉物美(认知因素),就会对它怀有好感(情感因素),并愿意去获得它(行为的倾向性);反之,若认为某商品是质次价高,就会表现出冷淡,甚至反感,自然也就不会有获取它的愿望。

三、态度的功能

态度之所以存在是因为它具有某些功能,能够方便人们的社会生活。如果人们认为现在遇到的某些因素将来还会遇到或出现,就会对该因素产生一定的态度以简化以后的决策过程。卡茨(D. Katz)等认为态度有以下四种功能:

（一）效用功能

指态度反映了消费者希望从产品中获得的基本利益,或态度反映了消费者对产品所能提供利益的认识。比如,消费者认为某品牌止痛药具有安全和速效的特点,某品牌汽车具有舒适、快速、省油的特点等。如果产品广告着重宣传产品的性能或功效,就是反应了态度的效用功能。

（二）价值表现功能

指态度反映了消费者的价值体系和自我形象,或者说,态度反映了消费者对产品能否实现自己所追求的价值体系和塑造自我形象的认识。在这种态度功能的支配下,消费者对产品的具体性能并不重视,而是重视它的象征意义。比如,人们拎着饰有品牌标识的手袋,表达他们的自我形象或生活方式。因此,企业建构良好的市场形象,或通过各种方式提高商品文化品位,对于促进商品销售有非常重要的意义。

(三) 自我防御功能

指态度反映了消费者在外在威胁和内在感觉作用下保护自我的意识。维护自身价值不受到威胁,是人心理生活的一个重要方面。人需要选择有利于自我形象和价值确立的态度来进行自我防御,以减少焦虑。比如,某品牌牙膏广告着重宣传口腔异味,就会导致在社交场合不被接受,而使用该品牌牙膏,其清新的味道能够促进消费者被社会接受,激发消费者害怕被社交圈排斥的恐惧心理,就是利用了态度的自我保护功能。

(四) 认知功能

指态度具有认知信息、组织信息的功能。态度的知识功能可以用来指导消费者在面对应接不暇的信息时,吸收重要的信息,忽略不重要的信息,减少不确定性和混乱性,简化决策过程。如对某个品牌商品持肯定态度,消费者就可以避免收集其他品牌信息的冗长过程。消费者对信息的认知和组织不一定是对客观事物的正确反映,但是它会支配消费者的行为。

四、消费者态度与行为

人们关心消费者的态度,但更关心消费者的购买行为,也就是说希望借态度来预测消费者的购买行为。消费者的行为取决于各种因素,态度是其中之一,正是因为态度与行为的关系密切,才使得很多研究者关注消费者的态度。但是,是否行为必然受态度的直接支配呢? 在有些情况下,消费者可能是受环境或情境的影响,如在朋友的压力下,在促销的引诱下,先采取购买行动,然后再形成关于产品或服务的态度。也就是说消费者态度与购买行为之间并不必然是一种指示和被指示的关系。

(一) 利用态度预测消费者的行为

1. 指向对象的态度模型(attitude-toward-the object model)

指向对象的态度模型,又叫费希本模型(Fishbein model)。该模型认为,预测或决定消费者态度的因素主要有三个:一是消费者对某个对象的突出信念,突出信念指的是当人们注意到某个对象时,从记忆中唤起的对该对象属性(如对某种品牌护肤品的突出信念包括美白效果、保湿程度、抗皱性能、对皮肤的刺激性、价格等)的认知;二是对某个对象的某个特定属性的信念强度;三是对前述每一重要属性的好坏评价。指向对象的态度模型可以表述为以下公式,即:

$$A_O = \sum_{i=1}^{n} b_i e_i (i = 1, 2, 3 \cdots n)$$

式中,A_O 表示主体对客体 O 的整体态度;i 表示客体所具有的第 i 个重要属性;n 表示客体具有的重要属性的个数;b_i 表示消费者对客体具有属性 i 的认同程度;e_i 表示对属性 i 的好恶程度。

上述公式中的 b_i,即属性信念强度一般可以通过询问消费者来作出估计。询问时,通常采用的问题方式是,"对象 x 具有属性 y 的可能性有多大?"比如,若要确定消费者对"×品牌的护肤品具有抗皱性能"这一信念的强度,可以询问消费者"下面哪个数字代表了×品牌护肤品具有抗皱性能的可能性?"

极不可能　1　2　3　4　5　6　7　8　9　10　可能性极大

同样,e_i 即消费者对属性 i 的优劣评价亦可以通过类似方式作出估计。比如,可以询问消费者"对该护肤品来说,具有抗皱性能的优劣如何?",并要求其在一个从 -3 到 $+3$ 的七级量表上对上述属性的好坏作出评价。

极坏的　-3　-2　-1　0　$+1$　$+2$　$+3$　极好的

通过这个模型,可以预测消费者对不同对象的不同态度,并可以进行各种产品属性的比较。

2. 行为意向模型(the behavioral intentions model)

行为意向模型,也称合理行动理论,是由费希本等在指向对象的态度模型的基础上发展起来的,并作了扩展和改进(见图6-2)。首先,该模型提出,行为是由于形成某种特定购买意向的结果,它本身并不用来直接预测行为,而是用来预测行为意向。第二,行为意向模型增加了主观规范(subject normal)这一决定行为意向的变量。实际上,主观规范的引进将相关群体对行为的巨大影响引入了模型之中,这使得模型更接近于反映现实。第三,该模型不是要求消费者直接对产品表达态度,而是要求他对购买该产品的行为表达态度和看法。态度评价上的这一差别,使消费者更多地集中考虑购买行为所带来的后果。当更多地考虑购买后果而不是产品具有哪些属性和对这些属性进行评价时,消费者将把与购买有关的更多的因素,如是否与其他购买相冲突,财务上是否存在困难,是否有更好的选择品等纳入考虑范围,这样,可以大大提高模型预测购买意向的能力。

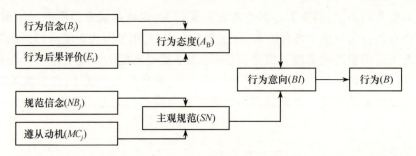

图6-2　行为意向模型

行为意向模型,用代数公式加以表达。如果用 B 表示行为,BI 表示行为意向,A_B 表示对行为 B 的态度,SN 表示主观规范,W_1 表示态度对行为意向的影响权重,W_2 表示主观规范对形成行为意向的影响权重,则模型可表示为

$$B \approx BI = W_1(A_B) + W_2(SN)$$

式中,$B \approx BI$ 表示行为接近行为意向,但并不一定完全吻合,原因是还存在着意外事件或其他一些影响因素使行为意向与实际行为不相一致。W_1 和 W_2 可以通过经验性的回归分析获得,A_B 和 SN 可以经由消费者问卷调查获得。

实际上,A_B 可由以下公式估计:

$$A_B = \sum_{i=1}^{n} (B_i E_i)$$

此公式与前面介绍的客体态度模型中的表达式在形式上完全一致。不同之处是,在本模型中,B_i 表示消费者对履行某种行为将导致结果 i 的信念,E_i 表示消费者对结果 i 的主观评价。换句话说,在行为意向模型中,消费者所评价的不是关于客体具有某种属性的信念,而是关于采取某种行动将导致特定后果的信念。

主观规范可以用以下公式估计:

$$SN = \sum_{j=1}^{n} (NB_j)(MC_j)$$

式中,SN 表示主观规范;NB_j 表示个体或参照群体 j 认为某消费者应当或不应当采取某种行动的信念;MC_j 表示消费者接受参照群体 j 的影响或服从于参照群体 j 的行为规范的动机;n 表示相关群体或个体的数目。

迄今为止,不少学者对行为意向模型作了经验检验,就总体而言,该模型确实显示了其优越性。然而,也有一些学者认为,该模型并不如它所表明的那样准确,尤其是对主观规范变量的作用和地位,一些人已经提出了质疑。

(二) 购买行为与态度不一致的影响因素

前面已指出,消费者态度与行为之间在很多情况下并不一致。造成不一致的因素主要有以下几个方面:

1. 购买动机

即使消费者对某一企业或某一产品持有积极态度和好感,但如果缺乏购买动机,消费者也不一定会采取购买行动。比如,一些消费者可能对 IBM 生产的计算机怀有好感,认为 IBM 计算机品质超群,但这些消费者可能并没有意识到需要拥有一台 IBM 计算机,由此造成态度与行为之间的不一致。

2. 购买能力

消费者可能对某种产品特别推崇,但由于经济能力的限制,只能选择价格低一些的同类其他牌号的产品。很多消费者对"奔驰"汽车评价很高,但真正作购买决定时,可能选择的是其他牌号的汽车,原因就在于"奔驰"的高品质同时也意味着消费者需支付更高的价格。

3. 情境因素

如节假日、时间的缺乏、生病、售货员态度恶劣、购物环境差等,都可能导致购买态度与购买行为的不一致。例如,当时间比较宽裕时,消费者可以按照自己的偏好和态度选择某种牌号的产品;但当时间非常紧张,比如要赶飞机,要很快离开某个城市时,消费者实际选择的产品与他对该产品的态度就不一定有太多的内在联系。

4. 消费者品牌信念和情感的强度以及新信息的影响

如果消费者所建立的品牌信念和情感并不强烈,或者又获得了新的信息,最初的态度就可能发生改变。

5. 他人的影响

消费者品牌信念和情感只是个人态度,而消费者的实际购买行为受到家庭成员、朋友、同事和相关群体的直接或间接影响。比如,消费者可能听从太太的意见而放弃自己原先的决定,购买了另一种牌子的汽车。

6. 消费者对未来的预期

指消费者对产品未来发展趋势的预期以及对自己未来收入状况的预期等。比如，消费者预计不远的将来会有更好的物美价廉的汽车出现，或者预计自己未来的收入会大幅度减少，现在就不会花费高价购买奔驰汽车。

7. 测度上的问题

行为与态度之间的不一致，有时可能是由于对态度的测量存在偏误。比如，只测量了消费者对某种产品的态度，而没有测量消费者对同类其他竞争品的态度；只测量了家庭中某一成员的态度，而没有测量家庭其他成员的态度；或者离开了具体情境进行测度，而没有测量态度所涉及的其他方面，等等。

8. 态度测量与行动之间的延滞

态度测量与行动之间总存在一定的时间间隔。在此时间内，新产品的出现，竞争品的新的促销手段的采用，以及很多其他的因素，都可能引起消费者态度的变化。时间间隔越长，态度与行为之间的不一致就可能越大。

9. 其他因素影响

比如，消费者可能会因为不想显得过于招摇或担心别人怀疑自己的收入来源而决定放弃购买奔驰车。

第二节　消费者态度形成的理论

一、学习论

哈夫兰特（C. Hovland）等认为，态度同人的其他习惯一样是后天习得的，是个人通过联想、强化和模仿三种学习方式而逐步获得和发展的。

联想是两个或多个观念之间构成联结通道，由一个观念可引起另一个观念的活动表现。态度的形成是一个中性概念与一个带有积极或消极社会含义的概念重复匹配的结果。例如，若消费者经常接触有关企业的正面宣传或报道，接触来自各方面的对企业的赞誉，他就会在这些正面信息与企业的产品、服务之间形成联结，从而导致对企业及其产品形成积极和肯定的态度。

强化对态度的形成同样具有重要作用。如果消费者购买某个品牌的产品后，产生一种满意的感觉，或者从中获得了"物有所值"的体验，那么，他的这一行动就会得到强化。在下一轮购买中，他更有可能重复选择该品牌。强化也可以是来自家人、朋友和其他相关群体的赞许。如果购买的产品受到他人的称羡，消费者的满意感会得到强化，由此也会促使他对产品形成积极的情感与态度。强化有正面的强化，也有负面的强化，有时，消费者同时受到正、负两方面的强化，此时，强化对态度的形成和发展所起的作用取决于两种强化的相对强度。正面强化如果在力度上超过负面强化，那么，将有助于消费者对企业或产品形成积极的态度；反之，将会产生相反的结果。

态度还可以通过模仿而学习到。模仿是一种重要的学习方式，人们在学习过程中会自觉或不自觉地运用这一方式。模仿一般是对榜样的模仿，如果榜样是强有力的、重要的或亲近的人物，模仿发挥的作用会更大。在消费生活中，消费者会通过对名人和重要参照群体的模仿，形成与后者相一致的对人、对事和对生活的态度，并通过其消费方式与活动表现出来。这时态度往往以不知不觉、自觉自愿的方式表现。企业往往选择受人尊敬的人物或明星作为其产品的形象代言人就是希望消费者模仿学习,形成认可、接受该产品的态度。

态度的形成和变化,一般要经历服从—认同—内化三个阶段。服从,又称为顺从,是指一个人按社会要求、群体规范或别人的意志而作出的行为。即在社会影响下,个人仅仅在外显行为上表现得与别人一致,对于之所以要如此行为并没有多少深刻的认识,也没有太多的情感成分。此时,个体对行为的态度主要受奖惩原则的支配,一旦外部强化或刺激因素消失,行为也可能会中止,因此,这种态度是表面的、暂时的和易变的。认同是指由于喜欢某人、某群体或某件事,乐于与其保持一致或采取与其相同的表现。态度在这一阶段已由被迫转入了自觉地接受,这种态度带有较多的情绪与情感成分,虽然它不一定以深刻的认识作基础,但这种态度较顺从阶段的态度更为深刻,也更为积极主动。内化,即个体把情感认同的东西与自己已有的信念、价值观等联系起来,构成统一的、新的态度体系,此时,个体态度以认知性成分占主导,同时附有强烈的情感成分,因而比较持久和不易改变。

态度的形成是一个不断深化、不断增强的过程。但并不是所有的人对所有事物的态度都能完成这个转化过程,有些人对一些事物的态度可能完成了整个过程,但对另一些事物可能只停留在服从或认同阶段。有的即使到了认同阶段,还要经过多次反复,才有可能进入内化阶段,从某种意义上讲,上述三阶段,可以看作是学习过程中个体态度所处的三种层次或水平,因此,要形成人们牢固的态度十分不易。就生产商、销售商而言,要使消费者对其产品有良好的忠诚度,任务十分艰巨。同时,我们要改变人的态度,最好在服从、认同阶段进行,因为这时态度的结构未固定化,容易改变。而进入内化阶段后,再要改变态度,困难就要大得多。

二、诱因论

诱因论将态度的形成看作是在权衡利弊之后而做出抉择的过程。按照诱因理论,诱因的相对强度决定一个人最终的态度。消费者对于一种产品或服务既有一些趋近的理由,也有一些回避的理由。比如,某种产品与众不同,能够体现自己的个性,使用时可能会招来同事、朋友的钦羡,产生令人兴奋的感觉;与此同时,这种产品的品质不一定有保证,价格比较贵,而且自己的父母或家里的其他成员并不喜欢这种产品。前者会使消费者对购买这种产品产生积极的态度,后者则会使之产生消极的态度。按照诱因论,消费者最终态度是由趋近和回避两种因素的相对强度来决定的。如果前者在强度上超过后者,则会形成总体上的积极态度;反之,则会形成消极态度。

学者爱德华(W. Edwards,1954)在《决策理论》中,提出期望价值(expectancy value)概念,并以此为基础对诱因论作出解释。爱德华认为,由于诱因冲突的复杂性,人们在作抉择时,总是试图对每种可能出现的情况及其预期的价值作出评价,并尽可能趋利避害,使主观效用达到最大。为了精确说明他的思想,爱德华提出了用以测量主观效用(U)的公式,即 $U = V \times P$。其中,V 表示预期后果的价值,P 表示预期后果出现的概率。如果就消费者对产品、服务的购买而言,若购买行动会带来高的或大的主观效用,消费者就会对此持积极肯定的态度;否则,会持消极否定的态度。在涉及两种产品的比较时,能带来较大主观效用者,将使消费者对其产生更为肯定的态度。

诱因论与学习论的共同点是,两者都认为,态度是由肯定因素和否定因素的相对关系来决定的。不同点是,诱因论强调人不是被动接受条件作用的环境反应论者,而是主动、积极对诱因冲突进行周密计算然后作出选择的决策者。因为依据学习理论,无论是概念之间联想的形成,社会对态度的强化,还是个体对他人态度的模仿,均将人置于一种被动适应的情境。在这一点上,学习论与诱因论有本质区别。诱因论把人的态度的形成看成是有理性的、主动决策的过程,这较学习论对态度的解释是一种进步,但它把人的态度形成都看成是个人为得失深谋远虑的表现,则并不完全符合实际。事实上,人所表现出来的态度并非事事都通过决策形成的。不少研究表明,态度一旦形成,即使当时诱发态度形成时的诱因已被遗忘,人们的原有态度仍倾向于保持不变。对人、对事的情感成分比认知成分往往更为持久和更加有力。

三、认知一致论(cognitive consistency theory)

该理论的基本观点是:人们总是在努力寻求认知上的连贯性,如果人们发现自己的信念或态度与自身行为不一致时,就会努力调整,以达到认知和行为之间的一致。属于认知一致论理论框架的主要有平衡理论、认知失调理论。

1. 平衡理论(balance theory)

平衡理论是海德(Heider)在1958年提出的。平衡理论认为认知的平衡状态是一种理想的、让人满意的状态,若出现了认知上的不平衡,就会产生心理上的不安,令人不愉快。平衡理论指出了一个观察者理解的他自己(P)、其他人(O)和对象(X)之间的关系。在消费者研究领域中,观察者代表消费者,其他人可以是一个产品的代言人,对象可以是一个品牌。观察者、他人和对象叫做认知元素。平衡理论指出组成一个系统的认知元素是相互关联的。

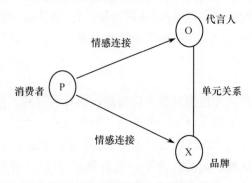

图6-3　平衡理论中的认知元素示例

图6-3举出了一个由三个认知元素组成的例子。元素连接有两种方式:情感连接和单元关系。情感连接代表着观察者对他人或对象肯定或者否定的感情,可以用符号正(+)、负(-)或者中性(0)来表示P对O或X持有的态度是肯定的、否定的或者是中性的。单元关系,当观察者认为他人和对象之间互相联系时发生。同情感连接相似,O和X之间的单元关系可以是正、负或者中性。正的单元关系表明O和X之间相互连接而形成一个单元,负的单元关系表明两个元素是相互对立的。中性的单元关系表明O和X之间没有联系,在这种情况下,观察者不再认为三个元素构成了一个整体,也就没有认知一致性的力量存在了。

平衡理论的一个基本假设是人们倾向于让P、O、X三个认知元素保持一个平衡的状态。因为不平衡的系统会使人们产生心理上的不安和焦虑,这种不安和焦虑就会促使人们改变现有的某个认知和态度或者添加一种新的态度,直到使系统恢复平衡的状态。这里的平衡指的是元素之间相互连接的符号标记相乘时是个正值。如图6-4所示,三个正的标记或者两个负标记加一个正标记就代表着一个平衡状态。如果是两个正标记加一个负标记或者三个全都是负标记,就表示非平衡状态。这种态度的转变可以通过很多种方式去实现:①P 可以改变对 O 的态度;②P 可以说服 O 改变对 X 的态度;③P 也可以自己改变对 X 的态度;④P 可以扭曲事实,误认为 O 对 X 态度其实和自己是一致的,或者对平衡系统中的某两个要素之间的关系做出新的归因或解释。在这么多的路径中,个体究竟选择哪种方式取决于行动的难易程度,可以采用"最小努力原则"来预测平衡改变的方向。

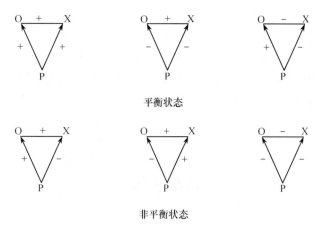

图 6-4　平衡和非平衡状态的示例

使用名人作为代言人来介绍产品就是应用平衡理论的经典例子。从平衡理论的角度看,这些公司的做法就是力图使消费者(P)和代言人(O)之间的情感连接强度达到最大化。另外,成功的公司还试图在代言人和品牌(X)之间建立起单元关系。建立这种关系的方法有:雇用众所周知的专家作为代言人使用产品;和代言人签订长期独家合同,使得该代言人只和本公司的产品联系在一起;让代言人在公众场合一直穿着或使用本公司产品,加强代言人和公司产品的联系。当采用受高度肯定的代言人,同时使他们和本公司的产品紧密联系时,消费者和品牌之间的感情联系就加强了。但是如果消费者认为某个名人只是为了钱而作某个品牌的代言人,或代言的产品很多,那么在产品和代言人之间就可能无法建立起归属关系,因而也就无法改变态度。

平衡理论在营销上的应用还有品牌的延伸。品牌延伸的应用在于利用消费者对知名品牌的肯定态度,通过三维关系传递到被延伸的产品上。

2. 认知失调理论(cognitive dissonance theory)

认知失调理论是由著名心理学家费斯廷格(Festinger)于 1957 年提出的,是认知一致性理论中最具有影响力的一种。该理论主要用于解释社会态度的转变,其前提假设有一种趋于认知一致性的压力。在消费者行为中,消费者会努力追求一种和谐,即个体的行为和态度之间的一致性。当出现不和谐的时候,也就是个体行为和态度不一致,就会产生一种令人不愉快的紧张感,我们称为不和谐唤起。这种紧张的状态会促使个体努力去消除这种失调的状态,以恢复到和谐的状态。

人们消除认知不一致的方法有很多,主要有:①改变自己的认知和态度;②去除或改变自己的行为;③增加新的认知。但是改变行为往往是不可行的,所以最常用的做法就是改变自己的态度。在改变态度以后,人们就会认为自己的行为属于正确的行为,会努力去为原本让人厌烦的行为进行辩护。例如很多人虽然意识到吸烟有害健康但仍在吸烟,那他就会通过各种方法说服自己改变对吸烟的态度以降低认知失调感。如"有许多吸烟的人身体仍很健康"(改变①)或"吸烟可以提高工作效率"(改变③)。

消费者的认知失调常常在发生购买行为之后——购后失调,例如消费者在广告后购买了一件产品,特别是像汽车或个人电脑这样的贵重产品后,当他们想到他们未选择的品牌的独特而优秀的品质时,常常会感受到认知失调。这很可能使消费者保持一种对先前行为的不良感受——一种他们倾向通过改变态度,与行为保持一致来缓解的感受。因此,在购后失调的情况中,态度改变经常是一个行动或行为的结果。针对消费者的购后失调,要使消费者减少由相反想法引起的不愉快的感受,与之相关的市场策略可以借包含"赞美他们的明智"信息的广告来强化消费者的决定;还可以提供更强的保证或信誉书,通过提高服务的数量和有效性,或通过提供介绍如何正确使用其产品的详细说明书,厂商也能够减轻消费者的失调。除了这些减轻失调的策略,厂商还可以与消费者密切联系,通过关系营销项目建立顾客忠诚感和满意感,如航空业、银行等都发展了这样的项目。

第三节 消费者态度的改变

态度有方向(极性)和强度。也就是说,态度的肯定与否定作为两个极性,中间会有各种程度,诸如全否定、部分否定、稍稍否定直到完全肯定。这样,态度可以看作是一个量的连续体。所谓态度的改变,既包括由肯定向否定转变,或由否定向肯定转变,又包括肯定或否定程度上的发展。前者是性质上的改变,后者则是程度上的变化。

一、消费者态度改变的途径

在营销活动中,经营者的目标之一是通过有效的营销策略,使消费者对其产品或服务从原有的否定或消极态度转变为肯定或积极态度,或者从原有的少许肯定的态度发展成更肯定的态度,最后促成购买行为的发生。

消费者态度是在诸多影响因素的共同作用下形成的。当影响因素发生变化时,消费者的态度也将随之改变。因此,凡是促成影响因素变化的措施都可以成为改变态度的路径。但态度是由消费者权利和行为的高度自主性决定,对其态度的改变不能采取强制、压制的方式,而只能通过说服诱导,促成消费者自动放弃原有的态度,接受新的观念。否则,态度的改变就有可能停留在表面现象,不能内化为稳定的心理倾向,并且稍遇挫折就会发生反复。由此可见,态度的改变过程同时即是说服与被说服的过程。

(一)直接说服

直接说服即以语言、文字、画面等为载体,利用各种宣传媒介直接向消费者传递有关信息,以达到改变其固有态度的目的。

(二)间接说服

间接说服又称间接影响。它与直接说服的主要区别在于它是以各种非语言方式向消费者施加影响,通过潜移默化,诱导消费者自动改变态度。间接影响可以采取多种方式进行。

1. 利用相关群体作用

消费者生活在一定的社会群体或组织中,所属群体在消费方式上的意见、态度、行为准则等对消费者的态度有着深刻而重要的影响。消费者总是力求与本群体保持一致态度,遵从群体规范,以便求得群体的承认、信任和尊重,满足其归属的需要。而当群体的态度及行为方式发生变化时,消费者也会自觉地对原有态度作出相应调整,使之与群体相统一。因此,利用上述相关关系,推动某一群体改变原有消费方式,即可有效地促使消费者自觉改变态度。

2. 亲身体验实践

许多片面的、与事实不符的消费态度往往是在消费者对商品性能、功效、质量等缺乏了解,而又不愿轻信广告宣传的情况下产生的。针对这类情况,可以提供必要条件,给消费者以亲自尝试和验证商品的机会,通过第一手资料达到消费者自己说服自己的目的。实践证明,亲身体验的方式往往具有极强的说服力,对于迅速改变消费者态度有着其他方式无法企及的效果。

从以上方面可以看出,直接说服与间接说服对于消费者态度的改变具有不同的作用方式和效果。在实践中,为诱导消费者态度向预期的方向转化,应恰当选择改变路径,并酌情配套使用各种方式。

二、态度改变的说服模式

说服是改变消费者态度的一般方法,在商家的各种营销手段中,都跟说服过程密切相关的。如一个富有创意的广告,一份细致的产品介绍,一个成功的推销员,都会有助于消费者改变对某一产品的态度。但是,为什么有些信息能让消费者改变认知,触动他们的情感,而有些信息却令消费者讨厌和反感,遭到贬损和否定。这就涉及说服过程的几个关键问题,也是影响消费者态度改变的主要因素。

霍夫兰德(Hovland)提出了一个关于态度改变的说服模式,这是一个关于态度改变的基本模式。他认为有效的说服应该是吸引人们注意力的,可以理解的、可信的及容易记忆的。该模式把态度的改变过程分为四个相互联系的部分(图6-5)。

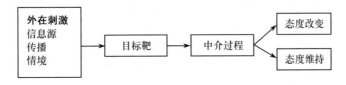

图6-5　Hovland 说服过程模型

第一个部分是外在刺激,包括信息源、传播和情境。信息源是指向消费者传递信息并试图使其接受该信息的个人或组织,如广告代言人、推销员或某个企业。传播则是指以何种方式和什么样的内容安排将一种观点或见解传递给信息的接收者,信息内容和传递方式是否合理,对能否有效地将信息传达给目标靶并使之发生态度改变具有十分重要的影响。情境因素是指对传播活动和信息接收者有附带影响的周围环境,如信息接收者对劝说信息是否预先有所了解,信息传递时是否有其他干扰因素,等等。说服都是在一定的情境下发生的,不同的情境对消费者态度的改变有很重要的作用。

第二个部分是信息接收者,也称为目标靶,即要试图说服的对象。信息接收者在很多方面的差异也影响到说服的效果,如现有的信念的强弱、对相反态度的防御机制,卷入的程度及人格因素等都会影响到说服的成败。

第三个部分是中介过程,是指说服对象在外部刺激和内部因素交互作用下态度发生变化的心理机制。具体包括信息学习、情感迁移、一致性机制及反驳等方面。

最后一个部分是说服结果。说服结果不外乎两种,一种是达到说服的效果,导致了信息接收者态度的改变,可以是增强或降低原来态度的强度,也可以是改变态度的方向。另外一种是说服失败,信息接收者维持原来的态度,个体可以通过对信息来源的贬损、对信息内容的扭曲、寻求其他借口甚至是无理地全盘否定说服者的观点。

三、影响态度改变的因素

对构成说服基本模式的四个部分进行深入分析,可以帮助我们发现影响消费者态度改变的几个主要因素:

(一) 信息源

1. 可信性

(1) 权威性。由权威机构或者由专业人员发表的信息通常会更具有说服力,对一个新药的评价,或者一个新的治疗方法的推广,如果出自医学权威机构或者名医之口,显然会更具有说服力。在医药领域,消费者缺乏相关信息。因为医药服务行业的复杂性,消费者很难像购买其他产品那样,对产品的数量和质量预先做出相对正确的判断,在购买医药产品或服务时往往带有一定的盲目性。所以,消费者在进行医药消费行为的决策时,很大程度上是根据信息发布的权威性。因此,医疗机构或药品企业在指定营销策略或广告宣传时,要确保信息的权威性。

(2) 可靠性。除了权威性以外,信息源在听众心目中的可靠性也是影响消费者态度改变的一个原因。一位医药专家如果是为自己办的药厂做宣传,即使他在医药学界威望很高,其传递的信息可靠性也会大打折扣。要使信息源更具有可靠性,我们通常可以有这么几种方法:①让信息的发布者支持那些看似与他们利益有冲突的观点,而不是为了自己的利益做宣传。②增加信息来源的多重性,越多的人或越多的组织如果认同同一个观点,那么这种说法就会更具有说服力。例如,一个新药受到多家医疗机构的推荐,那么消费者就更可能肯定它的疗效。③某产品或服务的既往使用者的经历可以增加说服的可靠性,这点在医药领域更加多见。如果一名患者说一种药物或一家医疗机构治好了自己多年以来困扰的疾病,那么他的经历就成为说服最好的资本,起到事实胜于雄辩的作用。虽然一种药物或者说一种疗法对不同个体的效果是不一样的,但由于患者对疾病缺乏认知,对健康又极度恳求,就很容易引起共鸣,尤其是对于一些疑难杂症、经久不愈的慢性病。

信息的权威性和可靠性构成了信息的可信度,增加了信息的说服能力。但是在营销领域中,一旦其中的一个环节出现问题,就可能导致可信度的大大降低。近年来,我国医药广告的虚假性在社会上几乎已经形成了一种习惯,大大影响到了人们的医药消费行为。2001~2004 年我国共查办 4 万多件违法违规药品广告,我国医药广告的可信度已经遭到广大老百姓的质疑。

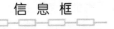

信 息 框

中国　禁止公众人物以患者或专家名义做广告

近年来,国内媒体上药品广告的"吆喝"可谓是不绝于耳,什么"包治百病、立竿见影"等夸张说法此起彼伏,每年都会有成千上万的患者被虚假药品和医疗广告骗得十分凄惨。国家工商总局发出通知,禁止公众人物以患者或专家名义做广告。目前违法广告的形式主要有:发布虚假药品广告;以新闻形式发布药品广告、误导消费者的广告;药品广告中使用患者、专家的名义和形象作证明,尤其是社会公众人物以患者、专家的名义和形象作证明的行为;药品广告夸大功能、保证疗效的行为;以专题片、资讯服务类节(栏)目形式发布虚假违法药品广告的行为。国家工商总局在通知中指出,对未经食品药品监管部门审查或超出审批范围发布的药品广告,要坚决责令停播并依法处理;对有关部门转来和投诉举报的药品广告违法案件,要认真处理并及时通报相关情况;对发布虚假违法药品广告的当事人,符合虚假广告罪追诉标准的,要坚决移送公安机关;对在广告中打着药品旗号治疗疾病的非药品,要及时提请当地食品药品监管部门进行鉴别认定。

英国　社会名人和医生不许做药品广告

在英国,负责电视广告监管的"独立电视委员会"对医药广告文字的规定有36条50多款,涵盖医药、治疗、保健、营养和食品添加剂五大类。值得一提的是,其具体规定除了与广告行为委员会的法规大体一致外,还规定广告中不准出现社会名人、包括体育和娱乐界名人对产品的褒奖,更不允许这些名人直接做广告。此外,有关法律还规定,绝对不允许医生参与广告。在英国,任何一种药品在投入使用之前,都必须得到英国医药监管局的许可证。许可证也并非一劳永逸,而是每5年审核更新一次。

美国　"新药"不能随便乱用

在美国,只要是药品都可以做广告。FDA对药品广告的管理条文非常详细,"新药"这个词不能随便乱用,只能在药品上市后半年内才能使用。因此,FDA在对处方药广告的审理过程中,对新药的推广宣传把关尤其严,理由是这种推广往往会给人造成有关药品安全性等的第一甚至是长久印象。FDA对医疗广告的监管除了详细的规定外还制定了严厉的处罚,任何虚假的医疗广告都将受到比其他虚假广告数额更大的罚款,甚至被罚得倾家荡产。第32届美国药物研究与制造商协会(PHRMA)年会上,PHRMA正式公布了15条医药广告指导原则,其中包括要求药品的商业广告要清楚地标明药品的风险,而不能隐藏相关信息等。

法国　与人体健康有关的所有制品都纳入管理

法国于1998年7月成立了国家卫生制品安全局,统一负责对药品市场及其广告的管理,并于1999年3月开始负责对全国药品的管理工作。其管理范围更进一步扩大到与人体健康有关的所有制品,尤其是将药品生产各环节及各种生产设备和原料都做了详细规定。法国对药品广告的主要规定:

1. 对尚未获得上市批准的药品不得先期进行广告宣传。
2. 不允许在药品广告中使用"特别安全"、"绝对可靠"、"效果最令人满意"、"绝对广泛适用"等词语。
3. 不能出现"第一"、"最好"等词语。
4. 任何药品在投放市场一年后,不能再继续标榜为"新药"。
5. 不能说某种药品有效是由于这种药品已经经过长期使用。
6. 不能说某种药品的功效与另外某种药品或治疗方法的效果一样,或更好。
7. 不能将药品与食品类比。
8. 绝对不能说某种药品安全有效是因为它是纯天然的。

德国　医药分离挤掉广告"水分"电视药品广告寥寥无几

德国的医疗及制药水平居世界领先地位,但德国的电视和报纸等大众媒体上,药品广告却寥寥无几。不容忽视的是德国采用医药分离体系,面向大众的药品宣传多数无法收到直接利益回报,这就挤掉了广告中的"水分"。德国法律规定,所有国民都必须参加医疗保险。通常情况下,投保者在政府许可的医疗保险诊所自由选择就医。

医生虽然具有给患者开具处方的权力,但患者究竟前往众多药店中的哪一家购药,却是不受医生约束的,医疗与医药费用则交由保险公司核对报销。这样,医生在开处方时就只会考虑"对症下药",而不会成为制药公司推销药品的渠道。

2. 喜爱性

一个传递者是否受消费者的喜欢,对于能否引起目标靶态度改变很有关系。对传递者的喜爱程度不仅来自于其外表的魅力,更大程度上还来自于传递者的行为、谈吐、个性、品德以及与目标靶的相似性等因素。研究表明,人们会努力使自己的认知和情感保持一致,往往会为了自己喜欢的人而改变自己的态度,这也是为什么大多数企业都要去找人气最旺的、最受目标顾客喜欢的名人去代言它们的产品。人们一般都喜欢和自己相似的人。这种相似包括民族、宗教信仰、政治主张、阶级、教育水平、价值观、态度及年龄等。在劝说中,如果劝说者表现出和目标靶有更多的相似点,往往其劝说信息更易于被接受,并引起更多的态度改变。布罗克(T. Brock,1965)曾进行过一个有趣的实验。他让大零售商店化妆品柜台的售货员劝说顾客去购买一种品牌中不同价格、不同数量的油脂。这些售货员有的充作有专长而与顾客无相似身份的人,有的则充作与顾客有相似身份而无专长的人。结果表明,当劝说者与顾客之间有相似身份,并说自己经常使用的是某种有多大含量而又价钱公道的油脂,这个含量实际上也正是顾客想买的数量,此类劝说最为有效。也就是说,没有专长但与听者有相似性的劝说者比有专长而与听者无相似性的劝说者对消费者的劝说更为有效。

(二) 传播

1. 差距

影响消费者能够被说服的一个重要因素是说服的信息与消费者的立场有多大的差距。一般来说,差距越大,个体改变态度的压力就越大。在这种情况下,消费者的态度能否改变主要取决于两个因素:一个就是前面说的差距的大小,如果差距太大,那么消费者就可能会采取贬低信息来源的可信度而保持原有的态度。比如,目前很多医疗广告都夸大其词,鼓吹其产品的疗效,像治疗一些乙肝、不孕不育症等广告,和实际情况相差甚远,稍有医学知识的人就能看得出是一则虚假广告,因此,除了可以欺骗一些无知的患者外,对大多数人的态度改变影响是不起作用的,更会起到适得其反的效果。另外一个就是信息来源的可信度。有时候虽然差距太大,但是如果发布该信息的人或组织是非常权威的专家或者机构,人们可能会迫于权威的压力而改变其原有的态度。

2. 恐惧唤醒

恐惧唤醒也常用来说服人们改变其观点,这点在健康促进的行为干预中是一个重要的理论基础。学习理论认为,唤醒恐惧的信息如果提供了降低恐惧的建议,那么人们就会倾向于接受这些信息。因此在消费者行为中,恐惧唤起成了营销者常用的一种说服手段,比如肥胖带来的烦恼、糖尿病带来的不安、脚气带来的尴尬等,都是运用恐惧诉求来劝说消费者。但是恐惧唤醒运用时必须要注意适度,要保持一个适当的水平。因为恐惧如果超过一定限度的话,过度恐惧反而会让信息接收者拒绝说服的信息。

3. 信息的复杂性

信息可以是简单的,也可以是复杂的,在不同的情况下会起到不同的说服效果。简单的信息容易理解,容易被记住,而复杂的信息虽然比较难以理解,但是论据充分,一旦被接受,说服的效果会更大。但是很难说这两类信息哪个更加有效,要看具体的情况。信息的复杂性跟信息源是相互作用的,研究证明,如果信息是简单明了的,那么来自受听众喜爱的人的就会更具有说服力;但是如果信息是复杂的,那么由权威机构或者是该领域的专家提供的信息会更具有说服力。因此,在医药营销过程中,如果是涉及到药物机理之类的复杂信息,就应该请专家来发布。

4. 信息的理性和感性成分

信息可以是以理性成分为主,也可以是以感性成分为主。理性成分包含了对产品的功能和属性一种详细的描述,比如一个新药的广告就包含了许多对某种疾病的针对性及治病机理等内容,提供这些信息可以帮助消费者找到购买的充分理由。一般来说,医药产品或服务营销中,更适合采用理性诉求为主,虽然消费者对疾病的认知不足,但是由于涉及到人的健康,消费者对医药产品或者服务参与的程度往往较高,会想知道尽可能多的关于产品的信息,尤其是对一些慢性疾病的患者,多年服用药物的经验对各种药物已经有一定的了解。因此,说服要以中心路径为主,尽量增加消费者的认知,进而影响其态度和行为。

相反,感性成分是通过打动消费者的情感来影响其态度改变。比如一些医学美容的广告,就可以采用以感性成分为主。什么时候应该以理性成分为主?什么时候应该以感性成分为主?这在一定程度上与信息接收者的因素有关,通常喜欢思考和理性探索的人更容易接受理性成分为主的信息,而那些不喜欢费力伤神的消费者更容易接受以感性成分为主的信息。

5. 一面性或两面性论述

单方面的信息只包含支持性的论据,而两方面的信息包含了一部分产品的缺陷。广告怎样传达商品的优点和缺点,效果是很不同的。当信息接受者与传达者的观点一致时,即态度发生一致性改变时,只说优点效果好;当消费者的文化程度较高时,全面介绍(优缺点兼顾)效果更好。广告可以直接下结论,表明传达者的态度,也可以提供足够的资料,让消费者自己下结论,形成某种态度。一般说来,比较难理解的信息,传达者较有威信,而消费者又难以下结论的,明确下结论,效果较好;反之,则只是提供资料而不下结论效果更好。大多数说服的信息是以单方面的信息为主,但是调查显示,同时提供产品的优缺点两方面信息的广告有时候还是具有很好的说服效果的,因为两方面的信息在一定程度上可以增加信息的可靠性。医药的广告中,清楚地写明药品的副作用,以及不宜服用的禁忌证,一方面可以减少纠纷,另一方面可以给消费者对生产该药的公司形成一种负责的态度,增强对其产品积极的态度。

6. 重复

我们经常会听到电视上、广播里反复不停地播放同一条广告,有时候会让我们感到非常的厌烦。但对于商家来说,这却是增加信息说服力的一条路径。试想一下如果你每天都会看到同一则广告,你会受到强化呢?还是会产生逆反心理而更换频道呢?研究表明,利用重复增强信息的说服力的作用似乎很有限,随着重复次数的增加,被说服的人也会增加,但是重复次数增加到一定程度时,同意的人反而会下降了。因为重复对态度的改变会有两种效果:一是会引起不确定的减少和强化人们对信息的加工;二是会产生逆反心理,导致负面的效应。重复效应是因人而异的,同一则广告的重复播放可能会促使一部分人发生态度的改变,但可能会使另一部分人感到厌倦。

目前,我国市场上保健食品的产品名称五花八门,非常混乱。这些产品都是采用铺天盖地轰炸式的广告,几乎就是谁广告做得好,谁的产品就卖得好,这都是利用重复效应来说服消费者购买该产品。

(三) 信息接收者因素

1. 卷入程度

消费者的卷入程度是决定他是否被说服的影响因素之一。如果消费者对某种产品的卷入程度越深,其形成的态度或者信念就越难改变。消费者的承诺也是卷入程度高的一种表现,如果一个消费者在公共场合表明某种态度,那这种态度就很难改变了。在医药消费行为中,多数消费者的卷入程度都是比较高的,对与健康相关的问题,个体会投入较多的时间和精力去收集相关产品的信息。尤其是慢性病患者,对某种药物或治疗方法的态度一旦形成就比较难以改变。

2. 接种(也称为预防注射)

这个概念是美国心理学家麦克盖尔(McGuire)提出的。他认为人们抵制改变的一个重要力量是来自于在某件事情上的过去经历,也可以说是过去的行为习惯会在很大程度上影响到一个人的态度改变。信息的说服力就像一个病毒,如果人们的抵抗力很强,就相当于有了免疫力,因此,他就能更好地抵抗他人的说服。麦克盖尔认为一个人的防御力增强有两种方法,一是通过巩固自己的立场来增强对不同观点的抵抗力;二是个人在应对攻击的时候如果成功地坚持住自己的观点,那么就可以大大提高其防御力。在医疗产品和服务的消费上,患者有时也会存在"接种"的现象。例如一位糖尿病患者,因多年的吃药经历形成了一种习惯,而目前正在服用的药物又能较好地控制血糖的水平,这样的话,他可能就会找出各种理由不断地巩固自己对该药物的积极态度,说服就会变得很难。

3. 人格因素

从智力水平看,智力高的人态度改变表现出主动性。从性格特点看,依赖性强,低自尊,暗示性高的人,对自己既有态度信任感较低,易于信任权威和接受说服而改变自己的态度;性格缺乏灵活性,不易理解新的信息,态度上倾向于刻板化,这种人不易接受新的态度,而倾向于"以不变应万变";自信自己的判断,相信自己的态度有足够的依据的人也不易接受新的态度;进一步的研究还发现,自尊心不仅会影响人们接受信息的倾向,同时还影响人们如何理解信息。在简单的情境中,低自尊的人易于被说服,而当情境变得越来越复杂时,低自尊的人会出现全面理解信息的困难,因而对说服的接受性也相应降低。从自我防卫角度看,凡自我防卫机制高,较多依赖自我防卫的人,倾向于维护自己的既有形象与自尊,较难接受新的信息或易于发生曲解,因而其态度也难改变。从认知需要分析,认知欲高的人容易改变态度,反之,就不容易改变态度。

当商品信息以恰当的媒介渠道准确、清晰地传递至消费者时,消费者接受因素就成为影响说服效果的决定因素。由于消费者接受因素各不相同,其接受程度有着显著的个体差别,因而面对同一信息,消费者可以作出各种程度不同、甚至截然相反的反应。因此必须考虑消费者接受因素的差异,针对接受对象的特点制定适宜的信息内容和传递方式。

4. 性别差异

从大量实证研究的实验结果看,男性与女性在谁更容易被说服的问题上不存在明显差异。差异主要集中在双方各自擅长的领域。如在西方社会中,从事金融、管理等工作的大多是男性,女性在这方面可能缺乏自信,在与此有关的一些问题上可能较男性更易被说服。但在家务和孩子抚养上,女性较为自信,因此对与这些方面有关的问题,可能较男性更难被说服。

(四) 情境

1. 强化作用

传达者的说服为的是改变对方的态度,如果在进行说服时,周围环境中的一些因素,或有意创设一种气氛能带给人以欢愉或快感,就会使说服性信息由于这种强化而被看得更积极肯定,从而增加其影响力。现在,社会上许多活动如商品推销会、新书发行会、学术研讨会甚至大学吸引优秀生报考的参观活动,都适当地佐以茶点招待或赠送纪念品等,无非都是通过强化作用来达到宣传的效果。

2. 预警

如果一个消费者事先被告知将会接触到与之态度相反的说服信息,那么他对该信息的防御力就会增强,就更不容易被说服。为什么会出现这种情况呢?很有可能是因为当我们预先得知一个观点相左的立场,并且要试图改变我们的立场,我们就会开始进行反驳,在反驳过程中增强了对说服信息的防御能力。而且研究还表明,得到预警和说服实际发生的时间间隔越长,会使人们有更多的时间去产生更多反驳的观点。但是,也并不是说预警对于信息接收者总会起到抵制说服的作用。如果一个人对某件事情不是很在意,或者对自己的立场不是很坚定的话,预警反过来会促进态度的改变。

3. 分心

通常被说服者对于说服的信息有一种反对的倾向,尤其是当他们原有的态度又很强烈的时候。而当考虑一种我们不喜欢的信息时,可能就会越想越不喜欢它,会找出各种理由或者观点去反驳它,来保护自己的立场,从而降低该信息的说服作用。这就是态度极化的一种表现。这样就给我们一个启示,凡是能削弱他们反驳能力的东西都可以使他们更容易被说服,分心就是分散信息接收者对某种说服信息的注意力,所以适当的分心有时候可以增强说服力。

但是,在运用分心来增加说服效果时,也要掌握好适度的原则,和恐惧一样,过度的分心会起到适得其反的结果。因为分心效应具有明显的局限,过度的分心有时会影响说服信息的传递,甚至使其效果降为零,比如内容过于滑稽的广告可能会让消费者大笑过后忘记广告宣传的产品是什么了。

四、态度改变的策略

(一) 从认知的角度

1. 改变信念

改变信念指改变消费者对产品的一个和多个属性的信念,具体方法是提供有力的事实或描述。比如,消费者可能认为国产手机没有日本产的洗衣机耐用,小天鹅集团可以提供大量的实验数据证实小天鹅洗衣机连续运转时间已经达到世界先进水平,丝毫不逊于日本的洗衣机,也可向顾客承诺高于日本洗衣机的保修时间。

2. 改变属性的权数

消费者认为产品的某些属性比另外一些属性更加重要,从而对本公司的品牌产生较不利的认知,营销人员可以设法改变消费者的属性权数,强调本公司产品相对较强的属性是此类产品最重要的属性,以改变消费者的品牌认知。比如,克莱斯勒汽车在款式、耐用性、节油性、舒适性等方面和竞争者相比不占优势,但它是最早将汽车安全气囊作为标准配备的汽车公司之一,因此它在广告中大力强调汽车的安全性是汽车最重要的属性,使消费者的品牌认知朝着有利于该品牌的方向倾斜。

3. 增加新属性

增加新属性指在消费者的认知结构中增加新的属性概念,这可以通过增加一个以前被忽视的或一个代表某种提高或技术创新的属性来达到。

增加一个以前被忽视的属性,使消费者原先没有认识到或没有重视而本公司或本产品相对较强的属性成为影响消费者产品认知的重要属性。比如,多数消费者购买台式电脑显示器时对辐射问题并未给予充分的重视,换言之,消费者关于显示器的品牌信念形成过程中没有考虑"辐射量"这项属性指标,如果这种情况不改变,消费者就不可能购买无辐射但价格昂贵的液晶显示器。营销人员可运用多种手段宣传辐射对人体造成的危害,促使消费者把辐射量作为显示器的重要属性来考虑,就能够改变其产品信念和购买行为。

增加反映实际产品变化或技术创新的属性的路径比起强调先前被忽视的属性是更容易达到的。比如潘婷Pro—V喷雾护发水,它强调由于新的成分原料Elastesse,其产品可使头发没有僵硬感或黏稠感地被定型。因此,通过增加一种成分,潘婷就顺利地改变了消费者的态度。

4. 改变理想点

改变理想点指在既不改变消费者的属性权数,也不增加新属性的条件下改变消费者对属性理想标准的认识。比如,电视机尺寸大小是消费者选择产品所考虑的重要属性之一,许多人存在着单纯求大的倾向,导致许多中等尺寸的电视机销路不佳。营销人员可宣传电视机的尺寸应当与房间的大小、视线距离相适应,改变消费者关于电视机理想尺寸的认识。

(二) 从情感的角度

营销人员越来越多地试图在不直接影响消费者品牌信念和行为的条件下先影响他们的情感,促使他们对产品产生好感。一旦消费者以后对该类产品产生需要,这些好感会导致购买行为。或者,好感会直接促进购买,在使用过程中建立对品牌的正面信念。营销人员建立消费者对产品的好感的方法有三种:经典性条件反射、激发对广告本身的情感和增加对品牌的接触。

1. 经典性的条件反射

企业将消费者喜爱的某种刺激与品牌名称放在一起展示,多次反复就会将该刺激产生的正面情感转移到品牌上来。比如,极限挑战运动能够激发消费者感受力量和毅力的正面情感,如果把极限挑战运动的镜头与某运动饮料的品牌多次在一道播放,就会将消费者对该项运动的喜爱转移到本品牌上来。

2. 激发对广告本身的情感

消费者如果喜爱一则广告,也能导致对产品的正面情感,进而提高购买参与程度,激发有意识的决策过程。使用幽默广告、名人广告、比较广告、情感性广告等都能增加受众对广告的喜爱,这类广告中不一定含具体的认知信息,消费者对广告本身的态度,如喜欢或不喜欢是营销成败的关键。

3. 增加消费者对品牌的接触

研究表明,大量的品牌接触也能增加消费者对品牌的好感。对于低度参与的产品,可以通过广告的反复播放提高消费者的喜爱程度,而不必改变消费者最初的认知结构。这里,重复是以情感为基础的营销活动的关键。

(三) 从行为的角度

一般认为消费者的行为发生在态度之后,但有时行为也可以发生在态度之前,甚至行为也可以与态度相对立。消费者常常在事先没有改变态度的情况下尝试购买和使用一些便宜的新品牌或新型号的产品。在改变消费者态度之前改变其行为的主要路径是运用操作性条件反射理论。营销人员的关键任务是促使消费者使用或购买本企业产品并确保产品的优异质量和功能,使消费者感到购买本产品是值得的。吸引消费者试用和购买产品的常用技巧有优惠券、免费试用、购物现场的展示、搭售价及降价销售等。

(四) 精细加工可能性模型(ELM)

20 世纪 80 年代,心理学家佩蒂(R. E. Petty)等提出了精细加工可能性模型 (the elaboration likelihood model),模型见图 6-6。

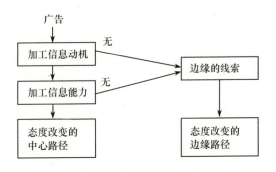

图 6-6　态度改变的 ELM 模型

资料来源:马谋超,陆跃祥. 广告与消费心理学. 人民教育出版社,2000

该理论把态度的改变归纳为两个基本的路径:中心的和边缘的。中心说服路径把态度的改变看作是消费者认真考虑和综合信息(如广告商标产品的信息)的结果。具体说,消费者在该过程中,主动地考察广告的信息源;重新搜集和检验有关体验;分析、判断广告商品性能与证据并做出综合评价。边缘说服路径与之相反,认为消费者对客体的态度改变不在于考虑对象本身的特性或证据,而是将该对象同诸多线索联系起来。这些线索可能是肯定的,也可能是否定的。如果同肯定线索联系起来,诸如广告中的证据有若干数量、消息源来自专家、背景音乐诱发合适的联想等,消费者就可以接受该广告商品为优质产品的结论。相反,若同否定的线索联系在一起,如该产品位置太偏僻、信息源令人怀疑、刊登广告的杂志威望不高等,则否定该商品是优质产品的结论。

与各种具体的态度改变策略相比,精细加工可能性模型(ELM)提出了更加全局性的观点,认为消费者态度是通过两个截然不同的“说服路径”被改变的——中心路径和边缘路径。ELM 模型的基本原则是,把它的说服方法依赖于消费者对传播信息作精细加工的可能性的高低。当精细结构的可能性高(消费者动机或评估态度对象的能力高)时,商家强调产品的可靠、高质量的特征——说服的中心路径特别有效,即态度改变是因为消费者积极地寻求与态度对象本身相关的信息而产生的。当消费者愿意花精力去理解、学习或评价可得到的有关态度对象的信息时,学习和态度改变通过中心路径发生。相反的,当精细结构的可能性低(消费者的动机和评估技能很低)时,将重点放在呈现的方法而不是信息的内容(如使用名人作代言人、赠券、免费尝试、幽雅的背景环境、大的包装)——边缘的路径有效,即态度改变倾向于通过外围路径而不需要消费者集中于与态度对象本身有关的信息而产生。

上述两条路径的效果有两点重要的区别:一是中枢路径所引起的态度改变比边缘路径要持久;二是中枢路径所形成的态度可能比边缘路径预测后来的行为更好。

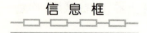

信 息 框

名人广告效果的制约因素

国外的同类研究表明,名人的专业性、可靠性和吸引力等三方面原因是影响名人广告效果的重要因素。20世纪90年代后。国外学者开始重视名人形象和产品形象的一致性对广告效果的影响。精细加工可能性模型进一步揭示了受众不同的精细加工可能性水平对名人广告效果的影响。

马谋超等通过实验研究进一步发现,对于受众来说,名人广告的效果受外部因素和内部因素两方面影响。名人本身特点、所传播的商品信息及传播方式构成了外部刺激,并通过受众的内部心理因素产生影响。受众对名人使用广告中商品的可能性判断即是制约名人广告效果的重要的内部因素之一。研究结果表明:

(1)名人可信度包括专业性、吸引力、品行及名人与产品的一致性等四个因素。

(2)不仅名人与产品类别间的一致性会影响名人广告的效果,名人与产品档次的一致性也会对广告效果产生影响。

(3)当由女明星为中性产品做广告时,同性别的受众容易被理性诉求的广告说服,而异性受众对情感诉求的广告更感兴趣。

(4)当名人与产品的一致性程度较高时,受众对名人使用广告中产品的可能性评价也相对较高。受众对名人使用广告中产品的可能性判断与广告态度、品牌好感度和购买意向间存在着显著的正相关关系。

在乔丹和基辛格都经测试成为被试认可的名人后,他们分别被广告展示为运动鞋和时事杂志的产品代言人。由此可以清楚看出,乔丹与运动鞋和基辛格与时事杂志相配对,在给定的诸指标上评分最高;而乔丹与时事杂志和基辛格与运动鞋相配对,评分最低,这一事实说明,名人与商品的一致性确实影响到广告效果。

第四节　消费者态度的测量

态度测量是消费者态度研究的重要方面。通过态度测量可以推测消费者的行为,预测市场需求的变化趋势,有助于实现市场细分,制定合理的营销战略;可以发现改变消费者态度的最佳路径,有效地引导消费;还有助于工商企业为消费者提供适销对路的产品和良好的服务,更好地满足消费者需要。但要确切判断消费者的态度绝非易事。了解消费者态度,不仅要花较长时间,而且也需要一定的方法与技巧。所谓消费态度的测量就是指运用科学的测量方法和技术手段,广泛调查汇集有关态度的事实资料,并加以定性定量分析,以求得关于消费者态度倾向的准确结论。应用于消费者态度测量的主要方法有以下几种:

一、自我评定法

自我评定法是通过消费者对一定对象进行自我评定来确定其态度的方法。自我评定法是最

为精练、最为常用的一种测量消费者态度的方法。常用的自我评定法主要有以下两种:

(一) 利克特量表(Likert scale)

利克特量表是美国心理学家利克特(R. Likert) 于1932 年创立的一种较为简便的态度测量表,是市场调研中测量消费者态度应用最广泛的一种方法。该表使用陈述性语句提出有关态度的题目,要求被测者对每一条语句表明同意或不同意的程度。程度的差异一般可划分为5 级~7 级。具体步骤如下:

(1) 设计测量态度的一组陈述句。大约由20 ~ 30 个陈述句组成量表。

(2) 被测者进行自我评定。要求被测者报告对所列陈述句同意或不同意的程度,即在每一态度陈述句的相应等级上打上记号。

(3) 整理测量结果。研究者对每个陈述句给予相应的分数。如果有五个等级,则完全同意为5 分,有些同意为4 分,无意见3 分,有些不同意为2 分,完全不同意为1 分。最后将被测者在调查表中所得的分数加在一起,可以代表该人对某个对象的态度,分数愈高态度愈肯定。

在制定李克特量表时,需要注意以下两点:

(1) 正负态度语句的数目要接近,最好相互交叉排列。因为如果一律都是肯定的或都是否定的语句会导致被调查者在回答问卷时形成一种敷衍的态度,倾向于认为每个条目均差不多,对后面的几个条目没有经过自己的判断,甚至没有仔细阅读每个条目就随意做出类似前一条目的选择。这样会导致整个量表的得分缺乏判断力。

(2) 要注意确定所使用的陈述语句是合适的,即这些语句要能反映出消费者某一方面的态度。在实际中,可以先通过预调查,再计算在某一项目或陈述意见上得分居前的25% 的被试者的平均得分和在该项目上得分居末的25% 的被试者的平均得分,并对这两部分被试者的平均得分进行比较,以平均得分的差异作为决定该陈述意见是否合适、是否应保留或删掉的判别指标。前述两部分被试者在某一项目上平均得分的差异越大,表明该项目越能反映人们在某一方面的态度,因而适合于作为量表项目;否则,则对消费者态度的刻画能力较低,不宜选作量表项目。

表6-1 为调查消费者对某药店态度的利克特量表,量表只选取了部分项目。

表6-1　某药店态度量表部分项目

条　　　目	完全不同意	有些不同意	无意见	有些同意	完全同意
1. 该药店有很好的信誉	1	2	3	4	5
3. 该药店规模小	5	4	3	2	1
6. 该药店医师专业性强	1	2	3	4	5
10. 该药店店堂环境好	1	2	3	4	5
13. 去该药店交通便利	1	2	3	4	5
20. 该药店服务差	5	4	3	2	1

(二) 语义差别量表(semantic differential scales)

语义测量方法为奥斯古德(C. E. Osgood) 等提出的。语义测量不以笼统的肯定和否定的语词表示个体对某个对象的态度,而是要求人们用写出在好与坏、可爱与可恨等等成对词语之间的量度来表示自己的态度。用数字分成5或7个量度,要求被测者从中作出选择,所选数字越大,其位置就越靠近肯定性语词,越能表示其肯定的态度,反之则越否定。

研究表明,用作语义差别量表的成对语词,可以概括为三种维度(见表6-2):有关态度对象的好坏、美丑等情绪范畴,称为评价维度(evaluation vector);有关态度对象强弱等的强度范畴称为力度维度(potency vector);有关态度对象快慢等速度范畴称为活动维度(activity vector)。使用三个维度的语词编制量表比较简便。

表6-2　三个维度的语义测量

评价维度	好	7	6	5	4	3	2	1	坏
	美	7	6	5	4	3	2	1	丑
	聪明	7	6	5	4	3	2	1	愚蠢
力度维度	大	7	6	5	4	3	2	1	小
	强	7	6	5	4	3	2	1	弱
	重	7	6	5	4	3	2	1	重
活动维度	快	7	6	5	4	3	2	1	慢
	积极	7	6	5	4	3	2	1	消极
	敏锐	7	6	5	4	3	2	1	迟钝

语义差别量表不仅适合用于对群体或个人态度的测量,而且构成比较简单,省去了编制陈述句的程序。如消费者对商店态度的语义分析见图6-7。

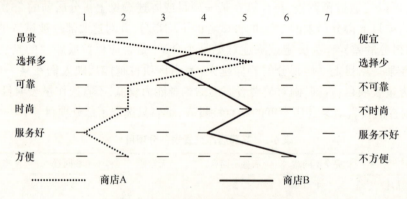

图6-7　消费者对商店态度的语义分析

以上两种测量技术,均需通过自我评定。在一些敏感问题上,被测者可能会存在顾虑而作出违心的回答,影响结果的可信度,故施行时可采取匿名、保密等措施,以求获取被测者的真实态度。

二、投射法(projective technique)

投射法的特点是通过间接的方法来了解人们对某事某人的态度。这是通过分析人们对某个刺激物所产生的联想来推测其态度,而这种联想通常是人们内心深处的欲望、意愿、要求以及思想方法等无意识地在某个刺激物上的反映。由于被测者预先不知道测量者的意图,猜不出测量者想要他回答些什么,故难以做假或有意掩饰,因而有一定的可靠性。但对其反应进行分析时,测量者的主观性很大。投射法主要包括以下两种方法:

(一) 主题统觉测验(thematic apperception test)

主题统觉测验是一种著名的投射方法,测试时主测向被测者出示一张图片,要求他编一则故事,被测者在看图编故事时会不自觉地将自己对某一事物的意见、观点投射进去,从而表露自己的真实态度。一般认为,主题统觉测验比其他方法更容易从动态方面了解被测者对某一对象的态度,因而是企业了解消费者对商品及服务态度的有益方式。

(二) 句子完成法(sentence-completion test)

句子完成法是事先准备好几个有关某一事物的未完成的句子,让被测者把句子写完,从完成的句子中可以了解被测者的态度。

句子完成法也是投射方法的一种,它所反映的是人们对某个事物或对象能够直接意识到的经验世界。从技术上看,因为刺激是一套未完成的短句,可使研究者更有针对性地了解人们对某个对象的态度。此外,这种方法在实施过程中不需要仪器设备,可以集体进行,因而是一种简便易行的测量方式。

以调查消费者对商品或服务的态度为例,可以让被测者完成以下句子:假使你买了某件商品……今天那件商品……你妻子对你说那件商品……。设计时句子数量可以适当多些,研究人员应对被测者完成的句子进行准确客观的分析,以便从中了解消费者对商品的真实态度。

三、行为反应测量(behavioral measures)

行为反应测量是观测人们对有关对象的实际行为反应,把行为反应作为态度测量的客观指标。采用行为反应观测方法,可以避免因被测者察觉而造成的有意掩饰,从而有利于得到真实可靠的第一手资料。但由于行为和态度之间不是简单的对应关系,行为只是态度反应的一个重要参数,因此,一般不宜单以观察行为来确定其态度。运用行为观测法时,应当同时结合其他几种测量方法,对被测者在不同测量中表现出来的态度加以相互印证,以便得出准确可信的结论。

常用的行为观察和测量技术有空间距离测量和生理反应测量。

(一) 距离测量(distance measure)

距离测量是通过人与人之间交往时的接近程度和亲切表现来研究人们的态度,包括对两人的空间距离、目光接触、紧张程度等方面的观察和测量。在消费者态度的研究中,我们可以运用消费者和商品的距离、目光接触等来确定消费者对商品的态度。

(二) 生理反应测量(physiological measure)

生理反应测量是通过检查被测者的生理状况来测定其对某一商品或服务的态度的一种方法。生理反应主要是测定消费者态度的情感因素。当人们形成某种态度时,其态度中的情感因素会唤起有机体的植物性神经系统的变化,如:心跳加快、呼吸急促、血压升高等生理变化。因此通过生理指标的测量可以推测人们的态度倾向。

本章小结

1. 消费者态度是指消费者对商品和服务等表现出来的心理反应倾向。情感、认知和行为倾向性是态度结构的三个基本要素。态度具有效用功能、自我防御功能、认知功能、价值表现功能。

2. 指向对象的态度模型指出三种预测态度的主要因素:突出属性、消费者对该对象具有该属性的认同程度、对每个属性肯定或否定程度的评价。行为意向模型则认为,购买行为是购买意向的结果,而购买意向又是由消费者态度和消费者所持有的主观规范及它们的相对强度所决定的。消费者态度与其行为并不必然地一致。造成这种不一致的原因除了主观规范以外,还有很多其他因素,如购买动机、购买能力、情境因素等。

3. 学习论认为,人的态度同人的其他习惯一样是后天习得的。人通过联想、强化和模仿三种学习方式逐步发展和形成对事、对物的态度。诱因论则将态度的形成看成是在权衡利弊之后作出抉择的过程。认知相符论或认知一致论认为,人的信念或态度如果与其他观点、自身行为发生矛盾,就会存在一种内在力量推动其进行自我调整,以达到或恢复认知上的相符和一致。

4. 消费者态度虽然具有相对持久和稳定的特点,但也并非不可改变。霍夫兰德关于态度改变的说服模式,从四个方面分析了态度改变的过程。首先,劝说的效果取决于外部刺激。其次,与信息接受者的特性有关。再次,说服还涉及到中介过程。最后,说服的结果可能是原有态度的改变,也可能是被劝说者通过贬损信源、扭曲信息等方式拒绝改变其原有态度。

5. 从认知、情感、行为的角度以及精细加工可能性模型(ELM)四个方面影响和改变消费者的态度。

6. 测量消费者态度的方法很多,主要有:自我评定法、投射法、行为反应测量法。

思考题

1. 试说明态度的构成成分。

2. 试述态度的功能。

3. 消费者的态度是怎样形成的,受哪些因素的影响?

4. 简述态度改变的主要理论。

5. 结合广告实例说明影响态度改变的因素。

6. 用态度改变的策略来分析某一广告实例。

7. 消费者态度测量有哪些方法?

典型案例与讨论

"一招鲜"还是"左右拳"

在《成功营销——新生代 2002 年~2003 年度品牌竞争力排行榜》沐浴露产品类别中,上海家化的六神沐浴露以 18.04% 的市场份额排名第一,比第二名高出 10.54%,而在市场份额前五名的品牌中,后四名均为跨国公司品牌。六神沐浴露的市场品牌忠诚度名列第二名,为 72.85%,品牌竞争力综合指数以 71.86% 列第一位,排在第二名的只有 32.14%。

上海家化公司是中国历史最悠久的化妆品企业,在"六神"的初始阶段更多依靠的是"一招鲜",这几乎说的就是六神"发家史"。1989 年,家化的研发人员敏感地观察到痱热燥痒是夏季最主要的皮肤问题,而传统中医药理和药材应用是解决这类问题的最好手段。

1990 年第一瓶六神花露水上市。以"去痱止痒、提神醒脑"为明确产品诉求,迅速赢得了 70% 以上的花露水市场份额。六神是中医传统上用来治疗痱子和其他夏季疾病的药方名称,其中主要成分是珍珠粉和麝香。把古方传统与现代的花露水结合,自创了功效性夏季皮肤解决方法。

"一招鲜"带来的效应:六神花露水销售最旺季达到全国销量 70%,而且 10 年来几乎每年以 2 位数幅度增长。那时候在上海,姑娘结婚甚至都会带上瓶"六神"做嫁妆,在周边的江南地区也有这个习俗,在某种意义上它成了某种"时尚的象征"。

1995 年"家化"内部发生了一次争执,即六神向哪个方向延伸?当时有两个可延伸的方向:洗发水和沐浴露。洗发水的呼声一段时间内曾很高。当时有个重要的预测:尽管 1995 年前后沐浴露的渗透率还比较小,但未来潜力是很大的。另一方面,由于洗发水市场当时的竞争态势已十分激烈,一炮打响的可能性要比沐浴露市场小很多。同时,六神花露水作为一个夏季产品,延伸到沐浴露更趋合理。经过研究后认为,消费者对沐浴露的需求存在着一定的季节性,譬如夏季需要凉爽、冬季需要温暖。而洗发水虽然也有差异,但并不很大。因此坚定了把沐浴露作为品牌延伸并重点进行推广的决心。

不过很快,一些国内对手在产品独特卖点、广告宣传力度、终端建设和市场投入等各方面开始和六神展开你死我活的斗争,加上无数中小地方品牌的上马,一时间,花露水这一日化行业小之又小的领域挤满各种竞争者。"七神"、"八仙"等相似的产品造型、名称、功能、颜色、香型,只有价格不约而同地比六神便宜;而在沐浴露这一产品阵地,六神面临着综合实力更为强大的宝洁、联合利华和强生等对手,它们在沐浴露类别上打个盹之后,发现市场已经被一家国内企业占据优势地位,纷纷开始把矛头指向家化六神。联合利华和强生公司也不约而同地提高"三度"——新品开发速度,广告投入力度和份额增长幅度。

而此时上海家化在上交所上市后,企业经营更注重可持续增长和股东利益获得,在品牌建设和产品推广的投入上开始逐渐趋于保守。"六神"的管理者们一方面觉得品牌发展太快,应该注重如何稳定形象,另一方面又觉得产品延伸不够,担心丧失市场机会,品牌未来究竟何去何从?

除了无法开垦新领地外,"六神"过去象征"时尚"的光环也开始暗淡起来。进入 2000 年以后,个性主张、时尚潮流和细分需求满足逐渐成为沐浴露类别取胜的新"航标",而六神沐浴露长期经营的"全家共享"、"传统中医理论"和"关注夏季"等核心资产,此刻与之已有一定差距。而"去痱止痒、提神醒脑"的诉求也成了花露水普遍的功能,不再"一招鲜"了。

2002 年后六神也逐渐减弱了在花露水上的投入和发展,间接也给了国内部分竞争品牌蚕食市场的机会。一直到 2004 年,六神花露水的份额已经降至近 50%,而且由于缺乏新品上市,传统产品在产品形态、产品功效上缺乏差异性;品牌形象则由于花露水和现代生活越来越远,在公众面前曝光的几率减少而显得略有老态。

2003 年,上海家化请来咨询公司为"六神"把脉诊断。诊断的结论是:六神品牌的"夏季"特征既是六神赖以差异其他所有个人护理品牌的方面,同时也限制了"六神"向众多机会市场发展。但是在日化市场这个同质化相当严重的市场,真正成功的只有那些具有产品特性、品牌个性的品牌。

　　"舍得,只有舍,才有得",董事长葛文耀为"六神"的品牌管理者打气时如是说到。明确了品牌定位后,咨询公司和"六神"品牌管理团队开始研究产品延伸的方向。通过大量消费者夏季生活形态研究,消费者在夏季需要被满足的肌肤需求远远不止"清凉"一个,还有关于舒爽、止痒、止汗、提神甚至美白、防晒、除菌等许多。而六神产品只涉足了一小部分,还有很大的空间等着"六神"去拓展。而这些需求在生理和心理层面上都可以归结为"问题解决后的舒爽和清新的体验",而未来"六神"的形象定位完全可以是"清新体验"而不简单的只是"清凉",这样产品延伸的准则和方向就明确了。

　　"全家共享"和"传统中医理论"等原有核心资产点在其相关性、差异性、延伸性和可信性等方面还是有其存在的价值的,只是过去几年在沟通策略和产品宣传上疏于整合传播,无论沐浴露还是花露水,只是疲于应付竞争对手的攻击,没有根据形势变化而强调品牌自身的个性,创造与多数品牌不同的独特吸引力。

　　经过一年多的整合,2004 年下半年开始,"六神"品牌在品牌建设、科研开发、渠道拓展和广告沟通上开始"发力"。第一次令人眼睛一亮的"亮相"是在 2004 年 11 月,"六神"在中央电视台2005 年广告招标现场,投下了 5000 万元的央视广告。这数字相当于过去几年六神全年的市场推广费用,此外"六神"还在地方台补充配合了数千万广告费用。

　　而更"抢镜"的是"六神"新一季的广告。为了重新恢复"时尚感",六神破天荒地在电视广告中使用明星策略,使用两代影视明星作代言人:斯琴高娃和李冰冰的"老少配",既有家的温馨,也准确地传达了时尚的信号,再配上"六神"耗时一年开发的喷雾型花露水新品,耳目一新是不出所料的结果。此番广告效应也为六神撬开了农村市场的"大门"。那些对城市消费者已经十分熟知的"六神"传统产品,对于广大农村消费者来讲有些还是新产品,农村消费者的主要信息渠道就是电视,六神的广告无疑叫醒了这一块"沉睡的市场"。

资料来源:李超.21 世纪经济报道

分析讨论题:
请用态度改变的策略分析"六神"是怎样提升品牌竞争力的?

第七章 群体的消费心理特征

消费心理特征可以分为个体性、群体性和普遍性三个层面。普遍性是指一般人都有的共同的消费心理特征；个体性有两种理解，一是指个体特有的消费心理特征，二是指包括普遍性和群体性在内的系统而完整的个性消费心理特征；群体性一般指一个群体所持有的共同消费心理特征。人总是生活在一定的群体之中，一个人的消费行为和心理也要受到所在群体的影响。在现实社会中，有各种各样的消费群体，如儿童群体、青年群体、中年群体、老年群体、女性群体和男性群体等。不同消费群体有不同的消费心理，从而也就有不同的消费行为。本章主要研究儿童用品市场的消费心理特征、青年消费心理特征、中老年消费心理特征和女性消费心理特征。

引导案例

方太与"方太"牌吸油烟机

浙江宁波有一家以"方太"命名的厨具公司生产"方太"牌吸油烟机，该产品拥有"造型别致、吸排彻底、运转宁静、绝不涌油、拆洗方便、安全省电"等优点，非常适合中国家庭厨房使用，深受广大用户的喜爱。据公司前董事长茅理翔说，选择"方太"这个名词，"是因为香港亚视有位著名的烹饪节目主持人，人称"方太"，她创办的美食杂志《东方世界》，畅销东南亚各地，深受家庭主妇青睐。以此作为厨房新产品的名字，很容易给人清洁、健康的联想。"外界也评论说，这个名字创造了中国广告界的两个第一：名人的名字跟产品的品名一致；名人的职业跟产品的功能统一。后来，这家公司还邀请方太本人担任公司的形象代言人，播放由黄格选拍摄的广告片《让家的感觉更好》，进一步强化了厨房用品和"家"的内在联系，提醒人们重视厨房内的生活品质。方太品牌由此深入千家万户，逐渐获得了"厨房专家"的美誉。

这则个案告诉人们，企业如果能充分理解市场环境中相关群体的消费心理，使产品的质量、功能、品名等符合他们的心理需要，就能达到企业和消费者双方共赢。

第一节 儿童用品市场的消费心理特征

儿童用品市场是一个生机勃勃、前景十分广阔的消费市场。据统计，我国目前有 15 岁以下的少年儿童约 3 亿人，约占全国总人口的四分之一，是一个十分庞大的消费群体。随着独生子女的增多,儿童在现代家庭的地位不断提高,儿童用品消费支出在家庭总支出中所占的比例日益增加。儿童用品市场的消费心理研究并不局限于儿童消费心理研究,从购买意义上说,参与儿童用品消费的不仅仅是儿童本身,还有父母、祖父、祖母、外公、外婆、七姑八嫂、亲朋好友等。

一、儿童的消费地位

少年儿童群体,根据年龄阶段可分为婴儿期(0~3岁)、幼儿期(又称学前期,4~6岁)、童年期(学龄期7~11岁)和少年期(学龄晚期,12~15岁)等几个阶段。一个人在儿童时期的成长发展十分重要,可以说是影响终身。所以,总是把儿童看成是未来,特别受到家庭和社会的关注。

首先,儿童代表着家庭的未来。我国历来有"望子成龙"的传统观念,把上一代未完成的心愿寄托在下一代人身上,每个家长对自己孩子的成长、前途都抱有美好憧憬和愿望;随着物质生活水平的不断提高、科学养育儿童知识的广泛普及,以及自己在孩儿时代未能得到满足的需求想在子女身上给予补偿的心理,许多家长不惜自己生活得艰苦一些,也要为子女创造生活和学习条件。特别是独生子女,不仅是父母,还有祖父母、外祖父母,都把他(她)看成是唯一的希望,愿意花费大量的精力和财力。

其次,儿童是祖国的未来。毛泽东把青少年比喻成早上八九点钟的太阳,把祖国的希望寄托在他们身上。无论从经济、政治、文化等各个方面看,还是从一个国家的综合国力、民众的生活质量等角度看,少年儿童总是代表着祖国的未来,总是受到社会各界的高度重视和关注。

最后,儿童消费品市场是一个十分庞大而且有巨大潜力的市场。据国家统计局2005年人口统计,我国0~14岁的儿童有2.65亿,超过全国人口的五分之一,其中独生子女占有很高的比例。据北京美兰德公司2002年对北京、上海、广州、成都、西安等五个城市的调查统计,五个城市共有0~12岁的儿童约441万人,月消费总额近40亿,平均每户家庭的儿童月消费额高达987元。特别是独生子女家庭,"一个宝宝六亲(父母双亲、祖父母双亲、外祖父母双亲)爱"的现象,都充分确立了儿童消费在市场中的地位。

当然,由于少年儿童特殊的消费地位,在消费上很大程度地依赖于成年人,往往也不同程度地直接影响着周围成年人的消费行为。

二、儿童用品消费特点

儿童用品的消费特点常常受到人们的生活水平、消费观念和环境等因素的影响,不同时期有不同的表现。目前我国儿童用品消费主要有以下几个方面的特点:

(一) 健康发展性消费

这是儿童用品消费的主流倾向。随着人们对生活质量的关注,物质生活水平的提高,人类健康成长科学研究的发展和知识的普及,注重儿童的健康成长已经成为儿童用品消费的主要特点。为了满足孩子健康成长和发展的物质需要和精神需要这一目的,许多家长不惜在其他方面节衣缩食、省吃俭用。除了满足孩子的日常生活需要以外,还尽量为其创造全面发展的客观条件,使其成为多才多艺的人。譬如培养孩子学习书法绘画、舞蹈唱歌、弹钢琴等。这种消费在当今的家庭日常消费,特别是文化层次较高和经济条件较好的家庭中,占有较大的比例,且有日益提高的趋势。

（二）攀比炫耀性消费

这是在儿童消费市场中常见的一种心理倾向。儿童从入幼儿园就开始过着群体的生活,在群体中学习沟通、比较、判断。在社会和家庭的鼓励下,每个儿童都希望自己是出众的,也很乐意向大家认为是好的东西学习。这种心理特征也反映在儿童消费问题上。男孩子喜欢在玩具上炫耀自己,女孩子则更喜欢在服饰上炫耀自己,在得到一定的认同后,其他的儿童就会争着模仿。攀比炫耀心理不仅存在于儿童身上,在许多父母、长辈身上也有。这种消费虽不是理性的,但在儿童用品市场中是普遍存在的。

（三）补偿性消费

补偿性消费更多发生在父母工作较忙的家庭,父母由于工作太忙或者是其他什么方面的原因,平时很少顾及孩子,在感情上对孩子有一种内疚,因此要给孩子一些补偿。但由于缺少时间,只能在物质上多做文章,于是就多给孩子买些礼品或者干脆多给孩子一些零花钱,让其自主购买,以达到心理上的满足。父母的这种心理表现在市场上,就会给孩子购买高档、名牌、新颖商品。

三、儿童的消费特征

儿童的消费特征是随着儿童的成长而变化的。这种变化大致可以分为三个阶段:即婴幼儿期、童年期和少年期。不同的时期有不同的消费特点,后一个时期常常是前一个时期的飞跃。

（一）婴幼儿期的消费特征

婴儿期的孩子消费,主要表现在满足生理需要,饿了要吃,渴了要喝,尚无自主消费的意识和能力,成长所需要的各种消费主要由父母或照顾他们生活的人来安排。儿童的真正消费,是在幼儿期萌发的。儿童与同龄人一起生活、学习,开始接受外界的知识、信息,学会简单的比较和判断,渐渐向家长提出消费需求。如想吃什么食品,想要什么衣服或玩具等,表明这一时期的儿童已经有了一定的消费意识。但这一时期的儿童消费,从总体上说,还不是自主的。

（二）童年期的消费特征

童年期的孩子一般都进入了小学,接受规范教育,开始吸收大量的文化知识,有更多的机会与外界接触,消费特征也有了很大的变化。最主要的是儿童消费的自主意识的萌发和不断提升,开始对家长安排的生活消费提出意见,有自己安排生活消费机会的强烈愿望,家长也开始给孩子一些零花钱。虽然,这一时期儿童的生活消费主要还是由家长来安排,但他们已经有了一定的认识、比较和判断事物的能力,有了自己的兴趣、爱好、情绪、态度和意志倾向等心理特征,能够作一些简单思维和解决一些不太复杂的问题,并在解决问题的过程中也有了自信且不断强化,自我意识开始形成,行为上也由被动转向主动。在消费上表现为由全依赖向半依赖过渡。特别是在购买零食方面,据调查,10 岁以上的儿童由自己决定购买零食占总购买量的比重已超过 70% 。

（三）少年期的消费特征

少年期的孩子一般都进入了初中阶段的学习,是孩子从儿童向青年的过渡时期,从生理上说,是第二个发育高峰期;从心理上说,开始表现出成人化的趋势。因为掌握了一定的科学文化知识,了解了一定的社会环境和文化习俗,初步形成了自己认识和观察事物的世界观和方法论,具备了一般的思维能力和认识、分析、判断能力,对某些方面信息的了解可能比父母,祖辈更快,有时判断也更为准确,父母在对有些问题的决策时,也会征求孩子的意见。所以,这一时期的儿童常常表现出较强的独立性和自主性。反映在消费上,常会向父母提出购买某些商品的要求,并希望由家长给钱自己去买;要求父母给自己更多的钱,以购买学习和生活用品等。当然,这一时期的孩子,对多数商品的选择能力还很弱,购买商品时经常需要家长的陪同,但在购买某些商品时,又会与家长发生矛盾,甚至产生不愉快。这也表明,这一时期的儿童已经有了自己的消费个性,并随着知识的增加和能力的增强,有些兴趣、爱好开始趋向稳定,购买倾向性开始确立,购买习惯逐渐形成,有的还表现出选择某些商品的特长,被同学和家长请去当购物参谋。

四、儿童的消费心理及其变化

儿童心理是一个人的心理从产生到初步成熟整个过程中反映出来的心理现象,儿童时期也是人的一生中心理发展变化最快的时期。

(一) 儿童的主要消费心理特征

儿童时期的消费心理特征主要表现为以下几个方面:

1. 认识商品的直观性

消费直观性心理是儿童普遍的消费心理。由于儿童的逻辑思维还不成熟,对事物的认识主要由直观刺激引起。据有关调查,大部分儿童购买食品首先是看外包装,其次是其他小朋友在吃,第三是包装内有奖品,第四是味道好。对于商品的其他特性,如营养、质量等方面考虑的很少,具有直观性、表面性、情感化的特点,所以带有一定的盲目性。

2. 购买商品的依赖性

由于年龄和经济来源的原因,儿童消费总是带有很强的依赖性。因为年龄小,认识商品的能力薄弱,大多数儿童在购买商品时,自己还拿不定主意。所以,消费依赖心理十分明显。随着年龄的增大,依赖的程度会逐渐减弱,但不可能完全消失。同时也因为自己没有直接的经济来源,一切购买活动都依赖于父母给钱,有事先征得家长同意的心理定势,多数购买活动还是由家长代劳。因此,这一时期儿童消费心理与家长、老师的引导,同学的影响关系很大。

3. 选择商品的模糊性

儿童在购物活动中常常表现出一种左顾右盼、犹豫不决的心理。主要原因在于他们年幼,生活经验缺乏,商品知识欠缺,对购物活动生疏,不会挑选商品;同时也因为在公共场合有些胆怯。所以在选择商品时常常显得犹豫不决、捉摸不定、无所适从。

4. 使用商品的模仿性

在少年儿童中,模仿消费心理也是十分普遍的。一方面因为儿童的自我意识水平较低,对自己的心理活动、行为的认识和调节能力还处在较低水平;另一方面,也因为缺少生活和消费经验,缺乏对商品的选择能力,所以在行为上表现出很大的模仿性、从众性。对消费的需求,受同学的、同伴的影响颇多,看到有的同学在使用,然后产生需求并向家长提出。同时也容易受儿童电视广告、儿童电影、电视剧、书籍等的影响,如电视剧中主人翁使用的物品,常为儿童追求和模仿。

5. 消费需求的好奇性

好奇心理是儿童鲜明的特征。儿童来到这个世间的时间不长,对于他们来说,到处都是新鲜的事物。对新鲜事物的敏感性和好奇心,是人的一种本性,因为儿童要经常接触到从未接触到过的事物,所以好奇心理特别强烈。他们天真、幼稚,尤其对小动物、童话故事图案、人物、有趣的玩具、新鲜的食品等特感兴趣。随着年龄的增大,兴趣爱好越来越广泛,好奇心开始向科学知识的探求方面转移,并希望能自己动脑、动手制作,如对卡通人物、汽车、飞机、船舶的模型材料特感兴趣。

6. 消费心理的可引导性

消费的可引导性也是儿童消费心理的一大特征。儿童的自我意识尚未完全形成,对客观世界的认识还不充分,自己的思维和决策能力不强,消费依赖心理还比较浓,受环境因素的影响比较明显,内心有一种消费引导的需求。所以,老师和家长对于儿童消费的引导很重要。尤其是学校老师的引导,儿童常常是听老师的话胜过听家长的话,老师的引导还可以与同学之间的讨论结合起来,对于儿童消费观的培养和消费能力的提高很有帮助。另外,广告宣传、视听媒体对儿童消费的影响力和引导作用也非常大。

(二) 儿童消费心理的变化趋势

儿童的消费心理是随着生理机能的逐渐成熟,心理素质的增强,对消费需求的增多和认识消费品能力的提高而不断发展变化的。

1. 从纯生理需要逐渐向带有社会内容的需要发展

在婴幼儿期的儿童,对消费品的需要主要是生理性的。随着年龄的增长,需要的欲望逐渐发展为带有社会性的需求。小孩到六七岁,开始与周围的小朋友或同学比较各自的物品,如我的玩具比你的好玩,你的衣服比我的漂亮等。这种比较虽然是直接而具体,但也说明儿童已经能对物品进行比较,能赞赏别人使用的某些东西,并能简单地说明自己为什么喜欢或不喜欢某种商品的原因。这实际上就是儿童消费心理社会化的表现,而且,随着年龄的继续增长,儿童的消费心理中的自我意识得到发展,到了少年期,消费心理中的自我意识和社会因素都得到了比较充分的发展,如购物中表现出更多的自我意识,尤其在对花色、样式的选择上;关注广告和媒体对商品的介绍和宣传;初步形成了评价商品的图式,掌握了一定的评价标准,具备了一定的选择商品的能力,有的还表现出对某些商品选择的特长。

2. 从模仿性消费向有个性特点的消费发展

模仿性是儿童消费心理的基本特征之一,伴随着儿童的社会性消费心理而产生。模仿,在根本上说,是受外界的视觉刺激而产生的,这种刺激常常不是物品本身,而是有人在吃、穿、玩或使用某种物品,家长、兄姐、亲戚朋友年龄相仿的小孩、同学等是主要的模仿对象。随着年龄的增长,自我意识的觉醒和发展,其个性心理不断地在商品消费上表现出来。特别是到了少年期,个性已初步形成,并在各种行为中表现出来。从消费心理方面考察可以发现,模仿性消费心理逐渐减少,意识中形成了一定的消费观念,有了按照自己的意愿寻找和选择商品的需求,购买商品表现出一定的动机、目标和意向,不同儿童之间消费的差异性明显增加,形成了消费心理个性化的倾向。

3. 消费情绪从不稳定向比较稳定发展

儿童初期阶段,在其模仿性、从众性心理的作用下,消费心理受外界消费因素影响很大,消费情绪表现为多变而不稳定。一是容易变动,对外界事物时而喜欢,时而不喜欢,甚至向相反的方向转化;二是容易感染,即容易受别人的情绪感染,别人喜欢的东西自己也喜欢,如果有人说这种商品不好,已经拿在手中了也会要求退还;三是容易冲动,易受一时感情冲动的影响,而且马上在行为上表现出来。如自己使用的文具盒,其他的同学模仿着购买,就表现出特别高兴,对物品也倍加爱护;反之会把自己的不满情绪发泄到用品上。儿童的消费心理与情绪随着年龄的增长和个性的发展而不断趋于稳定。

4. 消费行为从依赖性向独立性发展

儿童消费的依赖性,也是伴随着儿童的成长而不断变化的。其变化的趋势是向独立性发展。虽然,儿童消费所需要的货币并没有独立性可言,但从消费行为上考察,儿童消费心理独立性的发展与儿童年龄和个性的逐步形成直接相关。尤其是儿童个性的形成和发展,与消费心理独立性的发展几乎是同步的。不同的儿童,即使年龄相同,个性和消费心理独立性的发展水平也会存在差异和不平衡。但总的趋势是向独立性的方向发展。

由于儿童的消费心理特征,决定了儿童的消费行为最容易受周围环境的影响。当前社会上普遍存在的儿童高消费现象,与大众媒体的宣传、广告促销、家长、同学等周围环境对儿童消费的影响直接相关。从总体上说,儿童还处在消费心理的不成熟期,正确引导十分重要,尤为重要的是塑造良好儿童消费环境。这是家庭和社会的共同责任,也是消费心理学研究的一大课题。

第二节　青年消费心理特征

青年通常指年龄在 16～39 岁的人。青年群体十分庞大,构成也颇为复杂,有中学生、大学生,有在岗的、待岗的人,有未婚、已婚的人。人们也常常把年龄在 16 至 20 岁的人看作是处在青年初期。处在这一时期的青年人,生理发展已趋成熟,心理发展变化快,并渐趋成熟。青年是人的一身中最赋创造力的时期,是社会发展的中流砥柱,也是家庭的主心骨。青年人要学习、要工作、要交往、要承担家庭的经济、生活责任和抚养小孩、照顾长辈的责任。所以,青年时期的需求是全方位的,对商品的需求也特别大。

一、青年的消费特征

青年消费群体,历来是一个重要的消费群体。在整个消费市场上,青年群体有着特殊的地位和极大的影响力,对消费市场的发展变化起着举足轻重的作用。

(一) 巨大的消费潜力

青年是一个人口众多的消费群体,据世界人口统计,青年约占人口总数的 1/5,而我国的青年人数约 3 亿,占全国人口的 1/4。青年的消费需求广泛、内容丰富。如在青年初期,正是长身体的时期,需要更多的食品来满足其生长和成长的需要,高脂肪、高蛋白、高热量的食品受到他们的欢迎。进入青年期的年轻人,社交活动日趋频繁,与异性、朋友的交往增多,对时装、化妆品、电脑、音响、交通工具、旅游及各种休闲物品等都有旺盛的需求。进入结婚阶段,结婚用品成为他们的消费高峰,房子、车子、家庭所需的各种生活用品消费,远远超过以往的任何时期,也远远超过其他的消费群体。当他们有了孩子,婴儿用品又成了抢手货。以及节日的走亲访友,看望长辈的礼品消费等。所以,青年群体的消费需求相当广泛,也十分庞大,无论对满足低层次的生理需要的商品,还是满足较高层次的心理、精神和文化需要的商品,都是青年的消费对象。而且随着经济、文化的快速发展和他们收入的增加,青年群体的消费热情将进一步高涨。

(二) 较强的购买能力

青年人已经有了自己的个性,具备了很强独立购买商品的能力。青年人的感知能力、抽象思维能力、分析判断能力以及对环境的适应能力都达到了新的高度,有了较高水平的科学文化知识,自我意识的发展日臻完善,已基本或完全摆脱了对父母的依从,从而成为独立购买行为的决策者和实施者。走上工作岗位的青年人有了自己独立而稳定的经济来源,尤其是刚走上工作岗位不久的年轻人,没有什么经济负担,又有自主消费的物质基础,是独立消费能力发展最快的时期。而且,家庭的"大件"消费,父母也总是要与他们商量,然后再作出购买决策,并常常让他们负责实施。青年人与时代脉搏最为吻合,或者说,时代脉搏是青年人脉搏的综合反映。新产品总是为青年人首先认识和了解,并为他们首先使用,有人把青年人比喻作是消费市场上"第一个吃螃蟹的人",特别是进入青年中、后期的人,独立购买商品的能力比其他任何群体都要强。

(三) 极大的影响力

因为青年人的知识结构、社会阅历、朝气蓬勃和敢于创新的精神,决定了青年人在整个社会中的地位和作用,他们在很大程度上代表着社会的变迁和发展。社会的变革、文化的发展、价值观念的改变、消费观念的更新、商品信息的传递、时尚流行的掀起、市场需求的变化等,可以说都是首先在青年群体中表现出来。所以,他们的消费观念、消费倾向、消费方式倍受人们的关注,在其他消费群体中产生极大的影响力。尤其在当今的知识经济和信息社会时代里,科学技术突飞猛进,高新技术产品层出不穷,只有善于猎奇、富于想像、勤于思考、勇于探索的青年人,才易于接受新生事物,首先购买高新技术产品。也因为他们的购买能力,常常成为家庭购买行为的主要决策者。青年群体是市场消费的生力军,他们的购买行为有很强的扩散性和号召力,常常为其他群体消费者所模仿。

二、青年的消费心理特征

处在青年时期初期阶段的年轻人,其思维能力有了很大发展,在购买商品时能够独立思考,并具备了基本的选择能力,其消费心理也日趋复杂。到了中、后期阶段,青年人具备了相当的思维能力,拥有了丰富的文化知识、社会阅历和生活经验,社会接触广泛,信息沟通迅速,具有了相应的经济能力,所以消费心理也愈加丰富。与其他消费群体比,具有鲜明的心理特征。

(一) 追求新颖与时尚

青年人充满朝气与活力、热爱生活、富于理想、憧憬未来、追逐新潮,有冒险精神和创新欲望。反映在消费心理方面,表现为追求新颖和时尚。对商品造型和外观方面,要求款式新颖、色彩绚丽、造型别致,能反映时代潮流和审美需要;对商品的结构和性能方面,要求有高新科学技术和现代生活气息。对服务方面的消费,则表现出追求享受、新潮、刺激和独特,例如,衣、食、住、行图快捷简便,穿衣要成品,吃的要半成品或成品,住的要套房,出行要现代化的交通工具。近年来节假日的旅游出行活动人数中,青年人占有相当大的比例;去美容、跳舞、做健美操、喝减肥茶等有利于保持青春美貌和活力的消费活动,更是女青年的时尚,而且已经向中、老年女性扩散,成为中、老年女性的时尚。

在消费市场上,青年常常是新产品的首批选购者,据调查表明,一种新产品上市,有 44.82% 的青年人选择"立即购买"。这一比例大大超过了其他年龄层的消费群体。一种新消费走势,总是先由青年消费者引发,在他们的带领和影响下,才逐步进入时尚消费的高潮。

(二) 突出个性与自我

青年人处在少年向中年的过渡时期,少年期的未成熟心理与中年期的成熟心理共存,体现自我意识、主张独立自主、张扬自我是青年人表现独特个性的心理特征。随着生理发育的成熟和社交面的扩大,青年人希望形成完美的个性形象,追求标新立异,强调个性色彩,表现"与众不同"的心理较之"追求流行"更为强烈。表现在消费活动中,则是消费倾向性从不稳定向稳定过渡。因此,他们更喜爱具有特色、能够体现个性的商品,并把所购商品与自己的性格、兴趣、爱好,联系在一起,甚至与自己的身份、职业、理想等联系在一起,十分关注商品的品位和档次,商品内涵的审美情趣与品味,以求突出个性。特别是对服装、首饰、家具、室内装饰品以及房子装潢等具有外显特征的消费活动,则更加讲究品位和个性。随着经济全球化和文化多元化的发展,追赶"流行"的消费意识在青年人心目中逐渐淡化,更多的青年人主张"消费凸现个性",异质性或个性消费观已为绝大多数青年人所接受,生活方式的多元化已成为今天的时尚,个性化消费将成为消费市场的主流倾向。

(三) 崇尚品牌与名牌

青年人文化知识水平较高、智力发达、社交广泛、信息来源丰富,有充沛的精力,在心理上有张扬个性、体现自身地位和价值的要求。表现在消费心理上,就是注重商品的品牌和档次。特别是在服装和个人用品消费方面,有明显的崇尚名牌的倾向。在许多青年人的眼里,"名牌是信心的基石、高贵的象征、地位的介绍信、成功的通行证。"20 世纪末开始,我国的青年人开始淡化潮流,逐渐接受了名牌,"与国际流行同步,与我国国情适应"的高品位、多价位名品、名牌倍受青年消费者的青睐。据调查,有 49.2% 的青年人表示"要买就买最好的,要买就买名牌。"一些富有个性和时代气息的新潮少女装、休闲装、情侣装、牛仔服、职业套装等,以及一些家用电器、日常生活用品等名品、名牌,都深受青年人的喜爱。进入新的世纪以来,青年人崇尚品牌和名牌的心理倾向有增无减。

(四) 注重情感和直觉

青年人的情感丰富而强烈,有很强的独立意识、自主意识,在待人处事上,情感因素发挥着重要的作用。特别是 16 ~ 25 岁的青年人,他们虽然已经有了比较强的思维能力和决策能力,但个性心理还不稳定,易受客观环境、社会信息的影响,容易冲动,情感因素常常左右着自己的行为。在这种心理的影响下,青年人在购买商品的过程中,情感和直觉因素起着相当重要的作用。尤其是当理智难以决定时,情感和直觉就成为决定的因素。同时,青年人在消费中的情感"两极性"心理也非常明显,肯定与否定都比较明确,强度也比较大。某种商品只要符合个人需要和兴趣,就会引发肯定的情感,产生偏爱和追求之心;反之,就会产生一种否定和抵触的情感,厌恶并拒绝这种商品。

在情感和直觉因素影响下,青年人在购物过程中,常常会忽略必要的选择程序,把注意力集中在自己特别感兴趣的某个或某几个方面,其他方面就不会过分计较。款式、颜色、外观、品牌等外在的因素,都有可能单方面成为青年消费者的购买理由,冲动性消费经常发生。有的青年一到商场就头脑发热,在情感冲动的情况下购买商品,所购商品往往用过几次就束之高阁,有的商品甚至买来后就没有使用过。虽然,青年消费中的情感冲动较之于儿童消费更显得理智,但因为儿童的消费能力有限,而在青年中仍然普遍地存在着注重情感的心理,在市场中实际存在冲动性购买和情感购买的行为主体是青年而不是儿童。

(五) 喜欢攀比和超前

喜欢攀比,消费超前和追求高消费也是青年消费心理的一个基本特征。青年人的观念新颖别致、时代感强,喜欢张扬个性、表现自我、争强好胜、敢为人先,以在同学、同事中显示自己的价值。反映在消费心理和行为上,就是高档、名牌、品牌意识强烈,同学、同事之间相互攀比,追求高消费。据调查,青年人喜好进口货,追求名牌服装、名牌鞋、名牌手机的比例很大。看到自己身边的人有了高档品牌商品,马上就动心,就想方设法去买。有些青年人总是喜欢买些周围的人还没有的东西,以体现自己是时代的"先锋"。青年人中贷款买房子、买车子的已经相当普遍。在能够维持消费水平与收入水平基本平衡的基础上进行的高消费和超前消费,不仅可以体现自身的价值,还可以扩大内需,促进国民经济的发展。但如果自己的收入水平与消费水平不成比例,便形成了消极的消费心理。若有良好的家庭经济背景尚可,否则,如果高消费和超前消费的心理需要得不到满足,又不善于及时调整心理,可能会产生消费心理障碍,并影响人的整个心理状态和心理健康发展。

三、新婚青年消费心理特征

青年人结婚,是人生的一件大事,也是人生旅程中的必由之路。结婚,是青年人生活方式的重大转折,即由单身转变为夫妻共同生活;同时也是人的心理发展的一大转折点。虽然在理论上经常讲从少年到青年,从青年到中年是人生的重大转折,但这种转折的转折点却很难作明确的界定。然而,男女青年结婚这个转折点却十分清晰而明确。而且,心理变化也十分明显,表现在消费心理方面有以下几个方面的特点:

(一) 抓住机遇 一次到位

进入结婚期的男女青年普遍意识到,自己正处在人生的转折点上,对青少年期的生活方式即将告一段落,等待着他们的就是要以一个成熟的青年人展现在众人的面前。这个转折点是人生可以充分展示自己个性的唯一机会,也是自古以来的习俗和传统,并在现实中得到一致认同。即使在家庭条件十分困难的情况下,家长对于子女结婚这件大事也不敢马虎。而结婚以后,就意味着经济上、生活上和社会活动、交往上的真正独立,需要承担家庭的、社会的各种责任。所以在传统观念中,结了婚的男女青年才算是成年人。这一观念在现代社会中也普遍存在。反映在新婚青年的消费心理方面,就是抓住机遇,所需商品的消费一次性到位。房子、车子、家具、电器、生活设施和生活用品,尽可能在结婚时购买齐备。许多中老年人经常后悔因为当时经济困难而未能办齐生活所需,说是以后再补办,结果是至今也未办。更加强化了青年人在结婚时要"大办"的心理。

(二) 追求档次 崇尚名牌

崇尚名牌、品牌,追求高档次、高品位商品是青年人普遍的消费心理现象,但由于许多客观上的原因,过去只能是理想和愿望,停留在心理上的追求和自我满足,而没有全面而系统地转化为实际的消费行为。在这个得到社会、家庭及亲朋好友心理上支持、经济上帮助的结婚消费面前,尽情追求高档次、名牌商品可以说是人生最为难得的机遇。车子、房子,高档彩电、冰箱、空调,名牌服装、家具、生活用品,以及金银首饰等,在家庭经济条件许可的情况下做这样的追求,应该说是合情合理的。

(三) 强调特色 体现个性

青年男女结婚,意味着生活新模式、新阶段的开始,对未来有美好的憧憬,对生活充满着理想和希望。因此,他们不仅追求物质产品,也有精神享受方面较高的心理需求希望能够得到满足。如对房子的选择,十分关注小区的环境;房子装潢、物品的摆放方面,讲究美丽大方、温馨舒适、体现个性、拥有情调;在商品选购方面,不仅注重外观,也讲究内涵,能够体现自己的爱好、性格等个性心理;在婚礼操办上,也总是要表现一些与众不同的地方,或者形式、或者风格等。

(四) 敢于超前 富有理智

结婚超前消费在当今社会中是相当普遍的,而且,社会也在不断地为民众的超前消费创造条件。因此,绝大多数青年在结婚时,都采用了超前消费的策略,最为典型的就是用按揭贷款的方式购买房子和车子。超前消费也是青年人过去一直向往而没有实现的,在结婚的时候正好可以充分的施展一番。当然,青年人在结婚时的超前消费,已经有了相当的理智,是在家庭的充分酝酿、亲朋好友全方位参谋的前提下决策的。而且,进入结婚期的青年人,已经意识到自己今后将要肩负的义务和责任。绝大多数青年人在作出超前消费决策之前,都考虑过自己将来可能有的经济收入,把超前消费限制在自己将来的收入能够承受的范围内。在追求名牌和高档次的同时,选择商品也会考虑自己的经济承受能力。整个消费过程表现出极强的计划性,有采购清单、财务预算、实施方案,还有经费筹措计划,品牌、档次、款式方案,采购完成期限等。所以,结婚消费是青年人人生的第一次展开的系统而全面的消费实践活动,消费理性得到了全方位的锻炼。在消费过程中不仅积累了丰富的实践经验,更重要的是消费理智得到了前所未有的发展,从而产生消费心理发展的飞跃,成为消费心理发展变化的转折点。

青年人在经过结婚消费的实践锻炼以后,首先在消费观念上有了全面性和系统性,与过去那种需要什么,购买什么的单项消费相比是一大进步;其次是对商品市场有了全面的了解,过去虽然对食品、服装、小商品、文化用品等与个人消费相关的市场比较了解,通过结婚消费,则对装潢、家电、家具、卫生等家庭消费有了全方位的了解;第三是产生理性消费的飞跃,购买商品考虑到经济承受能力;选择商品在注意外观的同时,也能关注商品的性能、内涵、售后服务等。而且还学会了讨价还价。

第三节　中老年消费心理特征

在我国,中年消费群体一般是指 40~60 岁的消费者所形成的消费者群体,老年消费群体一般是指 60 岁以上的消费者群体。

一、中年人的消费心理特征

(一) 中年人的消费特点

中年消费者是家庭消费的主要决策者和实施者。由于中年人的社会地位、经济收入,以及子女在经济上尚未完全独立,父母都已经步入老年等客观上的原因,决定了中年人在家庭和家庭消费中的地位。中年人不仅掌握着家庭消费的决策权和购买权,同时左右着未独立子女及老年人消费的决策权和购买权,是消费市场上的中坚力量。其主要的消费特点有以下几个方面:

1. 收入稳定,购买能力强

我国中年消费者群体也是一个人口众多的群体,20 世纪五六十年代,我国曾出现过人口出生高峰,现在他们已步入中年。中年人一般都是企业、单位的骨干,工作经验丰富,收入较高而且稳定。他们经过青年期的锻炼和考验,积累了丰富的经验,具备了很强的认识、鉴别和选择商品的能力。对社会、人生和生活有了更深刻的理解。他们十分重视发展性消费,尤其重视为子女或自己的教育投资;他们对名牌和品牌的兴趣依然很浓,尤其对经久耐用的商品,十分讲究档次和品牌,而且能与自身的经济和社会地位协调。因此,中年消费者群体是市场中最具购买力的群体。只是因为他们所具有的知识、信息、观念、理智、思维能力、分析判断能力使他们在消费过程中不易受广告、宣传、推销等促销行为所左右,不像少年、青年人那样容易冲动(但不是没有冲动),所以被许多人,包括部分行销人员和消费心理学家所忽视。中年人的确家庭负担重,但在这样的家庭中,消费的决策权往往更多地掌握在中年人手中,子女和长辈们的消费能力反而相对弱,家庭的实际消费主要还是由中年人来承担。

2. 地位特殊 消费面广泛

中年人丰富的经验和充沛的精力,具有较高的社会地位和经济收入,决定了他们在家庭消费中的特殊地位。他们不仅肩负着家庭的日常消费,房子、车子、冰箱、彩电等"大件"消费,以及自身的生活消费;同时,还因为子女尚未独立,父母步入老年,中年人还要考虑全家老少的各种生活消费。中年人消费经验丰富,消费目光较远,社会交往广泛,商品信息灵通,购买富有理性,选择商品能力强,即使父母的经济条件比较好,在采购商品时,也常常希望让中年子女帮助决策和购买。子女虽然有强烈的独立意识,喜欢自己决策和选择,但因为花的是父母的钱,在决策过程中不得不接受父母的影响。特别是在经济不太富裕的家庭中,子女的生活消费更多的还是由中年人代劳,所以,中年人的消费极其广泛而全面。

3. 个性成熟,质量要求高

中年人是生理、心理成熟的人,个性丰富而稳定。他们有了自己的消费观念,掌握了较高的消费技能,养成了协调的消费习惯。因而,他们的消费是一种成熟的消费,理性占据了主导地位。他们重视商品的品牌和档次,但更重视商品的质量;他们重视商品信息的接收,更重视理性分析,多方比较、谨慎审视、精心选择;他们注重个人的兴趣爱好,讲究个性化消费,也很注意与经济条件、周围环境、个人身份和地位相协调。在家庭消费中,表现出计划性、全面性、系统性的特点;在购物过程中,中年消费者对购物环境、商品品牌和档次、销售形式以及售后服务的选择等,都表现出极强的自我意识和参与意识;对商品的质量、价格、信誉、使用价值等方面都有较高的要求,而且还要求使用方便。成熟和理性是中年消费者的重要特点。

（二）中年人的消费心理特征

中年人因为有了成熟的个性，情绪比较稳定，多以理智支配自己的行动。

1. 注重计划

中年消费者一般上有老、下有小，家庭生活经济负担较重。一方面因为出生在经济条件艰苦的年代，长期接受艰苦奋斗教育并在艰苦环境中长大，使他们养成了勤俭持家、精打细算的良好习惯；另一方面也因为他们的责任意识、理性思维、较丰富的知识和经验，较强的能力，使他们有了更多的计划性和预见性。在家庭消费问题上，有计划地进行消费的心理十分强烈。特别是中年女性，会理财当家是一美德。既要把家庭生活安排好，也要考虑到各方面关系的处理，又要考虑经济承受能力；量入为出、合理安排；超前消费严格控制范围，必须有还贷保障等。

2. 注重便利

中年人是单位的骨干、家庭的支柱。在单位，工作、学习任务繁重，责任大，社交多；在家里，承担着抚幼赡老的责任，家务繁忙。在家庭和事业上都要投入大量的时间和精力。所以，求便利是中年人普遍的心理倾向。对于那些能够减轻劳动力和缩短劳动时间，而且质量保证、耐用的生活用品，如半成品蔬菜、各类方便食品、微波炉、全自动洗衣机等，备受中年消费者的欢迎和喜爱。对于家用电器等投资较大的商品，则更加讲究品牌、质量和售后服务。

3. 注重实用

虽然中年人的经济收入高而稳定，但因为他们的消费面十分广泛，要办的事情实在太多，要顾老顾小；要考虑日常生活消费，也要考虑发展性消费；子女的上学、结婚消费等，所以，商品的质量、使用价值和实际效用是中年消费者的第一追求。时尚、新颖、美观等的追求是建立在实际效用基础上的，是对经济条件、家庭爱好、社区消费环境等因素综合思考后的选择。

二、老年人的消费心理特征

人要老，这是自然规律。目前我国60岁以上的老龄人还不算多，但已进入老龄型国家的行列。据有关资料显示，到2015年，我国的老年人将达到2亿左右，约占总人口的18.5%；到2050年可达4亿。研究老龄人的消费心理，也是消费心理学研究的一大课题。

（一）老年人的消费特点

老年人的生理与心理同中青年相比发生了明显的变化，由此引起了在衣、食、住、行、用等生活消费需求的变化，形成了具有特殊要求的消费者群体。主要有以下特点：

1. 饮食讲求营养保健

老年消费者的消费主要集中于饮食方面。由于生理规律的原因，老年人的味觉、嗅觉、消化功能等逐步退化，他们对食物的要求很重要的一点是易于消化和有益健康，喜欢有保健作用的食品和滋补品。如低脂肪、低热量、低盐、低糖、低胆固醇、高蛋白质、高纤维素、高维生素的食品受到老年人的欢迎，能增强免疫力、改进睡眠、改善记忆、抗突变等方面的营养品和保健品也会受到老年人的喜爱。

2. 服装讲究轻便舒适

老年人的体力下降，肌体调节功能不如从前，对季节、气候的变化很敏感，还由于行动逐渐迟缓,对穿着方面也发生了很大的变化,以轻便、柔软、透气、保暖和穿着方便为主。由于老年人群体中的经济收入水平很不平衡,不同老年人的消费观念也有很大的差异。如收入高的老年人,在穿着上对品牌和商标还是有很高的要求;爱活动、爱锻炼、爱旅游的老年人,在穿着上很讲究款式新颖、色彩绚丽,以显得年轻一些。

3. 日常用品喜欢方便实用

老年人的观念趋于平和,功名利禄不再是他们想要追求的;生活方式和生活节奏相对放慢,大部分老年人的消费观念倾向于实惠,并有习惯性、延续性的特点。由于听觉、视觉功能的退化,身体的灵敏度和协调性降低,对生活用品的需求,以实用方便、功能齐全、质量可靠、有利健康为先。如折叠式老花眼镜、小型便携式收音机,以及家庭保健器材等颇受老年人的欢迎。

4. 文化生活不断提升

随着物质、精神、文化生活水平的整体提高,老年人在文化娱乐、知识、技术信息、旅游方面的兴趣也在发展,尤其在旅游、文化娱乐等消费方面明显呈上升趋势。旅游项目备受老年人的欢迎,近的有市区一日游、近郊一日游,远的则有国内边远山川、名胜古迹甚至异国他乡;在文化娱乐方面,老年人对书报杂志、广播电视、音乐戏曲的消费比以前更感兴趣。老年人还有一些特殊嗜好,如烟、酒、茶、棋、牌、字、画以及种花、养鸟等,也喜爱健身益寿的体育锻炼。生活丰富多彩、老有所养、老有所乐、老有所用、老有所健是老年人普遍的追求。

5. 生活服务要求及时周到

老年人因为身体机能的退化,体力、精力均不如从前,需要社会服务、家庭服务的方面很多,如购物能送货上门,家务劳动有钟点工,家用电器有人维护,日常起居困难的需要请保姆,有病的需要方便的医疗服务,等等。养老院是为老年人提供全方位服务的好办法,但目前我国无论在数量还是服务质量上都还有许多值得研究的问题,许多老年人对进养老院还有心理上的障碍。但是,养老院是一个有待开发的大市场,老年人的心理可以引导,关键在于扩大数量、全面周到、高质量的服务。

(二) 老年人的消费心理特征

老年人的心理是极其复杂的,而且处在不断地变化过程中。影响老年人心理变化的主要原因是他们自身的生理机能的退化。实际上,人到中年,生物机能就已经开始退化,但对心理变化的影响不大。进入老年期,因为退休的刺激,产生了心理变化的一个转折点。绝大多数人都能够通过自己的能力进行心理上的调整,较快地适应,使自己的心理又趋于平稳。而后的心理变化,则主要是健康的原因引起。反映在消费心理上,主要有以下几个方面的特征:

1. 优质服务消费心理

老年人在消费过程中希望得到优质服务,就他们的主观意识而言并没有比中年人强。他们常常是从关爱下一代人的成长的角度,希望能够看到市场服务人员的礼遇待人和优质服务;同时也因为体力上的原因,不像其他群体的人有更多的自己选择服务的能力。所以,他们在碰到服务质量低,或受到冷遇,会产生一种"失落感",甚至会激动。在消费过程中,他们希望能够得到服务员细心而周到的服务,如详尽介绍商品,语言行为有礼貌等。但并不希望有超出他们自尊的服务。

2. 习惯性消费心理

老年人多具有怀旧心理,年龄越大,怀旧心理越强烈。怀旧心理是习惯性的典型表现,是对过去习惯的一种追忆。老年人喜欢回忆过去,那些能令人"发思古之幽情"的商品能够赢得他们的好感。他们相信老名牌、老商标,而对新产品、新牌号则表现出不放心的心理。这也不是老年人主观上不喜欢新的产品,而是他们缺少体力和智力上的支持,怕不能驾驭而造成后果,是理智驱使他们与自己熟悉的商品打交道。

3. 健康消费心理

追求健康长寿是人类的本性,只是在老年人身上更多地通过行为表现出来。由于自然规律,老年人已经步入人生旅程的后期阶段。虽然现在人的生命比过去大大延长,但他们的理智给自己心理上的压力依然存在。由于生物机能的退化,时有感到不适,或有疾病发生,或看到其他的老人生病等,健康也就成为老年人最为关注的课题。反映在消费上,不仅仅对保健品感兴趣,对平常的饮食也十分注意。对保健器材、有益于健康的娱乐活动也乐意消费。

4. 务实消费心理

老年人并不是没有理想和追求,只是因为他们成熟的心智,使他们的行为变得十分的稳健。他们深深地感到自己是"力不从心",不得不放弃许多追求。他们对老的商品有丰富的购物经验,商品的鉴别、识别能力特别强。而对新产品的热情不高,原因在于他们了解不多,不会使用。如果他们能够真正了解新产品的性能,并实际操作过,价格适中,确实需要,他们还是会乐意购买的。

第四节　女性消费心理特征

2006 年国家统计局的统计数字表明,截至 2005 年底,我国女性人口总数为 6.3 亿,占总人口的 48.5%,其中在消费活动中具有较大影响力的是中青年女性,约占人口总数的 22%。女性不仅人口众多,而且是家庭的主要消费者。所以,女性消费心理研究是消费心理学研究的重要内容。本节讨论的女性主要指中青年女性。

一、女性的消费特征

(一) 购买活动的主力军

在我国的家庭中,女性理财占多数,据调查,有 10% 的家庭,完全由妻子掌握消费支出。现代女性,就业比例高,多数女性有自己独立的经济收入,也为女性的消费地位奠定了基础。据有关研究,由于女性的生理和心理特点,家庭所处的地位和责任,使她们对购物情有独钟,乐此不疲。家庭的一切消费,几乎都与女性有关,或者是参与决策者,或者是直接决策者和实施者。除了大宗商品的采购以外,多数家庭的日常消费品购买都由妻子直接决策和实施。据对 30 ~ 35 岁夫妇所作的一项调查显示,在家庭中,女性每月用于购买日用商品(服饰、化妆品等)的费用,约占家庭月收入的四分之一。女性购买活动支出占家庭总支出的四分之三。再加上女性人口众多,就构成了一支庞大的采购队伍,成为整个消费市场的主力军。

(二) 购买商品的全面性

女性是家庭消费的主力,也是社会消费的重要一环,不仅购买活动频繁,而且购买商品的种类繁多,涉及面极其广泛。首先,女性的个人生活消费面就很广,化妆品、首饰、女性服装、女性保健品等。根据消费组织的一项调查,在全国 25 个大型百货商场的个人消费点中,消费品和消费服务属于女性的项目占 51.7% ,远远超过男性和儿童类别。其次是女性在家庭中的妻子、母亲、媳妇、女儿等多重角色,决定了她们不仅要购买自己的个人消费品,还要为全家购买个人用品,儿童用品商场、男士用品商场、老人用品商场等都是她们经常光顾的场所。第三,女性是家庭主妇,承担着安排一家人饮食起居、日常生活的重任,要购买副食品、蔬菜、炊具、床上用品、卫生用品等家庭生活日常用品。第四,女性也是家庭大宗采购的决策者、影响者、执行者和使用者,许多家庭的大宗采购虽然不是以女性为主,但女性在其中发挥的作用是相当大的。所以,女性的消费领域非常广阔,要采购的商品多种多样,小到柴米油盐、大到家用电器,都是她们需要考虑和购买的。

(三) 购买过程的连带性

所谓连带性,是指女性的一次购买活动可以引发一系列的消费需求。现代中青年女性因为工作、学习、家务都十分繁忙,逛商场虽然是她们的爱好,但因为时间上的矛盾,逛商场的目的性有明显上升的趋势。问题是一进入到商场,情况就会发生戏剧性的变化。有人认为这是商场和商品的吸引力,而主要的还在于女性的消费心理。女性的感官特别灵敏,思维也很活跃,善于联想。商品的促销行为常常会让女性心动。女性一到商场,原先计划好的购物目的就淡化了,促销的刺激,丰富的联想,使她们从"因为需要而到商场购买的思维模式"转变为"有了这些商品到自己或家里是否需要的联想",所以,经常有要买的商品还没有到,而预先没有想过要买的商品已经买好了的现象。买了一件商品,又开始联想。如买了一条裤子,就想到衣服应该怎样搭配,是否应该买一件与之相配的上衣;买了一套儿子的服装,马上联想到,是否也应该给丈夫、或父亲买一套? 从而引发一系列的连带性消费需求,产生一系列的购买活动。产生这种行为,与女性在家庭中所扮演的角色和所处的地位有关,也和女性的爱美、情感丰富有关。对于绝大多数中青年女性来说,是自然而不能自禁的,也是很多女性整天乐此不疲,穿梭于大商场、时装店之间的原因所在。

(四) 购买经验的丰富性

许多关于女性消费的观察和调查都表明,女性具有丰富的购买经验,主要不是来自于理论的学习,而在于实践经验的积累。因为经常逛商场、经常购买,经常与同事、朋友聊天中无意识地交流商品信息、分析和评价各种各样的商品,在不知不觉中获取和积累经验。在日常用品的购买上,无论是个人的,还是家庭的,女性的经验和能力是任何一个群体都不能相比的。她们在挑选商品时有细致、审美要求高、识别和选择能力强的特点。这首先是因为她们的购买阅历丰富,不厌其烦地逛商场、精心挑选、货比三家,实践出真知。同时,也与她们平时关心商品信息有关。如对时尚、流行信息的吸取,对商品款式、颜色、型号等方面的关心,名牌、优质商品的关注等都明显强于男士,因而在这方面通常都比男士更为精明、更有能力。

(五) 购买影响的广泛性

拉家常、聊天是女性的一大喜好,购物是女性的一大特长,两者的结合,是女性生命中的一大乐事。她们聚集在一起,就是谈论家庭、儿子、丈夫;营养、健康、美观。喜欢寻找参照比较而论,或者张扬自我,如何如何为家庭、儿子、丈夫设计。这种聊天,经常地与某些商品相联系,尤其在谈到自己时,更是通过服装、首饰、化妆品等物品,以及以时尚、流行,某些商品的品牌、性能、功用等信息作为话题,来表现自己的价值和树立在公众中的形象。所以,女性的一次购买活动的完成,总要寻找适当的机会和场合,把自己的购买过程和想法表述一番。这在女性方面看,是自然自觉的行为;而从社会角度看,就是扩大商品的影响力;从企业和市场的方位看,就是商品行销的义务宣传活动。因此,在许多企业和市场中,高度重视女性的这种影响力,全力做好女性的消费服务工作。

二、女性的消费心理特征

因为女性是消费市场上的主力军,具有特殊的影响力,有关女性消费心理的研究颇多。女性是一个庞大的群体,就中青年女性,因为年龄不同,家庭经济条件不同,其消费心理也有很大的差异。研究女性的消费心理,是一个永恒的课题,这里,只是在一般意义上讨论女性主要的消费心理特征。

(一) 情感心理

情感丰富是女性的一大特征。女性的内心世界很丰富,心细而敏感,遇事容易动感情。这种心理特征也明显地表现在消费过程中。女性一到商场,感官就特别灵敏,商品的外观、形象和情感特征是女性首先关注的,即便是细微的优点和美感,都很容易抓住女性的心,唤起她们的某种情感。而且,可能就是因为对那一点"细微之处"的喜爱,而产生购买的欲望,以至于可以忽略商品的价格、性能等方面的因素。另外,商场的购物气氛、食品的诱人香味、化妆品的芬芳和外观、服饰的款式和色彩等,都能够激发女性的情感,引起购物冲动。

女性喜欢逛商场,乐意为恋人、丈夫、子女、父母等购物,情感是其中一个重要原因。而且在购物过程中,充满着情感联想,如这套衣服穿在恋人身上将会产生什么形象,会有什么样的心情等。女性消费的连带现象,在很大程度上也是因为情感所产生的联想引发的。

女性在购物过程中的这种情感心理特征,也被许多人认为女性的消费是非理性的。而实际上,情感和理性并不总是矛盾的。理性本来就是在感性基础上的升华,在购物过程中,没有情感的理性是不存在的。中青年女性尤其是中年女性在购物过程中,虽然充满着情感因素,但在决定购买时,还是理性的。女性擅长于讨价还价,就是有力的证明。当然,女性擅长于讨价还价的一个重要原因,也是女性在讨价还价的过程中善于表露和运用情感。而男性在这方面就不如女性,所以不善于讨价还价,有时反而比女性表现更为冲动。

(二) 审美心理

爱美之心,人皆有之。而女性爱美更是天性。自古以来,女性爱美胜于男性。在艺术作品中,用女性来表现美是经常的事。女性美,除了天生丽质,也包括强烈的爱美之心和善于打扮。表现在消费方面,就是把美作为选购商品的重要标准。

何为美?这是一个很难回答清楚的问题,每一个人都可以有自己的理解。而女性,也许是因为情感丰富,比男性更善于理解和把握它,并在消费过程中表现得淋漓尽致。女性更擅长于购买软性商品和包装商品,就是与她们的审美心理有直接的关系。所谓软性商品是指属于流行性、装饰性的商品,如衣料、服装、鞋帽、装饰用品等。包装商品是指包装于容器内的商品,如洗衣粉、化妆品、熟食品等。这些商品,或者本身就是美的象征,或者就是包装美。

女性审美心理在消费中的另一突出表现是追求时尚,引领流行。虽然能够流行的商品不一定是精品,但精品一定能够流行。美是商品能够流行的一个重要因素。现代人越来越认同流行,就是因为在流行中我们能够发现其中的美,可以获得美的享受。女性尤其是青年女性,总是以先驱的姿态出现,追求比别人更美,使自己更突出、更亮丽。她们的审美情感和心境支配着流行,大多数商品的流行也是跟随着女性审美观念的变化而变化的。

一般认为,女性审美更注重外观,也就是人的感官所能直接感觉到的美。据北京市两个青年团体联合进行的调查显示,在北京,被访女性中有70%的人认同"人靠衣装",应赶上时尚和新潮,其中绝大多数女性认为不应"落后"。对时尚商品的追求,主要表现在色彩、款式以及综合效果上。女性在一般的消费活动中,视觉效果也是她们首先追求的,一样商品,如果外观不美,就难以引起她们的兴趣,也就不可能做进一步的考察而产生购买行为。

当然,女性的审美心理和情感心理一样,是影响女性购物重要的心理特征,但不是惟一的因素。就多数女性,特别是中老年女性,在购买的决策过程中,理性才是更重要的因素。审美心理的主要作用是引发兴趣,激发情感,把购买行为推向决策阶段,为决策奠定情感基础。我们不否定女性在消费过程中确实存在非理性的现象,有的商品买回家后一次也没有使用,但这是偶然的,不是女性的主观愿望,也不是女性消费的主流现象。如果在决策时发现商品有质量、功能、健康、环保或使用不方便等方面的问题,原先的美感、情感可能马上减弱,最后使购买行为窒息。

(三) 实用心理

消费的实用心理,在中老年女性中普遍存在。尽管情感、审美等心理因素常常左右着女性的消费行为,但就多数女性而言,理性还是主要的,在购物过程中,实用心理常常占主导地位。

女性消费实用心理的形成与我国的消费传统有关。在我国,历来有"勤俭持家"的美德,在家庭特别是女性中代代相传。大多数女性都继承了这一传统美德,遵循着"精打细算,量入而出,少花钱、多办事"的消费原则,养成了一种精于计算的性格和价廉物美、实用方便的消费心理倾向。

在一般家庭中,女性承担着主要的家务,是日常用品的主要使用者,对于物品的实用和方便有着特殊的心理需求。中青年女性既要工作,又要做繁重的家务,日常用品如果不实用,或使用起来不方便,常常会浪费她们的时间,破坏她们的心情,造成心理上的伤害。长期的生活经历和家务劳动经验,使她们形成了日常用品要实用和使用方便的心理定势。

就绝大多数家庭而言,都不存在用不完钱的问题,而是怎样花钱才能最大限度地满足家庭的各种需要的问题,即花钱的合理性问题。在部分青少年中表现出花钱大手大脚的倾向,并不是因为他们家里有用不完的钱,而是心理不成熟的反映。特别是一些家庭经济比较困难的女性,她们当家理财,精打细算,要把钱花在"刀刃"上。这个刀刃,就是"最有用"。不惜自己省吃俭用,为子女受教育投入大量的钱,就是因为在她们看来,为子女的教育而投入是最有价值的,因而也是最合理、最实用的。

从广义上说,"实用"这一概念,包含着人的情感、审美等需求的满足。也就是说,人的情感需求、审美需求的满足也是实用的一种表现。从这一意义上说,为满足情感、审美等需求为目的的消费,并不必然与实用消费心理相矛盾。女性爱美、情感丰富,通过消费来得到满足,在多数情况下是理性的、是合理的、也是非常实用的。通过一定的消费,为自己和家庭带来好的心情、美的享受,何乐而不为。当然,家庭经济条件是一个前提条件,人的需要的满足,要服从一定的层次性要求,否则,是会引发实用与情感、审美之间的矛盾。

（四）特色心理

在一般的消费心理学研究中,都喜欢说个性心理,即把个性心理理解为个体人所具有的独特心理,以阐明不同个体在消费心理上的差异性。习惯上,人们也喜欢把"个性"与"差异"等同起来,以个性突出、个性强来描述与众不同。但在理论上,个性是丰富而系统的。丰富性既包含着差异性也包含着共同性。共性存在于个性之中,个性是包含着共性的个性。为此,我们用"特色心理"这一概念来表述不同女性消费心理的差异性。

在一般情况下,女性的自我意识和自尊性都强于男性。她们对外界的反映特别敏感,喜欢用自己的标准来评价别人,而且常常是用其他人说的话或做的事来表述,努力使听者感到这并不是她个人的观点,是别人的观点,或者是大家共同的观点。女性的这种个性心理特征,常常使她们在表现自我时更为自信。因此,追求消费的差异性、多样性和特色化心理,是女性中普遍存在的消费心理现象。同样追求名牌,但不喜欢雷同;当"名牌"风盛行时,有些女性则说"名牌对我不是诱惑,我穿我自己的,我穿我的惟一。"所以,"新"、"奇"、"特"商品,很容易刺激女性的情感,引发购买欲望。

女性消费的特色心理,与女性的情感心理、审美需求有直接的关系,可以说是在情感心理和审美心理基础上的一种提升;女性的特色心理也与她们的理性有直接的关系,与她们的经验、知识、素质和能力有直接的关系。如不同文化层次的女性和具有不同经历的女性,有不同的消费心理特色。文化层次较低的女性,常常是群体消费特色较为明显,而个人特色比较模糊;或者表现出很不稳定,即没有特色。女性的消费特色心理也受环境的影响,在不同环境中生活的女性,消费心理特色也有明显的差异。如上海女性,更重视时尚潮流和个人成熟的独特的气质形象的建立;北京女性则更讲究实在和功利,对商品的内在品质和品牌忠诚度有更高的要求;广州女性,常常是港台新潮追随者,乐于走在时代潮流的前列,喜欢新颖和特色鲜明的商品,追求时尚的色彩、式样和打扮。女性的消费心理特色还与家庭的经济条件,个人的生理、心理素质,所从事的职业等多种因素有关。这些都表明,女性消费追求特色,并不完全受情感影响,也受理性支配。

女性消费能够得到家庭的信赖、社会的认同,不仅因为她们情感丰富、善于审美;同时也因为她们富有理性、经验丰富、精打细算、巧于安排。

在肯定女性消费心理积极性一面的同时,女性消费心理也确实存在消极性的一面。特别是在青少年女性的消费现象中,可以发现,有些女性的消费受情感与审美因素的影响特别大,有一些非理性消费行为表现。主要的原因是她们的消费心理还不成熟。人的消费心理有它自身的发展规律,要求超前成熟不是我们的愿望,但适当的引导和教育,促进其健康发展是必要的。在大学生中,也有消费心理不成熟的种种表现。我们学习和研究消费心理学,首要的任务,是促进其自身的消费心理健康发展和趋于成熟。

本章小结

1. 群体消费心理是指一个群体所持有的共同消费心理特征。不同消费群体有不同的消费行为,是因为不同的群体有不同的消费心理。

2. 儿童用品市场是一个特殊的市场,参与儿童用品消费的不仅仅是儿童本身,还有父母、祖父、祖母、外公、外婆等。儿童用品消费主要有健康发展性、攀比炫耀性、补偿性特征。

3. 儿童期是消费心理形成和发展变化最快的时期,也属于消费心理的不成熟时期。儿童的消费心理具有认识商品的直观性,购买商品的依赖性,选择商品的模糊性,使用商品的模仿性,消费需求的好奇性和消费心理可引导性等特点。但不同阶段的儿童的消费心理有着明显的差异,随着年龄的增长,儿童消费有从纯生理需要向社会性需要发展,从模仿性向有个性特点的消费发展,消费情绪从不稳定向比较稳定发展,消费行为从依赖性向独立性发展等特征。正确引导儿童消费是消费心理学研究的一大课题,也是全社会的一大责任。

4. 青年群体十分庞大,构成也颇为复杂,是一个重要的消费群体。青年人消费具有追求新颖与时尚、突出个性与自我、崇尚品牌与名牌、注重情感和直觉、喜欢攀比和超前等心理特征,是市场消费的生力军,他们的购买行为有很强的扩散性和号召力,常常为其他群体消费者所模仿。

5. 新婚期是人生消费心理发展的一大转折点,具有抓住机遇、一次到位,追求档次、崇尚名牌,强调特色、体现个性,敢于超前,富有理智的心理特征,经过全方位的消费实践锻炼,使消费心理趋于成熟。

6. 中年人的社会地位,经济收入,家庭和社会责任决定了中年消费者是家庭消费的主要决策者和实施者。消费心理主要表现为理性和成熟,并因为工作繁忙,形成了计划、便利、实用等消费心理定势。

7. 老年人由于生理机能退化,消费心理也发生了明显的变化。如饮食讲求营养保健,服装讲究轻便舒适,日常用品喜欢方便实用,文化生活需求不断提升,生活服务要求及时周到。形成了优质服务、习惯性消费、健康消费、务实消费等消费心理特征。

8. 女性是购买活动的主力军,购买商品有全面性、连带性、经验丰富性和影响广泛性的特点,在消费心理上表现出情感丰富、审美需求高、追求个性特色和实用方便的特征。

思考题

1. 阐述儿童市场的消费特征。
2. 分析形成结婚期消费心理特征的原因。
3. 分析老年消费群体消费心理变化的原因。
4. 分析女性消费心理特征及其变化。

典型案例与讨论

"酷"与消费

年轻的大学生经常讲"酷"这个词。对于"酷"的认识,很多年轻人把它看成是一种时尚的象征,但不是某一具体的品牌、服装或是饰品,而是一种生活方式——独立、创新和独特。据有关调查显示,中国年轻人在消费方面并不受限制,18岁~24岁的中国年轻人每月用于化妆品的平均消费是82元。受访的大学生中,36%经常花钱购买非必需品。除了交学费,60%的被调查者每月消费支出超过500元人民币,30%超过700元人民币,10%以上的年轻人每月支出1000元人民币以上。这表明,大学生群体也将是中国最具消费潜力的群体。对品牌的追求也会超出其他群体。

在一次由《青春一族》杂志社参与的调查中显示,"酷"在大学生的消费心理中有充分的表现。最"酷"消费:品牌至上。这次猎"酷"调查中,当学生们被问及"世界三大最酷品牌"时,提及率最高的几大品牌是耐克、索尼、阿迪达斯、宝马、微软、可口可乐、IBM、诺基亚等几大品牌。而最受欢迎的时尚品牌是耐克。如果一年能赚100万人民币,他们要买什么牌子的汽车? 排在前三名的都是德国品牌的汽车:宝马、奔驰和大众汽车。

分析讨论题:

1. 谈谈你对"酷"的理解和体验。
2. 分析产生"品牌至上"理念的心理原因。

第八章　社会环境因素与消费心理

以往研究消费者心理问题总是忽略各类社会性因素对消费者行为的影响，不少研究者将主要精力放在对消费者认知状态和认知过程的测量、分析、预测等方面，并以此来解释那些可被观察到的消费者的选择或倾向。事实上，消费者行为总是发生在一定的社会情境和社会文化下，它除了受到来自个体内部心理因素的影响以外，同时还会受到个体以外的社会情境、社会文化、社会阶层、参照群体和家庭等因素影响。

引导案例

万宝路之"路"

在香烟王国的众多品牌中，万宝路(Marlboro)无疑是最响亮的名字。尽管今日世界的控烟浪潮汹涌澎湃，但是万宝路在美国的《商业周刊》(Business Week)和纽约国际名牌公司联合推出的2003年全球100品牌排行榜上仍高居第9位，其品牌价值为221.8亿美元。且让我们从传播与促销角度来分析万宝路品牌的营销之路。

温和如五月

总部设在美国纽约的世界第一大烟草企业——菲利普·莫里斯公司(Philip Morris，以下简称菲莫)最早起源于英国。1908年，在美国注册登记万宝路品牌。1919年，菲莫公司在美国正式成立。

1924年，菲莫公司将万宝路品牌定位成女士香烟向大众推广。为了在女士香烟中成为大赢家，菲莫公司煞费苦心地做了很多工作。但是，事与愿违，从1924年一直到20世纪50年代，万宝路始终默默无闻。女士香烟的广告定位虽然突出了万宝路的品牌个性，提出了对某一类消费者的偏爱，但同时为未来的发展设置了障碍，导致它的消费范围难以扩大。具体来说，有以下三个原因：第一，女性对香烟的嗜好，一般只限于婚前，因为怀孕的妇女一般会停止吸烟，生育后可能戒烟，而香烟是一种特殊商品，它必须形成稳固的消费群，重复消费的次数越多，消费群给制造商带来的销售收入越大。第二，女性往往由于其爱美之心，担心过度抽烟会使牙齿变黄，面色受到影响，在抽烟时较男性烟民要节制得多，故"瘾君子"较少。第三，"温和如五月"的广告语过于脂粉气，致使广大男性烟民对其望而却步。

哪里有男子汉，哪里就有万宝路

万宝路以女性为目标市场的失利并没有挫败菲莫的领导人，他们重新振作起来，委托李奥·

贝纳(Leo Burnett)广告公司为万宝路做传播策划。李奥·贝纳建议菲莫为万宝路品牌洗尽铅华，给它一个男子汉形象。在广告形象代言人——"万宝路人"的选择上，菲莫起用过登山者、马车夫、潜水员、伐木人，但最终将理想中的男子汉形象聚焦在目光深邃、皮肤粗糙、粗犷豪放的西部牛仔身上，广告中的西部牛仔显得魅力无穷：袖管高高卷起，袒露出多毛的手臂，指间夹着一支烟雾缭绕的万宝路香烟，胯下骑着一匹威猛的高头大马驰骋在辽阔的美国西部大草原。西部牛仔广告于1954年问世后，给万宝路带来了巨大财富。1955年，万宝路荣膺全美第十大香烟品牌。1968年，万宝路的单品牌市场占有率跃居全美同行第二位。1975年，万宝路摘下卷烟销量的桂冠。80年代中期，万宝路成为烟草世界的领导品牌，这种全球霸主地位一直持续至今。1987年，美国《福布斯》杂志对1546个万宝路香烟爱好者的调查表明，真正使烟民们着迷的不是万宝路香烟与其他品牌香烟之间微乎其微的产品上的差异，而是广告商涂抹在万宝路香烟上的男子汉气概给烟民带来的满足感和优越感。

一体化与本土化并用

烟草企业的国际营销传播策略有一体化和本土化两种。但过分强调一体化，广告信息难以为各地区消费者理解和接受，甚至遭到抗拒；过分强调本土化，将造成广告资源的分散和损耗，而且还不利于统一品牌形象的确立。所以，烟草企业在国际营销传播活动中有必要并用一体化与本土化这两种策略。一体化与本土化的结合，可以扬长避短，取长补短，充分发挥两者的优势。

万宝路之所以能在世界范围内取得营销成功，主要是采取了一体化与本土化相结合的品牌传播策略。20世纪70年代，万宝路广告在香港播出时，香港人虽然欣赏它的画面和音乐，但对终日骑马游牧的牛仔却没有好感。在香港人的心目中，牛仔是低下劳工，这就在感情上格格不入。针对这种状况，万宝路迅速对传播策略做了调整。

于是，在香港电视上出现的不再是美国西部纹身的牛仔，而是年轻洒脱、事业有成的牧场主。另外，万宝路还在广告中提出"希望给你一个多彩多姿的动感世界"，以山丘、树林、海滨、沙滩、策马扬鞭等画面，伴以优美的音乐，昭示人们去创造一个自己心目中的"万宝路世界"，一个完美的内心世界。

修改后的万宝路广告不但没有脱离万宝路品牌统一的个性与内涵，而且彻底俘虏了香港消费者的心。1993年底，万宝路在中国播放了一则贺岁广告，将振奋人心的"荡寇志"换成激昂悦耳的锣鼓声，将跋山涉水、勇往直前的西部牛仔换成敲锣打鼓、欢天喜地的中国大汉，苍黄的黄土地、勇猛的男子汉、震天的锣鼓声，既表现出鲜明的中华民族特色，让中国人感到亲切自然，又与万宝路的其他广告中西部牛仔所渲染的雄壮、野性、洒脱的阳刚之气相契相合。开拓进取、狂放不羁的万宝路精神就这样伴着锣鼓声进入了中国消费者的心扉。

资料来源：广告大观，2004年第4期

第一节　社会文化对消费心理的影响

一、社会文化的涵义

作为宏观社会环境的主要方面，社会文化是社会影响一个人行为最重要的方式之一，是个人在一定社会所学习到的核心价值、信念、规范、态度与其他的有意义符号的一个综合体。社会文化主要包括外在的物质文化与内在的精神文化。外在的物质文化构成社会文化的物质成分，一般是由我们外在世界中的可见物品所构成。亦即一些在日常生活中，我们可以看见，可以接触以及可以使用的一些物品，诸如衣服、建筑、家具、书籍、电影等。内在的精神文化则是社会文化的抽象成分，通常指社会大部分的成员所共同拥有的观点与想法。这包括我们的知识系统（例如语言、科学与对于现实世界的所知），信念与价值体系（例如宗教、政治或社会的哲学），以及社会规范体系（社会、家庭与学校所教导的是非对错）。

社会文化对特定社会成员的消费行为起着支配作用，社会通常借助家庭以语言或者象征的形式向个体传达特定社会文化中的核心价值，而且这种核心价值往往是持续而且稳定的。我们称这些为社会价值，以有别于个人独特的个人价值。因此，营销人员如果能够了解其目标消费者所在社会文化的核心价值，那么他们便能够预测和掌握消费者的行为。

虽然价值和信念都是人们在一定社会生活中的行为指南，是个人在社会生活实践中积累起来的感情和优先考虑的需要，但价值是关于某一所期望结果的持续性信念，该信念并不会因情境而变，同时其能够影响一个人的行为。同样，价值与规范也不一样，规范则是指行为的规则，它是一种"何者应为"和"何者不应为"的行为指引。规范比起价值来是比较明确的，它所指出的是可接受的与不可接受的行为。社会文化可以塑造人类的行为，因为个人的价值观与信念必须符合所处社会文化的需求，也就是消费者的行为必须和社会文化相容。同时社会文化也是动态的，会随着时间不断地进行调适与更新，因此社会文化会不断改变，也唯有如此社会文化才能与环境融合。

不同的社会文化下，其核心价值往往存在着很大的差异。例如，东西方社会文化对于家庭的看法便有相当大的差异，通常，东方社会文化比西方社会文化更重视家庭。同时，东西方社会文化对于合作与竞争的观点也有相当大的不同看法，东方社会文化比较重视合作，而西方社会文化则着重竞争。对一个重视国际市场的组织而言，如果不了解不同国家和区域间社会文化的差异，那么想要成功进行国家营销的几率会相当低。就如同不同颜色在不同社会文化下，有其不同代表意义，若不能清楚了解其间的差异，则往往营销的效果会大打折扣，甚至会出现相反效果。

二、社会文化对消费者行为的影响

社会文化与消费者的消费行为之间的关系是一种双向影响的关系。一方面，和消费者所处的社会文化愈是相容，或者在其价值优先顺序上比较靠前的产品和产品营销活动，通常也愈能够被消费者接受。另一方面，产品本身及其营销活动也可以塑造一种社会文化，例如，网络的发明已经对人类生活和社会文化带来了巨大的冲击，几乎影响了我们的生活方式和文化的各个层面。这种影响类似当初电视发明所带来的冲击一样。

社会文化对于消费行为的影响是出现在各个层面的，社会文化会影响消费者购买决策程序的各个阶段。例如，社会文化会影响消费者的思考模式，有些民族可能比较富于感情，因此，理性的思考模式可能并不是很明显，所以情感的诉求会比理性的诉求更容易打动他们。

社会文化也会影响消费者认为何种消费是值得的。例如，由于东西文化的不同，东方人一般对于房地产的拥有需要会比西方文化下的消费者更为强烈。社会文化也会影响消费者对于广告信息的搜寻和关注。以旅游消费为例，西方的消费者倾向于由旅行社及其提供的广告信息来取得较多的旅游信息，但国内的消费者则更倾向于将同伴或者朋友作为一个重要的信息来源。

当然,在产品替代方案的评估上,不同文化下所着重的评估准则也不相同。例如,在用餐的餐厅选择上,西方的消费者认为餐厅气氛的重要性远胜于美食,而国内的很多消费者则可能把美食置于气氛、甚至卫生条件之上。因此,我们经常可以发现在一个脏乱的小吃摊旁一群大排长龙的消费者。

在购买行为上,我们也可以看到文化对消费者的影响。例如,欧美国家和日本都很少出现讨价还价的行为。然而,我国及港台等地的消费者购物时讨价还价则相当普遍。另外,很多欧美国家的人们通常晚上并不外出购物,而会在家里享受和家人相聚的时刻,因此,欧美国家的很多商店在晚上都不营业。但在我国,夜市的商业行为则相当发达。

社会文化也会影响购买后行为。例如,社会文化影响消费者对于不满意的抱怨方式。在美国的消费者碰到消费不满意时,一般会比我国的消费者勇于抱怨,因为,中国人"息事宁人"的观念往往使他们采取默默承受的抱怨处理方式。

因此,了解社会文化对于消费者和消费行为各个层面可能产生的影响,是所有营销人员工作上一个无法规避的重要内容,正确了解消费者所处的文化,才能正确地掌握消费者的购买决策,从而据此开展正确的营销活动。

三、社会文化、产品和广告之间的关系

有关社会文化、产品和广告之间的关系,美国广告与消费心理学家 McCracken(1986)提出了一套架构来加以说明(如图8-1)。

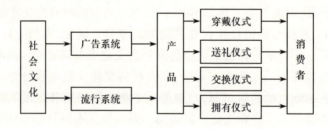

图8-1　社会文化、产品和广告的关系架构

通过这个架构说明了社会文化是如何流向产品,最后流向消费者的过程。首先社会文化通过广告系统和流行系统来将文化的信念与价值观加诸产品或者服务之上。

广告系统是将社会文化所构筑的世界与产品或者服务两者加以连接,并通过广告系统这个渠道,社会文化的意涵便源源不断地流到商品上。商家通过广告来对某种产品进行定位,从而赋予其意义。例如,将手机塑造成一种流行而走在时代尖端的产品,使年轻的消费者为了拥有它趋之若鹜。

流行系统则是指一群较广泛且具渗透力的传播媒介,流行系统包括杂志、报纸和电影等。消费者往往经由流行系统来取得最新的流行资讯以避免自己落伍。通过流行系统,社会文化的信念与价值观也被赋予在产品或者服务之上。例如,有些服饰设计师使用环保的衣服质料来传递对净化地球的关切与支持。其实,广告系统和流行系统更多场合是联合在一起组成,即把流行文化中的某些部分通过广告加以推广。最典型的就是在电影或者电视节目中放入产品来展示产品的使用场合及其产品功能与形象。例如,很多成龙的电影便和三菱汽车合作,在电影中不时使用三菱汽车来作为电影道具。

产品或者服务经由广告系统和流行系统赋予社会文化上的某种涵义后,再通过消费仪式传达给消费者。消费仪式是指包括以某一固定顺序而重复出现的一连串步骤的具有象征性的消费行为,它是社会文化传递过程中不可忽视的一种工具,给消费者提供了消费的原则和消费行为的基本蓝图,也给广告营销活动提供了很多机会进行产品及其广告定位。从广告与消费心理学的角度看,消费仪式之所以重要,是因为消费仪式往往伴随着某些可以用来强化其社会文化意涵的产品。例如,情人节的玫瑰花,结婚典礼上的戒指。主要的消费仪式有穿戴仪式、送礼仪式、交换仪式和拥有仪式等。承载社会文化意涵的产品就是通过这些仪式传递给消费者的。

四、社会文化影响下的营销策略

随着交通工具的迅猛发展,信息传播速度的快速提高,人们相互交流的不断增强,整个地球似乎越来越小,以至人们提出了"地球村"的概念。越来越多的公司也由于各种各样的原因走出了本国或本区域的限制,开拓了国际市场,例如,麦当劳、可口可乐、耐克、奔驰、索尼等都走出了其公司最初所在的国家,成为了世界知名品牌。这样,不同的社会文化势必影响这些公司在这些社会文化所在地的营销策略。

(一) 标准化的营销策略

所谓标准化营销策略,是指商家不是针对不同的社会文化背景下的目标市场分别采取不同的营销活动,而是在几个国家或者地区采用统一的营销活动,因此,也称为全球化营销策略。这种策略可以使商家在世界各地都保持一致的形象,降低各种营销活动策划和实施的费用和简化营销策划过程中各部门的相互协调等。通常在以下几种情况下,商家会采取标准化营销策略:

1. 世界各地定位都一样的产品

一些产品在不同社会文化背景的目标市场有相似的偏好、兴趣、需求和价值观,可针对这些群体进行标准化的营销策略。例如名贵服装、珠宝、高质量的汽车等豪华用品都可采取这种策略。此外,青少年也是一个全球相似的群体,世界各地的青少年可能有着相似的爱好,如偶像崇拜等。BSB 广告公司曾拍摄了 25 个国家的青少年的房间,发现他们在房间布置上非常相似,例如都可能摆有篮球与足球等体育用品,Nike 运动鞋、NBA 夹克衫等国际知名品牌的服饰。其实,走在我国一些大城市的街头,单从衣服和消费形态、生活方式等看现在的年轻人,我们很难区分他们是来自韩国还是日本。因此,可口可乐、麦当劳等针对青少年的国际知名品牌在营销上就是采取标准化策略。

2. 可通过图片、画面来表现其形象与特征的产品或者服务

通过图片来展示产品或者服务特征可以减少广告文本翻译中所出现的问题,同时,图片所表现的内容又能被不同社会文化背景下的消费者准确地读懂和理解。例如,广告图片或者画面中人物的微笑在各种社会文化下的人们都会作出同样的理解。因此,在北京 2008 申奥的广告宣传片中,其画面就是北京各界人士的微笑和欢乐,从而向世界各国人们表达了北京人民对奥运的渴望以及对全世界人民的欢迎。

3. 产品或者品牌形象对于消费有着非常重要的作用,且可以采用统一形象加以表达的产品或者服务

例如,力士系列产品为了保持其统一的形象,在众多国家和地区进行广告诉求等营销活动时

都是通过优雅的形象表现出该产品或者服务的高品质和高品位。一般说来,这样的标准化营销策略适合于化妆品及香烟等产品或者服务。

不同社会文化背景下差异很小的高科技品通常也是采取标准化的营销策略。这样的产品有计算机、录像机、电视机等,此外针对团体消费者的一些产品,如机械设备等,也可采取标准化的营销策略。

(二) 本土化的营销策略

由于社会文化以及其他各种条件的差异,致使许多公司无法进行统一化的广告诉求等营销活动,不得不采取本土化的营销策略。所谓本土化的营销策略,又称为当地化的营销策略,它是一种因地制宜的营销策略,也就是针对各个不同的地域或者文化来发展出个别的营销策略。事实上,各种社会文化之间除了具有共通性之外,还会具有独特性。也就是说,每一种社会文化都具有自己的社会文化价值体系和规范等。因此,对于有些产品或者服务来说,有效的营销策略就是应该针对每个文化的独特需求与特性来开展。本土化的营销策略主要应用于以下情况:

1. 采取社会文化背景开展营销活动的产品或者服务

这类产品或者服务往往可以与某一地区的典故、传说等联系起来,由于该地区社会文化背景下的消费者对此耳熟能详,所以在营销活动中最好不要忽略这种社会文化对消费者行为的影响力量。例如,在广告活动中通过简单的广告画面把社会文化背景和产品或者服务融为一体,该地区的消费者就能很好地理解其含义,但如果这些广告到其他社会文化背景下的国家和地区进行播放,由于那里的消费者不知道其渊源,很可能无法理解和读懂广告内容。

2. 采用一些社会性情绪开展营销活动的产品或者服务

有研究表明,在世界范围内,愤怒、恐惧、悲伤、欢乐等个体心理内在反应属于基本的情绪,具有社会文化间的共通性。而幽默、内疚、温情和怀旧等由基本情绪所派生的社会性情绪却是在社会文化条件下习得的,具有社会文化的独特性。因此,在标准化的营销策略中很少用幽默作为通用的情感诉求方式,这是因为幽默本质上是一种社会性体验。特别是幽默的语言通常很难加以翻译,也会因此出现理解上的差异。

3. 营销的着重点可能受到社会文化价值观影响的产品或者服务

同样的营销,在不同的社会文化下,消费者对其理解和认同的程度就可能存在很大的差异。P&G 公司最初在我国通过广告推广帮宝适(Pampers)纸尿布的失败就是一个典型的案例。在美国的社会文化下,P&G 公司以"方便妈妈"作为广告诉求点取得了很大的成功,然而进入中国市场采取同样的诉求点却不能达到理想的效果。后来才发现,在中国的社会文化背景下,以"方便妈妈"作为诉求点并不能激起消费者的购买动机和购买欲望,反而很多年轻的妈妈为了避免引来婆婆等长辈的非议,尽量不使用该产品。直到 P&G 公司将诉求点改为"为了宝宝的健康成长",这时才打开中国的市场。

(三) 弹性标准化的营销策略

如今,在跨文化营销中,越来越多的产品和服务提倡"国际化思维,本土化操作",走向弹性标准化的营销策略。弹性标准化的营销策略就是在标准化策略与本土化策略之间取得某种平衡。在这种营销策略下,商家先建立一个整体的营销策略,但有关该营销策略的具体解读则留给当地的营销人员，让他们根据当地的特性与习俗来进行调整。例如设定一个适合标准化的广告脚本，但只要在不违背该脚本的意涵下，允许各地商家和广告商针对模特儿、场景、甚至结局稍稍进行修改与调整。例如，万宝路香烟便允许在香港改变其以往使用的骑马牛仔的形象，而采用粗犷的货卡车来代替；在巴西市场，牛仔则改为牧场经营者来代替。这便是针对各个市场的不同特性所做出的弹性调整，但又能保证其标准策略的一致性。

由于这种营销策略，既可以保持统一的产品形象或者品牌形象，又能根据当地的社会文化加以适当的调整，使其营销活动更适合目标市场的社会文化背景。因此，该策略似乎越来越受到很多跨文化营销的商家的青睐。

第二节　社会阶层对消费心理的影响

消费心理学研究认为，个体的消费能力，一方面与经济收入有关，另一方面还与社会阶层有着密切的关系。营销人员必须了解不同社会阶层的消费者常使用的术语，以及他们的符号或者象征。

一、社会阶层划分的主要依据

(一) 职业

各个国家对职业这一划分指标的接受显示高度的一致性看法。因此，职业也成为了划分社会阶层中普遍使用的一个变量，也是一个比较客观的指标。在许多国家都有关于职业排行榜的资料，即关于不同职业的评分。在大多数消费者行为研究中，都将职业视为表明一个人所处社会阶层的最重要的指标之一。初次与某人谋面时，我们大多会询问对方在哪里高就和从事何种工作。一个人的工作会极大地影响他的生活方式，并给予他相应的声望和荣誉，因此职业提供了个体所处社会阶层的很多线索。不同的职业，消费差异是很大的。普通工人的食物支出占收入的比重较大，而经理、医生、律师等专业人员则将收入的较大部分用于在外用餐、购置衣服和接受各种服务。目前，我国高收入职业的从事者主要为演艺界、体育界明星或企事业单位承包者和高级管理者、律师、会计师、医师以及具有专业特长的自由职业人。这方面信息对营销策划十分重要。

(二) 经济收入

从经济学角度讲，一个人的收入几乎是社会阶层的唯一指示器，而且有关收入的数据极易获得，所以学者们凭借收入的不同，便可清楚地区分出阶层。而且经济收入通常反映个人成就和家庭背景，在一定程度上也是权力和地位的象征。不同收入的消费者往往有不同的消费心理和消费行为。比如，高收入阶层的消费者大多在高级豪华商店购买商品，而且他们有时还很注重印在这些产品上的品牌标志。但是随着社会经济的发展，人们的收入普遍提高，同时差距日渐增大，依据收入就很难来预测消费模式了。有关研究发现，价值观念和参照群体的不同，会使收入相近的消费者做出不同的选择。只有将收入结合其他变量，方能说明社会阶层的差异。另外，个体的收入可以分成两个方面来看，一是收入总额，一是收入来源，它们之间存在着一定的相关。因此对消费者行为的预测应从这两方面加以考察。

(三) 教育程度

教育是提高一个人社会地位的主要途径,自然也是评价社会地位的一个重要指标。在大多数国家,消费者所受的教育程度越高,他们的社会地位也就越高,而且受教育程度的不同将形成不同的消费价值观,也就形成不同的消费行为。例如,在美国,一个卡车司机和一位小学教师年收入可能都是1.8万美元,但他们的消费方式却完全不同。所以,消费者的消费行为不仅取决于经济收入,还在很大程度上取决于消费者的受教育程度。近年来,我国消费者中出现了受过高等教育的消费者占较大比例的现象,如网络消费主要是具有大专以上的青年人。各种高档的时尚产品也受到高学历者的青睐。这一点对营销具有重要的意义。

在现今社会,通过某一单一的指标将消费者清楚地归属于某一社会阶层的难度越来越大。例如,一个人可能在某一社会阶层的构面上表现出相当高的地位倾向,而在另一社会阶层构面上又表现出相当低的地位倾向。比如有些人可能在经济收入上相当高,可在教育程度上却相当低,因而他们在品位上走向粗俗化,给人一种"财大气粗"的感觉。所以,采用单一指标衡量消费者的社会阶层的做法可能不够完美,有些研究者便会根据这些依据赋予不同的权重来评定消费者的社会阶层。

二、社会阶层的测定

从消费者心理学角度来看,划分社会阶层的目的是为了更加明确目标市场的消费方式。测定社会阶层的主要方法有主观测定法、声望测定法和客观测定法。

(一) 主观测定法

主观测定法就是让研究对象自己评估自己的社会地位,把自己归入研究者所提供选择的某一社会阶层。例如列出所有的社会阶层类别,然后要求研究对象自行选择自己所属的社会阶层。当然,这一方法是基于研究者的自我知觉或自我意象。不过,主观的测定往往容易造成不当的自我归类,例如,中产阶层往往会被过度高估。

(二) 声望测定法

声望测定法是让消费者评估其他人的社会地位或声望,将之归入某一社会阶层。研究者首先选出若干消息灵通人士,然后让他们对社区中的其他人进行判断,确定其社会阶层。

(三) 客观测定法

客观测定法是依据特定的社会经济的变量来判断消费者所属的社会阶层。客观测定法又分为单一指标法和复合指标法。单一指标法就是仅用一个社会经济变量(比如职业或收入)来评判消费者所属的社会阶层,而复合指标法则是同时参照数个社会经济变量(诸如职业、收入、住房、教育、居住地区、社交圈子等)来评价消费者所属的社会阶层。由于复合变量指标能比单一变量指标更好地体现出社会阶层的复杂性,所以研究者还是偏爱前者为多。在具体操作上,他们通过问卷来让消费者回答一些事实性的问题,然后给不同的因素配以不同的加权值,经过计算便可得知消费者应该属于哪一阶层。

三、不同社会阶层的消费者行为差异

消费心理学研究认为,不同社会阶层消费行为在产品选择、生活方式和购买方式等方面具有一定的差异性。

(一) 产品的选择和使用上的差异

有关研究认为,像服装这类具有象征意义的产品,消费者大都根据自我意象或者根据对于自己所属阶层的知觉来选购;而像家庭的日常用具,则更多地取决于收入。一些研究表明,尽管各个阶层的妇女都对时装怀有兴趣,但上层和中层的妇女,主要指经济收入较高的,比下层的妇女在这方面卷入的程度要深,表现为更多地阅读时装杂志、参观时装表演、与朋友和丈夫讨论时装,原因可能在于上层的妇女在时装的品味上也有差别。

进一步地研究还发现,在住宅、服装和家具等能显示地位与身份的产品的购买上,不同阶层的消费者差别比较明显。例如,一般来说,在上层消费者的住宅区环境幽雅,室内装修豪华,购买的家具和服装档次和品味都很高。中层消费者一般有很多存款,住宅也相当好,但他们中的很大一部分人对内部装修不是特别讲究,服装、家具不少,但高档的不多。下层消费者住宅周围环境较差,衣服与家具上投资较少。与人们的预料相反,下层消费者中的一些人员对生产食品、日常用品和某些耐用品的企业仍是颇有吸引力的。研究发现,这一阶层的很多家庭是大屏幕彩电、新款汽车、高档炊具的购买者。虽然这一阶层的收入比中等偏下阶层(劳动阶层)平均要低 1/3 左右,但他们所拥有的汽车、彩电和基本家庭器具的价值比后者平均高20%。下层消费者的支出行为从某种意义上带有"补偿"性质。一方面,由于缺乏自信和对未来并不乐观,他们十分看重眼前的消费;另一方面,低的教育水平使他们容易产生一种冲动性购物。

(二) 休闲活动上的差异

社会阶层从很多方面影响个体的休闲活动。一个人所偏爱的休闲活动通常是同一阶层或临近阶层的其他个体所从事的某类活动,他采用的新休闲活动往往也是受到同一阶层或较高阶层成员的影响。虽然在不同阶层之间,用于休闲的支出占家庭总支出的比重相差无几,但休闲活动的类型却差别颇大。马球、壁球和欣赏歌剧是上层社会的活动,桥牌、网球、羽毛球在中层到上层社会的成员中均颇为流行,玩老虎机、拳击、职业摔跤是下层社会的活动。

上层社会成员所从事的职业,一般很少身体活动。作为补偿,他们多会从事要求臂、腿快速移动的运动如慢跑、游泳、打网球等。同时,这类活动较下层社会成员所喜欢的活动如钓鱼、打猎、划船等较少耗费时间,因此受到上层社会的欢迎。下层社会成员倾向从事团队性体育活动,而上层社会成员多喜欢个人性或双人性活动。中层消费者是商业性休闲,诸如公共游泳池、公园、博物馆等公共设施的主要使用者,因为上层消费者一般自己拥有这一类设施,而低层消费者又没有兴趣或无经济能力来从事这类消费。

对于公司经理和高层主管一类的人来说,由于工作时间很长,休闲时间比较少,他们可能每天做一点休闲性活动,如参加放松性体育运动、绘画、弹奏乐器、摄影等。读书和听音乐也是很多高级职业经理人所喜爱的。调查发现,中层家庭背景的经理人员较高层家庭背景的经理人员更喜欢

听古典音乐。

（三）营销信息接收和处理上的差异

营销信息搜集的类型和数量也随社会阶层的不同而存在差异。处于最底层的消费者通常信息来源有限，对误导和欺骗性信息缺乏甄别力。出于补偿的目的，他们在购买决策过程中可能更多地依赖亲戚、朋友提供的信息。中层消费者比较多地从媒体上获得各种信息，而且会更主动地从事外部信息搜集。随着社会阶层的上升，消费者获得信息的渠道会日益增多。不仅如此，特定媒体和信息对不同阶层消费者的吸引力和影响力也有很大的不同。比如，越是高层的消费者，看电视的时间越少，因此电视媒体对他们的影响相对要小。相反，高层消费者订阅的报纸、杂志远较低层消费者多，所以，印刷媒体信息更容易到达高层消费者。

不同社会阶层的消费者所使用的语言也各具特色。有研究表明，人们实际上可以在很大程度上根据一个人的语言判断他所处的社会阶层。一般而言，越是上层消费者，使用的语言越抽象；越是下层消费者，使用的语言越具体，而且更多地伴有俚语和街头用语。西方的很多高档车广告，因为主要面向上层社会，因此使用的语句稍长，语言较抽象，画面或材料充满想像力。相反，那些面向中、下层社会的汽车广告，则更多的是宣传其功能属性，强调图画而不是文字的运用，语言上更加通俗和大众化。

（四）购物方式上的差异

人们的购物行为会因社会阶层而异。一般而言，人们会形成哪些商店适合哪些阶层消费者惠顾的看法，并倾向于到与自己社会地位相一致的商店购物。研究表明，消费者所处社会阶层与他想像的某商店典型惠顾者的社会阶层相去越远，他光顾该商店的可能性就越小。同时，较高阶层的消费者较少光顾主要是较低阶层去的商店，相对而言，较低阶层的消费者则较多地去主要是较高阶层消费者惠顾的商店。另一项研究发现，"客观"对"感知"的社会阶层也会导致消费者在店铺惠顾上的差异。客观上属中层而自认为上层的消费者，较实际为上层，但自认为中层的消费者更多地去专卖店和百货店购物。与一直是劳动阶层的消费者相比，从更高层次跌落到劳动阶层的消费者会更多地去百货店购物。同时，中层消费者较上层消费者去折扣店购物的次数频繁得多。

第三节　参照群体对消费心理的影响

人总是生活在人群之中，消费者也一样。消费者周围围绕许多的群体，除了家庭是人所接触的第一群体以外，还有朋友、邻居、同学、同事以及各式各样的互动对象。这些群体和消费者之间存在着双向的互动，所有的消费行为都无法避免这些参考群体的有形与无形的影响。

一、参照群体的定义与分类

参照群体实际上是个体在形成其购买或消费决策时，用以作为参照、比较的个人或群体。如同从行为科学里借用的其他概念一样，参照群体的含义也在随着时代的变化而变化。参照群体最初是指家庭、朋友等个体与之具有直接互动的群体，但现在它不仅包括了这些具有互动基础的群体,而且也涵盖了与个体没有直接面对面接触但对个体行为产生影响的个人和群体。像电影明星、体育明星、政治领袖和其他公众人物的言行举止,均可作为消费者决策时的参考和指南。消费者会观察这些参考群体的消费行为,并加以学习,同时也会受到该参考群体的意见影响,而采用相类似的标准来形成自身的消费行为决策。

一般说来,消费者与参照群体之间的资格关系仍是一种划分参照群体的基本标准,因此,我们可以据此将参照群体分为成员参照群体和象征参照群体两大类。

成员参照群体就是参考群体与被影响的消费者都是具有同样身份的人。例如,相对于同学这个参考群体,我们也是他们的同学。成员参照群体又可以进一步分为主要群体和次要群体。主要群体是指和消费者互动比较亲密的成员群体,主要包括家人、亲友、往来比较亲密的邻居、同事等。有关成员参照群体的影响,我们可以看到在我国城市居民的生活中,由于高层住宅和公寓住宅普遍取代了传统的平房住宅,再加上邻里彼此之间互动很少,因此,邻居这一直接的成员参照群体影响力越来越小。而相反,同事的影响力却越来越大,因为除了节假日外,我们几乎每天都是至少花费八小时以上的时间和同事相处和互动,所以,同事变成一种非常密切的参照群体。在服装等产品或者服务上,同事的影响力甚至远胜于家人。次要群体则是相对互动比较不那么密切的成员参照群体,例如各个社团的成员、宗教团体的教友、棋牌俱乐部的成员等。消费者和次要群体的见面次数和往来的亲密程度往往远不如主要群体,当然其影响力也不如主要群体。

象征参照群体是指和我们不是具有同样的身份,却会影响我们消费行为的群体。象征群体包括向往群体和避免群体。向往群体就是消费者想要加入的群体,例如歌迷与影迷相对于歌星与影星的关系便是扮演着向往群体的角色。由于对于向往群体的仰慕,消费者的消费行为便会受到向往群体所表现出的行为的影响,例如,歌迷会模仿歌星的穿着或者消费行为,偶像也会强烈地影响其追随者的偏好。避免群体则是我们试着去与其保持距离,力图避免受其行为影响的群体。例如黑道的兄弟、吸毒者和同性恋者等便是扮演着避免群体的角色。由于我们不希望被视为避免群体的一员,因此,我们会去回避表现出与之相同的行为,例如我们会排斥避免群体的穿着与出入的场所。

另外还有一个日渐重要的参照群体,我们可以称之为虚拟群体,主要是基于网络的兴起而所产生的新型参照群体。例如,很多的聊天网站每天都会有很多的网友上网互动,这些网站的网友彼此间的互动程度并不亚于真实世界中的群体互动。另外,通过 OICQ 和 Netmeeting 之类的聊天室,很多人也从网络上认识了很多的朋友,同时也彼此影响。虚拟群体打破了传统真实群体上的一个必要条件:在空间距离上的相近性。传统上,参考群体大多数是我们日常生活周围的人,而虚拟群体打破了地域限制,大大地提高了个人交友的范围,延展了参照群体所可能存在的空间疆界。

当然,参照群体不只有一种分类的方式,我们也可以根据群体本身的正式性程度分为正式参照群体和非正式参照群体;还可以依据参照群体的影响内容分为规范性群体和比较性群体。总之,我们根据不同的分类标准可以得出不同的分类结果。

二、参照群体的影响方式

无论如何,参照群体的活动、价值观与目标等都会直接或者间接地影响着消费者的消费行为。对于广告营销而言,参照群体有三种影响方式是特别值得广告营销人员加以注意与应用的:行为规范上的影响、信息方面的影响、价值表现上的影响。

（一）规范性影响

规范性影响是指由于群体规范的作用而对消费者的行为产生影响。规范是指在一定社会背景下,群体对其所属成员行为合适性的期待,它是群体为其成员确定的行为标准。一般说来,当一个消费者对于该参照群体的承诺愈大,或者是对其成员身份愈珍惜,那么群体的规范性影响也会愈大。另外,当参照群体提供的遵循规范的报酬愈大,或者是因为违反规范的处罚愈大,则群体的规范性影响也愈大。由此可见,规范性影响之所以发生和起作用,是由于尊重、奖励和惩罚的存在。为了获得尊重、赞赏和避免惩罚,个体会按群体的期待行事。广告商声称,如果使用某种商品,就能得到社会的接受和赞许,利用的就是群体对个体的规范性影响。同样,宣称不使用某种产品就得不到群体的认可,也是运用规范性影响。

（二）信息性影响

由于消费者基本上对于商家和营销人员提供的信息抱着相当怀疑的心态,因此,消费者比较希望能够从参照群体中获得所需要的产品或者服务的信息。所谓信息性影响,就是指参照群体成员的行为、观念、意见被个体作为有用的信息予以参考,由此在其行为上产生影响。当消费者对所购产品缺乏了解,凭眼看手摸难以对产品品质做出判断时,别人的使用和推荐将被视为非常有用的证据。群体在这一方面对个体的影响,取决于被影响者与群体成员的相似性,以及施加影响的群体成员的专长性。例如,某人发现好几位朋友都在使用某种品牌的护肤品,于是她决定试用一下,因为这么多朋友使用它,意味着该品牌一定有其优点和特色。又如,某人决定买一台联想牌笔记本电脑,因为他一位精通计算机的朋友买的就是这个牌子,或曾经向他推荐过这种电脑。在这些例子中,群体对个体的影响都是通过信息的提供和共享实现的。

根据研究表明,在以下两种情况下参照群体的信息性影响特别重要:第一,当此种产品的购买具有社会、经济或者绩效风险时,特别希望获得参照群体所提供的信息,例如汽车的购买;第二,如果个人对于该产品只有很有限的知识或者经验时,则参照群体的信息影响特别重要,例如,当一个人对于个人电脑很不熟悉时,则会去寻求参照群体的建议。

（三）价值认同的影响

当一个人购买某种产品的主要目的,是因为此产品可以帮助他和其他的人形成某种高度相类似时,则价值认同的影响便会产生。价值认同的影响指个体自觉遵循或内化参照群体所具有的信念和价值观,从而在行为上与之保持一致。例如,某位消费者感到那些有艺术气质和素养的人通常是留长发、蓄络腮胡、不修边幅,于是他也留起了长发,穿着打扮也不拘一格,以反映他所理解的那种艺术家的形象。此时,该消费者就是在价值表现上受到参照群体的影响。个体之所以在毋须外在奖惩的情况下自觉依群体的规范和信念行事,主要是基于两方面力量的驱动。一方面,个体可能利用参照群体来表现自我,提升自我形象。另一方面,个体可能特别喜欢该参照群体,或对该群体非常忠诚,并希望与之建立和保持长期的关系,从而视群体价值观为自身的价值观。相反,对于奢侈品或非必需品,如高档汽车、时装、游艇等产品,购买时受参照群体的影响较大。

三、决定参照群体影响强度的因素

(一) 对参照群体的态度

并不是所有人对于参照群体都会表现出同样的态度,整体来说,当一个人愈是将参照群体视为一个可靠的信息来源;或者是对于参照群体的观点与反应愈是重视;以及对于参照群体的奖酬与处罚愈是接受,则他愈会受该参照群体的影响。另外,当消费者对于参照群体的认同与其对成员身份的评价愈高,现实的关系越亲密,则消费者受参照群体的影响也愈大,在与参照群体相关的消费活动中遵守群体规范的压力就越大。例如,当参加一个向往参照群体的晚宴时,在衣服选择上,我们可能更多地考虑群体的期望,而参加无关紧要的群体晚宴时,这种考虑可能就少得多。

(二) 参照群体本身的特性

参照群体本身的特性也会影响消费者的消费行为。当一个成员对参照群体的向心力愈强,或者成员与参照群体的价值观愈接近,或者两者互动愈是频繁,以及该参照群体愈具有高度声誉,则该参照群体对于该成员的影响愈大。当参照群体对于消费者的服从所给予的奖酬愈大,或者不服从时所给予的惩罚愈大,或者当一个参照群体的规模愈大、内聚力愈强,以及专业性愈高,则参照群体对消费者的影响愈大。

(三) 产品或者服务的特性

一般说来,当消费者对于参照群体的顺从行为愈明显时,则在这些消费行为上参照群体的影响愈大。因此,外显性以及明显可见的产品愈容易受参照群体所影响,例如服饰、汽车以及家具等。另外,一些具有地位意涵的独特性产品也容易受到参照群体影响,例如俱乐部、居住地区。炫耀性产品也较容易受到参照群体的影响,例如在青少年间,手机往往是一种炫耀性的产品,所以同伴团体的影响力很大。因此,我们经常会发现一个新型的手机通过同伴的介绍而很快流行起来。此外,产品的生命周期也会影响参照群体的影响强度。当产品处于导入期时,消费者的产品购买决策受群体影响很大,但品牌决策受群体影响较小。在产品成长期,参照群体对产品及品牌选择的影响都很大。在产品成熟期,群体影响在品牌选择上大而在产品选择上小。在产品的衰退期,群体影响在产品和品牌选择上都比较小。

(四) 消费者个人的自信

研究表明,个人在购买彩电、汽车、家用空调、保险、冰箱、媒体服务、杂志、书籍、衣服和家具时,最易受参照群体影响。这些产品,如保险和媒体服务的消费,既非可见又同群体功能没有太大关系,但是它们对于个人很重要,而大多数人对它们又只拥有有限的知识与信息。这样,群体的影响力就由于个人在购买这些产品时信心不足而强大起来。除了购买中的自信心,有证据表明,不同个体受群体影响的程度也是不同的,而且自信程度并不一定与产品知识成正比。例如,很多知识丰富的汽车购买者比那些购买新手更容易在信息层面受到群体的影响,并喜欢和同样有知识的伙伴交换信息和意见。

四、参照群体在营销中的运用

(一)名人效应

人们或多或少都有自己的偶像,而且总想和这些偶像保持一致,甚至去模仿偶像。用名人的可爱和吸引力进行诉求,正是利用了人们的这种心理。因此,名人或公众人物如影视明星、歌星、体育明星成为了消费者的参照群体,对公众尤其是对崇拜他们的受众具有巨大的影响力和感召力。对很多人来说,名人代表了一种理想化的生活模式。正因为如此,企业花巨额费用聘请名人来促销产品。研究发现,用名人作支持的广告较不用名人的广告评价更正面和积极,这一点在青少年群体上体现得更为明显。

运用名人效应的方式多种多样。如可以用名人作为产品或公司代言人,即将名人与产品或公司联系起来,使其在媒体上频频亮相;也可以用名人作证词广告,即在广告中引述广告产品或服务的优点和长处,或介绍其使用该产品或服务的体验;还可以采用将名人的名字使用于产品或包装上等做法。

对企业来说,用名人做广告,首先应考虑产品或服务形象与名人形象的一致性,并不是任何名人都适合为企业产品做宣传。其次,要考虑名人在受众中的公信力。公信力主要由两方面的因素决定,一是名人的专长性,二是名人的可信度。前者是指名人对所宣传的产品是否熟悉,是否有使用体验。由著名运动员来宣传某种运动饮料或与运动有关的产品如运动鞋、运动服,无疑是比较合适的,但由他来介绍食品的营养,或室内应怎样布置就不一定适宜,因为运动员可能并不是这些方面的专家。可信度则是指名人所做的宣传、推荐是否诚实、是否值得信赖。如果一位名人同时为多家企业做广告,那么在受众眼里,他的可信度肯定要打折扣,因为他这样做明显是受金钱驱动。最后,企业和名人都应采取必要措施以确保广告内容的真实性。近些年,国内一些名人就因为不谨慎或不负责任地为企业做广告,受到舆论的指责,甚至引起法律诉讼,这类事件值得名人和做名人广告的企业引以为戒。

(二)专家效应

专家是指在某一专业领域受过专门训练、具有专门知识、经验和特长的人。医生、律师、营养学家等均是各自领域的专家。专家所具有的丰富知识和经验,使其在介绍、推荐产品与服务时较一般人更具权威性,从而产生专家所特有的影响力。根据专家的真实程度,可将广告中的专家分为两类:一类是用现实中在某个领域比较有知识或者有经验的人来扮演专家形象。这些人由于经验丰富,用他们做专家具有很强的说服力。比如用运动员为某特定的运动器材做广告。另一类是广告模特并不是现实生活中的专家,但把他们扮演成专家角色。例如高露洁牙膏在广告中用戴眼镜的男性作为牙博士形象。

当然,在运用专家效应时,一方面应注意法律的限制,如有的国家不允许医生为药品做证词广告;另一方面,应避免公众对专家的公正性、客观性产生质疑。例如,引用专家在独立状态下获得的实验数据与结果,就比聘请专家在广告中直接赞誉企业产品更具有可信度。

(三)"普通人"效应

运用满意顾客的证词来宣传企业产品,是广告中常用方法之一。由于出现在荧屏上或画面上的证人或代言人是和潜在顾客一样的普通消费者,会使受众感到亲近,从而使广告诉求更容易引起共鸣。像宝洁公司、北京大宝化妆品公司都曾运用过"普通人"作词广告,应当说效果还是不错的。还有一些公司在电视广告中展示普通消费者或普通家庭如何用广告中的产品解决其遇到的问题,如何从产品的消费中获得乐趣等。由于这类广告贴近消费者,反映了消费者的现实生活,因此,它们可能更容易获得认可。

(四) 经理型代言人

自 20 世纪 70 年代以来,越来越多的企业在广告中用公司总裁或总经理作代言人。例如,克莱斯勒汽车公司的总裁李·艾柯卡在广告中对消费者极尽劝说,获得很大成功。我国广西三金药业集团公司,在其生产的桂林西瓜霜上使用公司总经理和产品发明人邹节明的名字和图像,也是这种经理型代言人的运用。

大公司的总裁或主管像其他明星人物一样具有很多光环,他们的成就和不平凡经历颇受一般民众仰慕。他们出现在广告中,一方面能吸引更多的人对广告的兴趣,另一方面也表明公司高层对消费者利益的关注,从而可能激起消费者对公司及其产品的信心。

第四节　家庭对消费心理的影响

对于许多消费者而言,家庭是购买、消费和处置各种产品的主体,同时也是影响消费者个人行为的社会群体。家庭塑造了一位消费者的最初基本消费模式,而这套基本消费模式虽然有可能随着时间推移而进行改变或调整,但是可预期的。对于大多数的消费者而言,这套基本消费形态将持续影响其一生的消费行为。虽然家庭随着时间推移也同样产生变化,但家庭对于消费者行为影响的重要性却依然不变。

一、家庭的含义及其类别与功能

(一) 家庭的含义及其类别

家庭是指两个或两个以上的个体由于婚姻、血缘或收养关系而共同生活的社会单位。

与家庭相比,住户则是一个范围更广泛的社会群体或购买决策单位。住户是指由生活在同一"屋檐"下或同一"住宅单元"里的人所组成的群体。虽然家庭与住户有时被交替使用,但两者既有联系又有区别。一方面,住户包括了家庭;另一方面,住户强调的是其成员生活在同一起居空间,而不注重其中的婚姻血缘关系。

我们分析消费者购买决策的时候,常把家庭与住户混用。但是所有的家庭成员并不一定居住在一起生活,并且一个住户也有非血缘关系的成员。所以,在市场营销活动中运用家庭和住户的概念就不同。例如,在电视机、洗衣机、冰箱等产品的营销活动中,住户概念的意义更大。但是,在汽车、儿童服装或者休闲、旅游的市场营销活动中,有血缘关系的家庭更为重要。

社会学家一般将家庭分为三种形式或类型:

(1) 配偶家庭,即只有一对夫妇而没有子女的家庭。其中又有两种情况,一是未育配偶家庭,即尚未生育子女的一对夫妇组成的家庭;二是空巢家庭,即子女已经成婚并另立门户,只剩下夫妇俩人的家庭。

（2）核心家庭，即一对夫妇和至少一个孩子所组成的家庭。

（3）扩展家庭，即由至少两代以上的夫妇及其未婚子女组成的家庭。另外，还有其他类型的家庭，如未婚兄弟姐妹组成的家庭等。

（二）家庭的基本社会功能

家庭作为社会的基本组织，具有一定的功能。其中与消费者行为研究联系比较密切的功能有经济功能、情感交流功能、赡养与抚养功能、教育功能和家庭成员的社会化功能。

1. 经济功能

在小农经济社会，家庭既是一个生产单位，又是一个消费单位，它发挥着重要的经济功能。在现代社会条件下，家庭的经济功能尤其是作为重要内容的生产功能有所削弱，然而，为每一个家庭成员提供生活福利和保障，仍然是家庭的一项主要功能。传统上，丈夫是家庭经济来源的主要提供者，由此使他在家庭中占有支配性地位。而现在，越来越多的妇女参加工作，她们对家庭所做的经济贡献越来越大。

2. 情感交流功能

家庭成员的人际关系一般是最亲密的人际关系，家庭是思想、情感交流最充分的场所。一个人在工作、生活等方面遇到困难、挫折和问题，能够从家庭得到安慰、鼓励和帮助。家庭人员之间的亲密交往和情感，是建立在亲缘关系的基石上，具有较为牢固的基础。在现代竞争日益激烈的社会里，人们对获得家庭的关爱有更强烈的要求。

3. 赡养与抚养功能

抚养未成年家庭成员及赡养老人和丧失劳动能力的家庭成员，这是人类繁衍的需要。当子女还没有独立生活能力的时候，父母负有抚养他们的责任，否则他们就无法生存，人类也就不能延续。同样，父母抚养了子女，当父母老了，丧失了劳动能力，子女也负有赡养老人的义务。家庭的这类功能，将随着社会保障制度的完善部分地由社会承担，但它不可能完全外移。

4. 社会化功能

家庭成员的社会化尤其是儿童的社会化，是家庭的主要或核心功能。人从刚出身时的一无所知，到慢慢地获得与社会文化相一致的价值观、行为模式，这一过程大部分是在家庭中完成的。孩子们通过接受父母的教育，或通过模仿大人的行为，获得待人接物、适应社会的各种观念、规范和技巧。儿童时期所习得的行为、观念，对人的整个一生都将产生至深的影响，从这个意义上，家庭所履行的社会化功能对个人的成长是非常关键的。

二、家庭生命周期的概述

家庭生命周期的观念认为消费者行为和家庭的不同发展阶段间存在某种关联，也就是在消费者行为上，家庭生命周期也有其重要的影响。所谓家庭生命周期（family life cycle；FLC），是指基于从家庭筹组到家庭解体之间所经历的一连串各种不同家庭发展的形态，就如同一个人的生老病死一样，故称为家庭生命周期。家庭生命周期中的各种家庭形态，因为是面对不同的情况，因此往往具有不同的需求。对于家庭成员而言，由于处于不同的家庭形态，因此其消费行为也会受到各种不同家庭形态的独特需求所影响。

对于营销人员而言,可以根据家庭生命周期的不同阶段作为市场细分的基础,从而制定相应的营销策略。有关家庭生命周期的形态划分,主要是基于年龄、婚姻状况与孩子状况等主要因素。传统上,家庭生命周期可以把家庭发展分为八个阶段(Wells and Gubar,1986),即年轻单身阶段、新婚阶段、满巢第一阶段、满巢第二阶段、满巢第三阶段、空巢第一阶段、空巢第二阶段和鳏寡阶段。年轻单身阶段由于尚未或者正在准备筹建家庭,其消费支出主要用于便利商品、娱乐以及约会和交友等方面;新婚阶段刚刚筹建家庭,其主要消费形式是"双人消费",如房子、装潢、旅游、休闲、用餐等;满巢第一阶段相对于新婚阶段就是多了一个小孩(不满六岁),此时消费以小孩为主,如小孩的医疗、食物、营养品、玩具等,"双人消费"受到很大的抑制;满巢第二阶段的小孩年龄在六到二十岁之间,此时家庭收入增加,所以家里经济状况较好,孩子的教育费用成为了主要的家庭支出;满巢第三阶段的小孩已经有二十岁左右,此时有些小孩开始赚钱为父母减轻负担,耐久性商品的消费成为了家庭的主要支出;空巢第一阶段是指小孩已经独立,通常不和父母同住,此时家庭的购买力非常高,开始为旅游、休闲以及昂贵的嗜好支出;在空巢第二阶段,小孩不仅独立不与父母同住,而且父母已经退休在家,家庭收入开始减少,家庭的奢侈性消费减少,其支出主要在必要性消费上,例如医疗产品或者服务;鳏寡阶段是指有一个配偶已经过世,家里只剩下一个人,此时家庭收入更少,但消费支出却日增,尤其是医疗和看护等方面的消费相对增加。

以上这种划分是一种"主流家庭"的家庭生命周期观念。现代家庭结构已经发生了很大的变化:第一,每个家庭第一个孩子出生得越来越晚,同时孩子数目也越来越少,更多的是独生子女,因此,家庭的新婚阶段变长,甚至因不生小孩而没有经历满巢阶段;第二,离婚率快速增加导致单亲家庭的比重增加,以上家庭生命周期的阶段划分无法体现和形容这一抚养小孩的单亲家庭;第三,单身未婚的状况愈来愈普遍,这些人收入增加却一直处于单身阶段,其消费行为及生活方式与"主流家庭"的单身阶段存在很大的差异。因此,根据"主流家庭"的特征来描述家庭生命周期已经不能准确地反映现今社会的家庭状况。

营销不仅要准确了解"主流家庭"在各个阶段的需求和消费行为特征,而且要根据现今家庭结构的快速变化来了解这些家庭在生命周期上的差异,从而设计符合不同阶段形态的广告营销方案。

三、家庭人员购买角色特征

在家庭购买与消费活动中,很多情况下产品或服务的购买者与使用者不是同一个人。这一现象说明,在家庭中为了使其功能得到正常发挥,各成员在购买中扮演不同角色。进一步研究认为在家庭消费决策中主要有以下五种角色。

1. 倡议者

提议购买某种产品或使其他家庭成员对某种产品产生购买兴趣的人。

2. 影响者

为购买提供评价标准和哪些产品或品牌适合这些标准之类信息,从而影响产品挑选的人。

3. 决策者

有权决定购买什么及何时购买的家庭成员。

4. 购买者

实际进行购买的家庭成员,购买者与决策者可能不同。例如,发达国家的青少年可能会被授权决定购买何种汽车甚至何时购买,但是,父母才是实际与经销商进行议价并付款的人。

5. 使用者

在家庭中实际消费或使用由他们自己或其他家庭成员所购产品的人。值得注意的是,家庭中产品的使用者通常都不是购买者,例如,儿童所喝的饮料,其广告的诉求对象应该是母亲,因为她们才是产品的决定者及购买者。同样,在家庭里,母亲和妻子是大部分衣服的购买者,包括她们丈夫和孩子的衣服。有些购买活动中,大部分角色都由一个人来承担;而也有些购买中,则可能由多人分别承担不同的角色。一般说来,倡议者和使用者多为同一人,但是,倡议者所提供的信息与建议,却不一定总被采纳,这取决于他或她在家庭中的地位和影响力。影响者则决定了家庭在一次购买活动中接触到的信息,他们对信息做出的分析处理,是其他人做出决定的重要依据。实际购买者有时也会承担信息收集的任务,因为他们对这类产品比较熟悉。

了解不同家庭成员在购买和消费活动中扮演的角色,有助于营销者把握以下重要问题:

(1) 谁最可能对企业的产品发生兴趣?

(2) 谁将是产品的最终使用者?

(3) 谁最可能成为产品购买的最终决定者?

(4) 不同类型的商品通常是由谁实际购买?

四、家庭购买决策

在日常生活中,家庭每天都要做出成千上万的购买决策。在这些购买决策中,有的极为重要,如购买何种汽车、搬家到何处以及去哪里度假等,有一些决策则普通得多,如决策午餐吃什么。对于广告与营销者来说以下几个方面的问题特别受到关注:首先是家庭决策方式,即决策是以某人为中心做出还是家庭成员共同做出;其次是哪些因素影响和决定家庭决策方式;再次是孩子在家庭决策中的作用;最后一个问题是家庭购买中的冲突如何解决。

(一) 家庭决策方式

家庭购买决策是指由两个或两个以上家庭成员直接或间接做出购买决定的过程。作为一种集体决策,家庭购买决策在很多方面不同于个人决策,例如在早餐麦片的购买活动中,成年人与儿童所考虑的产品特点是不同的,因而他们共同做出的购买决策将不同于他们各自单独做出的决策。

人们常常将家庭决策同组织决策相提并论,这虽然有助于人们理解家庭决策的形式,但是却没有抓住家庭决策的实质。组织一般具有较为客观的标准来评价购买决策,如利润最大化,而家庭购买则没有这样明确的、整体的目标。此外,大多数工业品的购买对那些没有参与购买活动的人影响很小,但是大多数家庭购买却会直接影响家庭中的每个成员。实际上,家庭购买决策最重要的特点就是它与生俱来所具有的浓厚的感情色彩,这种感情色彩会影响家庭成员之间的亲密关系。例如,为孩子购买一个新玩具或衣服,并不应被视为简单的购买行为,而是对孩子爱与奉献的象征。

家庭购买决策研究中的一个重要问题是,对于不同产品的购买,家庭决策是以什么方式做出的,谁在决策中发挥最大的影响力。心理学家戴维斯等的一个研究识别了家庭购买决策的四种方式:妻子主导型(例如厨房与浴室内的物品)、丈夫主导型(例如工具、音箱等)、自主型(例如个人的私人用品,妻子的化妆品、丈夫的刮胡刀等)、交叉主导型(例如丈夫替妻子买香水,妻子替丈夫买领带)和联合型。

有研究发现,人寿保险的购买通常属于丈夫主导型决策,度假、孩子上学、购买和装修住宅则多由夫妻共同做出决定,清洁用品、厨房用具和食品的购买基本上是妻子做主,而像饮料、花园用品等产品的购买一般是由夫妻各自做主。该研究还发现,越是进入购买决策的后期,家庭成员越倾向于联合作决定。换言之,家庭成员在具体产品购买上确有分工,某个家庭成员可能负责收集信息和进行评价、比较,而最终的选择则尽可能由大家一起做出。

(二)影响家庭购买决策的因素

哪些因素影响家庭购买决策方式?研究人员一直试图找出决定家庭成员相对影响力,从而影响家庭决策方式的因素。心理学家奎尔斯的研究识别了三种因素:家庭成员对家庭的财务贡献;决策对特定家庭成员的重要性;夫妻性别角色取向。一般而言,对家庭的财务贡献越大,家庭成员在家庭购买决策中的发言权也越大。同样,某一决策对特定家庭成员越重要,他或她对该决策的影响就越大,原因是家庭内部亦存在交换过程:某位家庭成员可能愿意放弃在此领域的影响而换取在另一领域的更大影响力。性别角色取向,是指家庭成员多大程度上会按照传统的关于男、女性别角色行动。研究表明,较少传统和更具现代性的家庭,在购买决策中会更多地采用共同决策的方式。除了上述因素,通常认为影响家庭购买决策的因素还包括以下方面:

1. 文化和亚文化

文化或亚文化中关于性别角色的态度,很大程度上决定着家庭决策是由男性主导还是女性主导。例如,如果一个家庭由于受传统文化影响而封建思想和重男轻女意识严重,那么多以男性为核心。男性比女性有更多的受教育机会,更高的收入水平,在家庭中的地位更高,对家庭购买决策的影响自然更大。而如果一个家庭受传统文化影响少而家庭成员的地位较为平等,那么家庭决策过程中就更可能出现自主型、联合型甚至妻子主导型决策方式。当然,文化并非一个地理的概念,即使生活在同一个地区或城市,由于文化背景的不同,人们对于性别角色地位的认识会有相当大的差别,由此导致男女在家庭决策中影响力的不同。

2. 角色专门化

随着时间的推移,夫妻双方在决策中会逐渐形成专门化角色分工。随着社会的发展,婚姻中的性别角色不再像传统家庭中那样鲜明,丈夫或妻子越来越多地从事以前被认为应由另一方承担的活动。虽然如此,家庭决策中的角色专门化仍然是不可避免的。从经济和效率角度来看,家庭成员在每件产品上都进行联合决策的成本太高,而专门由一个人负责对某些产品进行决策,效率会提高很多。

家庭中的角色分工与家庭发展所处的阶段密切相关。比起建立已久的家庭来,年轻夫妻组成的家庭会更多地进行联合型决策。之后,随着孩子的出生和成长,家庭内部会形成较稳定的角色分工。当然,随着时间的推移,这种分工也会发生相应的变化。

3. 卷入程度及产品特点

家庭成员对特定产品的关心程度或卷入程度是不同的。例如,对 CD 唱片、游戏卡、玩具等产品的购买,孩子们可能特别关心,因此在购买这些产品时他们可能会发挥较大的影响;而对于父亲买什么牌子的剃须刀,母亲买什么样的厨房清洗剂,孩子可能不会特别关心,所以在这些产品的购买上他们的影响力就比较小。

4. 个人特征

家庭成员的个人特征对家庭购买决策方式亦有重要影响。诚如前面所指出的,夫妻双方的影响力很大程度上来自各自的经济实力,因此,拥有更多收入的一方,在家庭购买决策中更容易占据主导地位。

个人特征的另一个方面是受教育程度,妻子受教育程度越高,她所参与的重要决策也就越多。一项研究表明,在美国受过大学教育的已婚妇女中,有70%认为她们在选择汽车时,有着与丈夫同等的权利;而在只受过高中教育的妇女中,这一比例是56%,在学历不足高中的妇女中,这一比例就更低了,仅为35%。家庭成员的其他个人特征,如年龄,能力、知识等,也都会直接或间接影响其在购买决策中的作用。

本章小结

1. 消费者行为总是发生在一定的社会情境和社会文化下,它除了受到来自个体内部心理因素的影响以外,同时还会受到个体以外的社会情境、社会文化、社会阶层、参照群体和家庭等因素影响。

2. 社会文化对特定社会成员的消费行为起着支配作用,社会通常借助家庭以语言或者象征的形式向个体传达特定社会文化中的核心价值,而且这种核心价值往往是持续而且稳定的。

3. 个体的消费能力,一方面与经济收入有关,另一方面还与社会阶层有着密切的关系。不同社会阶层消费行为在产品选择、生活方式和购买方式等方面具有一定的差异性。

4. 参照群体实际上是个体在形成其购买或消费决策时,用以作为参照、比较的个人或群体。它最初是指家庭、朋友等个体与之具有直接互动的群体,但现在它不仅包括了这些具有互动基础的群体,而且也涵盖了与个体没有直接面对面接触但对个体行为产生影响的个人和群体。

5. 对于许多消费者而言,家庭是购买、消费和处置各种产品的主体,同时也是影响消费者个人行为的社会群体。家庭塑造了一位消费者的最初基本消费模式,而这套基本消费模式虽然有可能随着时间变化而进行改变或调整,但是可预期的。

思考题

1. 简述社会文化对消费者行为有哪些影响。
2. 你认为开展跨文化营销应该注意哪些问题?
3. 试述社会阶层因素对消费者心理与行为的影响。
4. 试述参照群体对消费者心理与行为的影响。
5. 简述家庭对消费者行为的影响。

典型案例与讨论

极品香烟与文化的有机结合

当今社会是开放的社会,烟草行业也逐步开放,随着中国加入WTO,外烟、国内香烟竞争愈趋激烈。然而,广告法规对烟草行业推广的限制,使香烟的推广传播不得不另辟新的天空。当中,烟与文化的有机结合,与广告、促销、公关、终端形象、活动赞助等手段的有效配合,为香烟的传播增加了一张王牌。

一、金装双喜的文化情结

先来看极品烟——"金装双喜"的目标消费群:年龄约 35～60 岁成熟男人,事业有成,在工作单位有一定的地位,收入较高,有丰富的人生阅历,经历了上山下乡、文革、三反五反、社会大改造的时期,同时也经历过文化断层的时代。他们缺少属于自己的文化、缺少带着他们自己生命烙印的、描述他们经历的故事、电影和音乐,缺少他们心声体现、心路历程的表达载体,总的来说,他们需要情感共鸣,需要展示属于自己的真性情。

在心理上,他们需要找到情感共鸣和心路历程的宣泄、内心表白,更需要别人认同。在客观上,他们有自己的事业、地位、身份、生活与家庭,很多顾虑,不像年轻人一样放纵和宣泄,他们用自己的方式——音乐去表白心声。无论成功与失败、拥有与失去,人生不在乎收获多少,只要认真经历过、付出过,经历是最值得珍惜的财富。

在"金装双喜"惠东地区推广过程中,即以目标消费群的经历着手,运用了"情感共鸣综合文化"这一思路,创造了属于他们经历体现的语句——"人生得意 金装双喜"、创造了属于惠东人的音乐——《一方水土惠东人》、属于男人的歌和故事——MTV《人生得意》。还拍摄了记载惠东人改革开放 20 年的辛勤拼搏、兴家创业,惠东县发展振兴、经济腾飞的故事——《一方水土惠东人》之《鞋城记事》等系列专题片。同时,在专题片、MTV 推出前期,还播出了四篇男人故事《回家篇》、《友情篇》、《真情篇》、《豪情篇》的预告片,并推出报纸《一方水土惠东人》,对男人与香烟、香烟文化有更深刻的诠释和演绎。引起惠东人民密切关注,成为共同的话题,更直接地打动了目标消费群的情感,启动了他们的消费欲望。

二、金装双喜品牌与文化的沟通

现今的社会是一个沟通的社会,金装双喜的品牌价值与品牌内涵,在于它与文化的互动与沟通。金装双喜作为广东数一数二的极品烟,与文化有着不解的情结。首先"双喜"的标志,就是中国传统文化中喜庆、吉祥、欢乐、满意的象征,已是约定俗成的符号,蕴涵巨大的文化内涵和民族情结。"双喜"在人们心目中有惯性的意义,喜庆的节日、重要的时刻、升职加薪、家人团聚、老友见面、事业有成、结婚生子、新张开业、寿星摆酒,都可以派上用场,"双喜双喜,人人欢喜"。

"双喜"牌系列卷烟是广东省产量最大、家喻户晓的名牌产品,以其始终如一的香醇烟味和独具民族传统喜庆色彩的包装而深受海内外消费者的喜爱。"金装双喜"是广州卷烟二厂为满足高品味消费者需求而精心设计的高档烤烟型卷烟,包装不仅延续了传统的喜庆特色,金底红字更显得雍容华贵、气宇不凡。金装双喜作为广州卷烟二厂的精品,饱含了岭南地区、羊城西关文化独有的含蓄、内敛、不张扬、富而不骄的情绪,有深厚的文化内涵;品牌包装上,重视与文化的结合,作为男人的经历体现的载体和思想寄托支点,满足男性的需求。金装双喜的品牌价值"珍贵、喜悦",就存在于它与文化的结合上,归结表现为"人生得意、金装双喜"。

分析讨论题:

1. "金装双喜"采用了哪些推广措施来影响消费者的行为? 这些推广措施所依据的基础是什么?

2. 如果由你来负责"金装双喜"的推广活动,你认为还有什么方法和措施可以引导消费者的行为? 请举例阐述,并说明原因。

第九章 新产品设计推广与消费心理

 不断推出新产品既是社会发展的客观要求,更是满足消费者提高生活质量的必然要求,同时,也是企业在激烈的市场竞争中求生存、求发展的基本要求,是企业充满活力的标志。然而并非所有的新产品都能在市场上取得成功,其中的关键在于能否使消费者从心理上认可、接受新产品,因此,对消费者的心理研究应贯穿于产品设计、推广的全过程。

引导案例

我们已在设计五年后的产品

2004 年 9 月,诺基亚在上海举行全球新品发布会,发布了 3 款全新时尚系列手机:7260、7270 和 7280。3 款手机设计灵感源于奢华风格开始盛行的 20 世纪 20 年代,以及这个时期东西方艺术交融的上海。它们拥有装饰艺术流派所共有的绘画式的外观,并以现代风格表达出来。在发布会上,拥有"2003 年度最佳设计团队"之誉的诺基亚设计团队首次集体公开亮相,TanjaFisher(洛杉矶诺基亚设计中心高级设计经理)、邱威廉(诺基亚亚太区设计团队负责人)接受了记者的采访。

记者:我们总是能在诺基亚新产品的外观上看到其老"成员"的影子,一种相似或似曾相识的痕迹。这样的设计策略是基于成本的考虑还是为了刻意保持一种风格?

邱威廉:保持品牌的认可度,或者说是风格。名牌都有自己的 DNA,坚持统一的风格。如汽车中的奔驰、宝马,无论旗下的产品经过多少更新换代,你总能将它们从众多型号的汽车中区别、辨认出来。新的产品,在保持品牌风格的同时,跟上行业的潮流。新款手机的外观、材质、功能都应体现行业的发展,科技的进步,而不是简单的重复。

记者:诺基亚有没有更多地针对中国市场的产品设计计划?

邱威廉:中国是诺基亚非常重要的市场。诺基亚在北京成立了手机研发中心,现已经有几百名员工。我们在设计产品时,将越来越多地考虑亚太特别是中国消费者的特殊需求。

TanjaFisher:据我们调查,中国的高端客户有如下特点:较强的品牌意识、注重产品的品质、注重手机对个人品位的提升以及对个性的表达。他们希望手机带来身份感和满足感。中国消费者喜欢镀铬的外壳,比较有金属质感,我们在新品设计上便顺应了这一需求。

记者:此次诺基亚选择上海作为新产品的全球首发地,是否因为新品手机中更多采用了来自中国的设计元素?

TanjaFisher:是的,3 款新产品设计灵感和理念很多来自 20 世纪 20 年代的上海,一种奢华而艺术化的风格;另一方面,也因为上海作为东方时尚之都的地位。此次发布的新品都拥有中国消费者喜欢的特性。

记者:此次发布的新款手机的设计周期多长?

邱威廉:我们从3年前就开始考虑这些产品的设计了。事实上,我们现在已开始考虑为5年后的市场设计产品。

第一节　新产品设计与消费心理

一、什么是新产品

新产品是相对于旧产品、老产品的一个概念。在现代营销学中,不论是整体产品创新还是产品部分改革,凡是能够给消费者带来新的效用和利益,与原产品产生了差异的,具有新功能、新结构、新特点的产品都是新产品。

按照产品的创新程度,新产品可以分为以下几种类型:

(一) 全新产品

全新产品一般指运用新技术或为满足消费者某种新的需要而发明的、在功能相近的同类产品中产生了实质性变化的新产品。全新产品无论从设计原理、工艺结构、性能特征及外观造型上都与原有产品完全不同,因而属于整体更新产品。如电视机、计算机、飞机等均属于全新产品。这类新产品的问世,一般都以某行业技术或若干行业综合技术的进步作为先导。

全新产品一般会使消费者的生活方式发生很大的变化,需要消费者改变过去的使用习惯和消费方式,创立全新的消费行为。以电冰箱为例,由于冰箱具有长期保鲜的功能,消费者使用冰箱后,对食品的购买方式和购买需求发生变化,购买次数减少,每次购买的数量增多,同时对小包装食品、分割食品、半成品、熟食品的需要大大增加。开发这类新产品的企业,不仅需要雄厚的技术力量,而且需要较庞大的资金。在新产品上市期间,企业要提供广泛的消费指导和伴随服务。例如,IBM公司不仅向市场投入了IBM——PC型微机,产品质量上乘,而且同时提供了各种应用软件、安装调试、咨询和操作训练等指导性服务。

(二) 革新产品

革新产品指在原有产品的基础上,采用新技术或新材料,使产品性能有了重大突破,或将原单一性能发展成为多种性能及用途的产品。例如,由于电脑技术的应用,洗衣机从半自动过渡到全自动电脑控制,性能有了重大突破。这类新产品在一定程度上影响消费者的生活方式,要求消费者在使用过程中部分地改变已经形成的消费行为和习惯。

革新产品的问世,往往给消费者带来新的利益和心理上的满足感,因而对消费者心理影响较大。开发这类新产品的企业,要认真研究新产品的性能究竟给消费者增加什么消费利益,应在新产品促销活动中增加指导消费的服务内容,使顾客和用户更快适应部分改变消费行为的要求。努力缩短顾客从试用到最后接受一项新产品的过程,加速该新产品在市场上的扩散。

（三）改进产品

改进产品指在原有产品基础上进行某些改进，仅产生次要的变化，对于已经形成的消费行为影响很小的新产品。这类产品的特点是，在原产品基本用途不变的情况下，使产品结构更加合理，或增加某些性能，或扩大花色品种，或改进外观造型。例如，在北美市场上，小汽车的色调、式样每年都在变化，但它们对用车者的消费行为并未产生明显影响。又如，材料改进后的机械设备；增加了美白功能的化妆品等，均属这类新产品。

由于改进产品的基本用途没有变化，且性能更加完善，消费者的心理接受程度较高。因此，开发这类新产品的企业无需进行大量的消费指导服务。对这类新产品促销的重点，在于使顾客和潜在顾客了解所开发的新产品，明确给他们带来哪些新的消费利益。

从数量统计上看，大量的新产品属于第二、三类，真正的全新产品只占少数。因此，企业必须十分重视对现有产品的改进；在管理新产品开发过程中，要注重对消费心理的研究，以便恰当地拟定新产品的营销组合。

二、消费者对新产品的心理欲求

随着人们生活水平的不断提高，消费者购买新产品除了追求其基本功能满足生理需要外，更多的是追求心理上的满足。有的产品甚至本来就是用来满足消费者的心理需要的，因此，是否能满足消费者对新产品的心理欲求，对消费者是否购买新产品有直接的影响。消费者对新产品的心理欲求主要包括以下几个方面。

（一）时式流行

时式是指在一定时期内，受社会欢迎的商品式样。流行则是一种典型的社会消费现象。流行是对特定范式的模仿，对消费行为的影响是巨大的。没有流行，消费的演进和变革缺乏动力；没有流行，新产品难以付诸实现和推广。消费者对时式产品的追求，其动力是人们顺应时代、渴望变化、随多从众等心理需要。时式产品的流行有其运行周期，一般经过倡导→传播→形成风气→减弱→消失几个阶段，但不同产品的运行周期时间长短不同，如耐用消费品时式流行周期较长，日用小产品流行周期较短。现在，市场产品丰富，可选择性大大增强，尤其是面向青少年的食品、日用品，需要不断推出新品种、新式样、新口味、新包装的产品，以满足青少年喜欢标新立异、求新求变的心理欲求。

（二）象征意义

产品的象征意义是在人们的想像、比拟、联想等心理作用下产生的。产品通过其本身的象征意义，能为消费者带来满足。产品的象征意义主要有时代象征、地位象征、职业象征、性格象征、年龄象征、性别象征等。产品的象征意义可以从产品的价格、产品的风格、产品的外观、产品的色彩等方面得以表现。比如，购买价格昂贵、款式豪华的名牌产品，可能被看作是经济富有、社会地位较高的象征；购买线条、色彩独特的产品，可能被看作是富于创新、有较高艺术鉴赏能力的象征；购买色彩明快、功能奇异的产品，可能被看作是年轻的象征；购买外观造型粗犷的产品，可能被看作是男性的象征。此外，受传统风俗习惯的影响，一些地区的消费者认为带有"8"字的产品象征着发财、好运、吉祥,带有"6"字的产品象征着顺利如意,吃大枣象征早生儿子,吃发菜象征发财,吃生菜象征生财,吃鱼年年有余等。不少企业熟悉并巧妙地利用这类象征意义获得了营销的成功。

(三) 舒适、安全、方便、协调

舒适安全和方便协调,是现代生活的主要标志之一,也是消费者对新产品基本功能的心理要求。舒适,要求产品结构能够适应人体生理结构和使用要求,例如,家具的高度,除要考虑充分利用家庭居室空间外,其高度还要考虑经常使用者的身高和手臂长度,如果过高会在取放物品时感到不舒服。安全感是消费者安全需要的必然反映。产品是否安全可靠,对身心健康有益还是有害,是消费者购买使用新产品时要考虑的。在食品消费中,消费者对安全的关注程度更高,如粮食制品、蔬菜、水果、肉禽等产品,是否健康、安全,是否无污染、是否无农药残留等。对真正的绿色无公害产品,即使价格高些,人们仍然愿意购买。产品在使用中是否便利,操作是否简单,保养维修是否容易等,是消费者在购买新产品时非常留意的问题,即求方便心理是普遍存在的。如家电设计,有时只需要小小的设计上的改进就能赢得市场。德国的照相机质量上乘,一些非专业人士却对光圈、调焦距感到很不喜欢、不方便,于是以此为突破口,研制了不需要对光圈、调焦距的"傻瓜"相机,一上市便引起轰动效应。协调是指消费者要求产品与其生活环境相协调、相配合,也就是从整个消费系统中去考察各种产品的功效和地位。例如,在一个居住环境里,消费者要求室内装饰(地板、墙面、天花板)、家具、家用电器、室内陈设,在颜色、格调、款式等方面互相协调,形成和谐韵律的整体气氛。因此,为了满足消费者追求协调的心理,不仅各种家具要有不同的风格和色彩,而且,现在连电视、电脑、电冰箱也具有各种色彩,以便与室内环境保持整体风格的一致。

(四) 审美情趣

消费者对新产品的接受和购买,还要求产品具有能引起人的审美情趣的属性,即产品美。产品美主要由线条、形体、色彩、声音等因素构成。虽然消费者的审美情趣因人而异,但一个时代、一个阶层,同一个消费者群体也有共同的审美标准。如现代城市中的青年人追求的美感,男性青年要潇洒,女性青年要温柔、典雅。

(五) 个性创造

消费者在购买商品为自己服务的同时,还希望通过消费商品来发挥自己的创造潜力,丰富生活情趣,拓展生活意义,展示并创造自身个性。特别是当消费水平发展到一定阶段,人的个性创造欲望就会显现出来,商品如果能适应这种需要,就会吸引消费者,增强市场竞争能力。

总之,企业能否在新产品设计过程中,充分考虑到构成新产品基本功能及心理功能的因素,是满足消费者的关键,也是企业在市场上成败的关键。

三、新产品设计的心理策略

产品设计不只是单纯的技术表现,在市场营销中,新产品的开发设计要按照市场需求进行,研究市场需求不但要了解消费者对产品使用价值的要求,使新产品适销对路,还要满足消费者的心理需求,因此,在产品设计中要把握一些基本的心理策略。

（一）产品设计的指导思想必须适应消费的变化

随着我国国民经济的飞速发展，人们的生活由温饱向小康水平迈进，我国国内市场逐步形成了买方市场的新格局。产品充裕，品种规格多样，消费者成了市场的主导，他们对产品有了很大的选择余地。因此，产品的开发设计不能停留在产品短缺时期的水平上，要从满足一般大众化需要转移到适应消费需求变化，满足多层次、个性化需求的方面来。如果思想观念不变，仍然单纯从企业性质、从技术角度出发，只设计生产品种简单、外形平庸、功能结构单一的产品，必然跟不上消费生活的变化，不能满足消费者的多种需求，企业也将失去市场，失去生存发展的机会。只有转变观念，从满足消费者全方位需求出发，才能开发设计出品种繁多、结构新颖、功能齐全、外形美观的产品。因此，产品设计的指导思想必须适应消费的变化，真正满足消费者的实际需要。这些变化具体表现在以下几个方面。

1. 消费习惯从单一式走向多元化和个性化

我国人民总体生活水平已从温饱步入小康，人们在吃、穿、住、用、行等方面的消费需求变化大，速度快，出现了从单一消费习惯向多元化、个性化发展的消费趋势。其一，追求品味。消费者开始考虑追求与自己生活习惯、文化修养相一致的商品。例如，对灯饰与家用电器的造购，注意产品选型、工艺设计以及使用方便程度，把它视为美化自己生活环境的"道具"。其二，追求"独具性格"的商品。消费者对商品的选择越来越揉合进强烈的个人喜好成分在内，更喜欢那些能够体现个性、表现自我的商品。例如，在服饰上，消费风气已越过以前那种人有我有，追求高档时髦的阶段，更多流行"个性服装"，追求我有人无，"独此一家"的境界。其三，追求过程。在成熟市场上，消费者的消费行为已由"目的消费"转为"手段消费"。尽管目前就国内市场本身状况而言，还谈不上成熟，但就一些正在形成的消费观念和欣赏水平来说，国内消费者开始懂得消费过程本身的价值及心理意义，追求优雅的消费环境，安然舒适的消费氛围，热情周到的消费服务，消费开始成为人们生活的一部分。

2. 消费模式发生变化

消费模式的变化主要表现在以下几个方面：

（1）恩格尔系数开始下降，居民消费比重发生改变。在我国居民消费支出中，用于购买食品的支出在总支出中的比重开始下降。2000 年全国平均下降到 50% 以下，而京、津、沪、穗和一些经济发达地区，已下降到 40% 以下。2005 年，北京已降至 31.8%，比 2000 年降低 4.5 个百分点，比 1978 年的 58.7% 降低了近 27 个百分点，平均每年降低一个百分点。按照联合国粮农组织提出的标准，本市居民的生活水平，已经从改革开放初期的"温饱型"，上升到目前的"富裕型"。具体说，其一，吃向营养化发展。城市消费质量在不断提高，粮食讲究粗细搭配，副食品讲究花样翻新、快捷方便；农村消费者正逐渐向城市看齐，细粮消费比重提高，副食需求不断增长。其二，穿向两极发展。一方面，各种时装、中高档服装及面料等越来越受到消费者的青睐；另一方面，各种物美价廉的服装仍具有广阔的市场。农村消费者对符合农民审美价值的成衣需求量正迅速增加。城乡消费者对服装的更新周期明显加快。其三，用的范围不断拓宽。总的来说，城镇居民用于购买穿着类和"用"的产品消费支出增长幅度较大，并保持稳定的增速。

（2）城镇居民购买住宅支出显著增加。随着住房制度的改革，住房产品化使城市居民"住"的支出比重上升，购买住房、住房装修成为增长较快的支出。

（3）文化教育，健身娱乐、休闲旅游、服务等方面的支出增长迅速，比重上升。人们温饱问题解决后，生存资料得到基本满足，发展资料和享乐资料的需求大大增加。因此，对购买图书、电脑、看展览、外出旅游、休闲、娱乐、健身用品等方面支出迅速上升。

"花钱买舒适"。如家庭装饰热。

"花钱买方便"。为了方便，宁愿花钱。人们希望从繁杂的家务劳动中解放出来，钟点公司盛行，快餐食品走俏，速食菜点看好，家庭在饭店餐馆办宴席剧增。便利性消费行为逐渐为广大消费者采纳。

"花钱买健康"。高档滋补品、健身器材进入寻常百姓家。

"花钱买乐子"。旅游或进歌厅、豪华影视厅、茶馆、酒吧等。

"花钱买教育"。为子女能接受较好教育而"不惜血本"已成为时尚。

"花钱买温情"。人情消费形成高潮。

"花钱买放心"。宁可花钱也要买名牌。

"花钱买信息"。电话、电脑成为家庭必备物品之一。

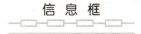

信 息 框

什么是恩格尔系数？

1857 年，世界著名的德国统计学家恩格尔阐明了一个定律：随着家庭和个人收入增加，收入中用于食品方面的支出比例将逐渐减小，这一定律被称为恩格尔定律，反映这一定律的系数被称为恩格尔系数。国际上常常用恩格尔系数来衡量一个国家和地区人民生活水平的状况。根据联合国粮农组织提出的标准，恩格尔系数在 59% 以上为贫困；50% ~ 59% 为温饱；40% ~ 50% 为小康，30% ~ 40% 为富裕，低于 30% 为最富裕。

3. 消费心理倾向发生变化

（1）随着我国经济体制的改革，消费者的心理更加成熟稳定，购买心理动机表现为求实、求新、求稳、求廉的趋势。

（2）随着市场上多数产品供过于求，形成了买方市场格局，消费者购买行为类型发生了很大变化。理智型购买增多，情绪型购买减少；计划型购买增多，随机型购买减少；常规型购买者的购买动机受单一因素驱动减少，受复合因素驱动增加；受削价优惠刺激购买减少，受实际使用刺激购买增加。

（3）对一些产品，如汽车、住房、保险等，消费者有持币待购心理。

4. 消费决策的变化

消费模式和消费心理的变化引起了家庭消费决策的变化。过去一般职工家庭生活预算比较紧张，购买对象、购买数量、购买地点、购买时机、购买方式等购买决策，常常由家庭经济主持人做出比较"专制"的个人决策，以维持家庭生活的正常运转。现在由于收入增加，生活水平的显著提高，使家庭的一些消费行为，例如，购买耐用消费品，往往是家庭成员共同做出比较"民主"的集体决策。夫妻双方对消费决策发言权的平等性增强了，并且孩子的消费需求也能够提示、促使或决定购买。

5. 消费信息的变化

家庭做出恰当的消费决策，需要有足够的、及时的、准确的产品信息做基础。以往消费者获得产品信息的渠道少，信息量较小，主要是凭购买经验和借助周围人的口头传播所提供的信息做出购买决策。近年来,由于商业广告规模扩大,媒体增加,尤其是网络技术的普及,使消费者获取产品信息的途径多、时间快、信息量大、可靠性强。因此,消费者到处奔波寻找购买目标的情形日益减少,购买产品所花费的时间(包括获取产品信息时间、购买往返在途时间、现场交易时间)有所节省,网上购物的消费者逐步增多。

6. 消费者权利的变化

消费者权利包括要求得知产品信息、诉讼索赔、评价和监督企业产品和服务质量等方面的权利。上述几个方面的变化,标志着广大消费者消费权利进一步得到承认。保护消费者权利的法规颁布和各地消费者协会的成立,使消费者权利得到有力的保护。消费者在市场上的消费行为由被动变为主动,也标志着消费者权利进一步得到实现。

上述消费方面的变化,都要求在产品设计方面不断创新,使新产品适应变化了的市场形势,最大限度地满足消费者的需求。

(二) 产品造型设计要符合消费者的审美要求

消费者购买产品,不仅要求产品有基本的使用价值,同时还要求产品的外部形象有一定的欣赏价值。随着人们收入的增加、生活水平的提高,一些消费者的文化艺术修养、审美观念也逐步提高和增强,他们在购买产品时往往注意产品的造型美、艺术美、色彩美,把产品的外部形象是否符合自己的审美标准,作为是否购买该产品的决策依据。所以,产品造型设计只有根据产品的性质特点和不同的消费对象,设计出优美的外在形象,才能适应不同消费者的审美要求。如儿童用品应当造型活泼、色彩鲜艳;女性用品应该造型纤巧、色调雅致;男性用品应该造型粗犷、色调大方。总之,一个成功的产品设计,应该是内容与形式统一,使用价值和欣赏价值和谐统一,才能赢得消费者的喜爱。

(三) 产品设计要符合人体工程学的要求

人体工程学也称人类工程学,它是运用人体测量学、生理学、心理学和生物力学等研究手段和方法,综合地进行人体结构、功能、心理以及力学等问题的研究的科学,并以其设计使操纵者、使用者能发挥最大效能的机械设备和其他产品。一件产品,一种小工具,必须与人的机体构造相适应,才能给人以方便、舒适的感觉,"量体裁衣"就是这个道理。例如椅子的设计,应该是根据人的腿部长短决定高矮,根据臀围确定宽窄,根据腰部坐姿确定靠背的倾斜度,根据手臂长短和关节部位安置扶手,这样设计出的椅子,才能使体重负荷、血液循环、姿态安稳、肌肉放松等方面都符合人体的需要。风行世界的牛仔裤,是由于设计师研究了各类人种的不同体型,制定了几十种不同尺码标准型号,使胖瘦、高矮不同的人都能选购到合适的尺寸。

(四) 产品设计要符合消费者的个性特征

消费者的个性心理特征对其购买动机有重要影响。消费者之间个性心理特征的差异表现为对产品的不同需要。因此,在设计新产品时,一方面要考虑产品的性能、结构等共性要求;另一方面还要考虑产品的独特个性,使新产品与同类众多产品有显著的区别,有明显的特点。产品的"个性"凝聚在产品实体上,具体表现为:

1. 年龄的体现

人的一生要依次经过儿童、青年、中年、老年等阶段。在不同的年龄阶段,人们的生理与心理成熟程度不同。设计新产品时,要注意适应不同阶段消费者的成熟程度,以满足其心理要求为目标进行设计。比如,成年人大多比较成熟,供他们使用的产品,要具有成熟、智慧、实用、大方而又不失风度的产品个性。

2. 威望的体现

消费者购买和使用这类产品,在某种程度上能够提高消费者的社会威望、表现其个人成就,如高档手表、名牌服装、高级轿车等。为此,在设计这类产品时,要考虑选用上乘或贵重的材料,款式要豪华精美,要保证一流的工艺和质量;同时,这类产品的产量要严格控制,价格要昂贵。

3. 社会地位的体现

消费者都生活在一定的社会群体中,每个群体都有其大致近似的消费方式和消费习惯。某些产品是专供社会某一阶层使用的,是某一阶层成员的共同标志,使用者可以借此表明自己属于该社会阶层或集团的身份。实际生活中,不同的社会阶层,其消费习惯及心理特征是不同的。比如,工人、农民、军人、知识分子、青年学生、艺术家、官员、企业家、高收入者等,对生活用品都有特殊的消费习惯及心理要求。所以,在设计这类产品时,要根据特定阶层的生活环境、工作环境、社会地位、经济收入以及消费习惯和消费心理来确定产品策略。

4. 自尊的体现

人类的需求层次发展规律表明,当人们的基本物质需要得到满足后,精神上的需求会逐渐强烈。人作为社会群体中的一员,一方面渴望得到别人的承认及尊重,希望在社会交往中给人留下良好深刻的印象;另一方面还要求不断提高自身的知识水平能力,充分发挥其内在潜力,求得事业上的成功与个人价值的全面实现。为了满足这种需要,人们购买自我清洁用品、装饰品、美容用品、学习用品以及有助于提高某方面技能的专门用品等。在设计这类产品时,应以美观高雅、配套协调、使用方便、功能齐全为原则。

5. 情感的体现

现代社会,随着生活节奏的加快,消费者在强调产品实用性的同时,越来越注重感情消费,即希望通过消费活动获得某种情绪感受,满足特定的精神需要,如表达友情、亲情;寄托希望、向往;追求自然、回归;展示情趣、格调等。日本经济界曾经分析消费者的需求,将其发展大致分为三个阶段:第一阶段是"量的满足时代",第二阶段则是"质的满足时代",第三阶段就是"感情满足时代"。按照这一划分,从中国消费现状来看,人们开始更多地追求消费中的心理满足,这表明中国消费需求已经初步达到了"质的满足时代",并表现出向"感情满足的时代"演变的趋势。某些产品如工艺品、装饰品、名人字画、珠宝首饰等,因其设计新颖、造型别致而蕴含丰富的感情色彩,能够满足消费者的情感需要,受到消费者的特别青睐。这类产品的设计应强调新、奇、美、趣、雅等特点。

（五）产品时式设计要适应社会消费潮流

时尚产品的流行,一方面反映了科学技术的进步;另一方面也反映了消费者渴望变化,求新、求美、求奇的心理倾向。企业开发、设计、生产、销售某种时式产品,在客观上会起到引导潮流、指导消费的作用。社会消费潮流的传播有以下三种形式:

第一,自上而下的顺流倡导传播。就是由社会上层政治领袖、经济界头面人物、社会名流、影视明星、体育名人首先使用某种产品,然后引起社会公众仰慕,进而效仿,传播扩散,在整个社会各阶层中形成风气。

第二,社会群体的横向倡导传播。就是由某一社会群体在某一时期消费使用某种产品,追求某种消费形式,然后向其他社会群体蔓延、普及,最后形成社会消费潮流。

第三,自下而上的溯流倡导传播。就是由社会居民首先采用,然后向上溯流传播,形成风气。

这样,经过不断向上、向下以及横向的蔓延、传播,引起其他消费者的模仿购买行为,并逐步形成风气,达到高潮。这时,如果产品不能及时再创新,或没有新的时尚出现,这个高潮会逐步减退,直至消失。同时,由于某些新产品一旦被接受,极易形成时尚现象。因此,企业在进行新产品设计时必须善于捕捉时式现象、预测时式现象,研究和迎合消费者追求时尚的心理,及时创造出新颖、独特、健康的新产品,加以倡导和普及,使之成为时式流行,这样才会大大提高新产品的成功率。

第二节　消费者接受新产品的心理研究

一、消费者接受新产品的心理过程

消费者接受新产品的心理过程实际上是消费者从第一次听到一种新产品到最后决定接受这种产品的心理过程。从本质上讲,它等同于消费者的决策过程。与一般决策过程不同的是,新产品的采用涉及到更大的风险,需要搜集更多的信息,决策过程相对更为复杂。据观察,消费者采用一种新产品,一般需经历以下五个阶段:①知晓,即对该新产品有所觉察,但缺少关于它的信息;②兴趣,即通过初步接触和了解,意识到新产品的价值和利益,产生出更多地搜集该产品信息的倾向或动机;③评价,即产生试用该新产品的念头,并从各方面评价这种产品是否适合自己的需要,考虑购买它是否明智;④试用,对于非耐用品,可能是少量地购买;对于耐用品如汽车,可能是试开或者拿朋友家的产品作一亲身体验。试用的目的是为了修正原有的评价,为决定是否采用提供进一步的依据;⑤采用,如果试用获得了较为满意的感受,消费者可能会决定采用,即决定全面和经常地使用该新产品。

二、影响消费者购买新产品的心理因素

(一) 消费者对新产品的需要

需要是消费者一切行为活动的基础和最初原动力。同样,能否满足需要,也是消费者购买新产品与否的决定性因素。换言之,只有符合并能够满足其特定需要的新产品,才能吸引消费者积极购买。由于不同消费者的需要内容、需要程度千差万别,因而对新产品的购买行为也各不相同。当然,消费者对新产品的需要可以是现实的,也可以是潜在的;可以因消费者自觉意识,也可以因新产品的出现引发。

(二) 消费者对新产品的感知程度

感知和了解新产品是消费者购买新产品过程的起点。消费者只有对某一新产品的性能、用途、特点有了基本了解之后,才能进行分析判断。当消费者确信购买新产品能够为自己带来新的利益时,就会由此激发购买欲望,进而实施购买行为。因此,正确和全面感知有关信

息,对推动消费者购买新产品行为具有重要意义。而感知能力的强弱直接影响消费者接受新产品信息的准确度和敏锐度,从而导致消费者在实施新产品购买行为中的时间差异。

(三) 消费者的个性特征

消费者的兴趣、爱好、价值观、气质、性格等个性倾向性和个性心理特征千差万别。这些差别直接影响消费者对新产品的需求选择和接受新产品的程度与速度。符合其兴趣和偏好、个性灵活、乐于接受变化、富于冒险和创新精神的消费者,往往较之性格保守、偏于固执、守旧的消费者更容易接受新产品,且接受速度更快。

(四) 消费者对新产品的态度

消费者对新产品所持的态度,是影响新产品购买行为的决定因素。消费者在对新产品感知的基础上,通过对新产品与旧产品的各项指标进行比较、分析,从而形成对新产品的不同态度。如果消费者经比较后,确信新产品具有独创、新奇、趋时的特点,能为消费者带来新的利益及心理上的满足,消费者就会对新产品持肯定的态度,实施购买行为。

三、新产品购买者分类

不同的消费者对新产品接受的快慢程度不同,因此造成了消费者对新产品的感知反应速度和实施购买速度不同。表现在购买时间上,即有先有后。罗杰斯(E. M. Rogers)根据接受新产品快慢的差异,将消费者分为五种类型,即率先购买者、早期购买者、前期购买者、后期购买者和滞后者。新产品购买者的类型比例见表9-1。

表9-1　新产品购买者的类型比例

购买者的类型	心理特征	比　例
率先购买者	冒险倾向——有尝试新产品的嗜好;能够面对风险;乐群性;与其他率先者交流	2.5%
早期购买者	尊重倾向——更容易融于社会环境;三思而行;以意见传播者为主;是效仿的对象	13.5%
前期购买者	斟酌倾向——在时间上比大众接受新事物稍快;很少是领军人物;有时在采购前会反复斟酌	34.0%
后期购买者	疑心倾向——在时间上比大众接受新事物稍慢;迫于压力或图经济实惠才会选购;谨小慎微	34.0%
滞后者	保守倾向——最后认同创新的群体;传统守旧;对新事物持怀疑态度	16.0%

(一) 率先购买者

率先购买者是新产品刚上市,最先实施购买的消费者,又被称为新产品消费的带头人,占全部潜在购买者的2.5%左右。这部分消费者求新、求奇、求美的心理需求强烈,富于创新和冒险精神;对风险有较强承受能力;乐于凭借自己的价值观与标准对新产品进行判断。率先购买者虽人数很少,但可以起到示范、表率、带动其他消费者的作用,因而是新产品推广的首要力量。企业营销人员在向市场推出新产品时,应把促销手段和传播对象集中于最早购买者身上,如果他们采用效果较好,就会大肆宣传,影响到后面的使用者。不过,找出最早购买者并非易事,因为很多最早购买者在某些方面倾向于创新,而在别的方面可能是守旧者。一般认为率先购买者有较高的收入,受过良好的教育,具有冒险精神,总体上比较年轻。

(二) 早期购买者

早期购买者,指新产品上市初期,继消费带头人购买之后,马上投入购买的消费者,约占全部潜在购买者的13.5%。这部分消费者对新生事物感兴趣,对新产品有比较强烈的消费欲望,是新产品购买的积极分子。正因如此,他们常常去搜集有关新产品的各种信息资料,成为某些领域里的舆论领袖。早期购买者与率先购买者一样,人数也较少,但是这类购买者绝大部分是在产品的介绍期和成长期采用新产品,并对后面的采用者影响较大。因此他们对于带动其他消费者购买新产品有重要作用。

(三) 前期购买者

前期购买者是新产品消费的大众群体。这是经过"率先购买者"和"早期购买者"对新产品的特点、性能、用途等证实之后,实施购买行为的消费者。这类购买者采用新产品的时间较平均采用时间要早,构成34%的市场份额。他们的购买行为基本上发生在产品成长阶段。这部分消费者在消费中具有明显的同步仿效心理,他们乐于接受新生事物,但是一般比较慎重,一旦证实新产品的特点后,会马上实施购买行为,成为形成某一消费热潮的重要力量。其特征是:深思熟虑,态度谨慎,决策时间较长,对舆论领袖的消费行为有较强的模仿心理。他们虽然也希望在一般人之前接受新产品,但却是在经过早期购买者认可后才购买,从而成为赶时髦者。由于该类采用者数量较大,是促成新产品在市场上趋向成熟的主要力量,因而研究其消费心理和消费习惯对于加速新产品扩散有着重要意义。

(四) 后期购买者

后期购买者指当大部分消费者接受并使用新产品后才开始购买新产品的消费者。这类购买者的购买时间较平均购买时间稍晚,约构成34%的市场份额。这部分消费者的思想谨慎,对新生事物反应较迟钝,总是被动地顺应消费趋势。所以,他们从不主动采用或接受新产品,当看到购买新产品的人越来越多,并已证实新产品的特点及由此带来的消费趋势后,他们才开始购买。这部分消费者人数大体同"前期购买者"一样,他们对于新产品在市场上达到成熟饱和状态作用重大。

(五) 滞后者

滞后者也称保守者,指最后购买和最终拒绝购买新产品的消费者。这类购买者构成16%的市场份额。有些消费者受保守心理、传统观念、文化水平及所处环境的束缚,拘泥于传统的消费行为模式。当新产品处于饱和状态或趋于衰退状态时,才实施购买。严格地讲,他们此时购买的已不是新产品。

信 息 框

表 9-2　率先购买者和保守者的主要差异

属　　性	率先购买者	保守者
对产品的兴趣	大	小
成为意见传播者的可能性	大	小
个性		
武断性	开放	保守
追求独特新颖	高	低
社会倾向	自主	他主
乐观性	高	低
求异性	高	低
风险知觉	低	高
冒险性	高	低
购买与消费特性		
品牌忠诚度	低	高
购买癖好	大	小
使用频次	多	少
接触媒体的习惯		
一般报纸杂志	强	弱
特殊报纸杂志	强	弱
电视	弱	强
社会性		
社会融入	强	弱
社会交际	强	弱
加入社团数量多少		
人口统计特性		
年龄	小	大
收入水平	高	低
教育程度	高	低
职业地位	高	低

第三节　新产品推广与消费心理

一、新产品的扩散模式

新产品扩散是指某种新的产品或服务,通过一定的媒介逐步传递到消费者中的过程。新产品的扩散模式(diffusion pattern)大致可分为三种,即正常模式、快速模式、慢速模式。如果新产品被采用得很快,曲线就变成图9-1中的快速模式,如果新产品被采用得很慢,曲线就变得比较平滑,延续得也比较持久。

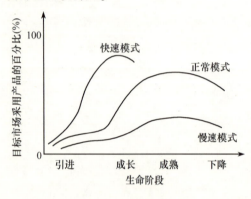

图 9-1　新产品的扩散曲线

从图中可以看出三种扩散模式的扩散曲线形状均呈 S 形,消费者对新产品的接受是先慢后快、先低后高,直至达到自然极限。

产品初上市时,由于消费者对新产品的信息缺乏了解,没有建立起新产品的评估标准,对新产品能带来的利益缺乏信心等方面原因,消费者接受率较低。随着有关新产品的信息通过大众传播媒介,如广播电视、报纸杂志、网络等,以及人际传播,如口头传播、消费示范等在消费者中不断传播,使更多的消费者了解到新产品的性能、质量等必要的信息,已经建立起新产品的评估标准,同时,消费者有了其他消费者使用效果的参照,相信使用新产品的确能获得好处和利益,在心目中建立起新产品的良好形象,这时,消费者会以较快的速度接受新产品。当新产品的社会拥有量趋于饱和时,消费者对新产品的接受率会逐步下降,如果市场上没有更新一代产品能够替代这种产品,那么,这种产品的社会拥有率将相对地稳定在一定水平上。如果市场上出现另一种可以替代这种产品的使用并且有更突出的优点的产品,那么,这种产品的社会拥有率便会下降,直至被更新一代的产品完全取代。

二、新产品扩散的主要信息传播渠道

新产品的扩散过程,也是新产品信息的传播过程。传播新产品信息的主要渠道是大众传播媒介,如广播电视、报纸杂志、网络等,以及人际传播,如口头传播、消费示范等。从社会心理学的角度分析,大众传播媒介主要起新产品信息在消费者中广泛、迅速传播的作用,人际传播主要起着新产品信息广泛传播和改变消费者对新产品不良印象的作用。从市场营销来分析,对新产品扩散起作用较大的信息传播渠道是消费者口头传播、亲自观察和广告。

(一) 口头传播

家庭成员、同事、同学、亲朋好友之间的往来活动,都会形成口头传播信息,其中两个人以上的面对面的交谈,是口头传播中最重要的形式。一些研究成果表明,口头传播在新产品信息传播中起着非常大的作用。

案　例

"石头"也疯狂

——口碑营销的典范

"200 万的生意被你做成了 1000 万!"《疯狂的石头》中的这句台词竟然变成了现实。这个低成本、高票房的奇迹也许将成为中国电影制造的一个经典。就如同它前卫的名字一样,这个仅花费 300 万元的小成本国产影片,让很多看过的、没看过的人都为它疯狂不已。即使是在海外巨片《超人归来》上映的当天,《疯狂的石头》也是当时上映的各影片中场次减少量最低的一部。在北京、成都、广州等地影院,"石头"在晚间黄金场的平均上座率为 80% ,这些状况让部分影评家对于"石头"票房走势的担忧一扫而空。上映 17 天,该影片的总票房就突破千万,首批 30 万套 DVD 也全部脱销。疯狂的票房走势带动"石头"的身价持续上涨,网络播映权、电视台播映权都卖出了国产小成本影片的天价。

这部由刘德华投资,宁浩导演,所有演员都操着一口重庆方言的纯娱乐电影,没有铺天盖地的宣传、没有明星的加盟,在简单试映了一下之后,影迷们疯狂的好评便如潮水般涌来,正是观众的口口相传成就了"石头"的高票房。

电影的营销,是从张艺谋导演的《英雄》开始,渐渐被国人所熟悉的一个概念。但现在的所谓大片仿佛走向了另一个极端。2002 年《英雄》,首映典礼放在人民大会堂;2004 年,华谊兄弟影视公司为《天下无贼》设计了一个别具特色的发行仪式:邀请记者,包下专列从北京奔赴香港,并命名"无贼号";2005 年的《无极》,宣传费用高达 1 亿元,在戛纳电影节上,更是花 30 万欧元宴请片商。

超级奢华的营销,当然也为这些影片带来了不俗的票房成绩。《英雄》一举拿下 2.5 亿元的国内票房,《天下无贼》也赢得了 1.2 亿元票房的好成绩,阵容空前豪华的《无极》国内票房也号称突破 2 亿元,而其市场开发效益据说更是达到 20 亿元左右。但是,不难看出,这些商业大片几乎只能成为个别创作者和公司的个案,操作模式和经验很难复制推广。《无极》、《英雄》、《十面埋伏》的高票房更多的是导演的"品牌效应"。

制作成本仅仅 300 万元的《疯狂的石头》,营销的费用同样少得可怜,但是,跟内容制作上的智慧一样,"石头"在造势方面做得也很聪明,他们没有选择烧钱式的、狂轰滥炸的广告攻势,而是看重了口耳相传的口碑效应。在公映之前,"石头"就在制造口碑上下足了工夫。通过上海电影节上的宣传活动和影评人放映专场,先行在影评人和媒体中进行了预热。紧接着推出在五城市做的免费放映,最直接地创造了口碑,提高了影片人气。在影片正式公映之前两周,已经持续不断地传出了一波波好评。同时,在照顾传统媒体的同时,"石头"更充分利用电影论坛、MSN 及博客等形式进行宣传,这已经成为那些相对专业的影迷获取电影信息的重要途径。公映之前首先吸引了这部分人,加上有扎实的影片质量作保证,"一传十,十传百"的原始传播效果不容小觑。

不完全统计显示,有 50% 的观众走进电影院看《疯狂的石头》是因为亲友同事的推荐。30% 是因为"石头"在网上的超级人气,网络时代的口碑传播在这里显示了最强势的威力。"打开 MSN,不少朋友的 MSN 签名都是跟《疯狂的石头》有关的内容。""这是我这么多年以来,看过的最好的国产影片! 这样疯狂的赞美,不胜过多少广告?"许多观众这样说。

（二）亲自观察

新产品上市后，许多消费者在得到一些信息后，往往要通过亲自观察去验证所得到的信息，同时补充一些所需要的信息，进行信息组合、过滤和筛选，以便决策时使用。一些研究成果表明，消费者通过亲自观察渠道获取产品信息，在购买诸如家具、家用电器、服装等产品时的作用，仅次于口头传播而居第二位。

（三）广告

广告信息传播对推动消费者购买新产品的作用，在一般情况下比口头传播和亲自观察的作用要小。许多学者认为，广告的作用是能够使消费者知道有什么新产品推出，了解该产品的用途和性能，但广告不一定能使消费者相信新产品的优点。消费者对产品优点的信任，最重要的是来自消费者所信任的人的信息传播。因此，广告在向消费者介绍新产品的优点时，应当实事求是，恰如其分，言过其实或过分的吹捧，不但收不到广而告之的效果，还会起相反的作用。

三、影响新产品扩散的因素

新产品扩散的速度，也就是新产品扩散具体呈何种曲线，取决于很多因素，主要有以下几个方面：

（一）产品特征

1. 产品的相对优势

产品的相对优势指新产品优于老产品的程度。对于消费者来讲，这是最具吸引力的一点，也是消费者购买新产品的重要心理动机。新产品的创新程度越高，在市场上的扩散率及占有率也就越高。比如，手机的市场普及率很高，原因之一就在它能够给消费者带来更大的方便。

2. 产品的适用性

产品的适用性是指消费者感到新产品满足他们需求的程度。

3. 产品的复杂性

产品的复杂性是指消费者理解和操作新产品的难易程度。产品越简单，就越容易被消费者所接受。如果消费者要用很多精力和很大的耐心去了解和掌握新产品的用途和使用方法，加之消费者的知识水平不等，理解力不同，无形中就会给消费者造成心理障碍，影响新产品的推广。因此，在着重于新产品的性能、用途、工艺等方面创新的同时，要尽量追求产品简单明了，最大限度地减少消费者在理解和掌握新产品上的精力和时间花费。

4. 产品的试用性

产品的试用性是指在有限的条件下，消费者试用新产品的可能性大小。试用性对于新产品推广速度有直接影响。一种新产品被试用的几率越大，消费者就越能够对其做出评价，购买的可能性就越大。耳闻目睹不如亲身一试，如果能亲自试用某一新产品，亲身体验到产品的特点，比采用其他方式进行宣传对它的影响程度大得多。

5. 产品的可传达性

产品的可传达性是指新产品的优势或特点能够让消费者感知、想像和描述的难易程度。越容易让消费者感知、想像和描述的产品即可传达性强的产品，越容易在市场上推广。消费者购买新产品,不仅要满足适用上的需求,同时还希望自己购买的新产品的优点也能传达给其他消费者,让别人承认,获得赞许,得到心理上的自我满足。例如新款手机、时装等,当新产品上市后,由于使用在外,能见度高,能够让潜在消费者直观认知该新产品,因此扩散速度快。

(二) 社会系统的特性

一种新产品的推广通常是在一定的社会系统内部发生的。社会系统是一个物理的、社会性的或者具有文化差异的环境,人们在这个环境中生活、工作。例如,对于一种新药而言,社会系统就是从事该项病症治疗的医生。因此,社会系统就是一个新产品进行推广的区域。

第一,新产品与社会成员原有价值观越是接近,扩散速度就越快。第二,社会成员同质性(很难细分)越高,扩散速度就越快,即越是等级森严、文化差异很大的社会,新产品扩散的速度就越慢。第三,新产品在不同文化之间的传播与扩散速度,取决于两种文化之间的相似程度。比如,一些在美国受欢迎的新产品,导入到欧洲市场可能比导入到亚洲市场更容易被接受和被采用,因为欧、美文化的相似程度要高于亚洲与美国文化的相似程度。第四,社会系统氛围很前卫,那么新产品的接受度就高,反之,如果社会系统氛围很保守,新产品就会因被视为对现有模式产生冲击而受到排斥。研究者认为前卫的社会系统具有以下特点:对创新采取积极态度;成员的技术与技能素质很高;重视教育与科学;强调理性和社会秩序,而不是依赖感情行事;与外界沟通顺畅,使得新的理念容易传入该社会系统;内部成员能够从不同的角度审视自己。

此外,面向年轻、受过良好教育和更富流动性的消费群体销售的新产品,被采用的速度更快,同时产品进入衰退期的时距也更短。

(三) 市场营销活动

企业能够通过有效的营销策略,如更高的品质、大规模的宣传等影响新产品扩散的进程。

四、新产品推广的心理策略

新产品一旦进入市场,即面临两种命运——成功或失败。为了保证新产品在市场上获得成功,除了使它的设计要能满足消费者生理和心理需求外,还要运用正确的策略去推广新产品。常常有这种情况,尽管新产品有许多优点,但消费者并未完全感知产品,这就需要进行各种方式的宣传,促使消费者意识到新产品能够更好地满足他们生理或心理上的需要。这样才能使消费者在短时间内认识、承认并接受新产品。

(一) 针对新产品接受者心理差异的推广策略

如前所述,接受新产品时间先后不同的消费者的心理特征不同,因此,应采取不同策略以加速新产品的推广。对于率先购买者应注意利用赠送样品、直接沟通、感情投资等方式促使他们试用新产品;对于早期购买者应注意发挥广告人员推销的信息传播力度大的优势,使他们尽快形成对新产品的正确认识从而接受新产品;对于中期采用者应注意价格策略的作用。其中应以率先购买者作为推广活动的重点。

(二) 针对消费者接受新产品的心理过程的推广策略

如前所述,消费者接受新产品一般要经过"注意—兴趣—评价—试用—接受"的心理活动过程,推广策略还应针对消费者在不同阶段的心理活动过程来制定。在消费者注意阶段,要采用对比强烈的信息传播手段突出新产品的特点,吸引消费者注意。在消费者兴趣阶段,要注意利用视听媒体传播广告信息,强调新产品的相对优点和可带给消费者的新利益以激发消费者的兴趣。在消费者进行评价的阶段,要注意信息传播的完整性,进行有针对性的劝说与诱导,促使消费者尽快做出购买决策。在消费者试用新产品阶段,要注意加强双向信息沟通,及时了解消费者的反应并做出适当的解释,指导消费者最终接受产品。

(三) 针对新产品扩散过程的推广策略

新产品最初出现在市场上时,消费者对它还很陌生,因而在心理上缺少安全感。这种心理障碍会导致许多消费者采取等待观望态度。特别是有些新产品的问世,是对消费者原有的消费习惯、消费方式及价值观念的否定,很多消费者在心理上没有接受及顺应这一变化的准备,这会导致他们对新产品采取消极甚至抵制态度。针对这些问题,企业在新产品进入市场的初期,要采取各种方式手段,大力宣传和介绍新产品的性能、效用、使用方法以及为消费者所提供的服务,来消除消费者心理上的障碍。这一阶段的宣传,对于具有强烈消费欲望和求新、求美、求奇心理需要的消费者影响很大,他会因此而首先购买和试用新产品,起到消费带头人作用,同时也起到了替其他消费者使用、验证新产品的作用。

产品进入成长阶段后,新产品质量趋于稳定,性能提高,成本下降,价格也可降低,这些特点对于消费者很具有诱惑力。但是,由于新产品进入市场的时间还不长,大多数消费者还未完全消除心理上的障碍,有些消费者对新产品仍持抵制态度。这时,企业除了继续运用各种方式和手段宣传新产品的优点外,还要充分利用新产品的消费带头人进行证词性的宣传,创造消费者间接试用和尝试新产品的效果,打消消费者的顾虑,消除或减轻心理上的"不安全感"。这一时期,企业宣传的重点是,运用消费者乐于接受的方式,向他们宣传和介绍使用新产品能为消费者带来哪些好处,着重宣传使用新产品后形成的新的消费习惯、消费方式,与使用老产品时形成的消费习惯、消费方式相比,有何优越性、科学性等。通过宣传使消费者清楚地了解到使用新产品后,能为自己带来何种新的利益,从而逐步消除抵触情绪,促使消费者对原有消费习惯、消费方式及价值观念产生动摇,直至放弃。这一时期,企业还要注意收集新产品的反馈信息。由于消费者的需求及个性心理特征不同,因而对新产品往往表现出不同的态度反应。比如,有的消费者对新产品的某些性能指标特别关心,并以此作为是否购买新产品的关键因素;有的消费者则格外注重新产品的外观造型,并根据是否符合其审美需要来决定购买与否。企业应根据消费者的态度反应,有针对性地进行宣传,消除消费者的各种心理障碍,使新产品在市场上的发散面不断扩大直至普及,进而使新产品顺利进入成熟状态。

 **本章小结**

1. 凡是能够给消费者带来新的效用和利益,具有新功能、新结构、新特点的产品都是新产品。按照产品的创新程度,新产品可以分为全新产品、革新产品、改进产品三种类型。

2. 消费者购买新产品除了追求其基本功能满足生理需要外,更多的是追求心理上的满足。因此新产品的设计要满足消费者对新产品的心理欲求,在产品设计中要把握基本的心理策略。

3. 根据接受新产品快慢的差异,将消费者分为率先购买者、早期购买者、前期购买者、后期购买者、滞后购买者五种类型。

4. 消费者采用一种新产品,一般需经历以下五个阶段:知晓—兴趣—评价—试用—采用。

5. 消费者的需要、对新产品的感知程度、个性、态度是影响消费者购买新产品的心理因素。

6. 新产品扩散是指某种新的产品或服务,通过一定的媒介逐步传递到消费者中的过程。新产品的扩散模式大致可分为正常模式、快速模式、慢速模式三种。消费者对新产品的接受是先慢后快、先低后高,直至达到自然极限。

7. 传播新产品信息的主要渠道是大众传播媒介及人际传播。

8. 影响新产品扩散速度的因素主要有产品特征、社会系统的特性以及市场营销活动的质量。

9. 从新产品接受者心理差异、消费者接受新产品的心理过程以及新产品扩散过程三个方面分析了新产品推广的心理策略。

思考题

1. 新产品有哪些类型?
2. 消费者对新产品的心理欲求有哪些?
3. 新产品设计的心理策略是什么?
4. 简述新产品购买者的类型和特点。
5. 影响消费者购买新产品的心理因素有哪些?
6. 简述新产品的扩散过程。
7. 影响新产品扩散模式的主要因素有哪些?
8. 新产品扩散的主要信息渠道有哪些?
9. 简述新产品推广的心理策略。

典型案例与讨论

彪马——落伍品牌建立新的生活态度

德国品牌彪马是 1998～2003 年运动服饰市场销售额和利润增长最快的品牌,成长率连续 6 年超过两位数字。令人惊讶的是,2002 年彪马在美国的广告经费仅为 390 万美元,而同年,耐克的广告支出为 1.2 亿美元,锐步的支出为 4530 万美元。

20 世纪八九十年代,彪马曾经一度在销量上远远落在耐克、锐步和阿迪达斯等运动服装巨头后面。除了那个小小的美洲豹 Logo,丝毫看不出这个品牌和耐克、阿迪达斯的区别,彪马被看作是落伍的品牌,百货公司纷纷将彪马运动鞋放到了廉价货柜上,1993 年彪马到了破产的边缘。

1994 年,年仅 30 岁的 Jochen Zeitz 被任命为公司的 CEO,纽约 Wells Fargo 有价证券投资公司董事总经理约翰·山利认为:"彪马是品牌管理最佳的运动服饰品牌,它的产品线设计得严谨合理,在细分市场和分销渠道管理上有着长期明确的目标。"

按"生活态度"细分消费者

Zeitz 一上任就指出："个性是我们的生存关键,我们要做消费者最想要的运动生活方式品牌,不然我们根本不可能和耐克等巨头竞争。"

当时,差不多所有企业在对消费者进行细分时采用的都是传统的人口统计学方法,按照消费者的年龄、学历、收入等标准来划分。彪马公司全球品牌管理总监却认为:"一位 19 岁日本中学生的生活态度和品牌偏好度可能跟一名 30 岁的纽约黑人一样。思维态度和生活方式是影响彪马消费者最重要的因素,创造一种属于彪马的、独特的品牌态度也是我们品牌营销的核心。我们将'运动'定义为一种积极的生活方式,希望彪马的消费者即使是变成了 70 岁的老奶奶仍然是这种生活方式,同时也是品牌的忠实顾客。"

彪马市场细分的核心就是要牢牢地抓住早期购买者,"早期购买者"大约占总数的 13.5%,他们一般都是某一个市场或领域的"意见领袖",可以帮助将品牌或产品推荐给前期购买者、后期购买者、滞后购买者。

彪马并不是按照价格来区分品牌的产品线,而是考虑哪些产品是"为早期购买者设计的",哪些是为从众者设计的,为"早期购买者"设计的产品更具有超前和时尚的概念。产品的分销渠道也是如此,彪马根据不同产品线的特点,让前卫设计产品出现在一些时尚小店,而那些主流一些的产品则在 Foot Locker 这样的运动服饰专卖店销售。Jochen Zeitz 透露,Foot Locker 曾经提出在连锁店中销售彪马的全线产品,如果彪马这样做的话,可以轻易地让产品销量提高一倍。但是,这一提议却被彪马婉拒了,"我们可不希望那些购买彪马最酷产品的家伙们,看见他们千方百计找到的鞋子满大街都是。"Zeitz 表示:"彪马并不是拼销售量,长期稳定的成长以及和消费者建立终身稳固的联系才是我们的目标。"

紧接着,彪马与超级名模及瑜珈培训师克里斯蒂·特林顿合作,推出专门为女性瑜珈运动设计的 Nuala 系列,在西方掀起了一股练习瑜珈的热潮。在彪马的努力下,现在经常可以看到麦当娜这样的时尚人士足登彪马休闲鞋,手中却挽着路易·维登奢华手袋。

低价而高回报的营销活动

Jochen Zeitz 刚刚接手彪马公司时采用游击营销战术实属无奈之举。1993 年彪马亏损达 3200万美元,在巨大的压力下,Zeitz 只能采取裁员和削减营销费用等精简节约的措施。但其后,令人吃惊的投资回报让 Zeitz 决心将游击营销进行到底。跟竞争对手在大众广告和宣传上大手笔的投入不同,彪马公司把有限的营销经费投入到了低价而有创意的游击营销活动上。2002 年,彪马公司在美国的广告经费仅为 390 万元,不及耐克和锐步等竞争对手的一个零头。

2002 年秋季,彪马公司赞助了一次由前卫设计师参加的运动鞋设计比赛,比赛的名称为"节俭"(thrift)。设计师们必须用旧的衬衫、裤子、领带和钱包等原材料来设计运动鞋,公司将最后生产出来的 510 双作品命名为"有灵魂的运动鞋"。限量生产的产品被很多收藏爱好者追捧,每双鞋的价格炒到了 250 美元,有的作品还被伦敦艺术馆收藏。2002 年日韩足球世界杯期间,别的运动品牌都抓住这个难得的机会花大价钱获得官方赞助权,跟大明星签合同。彪马避开了这种一窝蜂、缺乏特色的做法,而是与牙买加、突尼斯这样的非洲球队签订了赞助合同。一方面,这样的非洲球队表现出色、出镜率颇高,而且赞助费用比大牌球队低很多;另一方面,牙买加和突尼斯运动员的性格很适合彪马品牌的路线,因为体育运动不只是血、汗和泪,更是无穷的乐趣。

2002 年日韩世界杯期间,彪马还组织了一场名为"Shudoh"(意即成为足球主人的方法)的公关活动。彪马邀请日本著名厨师专门为世界杯设计了一款寿司卷,世界杯期间在全球各大城市(包括纽约、伦敦、悉尼等重要市场)主要的日本餐馆里都有供应,并称之为世界杯期间的应景食品。如果球迷在餐馆中点这道菜,将随菜附送印有彪马 Logo 的筷子、日本清酒杯和餐巾,并举办寿司制作比赛等活动。Zeitz 表示:"(美国人)其实对足球比赛兴趣并不是特别大,这种以'日本生活方式'为主要诉求点的公关活动让受众觉得很新鲜,也使得我们的活动和其他品牌比较起来,是那么的与众不同。"

跨界联合提升品牌影响力

早在 1999 年,彪马就提出了"跨界合作"(cross over)的概念,与德国高档服饰品牌 Jil Sander 合作推出高档休闲鞋。之后,彪马的新概念有了一大帮追随者,阿迪达斯与日本品牌 Yohji Yamamoto 合作,锐步与香奈尔合作,运动品牌与时尚品牌结盟成为了潮流。

2003 年,彪马又抢先一步,与同为游击营销战术忠实拥趸的宝马公司 Mini 品牌建立了产品和品牌合作关系。彪马公司专门设计了一款以宝马 Mini 为原型的"Mini-Motion"系列运动鞋在世界范围销售。宝马公司则用彪马运动鞋的空气网孔等技术设计 Mini 新车型的座椅,并在 Mini 的外部印上彪马著名的美洲豹 Logo。Zeitz 将这次品牌跨界合作形容为两个品牌的约会和婚姻,"我们找伴侣可不能只看企业规模,得看双方性格是否合得来"。宝马 Mini 的生活方式发展经理说:"我们两个品牌实在是拥有太多的共同点了,我们一拍即合。我们都是'反传统的品牌',都是那么信仰游击营销,都花了很多精力研究品牌怎样在消费者之间传播。我们,通过生活态度来找到我们的消费者,跟彪马公司的营销人一起制定营销计划真是一件轻松、愉快而有趣的工作。"

2004 年,彪马公司宣布,通过与宝马 Mini 的跨界合作,彪马成为了 2004 年 F1 夺标呼声最高的宝马－威廉姆斯车队的服饰供应商。

资料来源:王卓,米基梅尔逊. 成功营销

分析讨论题:
从新产品推广的策略分析彪马是怎样成为服饰市场销售额和利润增长最快的品牌的?

第十章 商品品牌、名称、商标、包装与消费心理

随着我国加入世界贸易组织，市场竞争在日趋激烈的同时，也向着规范化方向发展。企业之间的竞争越来越表现为商品品牌的竞争，产品除了应该具有真正意义上的优良质量外，更为重要的是还要拥有自己的产品品牌。某一产品的品牌知名度高，意味着消费者对该产品的认同感强，标志着该产品的市场占有率大。在消费者购买商品过程中，商品的品牌名称、商标和包装直接作用于消费者的感觉器官，被消费者首先感知并引起相应的心理反应。根据消费者的心理特点采取适当的命名、商标和包装心理策略，并利用品牌的心理效应促进消费，是企业制定市场营销策略组合的重要组成部分。

引导案例

苏木卿与"石头记"

从 1998 年 1 月 1 日第一家专卖店开张至 2006 年，"石头记"在全国各地的加盟店总数已经达到 850 家。"石头记"那红底白字的招牌，醒目划一的店面设计在中国内地 300 多个大、中、小城市最繁华的街道上触目可及。

1993 年，圆艺珠宝企业领衔跨越台湾海峡投资内地，在广州建成大型厂房，采用最先进的自动化设备，努力向玉石界"世界第一"迈进。1997 年，圆艺公司注册成立"石头记"服务商标，宣告中国宝玉石界第一个商业化品牌诞生了！"今生我与你有缘"，"石头记"秉承《红楼梦》的文化精神，以发扬中华传统文化为己任，赋予玉石新的概念，展现浑然脱俗、不同凡物的产品风格，体现温馨浪漫、拥抱自然的风情。

《红楼梦》是大家非常熟悉的文学作品，曹雪芹在《红楼梦》的开篇这样写道，"无材可去补苍天，枉入红尘若许年。"女娲补天剩下一块顽石，弃于青埂峰下。这块通了灵性的顽石后来身入红尘，历经悲欢离合，世态炎凉，直到顽石归天，全书写的就是这块顽石的故事，所以《红楼梦》又名《石头记》，《红楼梦》中的人物，都是与这块补天的灵石结缘的人。

"石头记"2000 年推出的广告专题片，其中有这样一段词："人类从石器时代起，就和石头结下了不解之缘，为了生存，为了御敌，为了信仰，为了寄托，同时，也为了装点美。……"是的，"缘"便是"石头记"广告乃至"石头记"企业文化的主题与内涵。它蕴涵"石头记"对人们的祝福，也传递着"石头记"向世人表达的美好愿望——珍惜人与大自然之间的缘，珍惜人与石之间的缘，珍惜人与人之间的缘，也珍惜人们与"石头记"之间的缘。

苏木卿——"石头记"饰品有限公司的总经理，立志与天下所有灵石广结善缘。苏木卿，

是台湾珠宝业一个了不起的传奇人物。军人出身的他,27岁退伍回乡后,本来想当一名教师,但因为兄长们开设的玉石加工作坊缺少人手,苏木卿不得不放弃自己的理想,一脚迈进了兄长们的玉石作坊。狭小的空间、落后的手工制作,让年轻的苏木卿意识到,这样的作坊生产在市场上根本没有竞争力,随时都有破产的可能,于是,他想到了策略联盟,就是将许多小作坊联合起来,统一进料、统一生产,然后统一销售,这样可以增加企业的竞争力……

在兄长们将信将疑的目光中,苏木卿实现了他生平第一次"策略联盟",仍然是那些人,仍然是那些机器,却在苏木卿一手创办的"圆艺珠宝企业有限公司"的旗号下获得新生。仅仅经过三年历练,圆艺企业就在许多同业惊诧的目光中,当仁不让地登上了台湾宝玉石界第一把交椅,为年轻的台湾圆艺涂上了一层传奇色彩。然而世事无常,正当圆艺快速发展的时候,却遇到了80年代台湾泡沫经济最严重的时候,通货膨胀、物价上涨,技术工人很难找到,一时间,台湾圆艺的发展受到严重打击。如何才能走出困境? 34岁的苏木卿决定到台湾以外去寻找发展空间,他先后考察了新加坡、南非、马来西亚等地,而这时祖国大陆的改革开放正如火如荼地进行,这让苏木卿看到了机遇。

祖国大陆和台湾是同文同宗,很好沟通,而且当时大陆的人力非常低廉。开始的时候,苏木卿走的是来料加工的路子,就是从国外进原料,加工后再销往国外。利用低廉的劳动力资源,苏木卿在祖国大陆赚得了第一桶金,这让他信心倍增。然而,随着生产规模的扩大,企业的产能远远超过了外销所需,怎么办? 苏木卿后来发觉到自己忽略了大陆市场,大陆有十几亿人口,虽然不富裕,但是这十几亿人口有一亿富起来,都是很大的一个消费能力,如果能够把产品卖给一万稍微富起来的大陆人的话,就是一个很大的市场了。

目标已经确定,接下来苏木卿要做的事,就是了解祖国大陆的消费者喜欢什么样的产品。那时他认为,20世纪90年代初祖国大陆的消费者还并不富裕,所以美观、价格低廉的饰品应该会有市场。因此,苏木卿在生产时毅然放弃了高档的缅甸玉、羊脂玉等原料,而是采用产量较多且色泽艳丽的东陵玉、玛瑙、孔雀石等石料来制作饰品,那么,这样的产品在大陆会有市场吗?调查的结果却不让苏木卿满意。大部分消费者认为,苏木卿那些制作精美的饰品几百元甚至几十元钱就可以买到,肯定是假货,因为真正的玉石饰品不可能这么便宜。全国几乎百分之八十的消费者提出了这样的疑虑。的确,在一般人的印象里,玉石、玛瑙、水晶等石料制成的首饰必定价格昂贵,那么,为什么苏木卿的产品价格会如此低廉呢? 除了原料成本低以外,先进的加工技术是他降低成本的关键。那时许多工厂还采用人工打磨圆孔的方式,速度慢,效率低。而苏木卿却从国外引进了超声波技术,一个工人一天能打上千个孔,成本自然降了下来。看着自己货真价实的产品,得不到消费者的认可,这让苏木卿非常苦恼。他思前想后,认为消费者在选购珠宝时,常常缺乏基本的辨别常识,所以品牌的知名度,对他们会有很强的说服力。

"一定要在内地创造一个品牌,这个品牌是祖国同胞深信不疑的,我一定要想办法把这么好的产品推销给我们的内地同胞,让他们都能够比全世界各个国家早一步享受到这个穿金戴银,怀石拥玉的乐趣。"

然而,说起来容易做起来难,要想建立一个出色的品牌,从它的名称、宣传策划到整套形象设计都不是简单的事。因此,苏木卿特意请来专门从事广告策划工作的高海飚为他出谋划策。当高海飚第一次看到苏木卿的产品时,立刻被吸引住了。生平头一回见到那么多散发着天然魅力的玉石制品,的确应该给它们起一个好名字。片刻间,一个大胆的想法就在他头脑中形成了:"石头记"——一个很准确的名字,仅仅三个字,它所包含的内容,却能够让这个品牌形成很多的联想以及文化的发挥,这是品牌所必需的。

对于苏木卿来说,多年的苦苦思索,正应了那句"众里寻她千百度,蓦然回首,那人却在灯火阑珊处"。其实,苏木卿从年轻的时候就是一个红学爱好者,对《红楼梦》里那些优美的诗词都做过细致研究,而且还写下了许多精彩的散文、杂感。就这样,苏木卿的企业与中国古典文学名著《红楼梦》正式结缘。1996年秋天,"石头记"这个响亮的品牌终于降生了。与《红楼梦》结缘,为普通的石头蒙上了一层文化面纱。

可好名字是否就意味着丰厚的利润?"石头记"能否就此一帆风顺?中国人讲究名副其实。有了好名字,还得有好产品,才有可能真正赢得市场。

苏木卿做玉石首饰,可以说是另辟蹊径。他不追求原料本身的高昂价格,而是追求丰富多样、充满变化的外形设计,而且它的产品自成系列,每一个款式的饰品都可以用不同原料制成,达到不同的效果。其实,这正迎合了大部分年轻人追求变化的消费心理。一款"清秀佳人",彰显纯洁与青春的活力;一款"富贵人生",透露成熟与自信;而一款"七星玉坠",则让人产生无尽遐思。这些五彩斑斓的饰品,让千万年大地精华孕育出的石头,融入了现代生活。

然而,"石头记"的新产品研发也并非一帆风顺,1997年石头记推出的金石盟系列,就经历过一次不大不小的危机。金石盟系列,主要是考虑到中国内地消费者的承受能力。为保持石头记产品优质低价的策略,苏木卿让设计人员设计了不少镀金、镀银饰品,然而结果却令大家大失所望。这些仿金仿银产品,尽管款式新颖、价格低廉,上市后却无人问津。价值50万元的产品积压在仓库,销售额一落千丈。那段时间,苏木卿经常会一个人独自在办公室里看着产品发呆。在思考中,他明白到了问题的所在。对于中国内地的消费者来说,首饰材料是否货真价实才是最重要的。意识到这一点,苏木卿决定,还得从玉石产品款式设计上下工夫。而这一决定,带来了石头记拳头产品——同心系列的诞生。

近年来情人节越来越受到年轻人的欢迎,每逢情人节,热恋中的情侣们都会挑选漂亮的礼物送给对方。这对商家来说,无疑是一个难得的商机。为了抢占这个市场,大家都在冥思苦想,苏木卿和他的设计人员也不例外。转眼间快到2004年的情人节了,苏木卿考虑在情人节前要推出一款具有特殊意义的产品。但什么产品最能抓住年轻人的心呢?偶然的一次,喜欢看电影的苏木卿在影片中找到了灵感:就是兄弟分离,母子分离的时候,把一个手镯或玉佩掰成两半,然后作为以后相见的一个信物。苏木卿觉得这个故事情节,可以作为体现情人节同心概念的一个产品。

想法很好,但实际操作起来并不那么容易。我们知道,如果把一个完整的玉佩掰成两半,那破损的两半就没有价值了,所以新产品必须要求在分成两半以后,各自仍拥有独立的欣赏价值,而且需要两件产品能复原成一件,这才有纪念意义。于是苏木卿提出了同心概念,当两个合而为一的时候,又变成一个完整的商品,同心概念是在一个大心里面,挖出一个小心,代表你中有我,我中有你。

苏木卿的这种新理念在产品研发会上一经提出,立刻得到设计人员的积极响应,大家都认为这种创意很新颖也很浪漫,非常适合情人节推出。于是,乘着这股热情,苏木卿提出研发和产品宣传同步进行,既可以为新产品赢得更多的时间,也让消费者更了解同心系列。在众多的天然石材中,研发人员首先考虑使用玛瑙,因为玛瑙相比其他天然石材不仅晶莹剔透,色泽丰富,而且纹理更加清晰,最符合同心系列的设计要求。

没想到仅仅是情人节前后短短的二十多天,同心系列在全国四百多家连锁店的营业额就超过了一千万。不仅如此,苏木卿还趁热打铁,推出了比翼双飞、星月相随、两情相悦、同心缘,越来越多的消费者通过同心系列知道了"石头记",也把"石头记"与浪漫时尚联系在了一起。

资料来源:颜冰.两岸关系

第一节　商品品牌与消费心理

2006 年 4 月,中国商业联合会、中华全国商业信息中心公布了 2005 年度中国市场商品销售统计结果,从对 70 种日常消费品的品牌监测结果看,品牌消费已经成为我国城镇居民日常消费的主流,70 种监测商品中,接近 7 成商品的市场综合占有率在 50% 以上。2005 年,各类商品质量安全问题频频曝光,使得消费者在选购商品时不得不谨慎小心。品牌的知名度、美誉度是对商品质量的保证,消费者对品牌商品的信心比较强。

一、品牌的概念

品牌(brand)是一种名称、术语、标记、符号或图案,或是它们的相互组合,用以识别企业提供给某个或某群消费者的产品或服务,并使之与竞争对手的产品或服务相区别。

品牌包括品牌名称(brand name)和品牌标志(brand mark)两部分。品牌名称是品牌中可以用语言标识的部分,如"长虹"、"联想"、"六神"等。品牌标志是品牌中易于识别,但不能用语言标识而只能通过视觉传达的部分,一般表现为记号、图案、色调等的组合,如麦当劳快餐店的符号。

二、品牌的心理功能

消费者购买商品时,不再单纯为取得商品的使用价值,更主要的是获得心理和精神上的满足,而这种精神层面的高层次需要是通过品牌消费来实现的。一是品牌具有象征意义。品牌象征是指在消费者心目中,品牌所代表的与特定的形象、身份、品味相联系的意义和内涵。在这里,品牌不再是一种符号、图形,而是一种精神、意义的载体。品牌可以体现消费者的文化水平、生活方式、消费习惯、社会地位、声誉等,一定意义上,品牌象征是商品品牌赋予消费者表达自我的手段。消费者在购买商品时,总是寻求那些能证明自我价值、表达自己个性和自我形象的商品。例如,乘坐奔驰可以表现主人的庄重和成功。二是品牌具有情感意义。品牌的情感意义来源于消费者的情感需要。情感是与人的社会性需要紧密联系的内心体验,具有较强的稳定性和深刻性,情感对消费者的影响是长久和深远的。品牌的情感意义是指在消费者心目中,与品牌相联系的审美性、情感性文化意蕴。它巧妙地构建了一种生活格调、一种文化氛围、一种精神世界,引导人们通过移情作用,在商品的消费中找到自我,得到慰藉,获得情感上的寄托和心理共鸣。正因为如此,品牌还具有文化价值。在这方面,可口可乐的品牌堪称经典。可口可乐公司经过长期的研究得出结论:"名牌的背后是文化",因而刻意锻造品牌的文化内涵,使可口可乐成为美国精神的象征。正如一位美国的报纸编辑所说:"可口可乐代表着美国的全部精华,喝一瓶可口可乐就等于把这些美国的精神灌注体内,瓶中装的是美国人的梦。"品牌文化是凝结在品牌中的经营观、价值观、审美观等审美形态以及经营行为的总和。品牌的文化价值,使品牌具有了人格化的魅力,从而使消费者对其产生情感共鸣。

(一) 有利于消费者对产品产生偏好和更高的评价

品牌的象征意义以及品牌独具的个性,使人们更容易记住品牌所代表的商品的特点。而群体中人们惯常使用的和喜爱的品牌,也会不断将商品的信息提示给购买者。此外,人们对特定品牌的情感也会使该品牌从大量的信息中脱颖而出,赢得消费者的注意,使消费者对该品牌产品产生偏好和更高的评价。

(二) 有利于消费者形成对该品牌的忠诚度和认牌购买倾向

市场拥有种类繁多的商品,每一类又有诸多品牌,在如此琳琅满目的商品面前,消费者常常缺乏应有的知识。为了做出适当的抉择,他们不得不去了解必要的信息。一旦某种商品能够使之得到最大的满足时,消费者就会继续购买此种商品,由此形成对特定品牌的忠诚性。消费者在购买时就可能仅凭品牌本身顺利地完成购买任务,既节约时间,决策又省力。因此,品牌忠诚性是习惯作用的结果。再者,鉴于购买本身具有一定的风险,尤其是购买高档商品,一旦失误,经济受损,心理更不平衡。消费者认为名牌商品质量可靠、货真价实、不会受骗上当,从而形成对名牌商品的忠诚性。品牌忠诚性有助于减少风险,免受损失。此外,为了证实自己的购买方案最优,所得效用最大,消费者往往在购买结束后进行购后评价。这种评价可以由消费者自己进行,也可以征求亲友和同事的意见,或是观察社会反映。品牌文化所带来的社会影响和消费者对品牌的情感,将会给商品带来更多的附加价值,从而使消费者得到更多的效用,品牌在购后评价中起到的强化作用进一步提高消费者的品牌忠诚性。

三、品牌形象的培育

(一) 突出产品特色

品牌形象在本质上是大众对该产品属性的反映。这表明产品属性是品牌形象的一个重要变量,这一变量是可以由企业控制的。如强生公司的商品主要是针对婴幼儿设计的,所以强生品牌具有温和、柔软、无刺激的个性。

(二) 了解消费者所关注的产品特性

产品的特色只有跟消费者所关注的特性一致时,才能成为品牌形象的重要因素。因为消费者关注的特性,必定是符合他的行为选择标准的。反之,与消费者关注特性不符合的产品特性,该产品就很可能受到冷落,从而也就不可能在消费者心目中留下什么好的印象。因此,要通过目标消费者所在的社会环境和所属消费群体,来分析消费者的个性心理和消费行为习惯,了解目标消费者的需要、愿望和利益要求。例如,在美国市场上,本田汽车定位于美国中低收入的消费者和家庭用车,因而就不能像梅塞得斯一样处处体现华贵的气派和做工的精细,而要适应中低收入消费者希望满足实用和经济的需要。再如美国某化妆品公司生产的一种护肤保健品,定位为防晒、保健、防患皮肤癌,消费的主体青年男女对此反应十分冷淡。后来公司将产品定位为日晒下的保护品,能促进皮肤光滑、色彩亮丽,充满性感魅力,结果使它热销于青年男女人群中。因此,了解消费者所关注的产品特性是培育良好品牌形象的重要因素之一。

（三）设计适宜的品牌名称和品牌图案

世界名牌产品不仅有一个诱人的名称，而且还常有一个风格独特的品牌图案。著名品牌图案大多简洁、独特、新颖，富有艺术魅力，寓意深刻。一个出色的品牌图案设计应当有助于大众确立相应的品牌形象（或商标形象）。也就是说，品牌图案应该在该品牌产品的基本属性和功能的基础上，有效地引导消费者向预期的方向作深层的联想。如奔驰汽车的图案，通过精巧的设计，看上去恰似一个汽车的方向盘，高度浓缩了产品的基本属性和功能以及企业的精神。

（四）重视产品的包装

一个好的包装会增强消费者对产品的熟悉度和喜好度，从而有利于品牌形象的培育。我国自古有"货卖一张皮"的谚语，生动、形象地说明了包装对商品销售的重要影响。随着市场经济的发展，商品琳琅满目，同一商品品牌众多，并且新的零售经营方式如开架自选、邮购邮售、目录商店、仓储商店、电视商场等的不断涌现，消费者识别、认知商品越来越依赖于外观包装。商品包装得漂亮得体，不但能够吸引消费者的视线，唤起消费者的兴趣，而且还能引发消费者的联想，引起消费者的快感，从而激起购买欲望。反之，即使产品的内在质量再好，外观给人的印象不佳，也只能"孤芳自赏"。在现代市场经济中，产品包装的功能不仅仅限于保护商品，更重要的在于美化产品，宣传产品，树立品牌形象。在商品的质量、价格等因素大致相同，或消费者没有明确的购买目标和特定的品牌偏爱，或没有更多的市场信息可供参考的情况下，那些具有色彩鲜明、构图精美、造型奇异、文字醒目等特征的包装就会"先入为主"，使消费者"一见钟情"。正是由于包装有如此重要的影响力，人们又赋予它很多新的含义：包装是无声的推销员；包装是广告媒体；包装是差别化的手段；包装即销售；包装能树立形象等。

（五）加强广告传播力度

广告传播是增强品牌意识的必要条件，而品牌意识又是习得的结果。调查表明，经常接触广告的人，品牌意识明显强于不经常接触广告的人。广告传播不仅能增强品牌意识，也有助于品牌和企业形象的培育。企业应利用广告宣传、面对面促销等多种信息沟通渠道和方式，将品牌的定位传达给自己的目标消费者。这种定位提示要保证信息表达的准确无误，更要确保消费者在对信息进行理解时，不发生曲解和歧义。只有创造一个适宜的传播环境，才会有利于大众认可并接受一种原本不熟悉的品牌。

第二节　商品名称与消费心理

为产品取名实际上是选择适当的词或文字来代表商品。对消费者而言，品牌名称是引起其心理活动的刺激信号，它的基本心理功能是帮助消费者识别和记忆商品。品牌名称的好坏给消费者的视觉刺激感受程度和心理上引起的联想差别很大，从而对生产企业的认知感也不同。在日常消费中，那些有名的商品牌号常常为人们所熟知所追求，有时甚至有迷信的成分。虽然对某种商品的印象从根本上讲,取决于产品质量,然而品牌名称的宣传效果却不能忽视。当商品进入市场,人们要认识它、记忆它,首先要记住的是它的名字。一个恰如其分、简洁明了、引人注目、富于诱惑力的名字不仅可以提前赢得消费者的注意,也是消费者借以记忆和识别商品的重要标志之一,同时还会给消费者带来美的享受,刺激消费者的购买欲望。因而我们可以得出这样的结论:品牌名称是品牌形象设计的主题和灵魂。美孚石油公司商品名称的确立,花费了 40 万美元,调查了 55 个国家的语言,编写了一万多个用罗马字组成的商标后才定了下来。他们之所以肯花大本钱用在商品的命名上,就是因为他们深深认识到,一个商品的名称,代表着一定的商品质量与特征,是企业经营信誉的象征和标志。因此,根据消费者的心理特点进行商品命名是极其必要的。

一、商品命名的心理要求

商品命名的根本目的是使商品的名称与消费者的心理相吻合,对消费者产生积极的影响。所以在命名时应注意符合以下心理要求:

(一) 名实相符

名实相符是指商品的名称要与商品的实体特征相适应,使消费者能够通过名称迅速了解商品的基本效用和主要特征。比如"金嗓子喉宝",使人一看便明白是一种治疗嗓子的药。名实相符是商品命名的基本心理要求,也是其他要求的基础。

(二) 便于记忆

商品的名称主要是用来吸引消费者,加深消费者对商品的印象。所以商品的名称应易读易记,言简意赅,以便减轻记忆难度,缩短消费者的记忆过程。为便于消费者记忆,商品名称的字数不宜过长,一般以 3 个字为宜。

需要注意的是,商品名称是通过有声传播媒体(如电视、电台)、无声传播媒体(如报纸、杂志、广告牌)和众人之口传播的。概括起来,传播的受体就是人们的耳朵和眼睛,因此,听名称和读名称一样重要。而影响听读效果的往往是名称的发音。如果名称发出来的声音很难听,或者读起来很拗口,都不会让消费者喜欢和接受,而且,发音模糊、平仄不协调的品牌名也不易于消费者记忆。好的商品名称须遵循三个原则:一是读起来朗朗上口,二是听起来音节清晰,三是人们都会读,且读时不走音、不跑调。

(三) 引人注意

引人注意是商品命名最主要的目的,也是最重要的要求。商品名称要做到引人注目,应首先了解目标顾客的特征,包括年龄、职业、性别、知识水平等,以便根据不同消费者的心理需求,有针对性地对商品命名。例如,女性用品的命名应秀美小巧,男性用品应雄健粗犷,儿童用品就应活泼可爱,而老年用品则应吉祥稳重。

当然,有许多名字反其道而为之,也收到了引人注目的效果。比如,法国香水有一款取名为"毒药",其神秘的香味和独特的名称深得女士的钟爱;又如,我国的"黑妹"牙膏,名称也独具特色。但是这种反其道的命名方法,一定要适合产品及消费者的猎奇心理,如应用不当,则会适得其反。

（四）激发联想

激发联想是商品命名的一项潜在功能，是通过文字和发音使消费者产生恰当、良好的联想，从而激发购买欲望。如"精工"牌钟表，使人们联想到了钟表计时准确、工艺精致的本质特征。再如，在我们的习惯思维里，带"堂"字（如同仁堂、养生堂）的名称会让我们联想到老字号。

品牌名称最糟糕的联想是1998年，深圳机场定名为黄田国际机场，可随后不久就发现不少到深圳的乘客、特别是台湾乘客不愿意到该机场来，而是舍近求远地在香港或广州白云国际机场乘机或降落。经调查才知道，原来"黄田"在闽南语中与"黄泉"谐音，乘客当然不愿意去"黄泉"机场，这名字要多么不吉利就有多么不吉利。2001年10月，深圳黄田国际机场不得不更名为深圳宝安国际机场。"宝安"与"保安"谐音，有"保护平安"之意。更名后，深圳宝安国际机场接待的乘客明显增多。

（五）避免禁忌

当商品出口远销国外时，由于不同国家、民族的社会文化传统不同，消费者的习惯、偏好、禁忌也有所不同。此外由于各国语言文字的不同，也会造成对产品理解的差异。所以在跨国销售商品时，要充分考虑销往国消费者的偏好和禁忌。中国好多品牌中都有鸡的形象，比如说金鸡牌鞋油、金鸡牌闹钟等。这是因为鸡在中国文化中有勤奋向上的意思。因此很多厂家就相应地把这个品牌译作Golden Cock。但是国外的消费者却对这个商标望而却步，因为"Cock"这个词在英文中还表示男子的生殖器官。这个商标的英译不仅损害了商品本身的形象和企业的形象，还给人以语言粗鲁缺乏修养的印象。比如上海产白翎牌钢笔的英文名为White Feather就不是一个成功的译例。英语习惯用语show the white feather的意思为"临阵逃脱"，在英美人士眼里，使用这种产品的人便成了胆小鬼。我国著名的"杭州西湖藕粉"是出名的滋养品，历史上曾作为"贡粉"每年进献给皇帝，在国际市场上却屡屡受挫。主要原因就是当时翻译人员根据具有权威性的《汉英词典》中的"藕粉"英译Lotus Root Starch直接向外宾作广告宣传。在英语中，"粉"的用意已经改变，暗含"长胖"或"增肥"的意思，而许多西方人都怕发胖，这就不奇怪为什么英美顾客，特别是女性顾客对藕粉望而却步了。再如"帆船"地毯，也是传统出口产品，译成Junk遭到同样的命运，后改译为Junco才幸免于难，原因是Junk除了帆船之意外，还有垃圾、破烂的意思。

总之，商品的名称应力求寓意深远，情趣健康，便于记忆，能高度概括商品的特征，适应消费者的心理，激发其消费欲望，促成购买行为。

二、商品命名的心理策略

（一）以商品的主要效用命名

一般日用工业品、化妆品和医药品等商品多用此法命名。其特点是名称直接反映商品的主要性能和用途，突出商品的本质特征，使消费者能望文生义，一目了然，迅速了解商品的功效，加快对商品的认知过程。比如"脑白金"，其高明的起名策略有三：一是直接反映了产品是做什么用的——脑产品，让消费者在最短的时间内明白产品的目标定位；二是用老百姓都知道的贵重"白金"强化其产品的功能定位，使消费者很自然地联想到产品的质量优势；三是这一品牌名朗朗上口，很大众化，易于消费者接受，且记忆度高。

（二）以商品的主要成分命名

这种命名方法是为了突出商品的主要成分和主要材料，通常用于食品类、医药类和化妆品类商品。这样的命名方法可使消费者从名称上直接了解商品的原料构成，以便根据自己的实际情况选择商品。比如，"五粮液"、"藿香正气液"等。这些商品名称或强调货真价实，或突出原料名贵，都起到了吸引消费者的作用。

（三）以商品的外形命名

多用在食品、工艺品的商品命名，以突出商品造型，引起消费者的联想，便于形象记忆。比如"碧潭漂雪"茶叶，有的食品命名如"佛手酥"、"猫耳朵"等。不过采用这种方法，应注意名称和形象相统一，否则会弄巧成拙，达不到让消费者从名称联想到商品实体，从而加深对商品的印象和记忆的目的。

（四）以色彩命名

这种方法适用于食品类商品。例如，"黑巧克力"原料中巧克力的成分比较高，黑色突出了纯度。以色彩命名突出了视觉感受，使消费者对商品留下深刻的印象。

（五）以商品的制作工艺或制造过程命名

多用于具有独特工艺或具有纪念意义的研制过程的商品，使消费者了解产品制作技术的精良，研制过程的艰辛，以提高产品的声誉。这是一种经常被采用的方法。例如，"二锅头"酒在制作过程中要经过两次换水蒸酒，且只取第二锅酒液的中段，酒质纯正、醇厚。以此命名能使消费者了解该酒不同寻常的酿制工艺，从而提高商品声望。

（六）以商品的产地命名

以产地命名主要是由于产品具有悠久的历史，尤以产地的商品最具特色，享誉盛名，冠以产地名称可以突出该商品的地方风情、特点，使其独具魅力。例如，"云南白药"、"青岛啤酒"、"鄂尔多斯"、"郫县豆瓣"等。采用这种方法命名，可利用消费者对著名产地的信赖心理，给消费者以货真价实、历史久远、品质上乘的感觉，增加商品的名贵感。同时使消费者感到商品体现了地域的文化性，从而产生亲切感和偏好。

（七）以人名命名

以历史人物、神话传说、产品制造者或对产品有特殊偏好而闻名者的姓名来命名，这种方法将特定的商品和特定的人联系起来，使消费者睹物思人，引起丰富的联想、追忆和敬慕之情，从而使商品在消费者心目中留下深刻的印象，同时还可以体现商品悠久的历史和文化，表明商品系出名门、正宗独特，以此诱发消费者的购买欲望。如"老干妈"辣椒酱、"张小泉"剪刀、"李宁"运动服等。

(八) 以动、植物名命名

这种方法在儿童用品、服装等商品上运用较多。通过借用适当的动、植物名来表达产品、企业的象征意义,例如,汽车制造商对用动物名给其汽车命名就一直保持着较高热情,希望以此来赋予汽车以某种特点和个性,诸如快捷、灵活、勇敢等。再如"维尼熊"饼干、"杉杉"、"七匹狼"男式服装。

(九) 根据美好寓意命名

通过具有感情色彩的吉祥词或褒义词命名,以引起人们对商品的好感。如"富康"汽车使人致富,"金利来"领带给人带来滚滚财源。我国中药经常使用一些植物和动物,它们原来的名字可能会使消费者产生畏惧心理,进而对药物排斥和抗拒。为避免这种不良的心理作用,中医常常以其他能使人产生良好联想的名称来代替原有名称。例如,"地龙"原指蚯蚓,"夜明砂"是指蝙蝠的粪便。这种巧妙的掩饰拉近消费者与商品的距离。再如"福临门"食用油,在短短几年内坐上了瓶装食用油的第二把交椅。究其原因,除了成功的销售策略外,"福临门"品牌名也起到了很大的作用,这一品牌名迎合了30岁以上家庭主妇的"祈福"心理,因此具有强大的销售杀伤力。食用油属于非常普通的日用快速消费品,这类消费品有一个共同的特点——大众化和同质化。要在琳琅满目的同类产品中鹤立鸡群,除了广告攻势和强化终端陈列外,更为重要的是要有一个通俗易记的好名字。而"福临门"这一品牌名,是任何一个消费者都乐于接受的。

(十) 以外来词命名

这种方法在进口商品的命名时常见。应用这种方法一类是简单地将商品原有的外文名称依发音翻译成同音的汉字,不强调字义,如:"摩托罗拉"、"西门子"等;另一类是根据外文发音,选择谐音且寓意良好或与商品本身功能、特点相符的汉字构成商品的中文名称。如:"可口可乐"、"奔驰"、"伟哥"等。还有的则基本上脱离了原名的发音,只是根据其意译成中文,如"七喜"。用外来语命名主要是满足消费者的求新、求奇、求异的心理要求,而且还可以克服翻译上的困难,可谓一举两得。但是无论是直译还是意译,同样要求读起来朗朗上口,并且寓意良好。

需要指出的是,无论采用何种命名策略和方法,都要注意使名称与商品实体保持某种内在联系,与商品的特色相结合,以达到相得益彰的效果。惟有如此,才能吸引消费者,激励其购买行为的发生。

第三节　商标与消费心理

商标(trademark)是一个法律术语,是品牌的一部分(通常是品牌标志部分),经注册后受法律保护的、商品生产者或经营者的专用标志。商标是商品的一种特定标志,可以用来区分不同的商品生产者或经营者,是商品质量、功能、价值、声誉和来源的代表物。商标一般由文字、图形、符号、数字及组合构成。

一、商标的心理价值

商标不仅仅是商品的形象标记,还标志了产品的质量、规格和特征。正因为如此,商标在消费者的心目中逐渐形成了某种价值。如今商标已经被公认是极其重要的无形资产。中国品牌研究院 2006 年发布"中国 100 最具价值驰名商标"排行榜,排在前 10 名的分别是红塔山(46.866 亿元)、五粮液(44.337 亿元)、联想(43.531 亿元)、海尔(39.523 亿元)、东风(39.116 亿元)、长虹(37.284 亿元)、万科(36.225 亿元)、娃哈哈(36.011 亿元)、张裕(34.339 亿元)、格兰仕(32.117 亿元),这些商标之所以价值连城,是因为它们都具有良好的声誉。消费者只要看到这种商标,对它所代表的商品质量、价值就会深信不疑。相应地,拥有了这些商标也就拥有了一笔巨大的财富。

二、商标的心理功能

(一) 识别功能

商标是商品的一种特定标志。消费者在购买商品的过程中,可以透过商标对不同种类、质量、性质、规格、式样的商品进行识别,并根据自己的爱好、需要进行比较、选购;同时,消费者可以通过商标来了解、记忆商品的生产经营单位,以便得到相关的售后服务。在现实消费活动中,商标已成为消费者识别商品、制定购买决策的重要依据。

(二) 保护功能

商标一旦在国家商标局注册后就受到了法律的保护,禁止他人假冒或伪造。商标受法律保护的特点,使得它在规范企业生产和经营活动的同时,也维护了商品生产者、经营者的形象和信誉。对于消费者而言,商标给予消费者某种程度的信赖感、安全感,也保护了他们的合法权益和经济利益。

(三) 提示功能

商标的提示效应在某种意义上很像广告。消费者接受的外部刺激中,商标是最具直接意义的刺激物。商标作为商品特征的综合、抽象体现,能以其鲜明的标志、独具匠心的设计加强对消费者的刺激,激发其购买欲望。当消费者存在某种需求时,商标的提示效应可以使消费者对商品产生偏好,从而影响消费者的购买决策,最终促成购买行为。商标是联结产品与市场、产品与消费者的桥梁和纽带,是商品展示自我、介绍自我、宣传自我的重要载体,可算是一种"无声的推销员"。

(四) 传播功能

一种商品的商标如果设计独特、构思巧妙、标志鲜明,加上商品质量上乘,那么这个商标就能发挥有力的宣传作用,能迅速、广泛地传播商品的形象和声誉,使商品家喻户晓、深入人心,进而吸引消费者,刺激消费者,促使其做出购买决策。

(五) 促销功能

商标作为商品质量、信誉的代表物,常常成为消费者选择和购买商品的重要决策依据,有利于商品生产者和经营者推销新产品,扩大产品的市场影响,促使人们认准商标选购。

（六）稳定功能

商品商标的确定,有利于生产者实施产品的标准化管理和质量管理,保持商品质量、信誉和价格的稳定,树立商品的独特形象,给消费者留下深刻的印象和好感,促进消费者的持续购买行为。

三、商标设计的心理策略

商标设计是商标发挥心理功能的基础。实践中,商标的设计具有很大的灵活性,可以采用文字、符号、图形及其组合等多种表现形式和手法。但是精良的商标设计不可随心所欲,必须考虑到商品的特色和消费者的心理,力求将丰富的信息浓缩于方寸之间,最大限度地发挥出商标应有的感召力。因此,必须注意商标设计中的心理策略。

（一）个性鲜明,富于特色

商标的设计要与众不同,应以精巧的构思突出个性,以显著性和奇特性昭示消费者。人们通常对特别的东西记忆深刻,为了使消费者从纷繁复杂的同类商品中迅速找到自己偏爱的品牌,商标的设计应力求有别于其他同类商品。例如,"摩托罗拉"(Motorola)在商标设计上充分突出了个性和独特性。面对扬名在先的麦当劳,摩托罗拉将其 M 设计成棱角分明、双峰突出的 M 形,再赋予"飞越无限"的主题,令受众刮目相看。其分明的棱角、突出的双峰鲜明地显示出其在无线通讯领域的突出地位,而其"飞越无限"的主题极易让人将 M 幻想成一只腾云驾雾的信鸽的双翼,令人联想到无线通讯的便捷,信鸽为主人传信不辞千山万水的形象。

（二）造型优美,图文简洁

除了法律规定的不能用做商标的事物外,商标的题材几乎可以取自宇宙万物。这无疑为商标设计者提供了广阔的创作空间。由于现代消费者不仅要求商标具有明确的标识作用,而且追求商标的美学价值。所以在设计商标时,应力求生动优美、线条明快流畅、色彩搭配和谐、富于感染力,给予消费者以美的享受,能够引起消费者美好的联想,以便促成良好的社会效果,增强消费者对商标的偏爱,扩大商品市场。此外,人们对简单而符合审美情趣的图形文字往往记忆深刻,所以商标语言应做到简洁鲜明,易记上口;商标图案也要明了简单,使人过目不忘。例如,美国著名品牌"耐克"的商标图案是一个小钩子,造型简洁有力,又富于动感,一看就让人想到使用耐克体育用品后所产生的速度和爆发力,十分形象地表达了产品的功能特色和企业的经营内涵。

（三）形意一致

商标既是对商品所要传达信息的提炼和精确表达,是商品的代名词,又要起到提示和强化的作用。这就要求商标要准确地体现所代表商品的性质,突出商品的特色。

（四）遵从法规,顺应习俗

各个国家的商标法都有明文规定不允许注册为商标的事物,比如国徽、国旗和国际组织的徽章、旗帜、缩写等。另外,由于不同的国家、民族、宗教、地域的消费者有着不同的习俗,从而产生了很多不同的偏好和禁忌,在设计商标时,也应予以充分考虑。例如,对于色彩,不同的国家有不同的偏好。

总之,优秀的商标设计应具有巧妙的构思、鲜明的个性、丰富的内涵,以及高度的感染力和冲击力。好的商标不仅可以区别产品,区分厂家,成为商品、企业的象征,更能代表企业的信誉,是企业的一笔无形财富,使消费者产生深刻而美好的印象。

四、商标运用的心理策略

商标设计固然重要,但不会巧妙运用商标,就不能发挥其心理功能。因此,在使用商标时,应注意针对消费者的心理特点采用适宜的心理策略。

(一) 是否使用商标

优秀的商标可以起到积极的提示和强化作用,但并不是所有的商品都需要商标。一般有以下几种情况可以不使用商标。

第一,商品本身并不因制造者的不同而有所不同。如电力、钢材、煤炭、木材等,属于无差别商品,只要品种、规格相同,商品的性质和特点就基本相同。在这种情况下商品可以不使用商标。

第二,一些差异较小的日常生活必需品及鲜活商品。如食盐、肉、蛋、蔬菜、鱼虾、水果等,消费者没有根据商标购货的习惯,因此也可不使用商标。

第三,一些临时生产的一次性商品,或作为商品销售的物品,如纪念品等,也可不使用商标。

(二) 使用统一还是独立的商标

所谓统一商标,是指企业生产的若干类产品都使用同一商标,也就是企业的核心商标扩展到其他同类或不同类的新产品。例如,"海尔"是海尔集团公司的核心商标,当海尔集团以高质量的"海尔"冰箱打开市场后,相继推出了"海尔"空调、"海尔"洗衣机、"海尔"彩电、"海尔"电脑等系列产品,均在市场上获得巨大的成功。使用统一商标的意义有三:第一,便于消费者识别,并且可以强化消费者对该商标的印象。特别是对于那些已经树立起良好形象的商标,消费者会很自然地对标有该商标的其他商品抱有同样的好感和信任度,从而激发消费者的延伸购买行为;第二,采用统一商标可以节省设计、注册和推广费用,进而降低产品成本;第三,使用统一商标还可以保持企业在消费者心中的整体形象,赢得消费者对它的忠诚。当然,使用统一商标也有其缺陷,即无法突出产品的个性,吸引目标顾客群。同时,使用统一商标也要承担一定的风险,一种产品一旦失败,就会影响其他商品的声誉,消费者对企业全部商品的信赖度会整体下降。因此,使用统一商标有一定条件,即核心商标必须被市场认可,并具有一定美誉度;核心商标扩展到的新产品应达到一定的质量水准。

需要注意的是,当新产品使用核心商标时,要考虑该商标引起的联想和新产品之间的相似性。有关研究结果表明,新产品与原有商标产品之间,如果产生相同或类似的联想,会大大提高消费者对商标的评价。因为,它们的相似联想会发生迁移作用。新近的研究提示,要保持商标的影响力,应使商标的扩展局限在与原产品相关程度较高的产品类别。当一个商标与多种产品发生联系时,必须注意到产品质量水平。如果一系列的事件(含产品)被感知成同质,人们判断的自信就高;若被知觉成异质,判断的自信就低。

独立商标是指对同一企业的不同商品冠以不同的商标,使各产品之间相对独立。采用这种策略最主要的目的是突出不同商品的特色,以满足不同消费者的心理需求和习惯偏好。使用独立商标还可以避免因一种产品未获得成功而破坏其他商品在消费者心目中形象的不利影响。此外,不断为新产品设计新商标,也符合消费者寻求新鲜感、新刺激的心理,从而使企业的产品永葆竞争力。

当然,也可考虑同时使用统一商标和独立的商标,综合发挥二者的优点,扬长避短。

第四节　商品包装与消费心理

一、包装的心理功能

商品的包装最开始是用来承载和保护商品,以避免其损坏、散落、溢出或变质。在现代经济生活中,产品包装已成为不可缺少的组成部分。包装是人们借色彩、形状、市场与商标等所烘托出来的产品的附加价值,包装的好坏直接影响着产品的价格和销路,俗话说:"佛要金装、人要衣装","明珠再好也要宝楼配"。一件产品,质量再好,若外表粗糙,包装简陋、低劣,消费者也不会产生购买的兴趣和欲望。包装心理学家认为,消费者购买产品80%是当场决定的,其中包装起着重要的作用。在消费者选择购买产品时,首先进入消费者视觉的往往不是产品本身,而是产品的包装。良好的包装可以提高产品的外观质量,增强消费者的视觉效果,甚至使消费者得到美的享受,从而吸引消费者的注意,引起消费者的购买兴趣和欲望。尤其是消费者面对着没有消费经验的产品时,包装形象的美观程度和包装的质量最直接影响着消费者的购买决策。为此,有必要深入研究包装的心理功能,使其在产品的销售中发挥积极的作用。

(一) 识别功能

现代市场上,包装已成为产品差异化的重要组成部分。一个设计精良、独具特色、富于审美情趣的包装会强烈地吸引消费者的注意力,使其在众多的商品中脱颖而出,给消费者留下深刻印象。

(二) 便利功能

良好的包装不仅能使商品别具一格,还可以有效地保护商品,有利于商品的长期储存,延长商品的使用寿命。一般来说,一个牢固、结实、适用的商品包装,更容易得到消费者的青睐。包装的便利性还体现在包装的开起和携带是否方便。总之,根据实际需要,设计合理、便利的商品包装,能使消费者产生安全感和便利感,方便消费者购买、携带、储存和消费。

(三) 美化功能

俗话说"好马配好鞍","三分人才,七分打扮"。可见,外部形象对体现事物的内部性质会起到相当重要的作用。具有艺术性、审美性的包装,会使商品锦上添花,使消费者赏心悦目,有效地推动消费者的购买。包装是使商品在潜在消费者中形成好感的最好手段。包装直接刺激购买欲望的例子也屡见不鲜,很多著名品牌的香水之所以受到了众多消费者的青睐,除了经过精心调制的香味外,同样经过精心设计的造型各异、色彩纷呈的香水瓶,也平添了香水的魅力。

相反,制作粗糙、形象欠佳的包装直接影响消费者的选择,即使商品本身质量功能卓越,也会乏人问津。

(四) 增值功能

设计成功的包装融艺术性、知识性、趣味性和时代感于一身,高雅华贵的商品外观可以大大提高商品的档次,起到增值的功能。因此可进一步激发购买者的社会性需求,让消费者在拥有商品的同时感到提高了自己的身份地位,受到了尊重,并使自我表现的心理得到极大满足。

(五) 联想功能

优秀的包装应该使消费者产生有助于表现商品特色的美好联想。比如,伊莉莎白·雅顿的"第五大道"香水,它的瓶身设计线条简洁大方,颇具现代节奏感,以纽约曼哈顿的摩天大楼为瓶侧的线条,优雅利落,尤其受到现代都市中充满自信、重视时尚,并别具个人风格的女性欢迎。

二、包装设计的心理策略

(一) 色彩搭配协调

消费者接触商品,尤其是与商品有一定空间距离时,首先进入视线的就是色彩。包装的色彩、商品的色彩以及做广告采用的色彩等都会直接影响消费者的情感,进而影响他们的消费行为。

消费者对色彩的偏好受到性别年龄、文化程度的影响,风俗习惯、地理环境等方面的差异,也会影响其对色彩的偏好。就性别而言,男性多趋向于冷调、暗淡色彩,如蓝色和接近、趋向蓝色的色彩;而女性多喜爱暖调、明快色彩,如红色和接近、趋向红色的色彩。一般地说,文化水平较高的人更喜欢淡调、稳定的色彩;文化水平较低的人则喜欢鲜调、跳跃的色彩。不同地域、不同习俗也会造成消费者对色彩感知的差异。比如,中国把红色作为结婚喜庆的颜色,白色作为丧葬的颜色,而西方却将婚纱选为白色。因此,色彩设计既要与商品的特征及使用环境相互协调配合,又要与消费者的心理习惯相符。

信 息 框

颜色与人格

有研究表明,消费者倾向于把人格因素和具体的颜色联系起来。例如,可口可乐与红色相联系,含义是激动。黑色常暗含"老于世故",为此,希望创造老于世故的或者质优价高的或者特佳形象的品牌主要使用黑色的标签或者包裹。黑色和白色的联合传达出一个产品被仔细地设计、高技术和精密的形象。耐克公司为精选的运动鞋样鞋使用了黑色、白色和红色。这种颜色的结合暗含着"先进工艺的运动鞋"。许多速食餐馆使用明亮颜色的结合,如红色、黄色和蓝色,作为他们路边的标志和内部的设计。这些颜色最终与快速服务和廉价食品联系起来。相对而言,精美的餐馆倾向于使用复杂的像灰色、白色、茶色,或者其他柔和的、苍白的或者淡色去反映精美的、休闲的服务的情感。表10-1 显示了各种各样的颜色与人格的联系及其营销的应用价值。

表 10-1 颜色的人格化联系

颜 色	人格联系	销售应用价值
蓝 色	命令、尊敬、权威	美国受欢迎的颜色
		IBM 的标题颜色
		与苏打水联系
		男人寻求蓝色覆盖的产品
		避免蓝色的房子
		低热量脱脂乳
		蓝色罐装的咖啡被认为"温和"
黄 色	谨慎、新奇、临时、温暖	眼睛最快记录下它
		黄色罐装的咖啡味道"淡"
		阻塞交通
		卖房子
绿 色	安全、自然、放松和轻松、活的东西	好的工作环境
		与植物和口香糖联系
		加拿大 Dry 牌生姜淡啤酒把无糖包装从红色变成绿色和白色后,销量增加了
红 色	同情心、激动、热烈、热情、强壮	使食物"闻起来"更好
		红色罐装的咖啡被认为"浓"
		女性较喜欢红蓝色
		男性较喜欢红黄色
		可口可乐"拥有"红色
橙 色	强大、可支付、不拘礼节	很快吸引注意力
褐 色	不拘礼节和放松、男性特征、自然	深褐色罐装的咖啡"太浓烈"
		男性寻求褐色包装的产品
白 色	善良、纯洁、贞节、干净、精美、优雅、有礼节	意味着低热量
		纯洁和有益健康的食品
		干净、浴用产品、女性特征
黑 色	老于世故、强大、权威、神秘	庄重的服装
		高技术的电子产品
金、银、白金色	皇家的、财富、庄严	意味着高昂的价格

资料来源:L. G. 希夫曼,L. L 卡纽克. 2002. 消费者行为学. 俞文钊等译. 上海:华东师范大学出版社

(二) 符合商品的性能

许多商品由于物理、化学性质不同,其存在状态和保存方法也不同。所以要根据商品的形态和性能设计商品包装。例如,易燃、易爆、剧毒的液体商品,包装不仅要封闭、安全,还应在包装上做出明显的标记。而对于容易受潮的商品,应该选用隔水材料。总之,包装设计应符合商品的性能,强调包装的科学性、实用性和安全性,给商品提供可靠的保护,给消费者以安全感。

（三）突出商品特征

由于商品的包装形式越来越趋向多样化,而且消费者多数经常通过包装来推测商品的真正品质,因此,一定程度上,包装成了商品的形象表征。商品的包装突出,在种类繁多的同类商品中,就会为消费者首先注意。而要使包装形象突出,需要采用适当的包装形式,如"开窗"式、系列式、异常式等。开窗式包装往往能满足那些急于了解商品"真面目"的消费者的求知和好奇心理,也容易引起注意。系列式包装,是指企业对其生产的各种品质相近的产品,采用同种包装材料以及相似的形态、图案、色彩等。一般系列化的包装占据比较大的陈列面积,以统一的视觉识别形象,集中有力地给消费者留下深刻印象。异常包装是指反其道为之或与同类商品的传统包装形式差异很大。饮料的包装一般都比较醒目、五彩斑斓,但是椰树牌椰汁采用主体为黑色的包装,使得其既抢眼,也易于识别。

（四）方便消费者

商品的包装为消费者的观察、挑选、购买、携带和使用提供方便。采用"开窗式"、"透明式"、"半透明式"包装会给消费者直观、鲜明、真实的心理体验。这种包装在食品中多被采用。罐头一般采用拉环式包装,香水采用喷雾式包装,易于人们使用。

（五）具有时代气息

具有时代气息是指在材料的选用、工艺制作、款式造型、图案装潢、色彩调配等方面,都要充分利用现代科学技术,并反映时代风貌、特色,体现现代艺术,给消费者以新颖独特、简洁明快、技术先进、性能优良的美好印象。包装还要符合和体现时代发展的最新潮流。例如,当今绿色消费观念受到了人们的重视,许多无污染的绿色产品成为消费者的首选。相应地,产品包装也要求具有无污染、可循环使用等特点,以迎合绿色消费潮流的发展。当然,一些历史悠久的名牌产品包装,由于满足了消费者追求经典、复古怀旧的心理,因而保持不变更具吸引力。

（六）具有针对性

消费者由于收入水平、生活方式、消费习惯及购买目的的不同,对商品包装的要求也有所不同。因此包装设计应强调对特定消费者群的针对性。具体包括以下方面:

1. 简易包装

简易包装的特点是经济实用、价格低廉,满足了消费者日常生活节约实用的心理。比如,某些食品、酒、洗涤用品等都采用实用装、平价装等。

2. 礼品包装

具有这种包装的商品多被用来送礼,所以包装设计要精美考究,以显示商品的高雅、贵重、喜庆、华丽等不同情调,供不同购买目的和品味的消费者挑选。

3. 习惯用量包装

习惯用量包装,即将商品以符合消费者日常生活习惯的用量进行包装。例如,牙膏可以设计为大、中、小号,以满足消费者日常生活以及旅行使用。

4. 促销包装

促销包装,即在包装容器内附赠小礼品,或是增加一定的分量。这种包装可以吸引消费者,促使其重复购买。

5. 再使用包装

这是指包装物在产品用完后,还可以做其他用途,如常见的果酱瓶用做茶杯等。这样可以利用顾客一物多用的心理,使顾客得到额外的使用价值。同时,包装物在再使用过程中,还能起到广告宣传作用。因而这类包装在设计时应讲求美观、结实和耐用,以博得消费者喜爱。

信 息 框

信息时代包装产品的个性化需求与设计

在当代社会消费水平不断增长的趋势下,民众对商品的选择从满足需求到满意需求,这就意味着大批量生产的"从众化消费时代"的结束,消费者追求个性化商品以及个性化购物时代的到来,在生产领域只能针对不同的消费者小批量地生产各种个性化的产品,包装设计也应该跟上并且适应这样的一种时代的到来。所谓"包装产品个性化设计"是指在买方市场、市场细分以及目标受众分化的情况下,针对小批量生产的个性产品和商品包装设计。德国的产品及包装设计闻名全球,首先就在于其独特个性的产品设计周期短,以多样化的风格供应给不同喜好的使用者。如果包装设计没有新颖独特的个性,而给人以陈旧、老化的感觉,即使产品性能优良,也很难引起消费者的注意和兴趣,激发消费者的喜爱和购买动机。特别是在世界许多新产品都具有相同品质、功能、部件,甚至性能的共性时,更要在新包装的个性设计上下工夫,突出其内部结构和外部造型的个性。产品由过去大量生产向多样、少量生产的趋势发展,这是现代产品生产的新动态。在企业之间的销售竞争中,个性化产品包装设计的竞争占有相当重要的一席之地。消费者对个性化产品包装设计的"偏好",已成为其选择商品的重要因素。包装产品个性化设计将凝练为一种审美风格,促动人的心理变化与发展。个性化包装设计风格展现与所包装产品的风格应该始终保持一致,同时又与展现人们的艺术个性保持一致,除了对外观的图案、色彩、质地等与功能的完善结合外,还要体现人们内心的理想与追求,为不同的生活方式提供各具特色的消费导向,展示不同的意境,将情感、技术、社会信息、审美愿望等诸多因素综合在一起,创造出既有独特的艺术风格又能表现艺术个性的优美包装设计。便利、适宜、安全的包装设计将从生理的需求上产生较为直接的美感。如获2001年德国包装竞赛大奖以及最新世界之星包装总统大奖的"制冷桶"设计,这款带有自然的物理制冷系统的小桶是饮料业的一项创新发明。它首次实现了在你需要冷饮时无论何时何地都可以启动制冷链,冷却饮料,它至少可以充电150次。外部能源可以独立使用,便于独自携带。而在心理上,优雅、华丽的包装图像与地位有关,淡淡云朵与放松的心情有关,红色的苹果与饱食相关,花朵、树木与春夏的温暖有关,雄性动物与矫健、刚烈的性格有关等。

从心理学的角度说,所有的人都渴望摆脱束缚,享受多彩人生。无论什么材料的包装都离不开让人心动的形式。包装产品个性化设计的实现途径主要包括以下三个方面:第一,从人的不同生长阶段切入开发个性化包装产品设计。不同阶段人的成熟程度不同个性心理特征不同。研究人的发展阶段及其不同心理要求,有助于赋予新产品个性。第二,从社会不同的消费者层面切入开发个性包装产品设计。社会构成的基本成分是个体与群体,因民族、地域、文化、教育因素使个体与群体形成各种层次。不同层次的人有不同的消费需求、消费方式,而且相互影响,所以在新产品个性设计中要考察它们相互之间的异同以增加产品的适应范围,使某种产品成为个体身份和群体成员的共同标志,使某种个性产品成为某一事业或成就的象征,使某种个性产品不但使消费者得到物质满足,而且得到精神的补偿等。第三,从包装功能切入开发个性化包装产品设计。现代产品正向着多功能和特殊功能的方向发展,个性化新产品设计,除注重产品的基本效用,还须注意在增加附属功能和特殊功能上下工夫,使个性新产品具有与同类产品相比不同的特点。

总之,无论任何包装,都要了解目标市场中各种象征的意义,这对于企业营销将具有重要作用,否则,可能给企业带来严重的问题和麻烦。例如,一家高尔夫球制造商在进入日本市场的最初努力中遭到了失败,其错误只在于使用了 4 个一组的包装,而"4"在日本是死亡的象征。

本章小结

1. 商品品牌是企业为自己产品和服务所规定的商业名称和标志,它可以是一个名称、术语、符号或图案,也可以是这四者的组合,被用来识别一个或一群生产者或销售者的产品或劳务,并以此与别的竞争者相区别,便于购买者辨认。

2. 品牌具有象征和情感意义,品牌具有以下心理功能:有利于消费者对产品产生偏好和更高的评价;有利于消费者形成对该品牌的忠诚度和认牌购买倾向。

3. 可以通过突出产品特色、了解消费者所关注的产品特性、设计适宜的品牌名称和品牌图案、产品的包装、加强广告传播力度五个方面来培育品牌形象。

4. 在给产品命名时应符合以下心理要求:名实相符、便于记忆、引人注意、激发联想和避免禁忌。通常以商品的主要效用、主要成分、商品的外形、色彩、商品的制作工艺或制造过程、产地命名,也可以人名、或动、植物名命名,还可以根据美好寓意以及外来词命名。

5. 商标是一个法律术语,它是品牌或品牌的一部分(通常是品牌标志部分),经注册后受法律保护的、商品生产者或经营者的专用标志。商标是商品的灵魂,是企业品牌的核心。商标的心理功能有:识别功能、保护功能、提示功能、传播功能、促销功能、稳定功能。商标设计的心理策略有:个性鲜明,富于特色、造型优美,图文简洁、形意一致、遵从法规,顺应习俗。为了充分发挥商标的潜在功能,商标运用必须讲究一定的心理策略。商标运用的心理策略主要有:使用还是不使用商标;使用统一商标还是个别商标。

6. 包装具有识别、便利、美化、增值和联想等心理功能。包装设计的心理策略有:色彩搭配协调、符合商品的性能、突出商品特征、方便消费者、具有时代气息、具有针对性。

思考题

1. 什么是品牌?品牌具有哪些心理功能?
2. 应如何对品牌形象进行培育?
3. 商品命名有哪些心理策略?举例说明。
4. 商标具有哪些心理功能?商标设计的心理策略有哪些?
5. 为什么要重视商品的包装?包装设计的心理策略有哪些?

典型案例与讨论

王老吉的品牌营销

作为老字号药业之一,王老吉药业是其中蓬勃发展的一个,2003 年单王老吉颗粒的销售额就达 1.5 亿元,加上罐装饮料,总销售额超过 3 亿元。从 1999 年到 2003 年这段时间里,王老吉药业年平均增长速度超过 25%,被业界誉为老字号企业与现代化经营相结合的成功典范,同时也给其他老字号药业提供了一个成功的范例。

一、王老吉的历史渊源

凉茶是广东、广西地区的一种由中草药熬制、具有清热去湿等功效的"药茶"。在众多老字号凉茶中，又以"王老吉"最为著名，堪称凉茶始祖。

"王老吉"最早是在1828年由王泽帮（乳名"阿吉"）所创，在广州市十三行路靖远街开设了一间王老吉凉茶铺，专营水碗凉茶。王老吉凉茶由于配方独特、价格公道，因而远近闻名，门庭若市，供不应求。于是在1840年，王老吉凉茶铺便开始以前店后厂的形式，生产王老吉凉茶包。在经历了慈禧太后借助王老吉益智清神把持朝政；洪秀全广州赴考王老吉救命；太平军天京保卫战王老吉劳军；林则徐虎门销烟王老吉清热解毒等惊天动地的大事后，"王老吉"扎根民间。

二、"王老吉"的困境

而取得了品牌经营权的广东加多宝饮料有限公司，当时也开始生产红色罐装的王老吉饮料在广东销售。但由于过于浓厚的地域色彩，从1998年到2004年，王老吉饮料一直处于不温不火的状态中，默默无闻地固守着一方区域市场。

三、"王老吉"围绕品牌的营销创新

尽管面临着这样那样的困境，王老吉药业在不到5年的时间里，携手加多宝公司，依托红色"王老吉"走出了困境，让一个享有170余年历史品牌的老字号企业重新焕发了春光。王老吉药业之所以能枯木逢春，主要是由于其有强烈的品牌创新意识：

（一）定位创新

原本凉茶是广东的一种地方性药饮产品，用来"清热解毒祛暑湿"。在两广以外，人们并没有凉茶的概念。而且在广东省，凉茶业内竞争也相当激烈，如果把红色王老吉作为凉茶卖，显然这个市场容量不令人满意。

作为凉茶卖困难重重，作为饮料同样举步维艰。如果放眼到整个饮料行业，碳酸饮料、果汁、矿泉水等已经确立了自身的地位。红色王老吉以"金银花、甘草、菊花等"草本植物熬制，有淡淡中药味，对口味至上的饮料而言，的确存在不小障碍，加之3.5元/罐的零售价，如果不能使红色王老吉和竞争对手区分开来，必然在饮料市场上无法取得突破。这就使红色王老吉面临一个极为尴尬的境地：既不能固守两地，也无法在全国范围推广。

为了摆脱这种尴尬的境地，就必须对产品进行重新定位。他们在调研中发现，广东的消费者饮用红色王老吉的场合多为烧烤、登山等活动，而他们评价红色王老吉时经常谈到"不会上火"。这些消费者的认知和购买消费行为均表明，消费者对红色王老吉并无"治疗"要求，而是作为一个功能饮料购买，购买红色王老吉真实动机是用于"预防上火"。再进一步研究消费者对竞争对手的看法，则发现红色王老吉的直接竞争对手，如菊花茶、清凉茶等由于缺乏品牌推广，仅仅是低价渗透市场，并未占据"预防上火"的饮料的定位。而碳酸饮料、果汁、水等明显不具备"预防上火"的功能，是间接的竞争者。

但是"王老吉"能否突破地域限制，走向全国呢？通过研究发现，中国几千年的中药概念"清热解毒"在全国广为普及，"上火"、"祛火"的概念也在各地深入人心，这就使红色王老吉突破了地域品牌的局限。

"开创新品类"永远是品牌定位的首选。一个品牌如果能够将自己定位为与强势对手所不同的选择，其广告只要传达出新品类信息就行了，而效果往往是惊人的。同时，任何一个品牌定位的成立，都必须是该品牌最有能力占据的，即有据可依，如"可口可乐"说："正宗的可乐，是因为它就是可乐的发明者"。而且，对很多人而言，会认为某些国家、区域在某些品类有特别的优势，品牌应充分利用人们心智中的这种认定，将其转化为品牌腾飞的支持资源。

红色王老吉的"凉茶始祖"身份、神秘中草药配方、一百多年的历史等，显然是有能力占据"预防上火"的饮料市场的。红色王老吉作为第一个预防上火的饮料推向市场，使人们通过它知道和接受了这种新饮料，最终红色王老吉就会成为预防上火饮料的代表，随着品类的成长，自然拥有最大的收益。

至此，问题迎刃而解。首先明确红色王老吉是在"饮料"行业中竞争，其竞争对手应是其他饮料；品牌定位——"预防上火的饮料"，其独特的价值在于喝红色王老吉能预防上火，让消费者可以尽情享受生活。

（二）传播创新

在进行定位创新后，原有的传统传播渠道显然已经不适合这个新定位了。这就必须对传播渠道以及传播方式进行创新。

为了开拓全国市场，红色王老吉的电视媒体选择从一开始就主要锁定覆盖全国的中央电视台，并结合原有销售区域的强势地方媒体，在2003年，利用"非典"这个特殊时期，投入巨资进行宣传。这种投放方式保证了红色王老吉在短期内迅速进入人们的头脑，给人们一个深刻的印象，并迅速红遍了全国大江南北。

在"王老吉"的渠道和终端地面推广上，除了传统的POP广告外，还开辟了餐饮新渠道，选择湘菜和川菜馆、火锅店作为"王老吉诚意合作店"，投入资金与他们共同进行促销活动。并且把这些消费终端场所也变成了广告宣传的重要战场，设计制作了电子显示屏、红灯笼等宣传品免费赠送。在给渠道商家提供了实惠后，"王老吉"迅速进入餐饮渠道，成为渠道中主要的推荐饮品。

2004年8月，王老吉凉茶进入了善于创新和本土化的肯德基店。虽然目前只是在广东范围内的200家肯德基店推出，但"王老吉"看重的是肯德基店把它推向全国的计划，这和他们推动凉茶全国销售的营销思路是相一致的。

此外，"凉茶"是岭南特有的产物，是一种文化，王老吉系列产品就是这种文化的载体，因此"王老吉"推广必须注重文化推广，绘制王老吉连环画、撰写王老吉软文都是文化营销的一部分。同时，"王老吉"还借助170多年的历史树立"凉茶始祖"的身份，完善自己的品牌故事，并塑造配方的传统性与神秘性。值得一提的是，"王老吉"赞助了中央电视台电视连续剧《岭南药侠》的拍摄，该剧主角即是品牌的创建者王老吉，这将利用国人喜闻乐见的形式将品牌故事导入消费者的内心。

（三）服务创新

为了维持顾客对王老吉品牌的忠诚性，王老吉药业推出了以下几种计划：

1. 忠实消费者奖励计划。忠实消费者奖励计划是留住忠诚顾客最直接有效的方法，它不但能提高一个品牌的价值，同时能让消费者感觉到自己的忠诚得到了回报。"王老吉"在一些大型药品连锁店推出的购买金额积累计划或折扣会员卡，奖励那些经常购买其药品的忠诚顾客，受到消费者的欢迎。

2. 王老吉会员俱乐部。和忠实消费者奖励计划一样，会员俱乐部也能让忠诚顾客感觉到自己被重视。在会员俱乐部，他们可以咨询、可以聊天、还可以参与不定期的活动。相比之下，忠实消费者奖励计划比较静态,范围比较小,而会员俱乐部能让顾客有较高的参与感。它给消费者提供了一个渠道,抒发他们对这个药品品牌的想法,同时还可以分享品牌带来的附加服务,真正感觉到品牌的价值。

3. 数据库营销。王老吉药业通过各种方式,得到一些药品品牌忠实消费者的资料,包括他们的姓名、住址、职业等,分析这些资料,将新产品介绍、促销活动说明,寄给那些可能回应"信箱广告"的人。收到广告的人也会觉得自己受到尊重从而加强对品牌的忠诚度。

(四) 产品创新

优质产品是顾客对药品品牌忠诚的前提条件,优质的产品是优秀品牌的根基。剑桥大学企业策略计划研究的一项调查研究表明,决定企业长期营利的关键因素是被顾客广泛认可的优质产品。

尽管王老吉的药品质量已属上乘,但是随着时代的变迁,也要求其与时俱进,进行创新。王老吉药业总共进行了以下的生产创新:首先是生产观念的创新,生产是为了提高社会大众的生活素质;其次是产品创新,跟进时代步伐,推出王老吉广东凉茶颗粒、王老吉无糖冲剂、王老吉清凉茶(绿色纸盒软包装)、王老吉润喉糖、王老吉清润饴等系列产品。此外,生产工艺创新,采用先进的超临界二氧化碳萃取、离心薄膜缩、真空冷冻干燥等技术进行生产,借助恒温、恒湿、无菌操作,效率极高。

资料来源:中国营销网

分析讨论题:

"王老吉"的成功,给很多尚在生存线上挣扎的老字号提供了一个良好的典范。做好老字号品牌可以借鉴哪些途径?

第十一章　商品价格与消费心理

价格是商品价值的货币表现，是商品与货币交换比例的依据。在现代市场经济条件下，商品价格是影响消费者心理与行为的最敏感因素之一，企业的定价或调价会直接刺激消费者，激励或抑制消费者的购买动机和购买行为。反过来，消费者的价格心理也会影响企业的价格决策。因此，只有了解价格对消费者的心理影响，掌握消费者对价格及其变动的心理反应与活动规律，才能制定出既符合消费者的心理要求，又能增加企业效益的合理价格。

引导案例

"小鸭"该不该降价

据报载，1998年初，山东小鸭电器集团一度将其滚筒洗衣机的市场价格由2000元以上降至2000元以下，有些市场最低售价为1600元。行家一看就知道，小鸭集团的这张价格牌是以增加销量和扩大市场占有率为目标的。然而结果却偏离了初衷，实行降价销售后，小鸭集团的滚筒洗衣机反而出现了前所未有的积压。

回想当年，长虹率先在彩电行业掀起价格大战，一路过关斩将，将市场占有率稳定在30%以上，坐定了彩电行业的头把交椅。洗衣机、微波炉、汽车等各类商品的生产厂家，或主动出击，或身不由己都卷入了一场场的价格大战，降价销售已成为商家手中的一张王牌。其实，价格牌并非总是一张可以封杀对手的"王牌"，更多的时候，它的出场反而使厂家自己进退维谷。

在国内洗衣机市场中，全自动洗衣机占55%～60%，而其中滚筒式洗衣机占15%，价格在3000～4000元的产品在市场上最畅销。显而易见，滚筒式洗衣机属于高档产品。对于这类产品，消费者偏好的是其功能带来的满足感及可靠的质量。所以，"一分钱一分货"的观点也容易引起消费者的共鸣。据小鸭集团的管理人员称，其规模优势可使他们有条件将产品成本降到2000元以下，但伴随着降价，小鸭集团并没有使用强大的促销手段使公众充分了解自身的优势。结果既引起同行戒备，又使顾客对其产品质量产生怀疑，反而陷入滞销困境。

资料来源：中国经营报

第一节　商品价格的心理功能

在当前的市场营销和消费者购买活动中，经常可见到这样的现象，即同一商品的价格有些消费者可以接受,有些消费者则感到难以接受。也就是说,理论上合理的价格,消费者心理不一定能够接受;理论上不合理的价格,消费者心理上却能够接受。究其原因,主要是由于许多消费者对于商品价值和品质的认识过程和速度不同、知觉程度的深度和广度不同。制定价格的企业一方,往往更注意从理论意义上来研究制定商品价格,而忽略了消费者的价格心理,不了解消费者可能接受的商品价格限度,不了解消费者怎么看待商品价格和商品品质之间的关系,导致了所制定价格背离了消费者心理上的价格标准。因此,商品价格的心理功能,主要包括以下几个方面:

一、衡量商品价值与商品品质

在现代社会中,随着科学技术、生产工艺的迅速发展,新产品层出不穷,商品种类急剧增加,商品品质日益提高,消费者很难依靠传统经验从使用价值来判断商品品质的优劣,也很难根据价格的理论构成来判断商品价值的大小。因此,在消费者心理上把商品价格作为衡量商品价值高低和品质优劣的标准的情形会越来越多。

商品价格是价值的货币表现,价格以价值为中心上下波动。商品价值凝聚了生产过程和流通过程中活劳动和物化劳动的消耗。从理论意义上讲,消费者在选购商品时,应以商品的价值为尺度来判断是否购买。然而,人们常常可以看到,有些内在质量相似的商品,由于包装不同,价格相差非常大,但消费者却宁愿购买价格较高的商品;而对于一些处理品、清仓品,降价幅度越大,消费者的心理疑虑越重,越是无人问津。类似现象的产生,是由于价格的心理机制在起作用。消费者在选购商品时,总是自觉或不自觉地把价格同商品价值和商品内在品质联系起来,把价格作为衡量商品价值大小和品质优劣的尺度。他们往往认为,商品价格高,则商品的质量好,价值就大;商品价格低,则质量差,价值小。"一分钱,一分货"、"便宜没好货、好货不便宜"的心态,便是消费者通常奉行的价格心理准则。

二、自我意识比拟

商品的价格不仅表现商品的价值,而且在某些消费者的自我意识中还具有反映自身社会、经济地位高低的社会象征意义。这就是说,消费者在购买商品的过程中,可能通过联想与想像等心理活动把商品价格的高低同个人的偏好、情趣、个性心理特征等联系起来,有意或无意地进行价格比拟,以满足个人的某种需要。价格的自我意识比拟主要有以下几种形式:

(一) 社会经济地位比拟

有些消费者只到高档、大型百货店或专卖店购买"名、特、优、新"商品,以显示自己的社会地位和经济地位,并获得一种心理上的满足。有些消费者则是大众商店、低档摊贩的常客,专门购买等外品、过季降价商品,认为这类商品与自己的购买能力和经济地位相符。

(二) 文化修养比拟

有些消费者尽管对书法、字画缺乏鉴赏能力,却要花费大笔支出购买名人字画挂在家中,希望通过昂贵的名人字画来显示自己有很高的文化修养,从而得到心理上的慰藉。

(三) 生活情趣比拟

有些消费者既缺乏音乐素养,又没有特殊兴趣,却购置钢琴或高档音响设备,以期得到别人给予的"生活情趣高雅"的评价,获得心理上的平衡。

价格所具有的自我意识比拟的心理机制,同消费者自身的价值观、生活态度和个性心理特征直接相关。因此,它的表现形式往往因人而异、千差万别。但是,只要这种机制作用于消费者,就会使消费者忽略商品价格与价值、品质的关系,而过多重视价格的社会象征意义,试图通过价格选择来满足自身的需要。

三、调节消费需求

价格对消费需求量的影响甚大。在其他条件既定的情况下,消费需求量的变化与价格的变动呈相反的趋势。即价格上涨时,消费需求量减少;价格下降时,消费需求量增加。

价格对需求的影响和调节能力的大小,又受商品需求弹性的制约。不同种类的商品,需求弹性也不同。我们可以用商品的需求弹性系数(E_d)衡量需求弹性的大小。需求弹性系数(E_d)的计算公式如下:

$$E_d = -(\Delta Q/\Delta P) \times (P/Q)$$

式中,E_d 为需求弹性系数;ΔQ 为需求变动量;Q 为原需求量;ΔP 为价格变动量;P 为原价格。

有些商品价格稍有变动,其需求量就发生大幅度变化,即需求对价格变动的反应高度敏感。这种需求称为弹性需求,其需求弹性系数(E_d)大于1。奢侈品如金银首饰等即属于这一类。有些商品价格变动很大,而需求量的变化很小,需求对价格变动的反应迟钝。这种需求称为缺乏需求弹性,其需求弹性系数(E_d)小于1,如食品、日用品等生活必需品即属于这一类。商品价格对市场消费需求的影响大致归纳为两个方面:一是消费者对某种商品的需求越强烈、越迫切,对价格的变动就越敏感;反之则相反。二是价格变动的结果可能使需求曲线向不同方向发展。比如,当某种商品价格上涨时,本来应起到抑制购买、降低需求的作用,但消费者出于购买的紧张心理,认为价格还有继续上涨的可能,于是,会更加狂热地加入抢购的浪潮,这就使得商品涨价,反而刺激了购买、促进了消费。

第二节 消费者的价格心理表现及价格判断

消费者的价格心理是消费者在购买活动中对商品价格认识的各种心理反应和表现,它是由消费者的个性心理及其对价格的知觉判断共同构成的。消费者的价格心理既受其心理因素的影响,还受到社会生活各方面的影响。

一、消费者的价格心理表现

(一) 习惯心理

由于消费者长期、多次购买某些商品,以及价格的反复感知,形成了消费者对某些商品价格的习惯心理。

所谓习惯心理是指消费者根据以往的购买经验和对某些商品价格的反复感知来决定是否购买的一种心理定势。特别是一些需要经常性购买的生活消费品,在顾客头脑中留下了深刻的印象,更容易形成习惯性价格心理。如果商品价格恰好居于购买者的习惯价格水平,一定会博得他们的信赖和认同。

这种习惯心理一旦形成,就会直接影响消费者的购买行为。这是因为现代市场条件下,由于各种因素的影响,消费者很难对商品的价格等客观标准了解清楚,而只能以逐步形成的价格习惯作为判断所购商品价格合理与否的标准。如果某一商品的价格在消费者认定合理的范围内,他们就会乐于接受;超出了这一范围,则难以接受。

由此可见,消费者的价格习惯心理一旦形成,往往要稳定并维持一段时间,难以轻易改变。而当商品价格必须变动时,消费者的心理会经历一个打破原有习惯、由不适应到适应的困难过程。为此,企业必须清楚地认识到价格习惯心理对消费者购买行为的影响。对那些超出习惯价格的商品价格的调整,要把调整幅度限定在消费者可接受的范围内,同时做好宣传解释工作,以使消费者尽快接受并习惯新的价格。

(二) 倾向心理

所谓倾向心理是指消费者在购买过程中对商品价格选择所呈现出来的趋势和意向。大多数消费者在选购商品时,面对不同价格的同类商品,如果没有发现明显的差异,往往倾向于选择价格较低的。当然对于那些耐用品、礼品或高档商品,消费者会倾向于选择价格较高的。由于消费者在经济收入、文化水平、价值取向以及性格等方面的差异,使得他们在购买中表现出来的价格倾向不尽相同,消费者会根据自己对商品价格的认知程度来做出判断。

一般来说,价格高的商品品质好、价值高,价格低的商品品质差、价值低。现阶段,我国消费者的消费心理明显地呈现出多元化特征,既有要求商品款式新颖、功能先进、高档名贵的求"新"、求"名"心理,又有追求经济实惠、价格低廉的求"实"、求"廉"心理,还有居于两者之间的要求商品价格适中、功能实用的求"中"心理,此外,还有满足情感、文化需要的求"情"、求"乐"、求"知"心理。把上述消费者心理按高、中、低分成三个需求档次,消费者的价格倾向会很明显表现出来,他们会根据自己不同的需求特点,做出不同的价格选择。

(三) 敏感心理

敏感心理是指消费者对商品价格变动做出反应的灵敏和迅速程度。可以用需求价格弹性的理论来解释,消费者对价格变动的敏感心理是因人而异、因商品而异的。由于商品价格的升降直接关系到人们生活水平的高低,所以低收入阶层的消费者对价格变化更为敏感。价格变动的敏感性还取决于人们对商品的需求程度。一般来说,像粮食、蔬菜、肉类等生活必需品的需要程度高于名烟名酒、化妆品等奢侈品,因而人们对日常生活消费品价格变化的敏感程度会远远大于享受型消费品。所以,消费者对价格变动具有极强的敏感性。

(四) 感受性

所谓价格感受性是指消费者对商品价格及其变动的感知强弱程度。价格的高与低、昂贵与便宜都是相对的。一般来说,消费者对价格高低的认知不完全基于某种商品价格是否超出或低于他们心目中的价格尺度,还基于与同类商品的价格进行比较,以及购买现场的不同类商品的价格比较来认识。比较结果的差异大小,形成了消费者对价格高低的不同感受。这种感受会直接影响消费者的价格判断。

二、消费者对价格调整的心理及行为反应

价格调整可分为两种情况:一种是降价,另一种是提价。但是,价格不论怎样变动,调整价格总会使消费者的利益受到影响。因此,消费者对价格变动的反应十分敏感,这种反应首先通过需求的价格弹性表现出来。需求弹性系数可以表明这种反应的程度。有关需求弹性的问题在前面已作探讨,这里不再赘述。

另外,消费者对企业调整价格的动机、目的理解程度不同,也会作出不同的心理反应。通常情况下,消费者无法直接了解企业调整价格的真实原因,因此,对价格调整的理解不易深入、准确,在心理和行为反应上难免出现偏差。

(一) 消费者对商品降价的心理反应

调低商品价格通常有利于激发消费者的购买欲望,促使其大量购买。但在现实生活中,消费者会表现出与之相反的各种心理和行为反应。

(1) 从"便宜→便宜货→质量不好"等一系列联想引起心理不安。

(2) 便宜→便宜货→质量不好,有损购买者的自尊心和满足感。

(3) 可能有新产品即将问世,所以降价抛售产品。

(4) 降价商品可能是过期商品、残次品或低档品。

(5) 商品已降价,可能还会继续降,暂且耐心等待,购买更便宜的商品。

(二) 消费者对商品提价的心理反应

提高商品价格通常对消费者是不利的,按经济学原理会减少需求,抑制消费者的购买欲望。但在实际生活中,消费者同样会表现出与之相反的各种心理及行为反应。

(1) 商品涨价,可能是因其具有特殊的使用价值或优越的性能。

(2) 商品已经涨价,可能还会继续上涨,将来购买会更吃亏。

(3) 商品涨价,说明它有流行的趋势,应尽早购买。

可见,商品价格的调整引起的心理反应非常复杂,既可能激发消费者的购买欲望,促使需求增加,也可能抑制其购买欲望,使需求减少。因此,调整商品价格一定要仔细分析各种因素的影响,准确把握消费者的价格心理,采取行之有效的调价策略,以便达到促进销售、增加利润的目的。

三、消费者的价格判断

(一) 消费者判断价格的途径

(1) 与市场上同类商品的价格进行比较。这是最简单、最明了,并且普遍使用的一种判断商品价格高低的方法。

(2) 与同一商场中不同商品价格进行比较。例如,50 元一件的商品,把它摆放在 50 元以上商品的甲柜台,与摆在 50 元以下商品的乙柜台,消费者的价格感受和判断是不一样的。多数消费者会认为甲柜台标价 50 元的商品便宜,乙柜台标价 50 元的商品贵。这种现象是消费者在判断价格的过程中,受周围陪衬的各种商品价格的影响而产生的一种错觉。

(3) 通过商品自身的外观、重量、包装、使用特点、使用说明、品牌、产地进行比较。例如,商品

包装是否精良、色彩是否协调、各种附件的说明是否完备,都会使消费者产生不同的价格判断。

(二) 影响价格判断的因素

消费者的价格判断既受其心理制约,也受到某些客观因素,如销售场地、环境、商品等的影响。

1. 消费者的经济收入

这是影响消费者判断价格的主要因素。比如,同样一条价值300元的领带,月薪5000元的消费者和月薪600元的消费者对价格的感受和判断可能完全不同。

2. 消费者的价格心理

前面已讨论过的习惯心理、敏感心理、倾向心理都会影响消费者在购买商品时的价格判断。例如,商品价格一旦高于消费者习惯的价格,他们就会认为太贵。

3. 生产、出售场地

同样商品的生产工艺可能是相同的,然而由于生产产地的不同,消费者对价格的判断也不尽相同,这其中存在"原产地效应"。消费者一般认为原产地生产的优质商品所定的高价是合理的,而其他产地的商品若也定高价,消费者则觉得难以接受。另外,同样的商品以同样的价格分别在精品店和集市上出售,消费者往往感到后者的价格过高。因为消费者通常对集市商品价格的判断标准较低,而对精品店的判断标准较高。

4. 商品类别

同一种商品因不同的用途,可划入不同的商品类别。消费者对不同类别商品的评价标准不同,对商品价格的感受也不一样。一块手帕,既可用来擦汗,也可用作头饰。拥有前一种用途的手帕属于日用品,后一种属于妇女装饰用品,那么,10元钱一块的手帕,对前者来说太贵,对后者来说,消费者尚可接受。

5. 消费者对商品需求的迫切程度

当消费者急需某种商品而又无替代品时,价格即使高些,消费者的感受判断也会趋于可接受。

6. 购买的时间

在一些特定时间内购买某些商品,价格可能高,也可能低。对于季节性的商品,消费者往往会认为打折是应该的,夏天的服装秋天购买,只有是低价才可接受。而另一种情况是,对于具有节日意义的情感性、象征性商品,消费者即使要承受比平时高许多的价格也可接受。例如,情人节购买鲜花的年轻人,大多并不在乎红玫瑰的价格。

7. 通过消费者自身的感受来判断

消费者在服务产品上多采用这种判断方法。服务作为无形产品,消费者无法通过观察服务本身来判断它的价格,而只能通过接受服务过程中自身的心理体验来衡量的它的价格。当然这些体验还来自于服务设施、设备、人员、场所布局等一切可传达服务优势及特色的有形展示。

第三节 商品定价与调整的心理策略

价格是企业竞争的主要手段之一,制定合理的商品价格,是商品成为走向市场、取悦消费者的重要前提。在对产品定价时,企业通常要考虑三个基本因素,即企业成本、消费者需求和市场竞争。但是,仅仅以这三种因素为依据是不够的。一种商品价格的推出,只有经消费者认可并加以接受,才可称为成功的定价。因此,企业制定商品价格必须以消费者为对象,探求、研究消费者的价格心理,发现制定价格的心理依据,以便制定出令企业满意、让消费者接受的最佳价格。

一、影响市场价格的社会心理因素

社会心理是社会生活中一般人的心理,是社会生活中人与人以及群体之间互相类似和感应的心理,如模仿、从众等心理。消费心理学认为,当消费者的社会心理表现为外部消费活动时,便促成人的消费行为。这种行为在一定程度上是企业经济活动和消费者消费行为的调节器,也影响商品价格的形成与变动。特别是在当前经济条件下,消费者的社会心理因素对市场价格的调整起着明显的影响和牵制作用,对企业价格策略的选择产生抑制和推动作用。影响价格的社会心理因素归纳如下:

(一) 消费者的价格预期心理

价格预期心理是指在经济运行过程中,消费者群体或消费者个人对未来一定时期内价格水平变动趋势和变动幅度的一种心理估测。从总体上看,这是一种主观推测,它是以现有社会经济状况和价格水平为前提的臆想和推断。如果形成一种消费者群的价格预期心理趋势,那将会较大地影响市场某种或某类商品掀起价格和预期价格的变动水平。因此,这是企业价格决策中必须考虑的重要心理因素。特别注意的是,消费者的通货膨胀预期心理将会导致对现期商品大规模地超前购买,以至于出现抢购风潮。同时,也会给企业生产者和经营者传递销售过旺的错误信息,致使企业生产盲目扩大规模,经营中表现为惜售、囤积等不规范产销行为,并有可能影响较高层经济决策的制定和规划,加剧经济运行的不均衡与不协调。

(二) 消费者对价格的攀比心理

攀比是人的一种常见的心理活动。价格攀比心理常表现为不同消费者之间和不同经营者之间的攀比。消费者之间的攀比心理会导致盲目争购、超前消费乃至诱发和加重消费膨胀态势,成为推动价格上涨的重要因素。在股票市场中,当其他条件不变时出现的暴涨暴跌,就是这种价格攀比心理促成的典型投机行为;在拍卖市场中,竞相抬价也是这种心理较为明显的反映。同时,不同经营者之间出现的价格攀比会直接导致价格的盲目跌涨,进而冲击消费者在正常时期的消费心理判断能力,使市场出现不应有的盲目波动。

(三) 消费者对价格的观望心理

这是价格预期心理的又一种表现形式,是以主观臆断为基础的心理活动。它是指对价格水平变动趋势和变动量的观察等待,以期望达到自己希望达到的水平后,才采取购买或其他消费行动,从而取得较为理想的对比效益,即现价与期望价之间的差额。观望心理一般产生于市场行为比较活跃的时期,消费者往往根据自身的生活经验和自我判断及社会群体的行为表现来确定等待的时间表。消费者观望心理对企业经营活动的影响大多表现为隐形的,但这种心态形成会对企业造成很大的压力,可表现出社会性的购买高潮和社会性的拒绝购买两种极端行为。价格观望心理在耐用消费品及不动产的消费方面表现得较为明显。因此,企业在确定价格策略、广告策略时,应注意增加经济信息的透明度,注意信息传播的广泛性,以减少观望心理带来的盲动性。

(四) 消费者对价格的倾斜心理和补偿心理

心理学中的倾斜心理反映了某种心理状态的不平衡性,补偿心理是反映隐盖某种不足的一种心理防御机制,两者都是一种不对称心理状态的反映。这种心理状态来自利益主体对自身利益的强烈追求。在日常生活中,许多人都可以被认为是生产经营者或管理者,这种心理状态可导致价格决策中的心理矛盾和选择错误,他们总希望自己产品的价格越高越好,而他人产品的价格则越低越好;购入原材料的价格越低越好,而所销售的商品价格却越高越好。作为消费者,总希望自己的收入越多越好,而商品价格越低越好。这种不对称、不平衡的心理态势,会促使"人"这个社会动物成为"价格的两面人"。如果这种心态在社会群体中不断得到强化,就会产生一种社会冲动,在法治意识不健全的情况下,这种冲动将演变为市场上的假冒伪劣、低质高价、以次充好、缺斤少两等不正当行为,扰乱了多年来消费者心中形成的价格心理标准,使消费者失去对价格质量的信任感。

二、制定价格的心理策略

(一)"求新"、"猎奇"的撇脂定价法

这种定价方法是在新产品进入市场初期,利用消费者的"求新"、"猎奇"心理,高价投放新产品,以期迅速收回成本,获得利润,再根据市场销售情况逐步降价的策略。所谓的撇脂定价策略是指以在新鲜牛奶中撇取奶油,先取其精华后取其一段,比喻新产品在进入市场的初期时,利用消费者"求新"、"猎奇"的心理,高价投放商品以期从市场上赚取丰厚的利润,从而迅速收回成本。当竞争者纷纷出现时,"奶油"已被撇走,企业可就市场销售情况,逐步降低价格。

这种策略的优点是:定价高能获取较高的利润,可以尽快收回成本;当新产品上市时,消费者对其无理性认识,利用较高价格可以提高新产品身价,塑造其优质产品的形象;扩大了价格的调整回旋余地,提高了价格的适应能力,有助于增强企业的营利能力。

这种策略的缺点是:在一定程度上有损消费者的利益;在新产品尚未被消费者认识之前,高价会抑制产品销售;如果产品容易被模仿、复制或缺乏专利保护,还会因利润过高而迅速吸引其他竞争者进入,从而使竞争加剧最终迫使企业降价;采用这种策略,市场销售量和市场占有率可能无法相应提高,除非具有绝对优势的产品迎合目标市场的需要,企业才能在快速赚取暴利的同时,提升市场占有率。

适宜采用撇脂定价策略的情况有:新产品比老产品有明显、突出的优点,市场上需求较大;生产方面拥有专利技术,没有竞争者;消费者认为高价代表高档、高品质的产品,虽然价格高但市场需求量不会大量减少;该商品是需求弹性较小的商品;消费者求购心切,愿意出高价。

(二)"求实"、"求廉"的渗透定价法

这种定价方法与撇脂定价策略相反,即在新产品进入市场初期,迎合消费者"求实"、"求廉"的心理,低价投放新产品,给消费者以物美价廉、经济实惠的感觉,从而刺激消费者的购买欲望;当产品打开销路、占领市场后,企业再逐步提价。因此,渗透定价策略是以低价投放新产品,使产品在

市场上广泛渗透,以提高企业的市场份额,然后再随企业市场份额的提高而逐步调整价格,最终实现企业营利目标的定价策略。这种定价策略迎合了消费者求廉、求实的消费心理。

这种策略的优点是:低价能迅速打开新产品的销路,有利于提高企业的市场占有率;低价薄利,使竞争者望而却步、减缓竞争,获得一定的市场优势;物美价廉的产品有利于树立良好的企业形象。

这种策略的缺点是:投资回收期较长,并且价格变动余地小,难以应付短期内骤然出现的竞争或需求的较大变化;逐步提高价格会使消费者产生抵触心理,不忠诚的顾客会转而购买其他品牌的商品。

适宜采用渗透定价策略的情况有:需求价格弹性大、购买率高、周转快的产品,如生活日用品;在成熟市场上竞争,往往要采取这种策略,以便和竞争者保持均势;如果大多数竞争者都降低了价格,尤其是竞争者对价格很敏感,而且企业的主要竞争对手提供了本企业无法提供的附加价值时,只有降低产品价格。

(三) 利用心理错觉的尾数定价法

尾数定价策略又称为非整数定价策略。这种策略是指保留价格尾数,采用零头标价。例如,一件衣服的定价为49.9元,而不是50元。利用尾数定价策略可以使价格在消费者心目中产生三种特殊的效应。

1. 便宜

便宜即可以使消费者产生便宜的心理错觉。将一双皮鞋标价为98元,就比标价100元的销路好。这样使得消费者会从心理上认为这是100元以下的开支。

2. 精确

精确即可使消费者相信企业在科学、认真地定价,制定的价格是合理、精确、有根据的。带有尾数的定价可以使消费者认为企业制定的价格是认真的、精确的,从而产生信任感。

3. 吉利

吉利即给消费者一种数字寓意吉祥的感觉,使消费者在心理上得到一定的满足,由于民族习惯、社会风俗、文化传统和价值观念的影响,某些数字常常会被赋予一些独特的涵义。如在我国,尾数是"8"的价格较多见,"8"与"发"谐音。人们往往乐于接受这个有吉祥意义的数字。根据这一情况,采用尾数定价策略时,可有意识地选择消费者偏爱的数字,则其产品因之而得到消费者的喜爱。这种定价方法是指保留价格尾数,采用零头标价,如9.98元,而非10元。实践证明,消费者更乐于接受尾数价格。他们认为整数是一个概略价格,不十分准确,而尾数价格会给人以精确感和信任感。此外,尾数可使消费者感到价格保留在较低一级的档次,从而减轻其心理抵制感。尾数定价法的应用十分广泛。在美国,5美元以下的商品,习惯以9为尾数,5美元以上的商品,习惯以95为尾数。日本的家用电器习惯以50、80、90日元为尾数。我国的许多商品常以8、88、98为尾数。

但是,尾数定价法并非在任何情况下都适用。例如,在超级市场,消费者并不喜欢标价为0.98元,1.98元的商品,而宁愿取1元、2元整数价格的商品。对于高档商品,消费者更乐于接受整数价格。比如,一架钢琴标价为8300元与标价为8300.53元相比,后者会令消费者产生不可思议的感觉。

（四）利用货币错觉的增值折价法

这种方法是指在制定商品的优待折价价格时,采取"花低价买高价的商品"的宣传手段,而不是"高价的商品卖低价的钱"的宣传手段。这种定价方法针对的是消费者"降价没好货"的购买心理。例如,日本三越百货公司就利用了"货币错觉",实行"100 元买 110 元商品"的推销术,第一个月即增销 2 亿日元。这是一种高超的折价术。

（五）"求高"、"求方便"的整数定价法

与尾数定价策略不同,该策略在定价时把商品的价格定成整数,而不是带尾数,既合零凑整的方法。整数价格又称方便价格,适用于某些价格特别高或特别低的商品。对于一些款式新颖、价格较贵、风味独特的商品,采用整数定价取消尾数,能够满足购买者高消费的心理。例如,精品服装可将价格定为 1000 元,而不定为 998 元,这样可以以千元价位的面目赋予商品以高档、优质的形象。而对于某些价值很低的,如手帕纸定价为 0.5 元,较之 0.49 元对消费者而言,在付款时更为方便。

（六）"求名"的声望定价法

声望定价策略是根据消费者的"求名"心理,制定高价的策略。多数消费者购买商品时不仅仅看重商品一流的质量,更看重品牌所蕴涵的象征意义,如地位、身份、财富、名望等。该策略适用于知名度高、广告影响力大,深得消费者青睐的名牌商品。例如,20 世纪 80 年代世界名牌皮尔·卡丹进入中国的时候,一条皮尔·卡丹的皮带卖到 1000 元人民币,这是一种典型的声望定价。声望定价策略不仅被广泛运用于零售业中,而且在餐饮、娱乐、维修服务等行业也得到了广泛运用。再如一些在市场上久负盛名的名牌产品,可以以高价销售。高价一方面与名牌产品的优良性能、上乘品质相协调;另一方面,与产品的形象相匹配,多数消费者购买名牌产品不仅仅看重其一流质量,更看重名牌所蕴涵的社会象征意义。在一定意义上,高价格是名牌效应的重要组成部分,消费者经常借高价以显示自己的社会地位。

（七）习惯定价法

这种定价策略是按照消费者的习惯心理来制定价格。消费者在长期的购买实践中,对某些经常购买的商品,心目中已经形成了一个习惯性的价格标准。这些商品的价格稍有变动,就会引起消费者不满,如降价易引起消费者对品质的怀疑,涨价则可能受到消费者的抵制。因此,对于这类商品,企业宁可在商品的内容、包装、容量等方面进行调整,也不愿采取调价的方法。若确实需要调价,则应预先做好宣传工作,让消费者充分了解调价的原因,从而做好心理准备,然后再择机调价。日常生活中的饮料、食品一般都适用这种策略。因此,习惯定价法即按照消费者的习惯心理制定价格,消费者在长期的购买实践中,对某些经常购买的商品如日用品等,在心目中已形成了习惯性的价格标准。不符合其标准的价格则易引起疑虑,从而影响购买。

（八）觉察价值定价法

这种方法以消费者对商品价格的感受及理解程度作为定价依据。消费者在购买商品时,总会在同类商品之间进行比较,选购那些既能满足消费需求又符合其支付标准的商品。企业应该突出

产品的差异性特征,综合运用市场营销组合中的非价格因素来影响消费者,使他们在头脑中形成一种觉察价值观念,然后据此来定价。例如,普通商店出售可口可乐,每罐 3.50 元,在五星级饭店,它的价格会成倍地上涨,但消费者却能够接受,这是因为消费者受周围环境的影响而产生了对商品价值的认同。

(九) 折扣定价法

折扣定价策略指在特定条件下,为了鼓励消费者及早付清货款、大量购买或在淡季购买,企业以低于原定价格的优惠价向消费者出售商品。这种定价方法是在基本价格的基础上,由于顾客及早付清货款、批量采购、淡季采购等,企业给予一定的价格折扣。灵活运用折扣定价技巧是企业争取顾客、扩大销售的重要方法。折扣定价方法一般有以下几种:

1. 现金折扣

现金折扣是指对按约定日期付款或提前付款的顾客给予一定的现金折扣。其作用有:①减少信用成本和呆账;②减轻对外部资源的依赖,减少利率风险,加速资金周转;③能有效地对渠道成员进行控制,增强竞争能力。

2. 数量折扣

数量折扣是卖方因买方数量大而给予的一种折扣,但其数额不可超过因批量销售所节省的费用额。数量折扣包括非累进数量折扣和累进数量折扣。非累进数量折扣是规定顾客每次购买达到一定数量或购买多种产品达到一定的金额所给予的价格折扣。累进折扣是规定在一定时间内,购买总数超过一定数量时,按总量给予一定的折扣。数量折扣引导顾客向特定的卖方购买,而不是向多个供应商购买。

3. 季节折扣

季节折扣是指客户在淡季购买产品而给予的价格折扣。这在季节性明显的服装业广为采用,目的是鼓励批发商、零售商淡季购买,有利于产品均衡生产,减少厂商的仓储费用,加速资金周转。

4. 新产品推广折扣

这是为了打开新产品的销路,鼓励消费者积极购买新产品而制定的优惠价格。这种做法就是依靠新产品推广折让价格来开拓市场。

(十) 分档定价策略

分级定价策略是把不同品牌、规格及型号的同一类商品划分为若干个等级,对每个等级的商品制定一种价格。这种定价策略的优点在于不同等级商品的价格有所不同,能使消费者产生货真价实、按质论价的感觉,能满足不同消费者的消费习惯和消费水平,既便于消费者挑选,也使交易手续得到简化。在实际运用中,要注意避免各个等级的商品标价过于接近,以防止消费者对分级产生疑问而影响购买。这种定价方法是把不同品牌、规格及型号的同一类商品划分为若干个等级,对每个等级的商品制定一种价格,而不是一物一价。这种方法简化了购买过程,便于消费者挑选,不足之处在于等级间的价格差不好把握。如果差价过小,消费者会怀疑分级的可信度;如果差价过大,一部分期望中间价格的消费者会感到不满意。

（十一）处理价格

在商品流通过程中，由于各种原因，会出现商品滞销压库和商品品质下降的现象，对这种情况，必须采取处理价格策略。为了制定合理的处理价格，需要考虑消费者对廉断处理商品的心理反应，以期达到降价的目的。处理商品时，降价幅度要适宜。幅度太小，不足以吸引消费者；幅度太大，容易让人产生疑虑。价格要保持相对稳定，切忌连续波动。如果连续降价，消费者会产生等待进一步降价的心理预期而推迟购买。

（十二）理解价值定价法

这种定价方法是指根据消费者对于某种商品的价值观念或对商品价值的感受及理解程度进行定价的策略。有些营销学者认为，把买方的价值判断与卖方的成本费用相比较，定价时更应侧重考虑前者。因为消费者购买商品时，总会在同类商品之间进行比较，选择那些既能满足消费需求，又符合支付标准的商品。消费者对商品价值的理解不同，会形成不同的价格限度。如果价格刚好定在这一限度内，就会促进消费者购买。为此，企业就要研究该种商品在不同消费者心目中的价格标准，以及在不同价格水平上的不同销售量，并做出恰当的判断；进而有针对性地运用市场营销组合中的非价格因素来影响消费，使消费者形成一定的价值观念；然后还要估算投资额、销售量、单位产品成本和利润，制定出符合消费者需求的期望价格。

这种定价策略要充分考虑消费者的消费心理和需求弹性。例如，需求弹性大的商品，价格可定得低一些；需求弹性小的商品，价格可定得高一些。又如著名的工商企业或著名商标的优质产品，或出自著名专家、工匠之手的优质作品，顾客会另眼看待，售价就可提高；反之，定价就要低一些，才能为顾客所认可。

三、价格调整的心理策略

在营销实践中，商品价格的变动与调整是经常发生的。调价的原因除了企业的自身条件发生了变化以外还包括市场供求状况、商品价值变动、市场货币价值与货币流通量变动、国际市场价格波动、消费趋势的变化等多方面因素的影响。企业在调整商品价格时，既要考虑这些因素的影响，又要考虑消费者对商品调价的心理要求。

（一）商品降价的心理策略

企业可能出于以下原因而考虑降价：企业的生产能力过剩，需要扩大销售而又不能通过改进产品和加强销售来达到目的；在强大的竞争压力下，企业市场份额下降，不得不降价竞销；企业的成本费用低于竞争对手，试图通过降价来提高市场份额。此外，如某些商品更新换代造成的冷背残次，商品保管不善造成的品质降低，市场行情不明造成的盲目进货，新技术、新科技的应用使成本下降，凡此种种，都可能导致商品降价出售。在这里，商品降价是否能促进销售，关键在于商品是否具备降价条件，以及企业是否能够及时、准确地把握降价时机和降价幅度。

1. 商品降价应具备的条件

要达到预期的降价目的，商品应具备与消费者心理要求相适应的特性。

（1）消费者是价格的敏感者，通常价格敏感者主要是根据价格来决定购买行为的。

（2）消费者注重商品的实际性能与质量，很少将所购商品与自身的社会形象联系起来。

（3）消费者对商品的质量和性能非常熟悉，如某些日用品和食品，降价后仍对商品保持足够的信任度。

（4）能够向消费者充分说明商品价格降低的理由，并使他们接受。

（5）制造厂家和商标品牌信誉度高，消费者只有在以较低的价格买到"好东西"时，才会感到满意。

2. 降价时机

企业要准确地把握降价时机，降价时机选择得好，会大大刺激消费者的购买欲望，选择的不好，则会无人问津而达不到目的。关于降价时机，要视商品和企业的具体情况而定，根据经验应为：

（1）对于时尚商品和新潮商品，进入流行阶段的后期，就应当降价。

（2）对于季节性产品，应当在换季时降价。

（3）对于一般商品，进入成熟期的后期，就应当降价。

（4）竞争对手降价。

3. 企业竞争降价的心理策略

（1）降价幅度要适宜。降价幅度应足以吸引消费者购买。幅度过小，激发不起消费者的购买欲望，幅度过大，企业可能会亏本经营，或者造成消费者对商品品质的怀疑。经验表明，降价 10%～30% 有利于刺激消费者的购买，超出降价 50% 时，消费者的疑虑会显著加强。

（2）商品降价不能过于频繁，否则会造成消费者对降价不切实际的心理预期或者对商品的正常价格产生不信任感。

（3）注意采取暗降策略。暗降策略即通常所说的变相降价。降价要特别慎重，一般情况下，直接降价会招来同行的不满与攻击，甚至引发价格大战，为了避免直接降价带来的不利因素，可采用暗降策略。例如，实行优待券、予以实物馈赠、更换包装等方法。采用变相降价，既维护了企业及产品形象，又扩展了市场占有率，促进了商品销售。

降价除了掌握幅度、把握时机、采用暗降策略外，还可以把降价和营销的其他策略配合使用，以达到更好的效果。

（二）商品提价的心理策略

1. 商品提价应具备的条件

引起企业提价的具备条件有：由于通货膨胀，物价上涨，企业的成本费用提高，资源稀缺或劳动力成本上升导致产品成本提高；企业的产品供不应求，不能满足其所有消费者的需求，在这些情况下企业就可适当提价。一般来讲，商品价格的提高会对消费者利益造成损害，引起消费者的不满，但在营销实践中，成功的提价可以使企业的利润增加。

2. 商品提价消费者的心理要求

正如商品降价一样，要达到预期的提价目的，也应注意了解消费者的心理要求：

（1）消费者的品牌忠诚度很高，他们忠诚于某一特定品牌，不能因价格上涨而轻易改变购买习惯。

（2）消费者相信商品具有特殊的使用价值或具有更优越的性能，是其他商品所不能代替的。

（3）消费者有求新、猎奇、追求名望、好胜攀比心理，愿意为自己喜欢的商品支付高价。

（4）消费者能够理解价格上涨的原因，能容忍价格上涨带来的消费支出增加。

3. 提价时机

为保证提价的顺利实现，就要准确把握商品的提价时机。提价时机可选择以下几种情况：

（1）商品在市场上处于优势地位。

（2）产品进入成长期。

（3）季节性商品达到销售旺季，一般商品在销售淡季。

（4）竞争对手提价。

4. 提价的心理策略

（1）提价幅度不宜过大。产品在提价过程中，应注意尽量压低提价幅度，避免引起消费者的抱怨和不满，减少消费者的恐惧心理。在国外，涨价幅度一般以 5% 为界限，这样符合消费者心理承受能力。因此，商品提价应循序渐进，让消费者有一个接受、适应的过程。

（2）注意采用暗提策略。直接提价往往使消费者产生反感，在可能的情况下，企业最好采用暗调策略进行提价。第一，可以更换产品的型号、规格、花色、包装等。同一产品只要稍做改动，在消费者没有觉察的情况下提价，不会引起消费者心理上反感。第二，减少产品原料配比或数量，而价格不变，以达到实质上的提价目的。例如，压缩产品分量，价格不变；使用便宜的材料或配件做替代品；缩小产品的尺寸、规格等，这种方法应尽可能避免使用，因其容易引发投诉和失去消费者。

（3）做好宣传解释工作。我们主张企业提价最好是避免明调，但是在迫不得已的情况下，企业应该通过传媒向消费者解释调价的实际原因，并且提供更热情周到的服务，尽量减少消费者的损失等，以诚意求得消费者的理解和支持。

综上所述，消费者对价格的心理反应是纷繁复杂的，在实际市场营销活动中，应针对不同商品、不同消费者群体的实际情况，在明确消费者心理变化的趋势下，采取切实可行的定价和调价策略，以保证企业营销活动的成功。总之，商品的定价和调价都应充分考虑消费者的心理反应，符合消费者的心理要求，从而使企业获得经济效益。

本章小结

1. 企业制定价格不能背离消费者心理上的价格标准，商品价格的心理功能主要包括衡量商品价值与商品品质、自我意识比拟、调节消费需求。

2. 消费者的价格心理主要表现为习惯心理、倾向心理、敏感心理、感受性。消费者对价格调整的心理反应可分为两种情况：一种是降价心理反应，另一种是提价心理反应。消费者对价格的判断途径有与市场上同类商品的价格进行比较、与同一商场中不同商品价格进行比较、通过商品自身的外观、重量、包装、使用特点、使用说明、品牌、产地进行比较。影响价格判断的因素有消费者的经济收入、消费者的价格心理、生产、出售场地、商品类别、消费者对商品需求的迫切程度、购买的时间，通过消费者自身的感受来判断。

3. 影响市场价格的社会心理因素有消费者的价格预期心理、消费者对价格的攀比心理、消费者对价格的观望心理、消费者对价格的倾斜心理和补偿心理。制定价格的心理策略包括"求新"、"猎奇"的撇脂定价法、"求实"、"求廉"的渗透定价法、利用心理错觉的尾数定价法、利用货币错觉的增值折价法、"求高"、"求方便"的整数定价法、"求名"的声望定价法、习惯定价法、觉察价值定价法、折扣定价法、分档定价策略、处理价格、理解价值定价法。

价格调整的心理策略有商品降价的心理策略和商品提价的心理策略。

思考题

1. 商品价格的心理功能和心理特征是什么？
2. 如何根据消费者的价格心理进行价格的调整？
3. 商品的定价策略有哪些？
4. 请举例说明如何根据消费者的心理来进行价格的制定。

典型案例与讨论

神龙富康"新自由人"轿车价格冲击消费者心理

2001 年 11 月底,神龙公司宣布推出富康"新自由人"轿车,价格 9.8 万元。这是国内主流车型"老三样"——桑塔纳、捷达、富康价格首次跌破 10 万元。此举给岁末因消费者持币待购而持续走低的轿车市场带来一股暖流。先是媒体抢先竞相报道,以致新车未到,消费者已经赶到市场打探;后有富康经销商多年未见的火暴,仅北京在周末就卖出 200 辆新车,许多消费者还交了预付款。

有趣的是,富康此前已经 5 次下调了产品价格,且最低价格的车型已经降到 10.6 万元,但是并没有引起如此轰动效益。"新自由人"热销,除了加装了方向盘助力、后排头枕和安全带等关注家庭消费的配置外,突破中国老百姓对于家庭轿车价格 10 万元的心理门槛,不能不说是一个重要因素。

此举能否在"老三样"中引起连锁反应尚要拭目以待。现在其他厂家反应谨慎,大概也是面临"价格门槛"而不敢跨越。其实价格降到 10 万元以下也是早晚的事。这就如同南极冰原上的企鹅,大家站在岸边,你挤我,我挤你,谁也不敢第一个跳下海,但是第一只企鹅被挤下去了,其他企鹅也就跟着往海里跳,大海里终究有它们赖以生存的食物。

突破 10 万元的"心理门槛"的始作俑者并不是富康。在此之前上海通用在推出"赛欧"家庭轿车时,就提出了 10 万元的目标价格,"10 万赛欧"也成为一个重要卖点打动了众多消费者。但是在实际销售中,消费者却情愿选择一些高端的选装配置,使 12.5 万元一档的"赛欧"反倒成为主流。看来"销售心理学"真应该成为今后国内汽车生产和销售厂商下力研究的新课题。

资料来源:人民网

分析讨论题：

1. 试分析轿车价格下降是如何冲破消费者的心理门槛的？
2. 面临轿车市场价格的冲击和消费者对价格的预期心理,你如何为企业制定相应的营销策略。
3. 根据当前的轿车市场的竞争状况,运用相关的知识分析轿车企业该何去何从？

第十二章　商业广告与消费心理

广告(advertising)，从字面上讲，就是广而告之的意思。但要真正理解广告的意义就不是那么容易的事了。一般认为，广告是社会发展到商品交换阶段的产物，是一种促进销售、扩大影响的经营手段，是一种信息传播的有效方式，也是一种社会文化现象等等。在当今社会，随着市场经济的不断发展和市场竞争日益激烈，广告在经济活动中的作用越来越引人注目，已成为现代企业拓展市场不可或缺的工具和手段，正如美国通用公司总裁罗杰　B. 史密斯的幽默说法，"靠停止做广告省钱的企业，就像靠拨停表针省时间的人一样聪明"。广告，这种商品宣传的主要方式越来越多地影响和改变着人们的消费观念、消费心理和消费行为。所以说，离开了广告，现代商业就会无从发展；离开了广告，现代人的消费心理与行为就会变得茫然。

引导案例

百姓嘴边的广告语

味道好极了(雀巢咖啡)

中国人喝不惯咖啡，味道好的咖啡象征的是西方生活方式。雀巢电视广告编织着新生活的蓝图：现代化的小家庭，丈夫事业成功，妻子温柔可人，如细雨般滋润着历经"文革"的人们干涸的心灵。

后来，这句广告语被无数次地引用过，有时调侃，有时赞美，简直成了一种象征。广告要打动消费者，先要了解他们。雀巢没有简单地卖"世界销量第一"(当时也很有效的)，而是深入研究中国本地社会文化背景，创造了中国广告史上的经典。

今年二十，明年十八(白丽美容香皂)

20世纪80年代中后期的流行语。越活越漂亮，越活越年轻，谁不喜欢。

在进口品牌的强大冲击下，国产制造工业奋发图强，创造了新概念的美容香皂。据回忆，该广告语是一群本地创意人拍脑袋的杰作，没有什么国际广告公司那一套：市场研究，消费者调查，产品定位和广告策略等，效果却非常好。难怪许多资深广告人常常说："广告没真理。"

人头马一开，好事自然来(人头马XO)

香港名作家黄霑的作品。他写了上百句，第一句就是"人头马一开，好事自然来"，客户说，这一句就很好，其他都白费脑筋。这句话在内地广为流传，人头马成为洋酒第一品牌。多少人冲这句话开人头马，要的就是那种豪迈的感觉。拿XO大口大口干杯的，也只有在中国。

钻石恒久远,一颗永流传(戴比尔斯)

20世纪90年代初,世界最大的钻石经销商戴比尔斯开始在中国推广钻石,短短几年,销量翻了一番。1951年,智威·汤逊芝加哥公司创作了戴比尔斯的英文广告句。中文广告口号则先后在大中国区投放。已经不知道是谁翻译得如此完美,意境直追中国文学高峰的唐诗宋词。今天,钻石已经融入中国人的生活。不问你从哪里来,你就是我人生情感的凝聚。

让我们做得更好(飞利浦)

飞利浦的产品从灯泡到彩电,从熨斗到手机,无所不包。他们需要良好的公司形象来提升产品。这是飞利浦公司全球推行的广告口号,中国人同样被深深打动,甚至已经超越公司和产品,成为一条人生的准则:"让我们做得更好。"

人类失去联想,世界将会怎样(联想)

印象中企业形象广告中的好广告语都出自国外大企业,只有这一次,中国IT业巨头联想拿出了绝对原创而又气势不凡的广告语。"人类失去联想,世界将会怎样"是个双关语,说明想像力对人的重要,在一个工业化时代可谓切中时弊;暗说联想集团的重要性,中国IT界、中国企业界不能没有联想。气势之大令人肃然起敬。

牙好,胃口就好,吃嘛嘛香!(蓝天六必治)

蓝天六必治的这句广告语太上口了,一播出就成为人们互相讥笑的常用语。本来天津话就有一种土土的吸引力。比如男人滥情,喜欢不上路的女人,也可以说他是"牙好胃口就好,吃嘛嘛香"。

喝了娃哈哈,吃饭就是香!(娃哈哈)

最精彩的就是"就是"这两个字,有一种孩子气的武断和执著,于是很多小孩都学会了,整天在父母耳边念叨,娃哈哈还能不畅销吗?

相信我,没错的!

刘德华为"黑头发,中国货"的奥妮做广告,已经让他的追崇者无法抵挡,更何况他还望着镜头,用杀死人的迷人的声音说:"相信我,没错的。"你还别说女人浅薄,专吃这一套,不乏老男人小男人模仿刘天王的神情语气,脱口而出"相信我,没错的",引来女性会心一笑。

JUST DO IT(耐克)

没有中文,只有英文,耐克的消费者,那些中国年轻人都背得出这句话,都明白这是什么意思。"尽管去做",全球新一代年轻人共同的文化。

世界各地的文化有差异,也有趋同,广告不能拘泥于地域性、民族性。耐克成功塑造全球年轻人共同的品牌,甚至连广告语都不讲当地话。但是他们不盲目全球化,一句"**just do it**",一个乔丹卖到底。耐克中国的广告代言人,有王治郅和胡卫东。我们要读破其中深意。

不在乎天长地久,只在乎曾经拥有(铁时达手表)

没有在内地投放过的香港广告,但超越时空的魅力,还是征服了许多内地青年。广告升华了现代人的世纪末情怀,有震撼人心的巨大力量。有意思的是,这句话不是广告口号,只是电视广告片中的一句台词。由周润发、吴倩莲主演的广告片,堪称经典中的经典。

第一节 商业广告的概念与功能

一、市场经济与商业广告发展

(一)商业广告和广告业的发展是一个国家(地区)经济发展的重要表征

人类社会的发展表明,当社会出现了商品生产和商品交换之后,为了推销商品、招徕顾客,广告便应运而生,至今已有数千年的历史。广告作为经济发展的产物,其产生有两个先决条件:一是商品经济的繁荣;二是大众传媒的出现。而且经济的繁荣和大众传媒的发展直接影响到广告业的发展。例如,2004年,由于世界经济的进一步稳定增长,新的广告媒体(网络)日渐成熟,广告业出现了强势发展的势头,全世界范围的广告消费就达到了3700亿美元,增长了近7%,其增长幅度已经超过了世界经济的增长。

广告能有力地促进一个国家或地区的广告业乃至整个经济的发展,这已是一个不争的事实。目前普遍认为一个国家或地区的广告业是否发达,在一定意义上可以反映该国或地区的经济发展水平。如世界经济最发达的国家美国在1998年的广告费已超过2000亿美元,如今事实远远超过了这一数字。而世界上广告投资额的大国基本上都是发达国家,现在,14个主要西方发达国家的广告投资额占到世界广告投资总额的90%以上。所以,有人认为,广告业是一个国家经济发展状况的晴雨表。

但是,把广告与消费者心理、行为联系起来,不过是近100多年来的事。早在1895年,美国明尼苏达大学心理实验室的H.盖尔就开始从事关于消费者对广告及其广告商品的态度与看法的调查研究,可以看作是广告与消费心理的最早研究。而更有影响的研究则首推美国心理学家斯科特(W.D.Scott)。1901年,斯科特在美国西北大学的一次学术会议上,提出广告应发展成一门科学,而心理学可在其中发挥重要作用的见解,受到与会者的热烈支持。其后,他陆续发表了一系列有关广告与消费心理方面研究的文章,并于1903年汇编成《广告论》一书出版。现在一般认为,该书的出版标志着广告心理学作为这一新兴学科的诞生。而广告心理学研究的基础主要是消费心理学。在1908年,斯科特进一步将广告心理与消费心理研究的成果系统化,出版了《广告心理学》一书。同一时期,有关广告心理的实证性研究也有所开展,例如,闵斯特伯格关于广告面积、色彩、文字运用、广告编排等因素与广告效果关系的研究等。这些早期的广告心理研究,其目的都是服务于以生产者为中心的卖方市场,其特点是单向的,即指向于推销商品中的心理活动。随着经济的发展,由卖方市场逐步转向买方市场,对消费者心理的研究越来越受到重视,特别表现在20世纪40年代后期以来,对消费者深层动机的探讨成为广告与消费心理研究的重点。其中最具有代表性的研究是对销售Maxwell速溶咖啡的研究。该研究揭示了消费者不愿购买这种新产品的深层动机,有力地促进了对广告主题的修正以及有效广告策略的问题研究。20世纪60年代以来,在西方发达国家,广告心理已成为消费心理学的重要内容,所以常以广告与消费心理学的形式出现,可见这一学科的特点。

自改革开放以来,我国的经济得到了迅速的发展,从而进一步带动和促使我国广告业在恢复和发展的25年中逐渐进入平稳发展时期。2003年,我国广告经营单位已达到10.18万家,从业人员达 87.14 万人,广告年营业额达到 1078.68 亿元人民币。而且,实力传播预测,"因为中国广告市场保持着每年两位数的增长率,中国有望在 2010 年以前超过英国和德国,成为仅次于美国与日本的全球第三大广告市场。"到 21 世纪中叶,我国将实现从经济大国向经济强国转变,广告在此中的作用是不言而喻的。

广告作为市场中具体的一类营销活动,它反映了广告主对现实市场环境以及商品供求关系的主动或被动的适应行为。从现代经济学理论意义上讲,市场供求关系的最理想状态应当是供与求的均衡。由于市场供求关系是由分散的随机动态变量构成,因而市场供求的绝对均衡是不可能保持的,供求关系的常态是不均衡的。因此,企业一方面要利用大众传播媒介扩大影响,即广告对市场的供求关系施以有利于自身发展的影响;另一方面,广告活动作为企业对市场供求状态的适应行为,随着市场供求关系的变化,必然影响企业的广告行为。

具体说来,在市场供大于求时,消费者的消费过程选择性增强,市场竞争激烈,商品销售难度上升,而作为促销要素的广告活动的刚性也随之上升。广告活动的刚性的上升,一方面包括企业对广告费投入的增加,另一面广告活动更加注重适应消费者心理的广告技巧和策略的运用。而广告活动上升,整个市场微观融通功能就增强,从而有助于市场供求关系的协调。在市场供不应求时,即卖方市场的情况下,消费者的需求和选择对企业生产及市场营销的导向作用下降。广告作为促销手段的地位自然随之下降。对许多企业来说可以少作甚至不作广告。这同样体现在企业对广告费投入的减少和针对消费者心理的广告技巧和策略相对不重要。而广告活动减少,整个市场微观融通功能就下降。这又是促使市场供求发展到新的不平衡的因素之一。由此可见,广告活动与市场供求关系是相互作用、相互依存。

(二) 广告与市场依存关系——核心是提升商品品牌或服务品位的重要手段

产品 + 广告 = 品牌,这是现代营销的金定律。现代经营理念认为,广告是一种合理的投资,因为通过广告一方面可以传播信息、扩大商品的影响、稳定价格;另一方面可以开拓市场、指导消费,以满足消费者不断出现的新需求,提升商品的价值品位即品牌价值,进而避免价格战,扩大市场占有率。而商品的品牌效应是商家广告的目的所在。可以说商家做广告就是要提高产品的知名度,强化消费者对商品的记忆,培养消费者对商品的情感与忠诚,进而激发其购买欲望,产生购买行为。所以说,市场变化与广告的关系是密不可分的。

二、商业广告及其构成要素

(一) 商业广告的基本涵义

美国前总统罗斯福曾说过:"不做总统,便做广告人"。可见广告对于像罗斯福这样敢于向命运抗争、具有引导世界潮流的雄心、充满挑战和创造激情的人来讲,具有无穷的魅力。那么广告到底是什么呢? 首先,我们看看世界顶级广告人对广告的理解:

广告是社会变迁的活记事。广告不只是接受社会的变迁,拥护社会的变迁,而且还要努力了解社会变迁的原因。

广告是艺术世界与商业世界之间的桥梁。广告必须娱乐消费者,激发想像,并且感动人心,方能获得瞩目。同时,广告又必须满足其最基本的营销需求。也就是说,广告运用了令人瞩目且又能置身其中的表现方式,独特、巧妙地将产品置于消费者心中。

广告是一种世界语言。一个好的广告,全世界各色人种都会为之动容,为之疯狂。

广告是以最低的成本准确地向潜在消费者提供有关产品或者服务的最有说服力的销售信息。

由此可见,不同的人对广告的含义有着不同的看法和理解。因此,在市场营销人眼中,广告是激发需求、沟通供需、促进销售的重要的营销手段;从传媒人看来,广告是一种有效的大众传播媒体;对广告人来讲,广告意味着对概念进行创造性的表达,是厂家或商家通过大众传媒与现有及潜在消费者进行的交流。

信 息 框

从不同角度看广告的涵义,具体内容见表 12-1。

表 12-1　不同角度看广告的涵义

内　容	广告涵义
广告是一则销售信息	广告是对产品或服务产生直接或间接的销售,或者说是影响顾客与潜在顾客在有需要的情况下去考虑广告的产品
广告是一个传播过程	广告是为了一个产品或服务,由媒体以各种不同方式所作的销售及产品讯息的传播,以达到广告主与消费者的共识
广告是一种市场推广手段	广告是市场营销推力的主要手段,是市场营销推广的组成部分
广告是一个长远的规划	广告是一种有计划的建立营业、发展销售、得到利益的规划,不是为了解决短期目标的一种方法
广告是一个商业技巧	广告是促进营销目标达到的手段之一,是使广告主在时间与金钱上得到投资回报的一种商业技巧

广告在英语中最初称 advertisement,意指"组织或机构为说服受众而通过媒体发布传播特定的信息。"但目前经常使用的是 advertising,它表示广告活动过程。也就是说广告不仅是静态的展示,更重要的是广告具有相对独立性的阶段活动,即它作为一个过程将决定或影响广告的全过程。它包括广告的事前市场研究、分析,包括所使用的媒体的影响力,如何使用媒体产生的影响,及广告刊播后进一步产生的扩散影响等。所以确切地讲广告应包括广告信息传播的整个过程。但目前广告更多的是用来传播商品或服务信息的,即商业广告,这就有一个付费的问题,换言之,广告也是推动一个国家或地区经济发展的重要力量。

综上所述,我们给商业广告下一个定义,商业广告是由一个广告主在付费的条件下,对一件商品、一种观念或服务通过一定媒介对一定的人所进行的信息传播活动。

所谓"以付费的方式",即广告需要广告主来付费。正是因为这种广告费的交付,才使其区别于公共关系等宣传手段,公共关系宣传是一种主动权在宣传传播者手中的宣传形式,而广告宣传则不同了,它是一种厂商可以控制的宣传形式。因此,可控制的形式是广告的一个核心因素。

"通过一定的媒介",即广告是一种非个体性的传播,它必须借助大众传媒,这也是广告活动区别于人员促销之处。广告信息的传播必须通过一定的媒介,即一种传播工具,同时对媒介必须有一个科学地选择,而不能盲目地使用各种媒介。

"对一定的人",即广告目标对象是有选择性的。广告所进行的信息传播活动是带有说服性的,这样广告的传播活动有别于一般"信息性"的传播活动,它不只是传播信息,更要信息接受者接受信息的观念,最终导致信息接受者按所接受的信息内容要求去做。

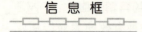

信息框

美国市场营销协会(AMA)给广告下的定义

● 广告是由特定明确的广告主以付费的方式,通过各种传播媒体对产品、服务或观念等信息进行的非人员介绍及推广的活动。

● 美国广告与营销专家 Nystrom 认为:广告是将商品、服务、创意、制度等,以非当面的销售活动,向潜在消费者提示,使其产生好感,并对广告主心存爱顾,显示喜好。

● 美国广告学者 Guinn 认为:广告是一种有偿的、经由大众传媒,目的在于劝服的企图。

(二) 现代广告构成要素

现代广告学的理论认为,广告是一种动态或活动形式的存在,而不仅仅是静态的展示。美国著名广告学理论专家舒尔茨认为构成广告活动至少有四个要素,即制定出适当的广告信息、使此信息到达适当的受众、选择适当的时机、花费合理的成本。因此,研究广告就是要研究构成动态过程的要素,即要确定广告构成要素。广告构成要素主要包括广告主体、广告信息、广告媒体、广告受众等。

广告主体是从事广告活动的当事人,它包括广告主、广告经营者和广告发布者等。其中,广告主又称广告客户,是指为推销商品或者提供服务,自行或者委托他人设计、制作、发布广告的法人、其他经济组织或者个人。它主要是依据所处的市场竞争状况以及企业实力来确定对广告的投资。广告经营者是指受广告主委托,为其提供广告设计、制作广告、代理服务的法人、其他经济组织或者个人。广告发布者则是指为广告主或者广告主委托的广告经营者向消费者发布所推销的商品或者所提供的服务的广告信息的法人或者其他经济组织。

广告信息,简而言之,就是指广告传播的内容,它是广告活动中想告诉受众的内容,一般指商品信息、服务信息和观念信息。商品信息主要包括商品的性能、质量、用途、价格以及何时出售,在何地可以购买,服务信息主要是指广告发布人向社会或个人提供的各种服务性信息,它包括为生产服务的信息和为生活服务的信息;观念信息主要是指广告主通过某种广告形式使消费者树立一种有利于广告主推销商品或服务的消费观念,使受众树立一种时尚的消费观念或者使受众增加有关知识。总之,广告信息作为广告赖以存在的基础,是广告活动不能缺少的核心内容之一,没有信息,广告就失去了实际的意义。

广告媒体又称广告媒介,它是广告信息进一步传播、扩散的载体,是广告主与受众联系的桥梁。今天,作为传递广告信息的媒体已经随着科学技术的进步和市场经济的发展日益趋向多元化,成功的广告不仅在广告创意和广告主题确定等方面受到广告主、广告经营者和广告发布者所重视,而且广告媒体的选择也成为这些广告主体十分关注和重视的问题。所谓“被浪费掉的一半广告费”多数是由于媒体选择不当所造成的。所以说,成功的广告与广告媒体的选择关系密切。

广告受众又称为广告受传者,即广告信息的传播对象,它是读者、听众和观众的统称。通常,广告受众是购买商品或者服务的现实或者潜在消费者。作为信息接收单位及信息处理单位的消费者本身是广告主体很难个别加以控制的。因此,今天的广告除了要明确商品或者服务的真正市场目标并加以市场细分以外,还要根据目标市场和细分市场从心理学的角度加以分析,以最合理而有效的方式向消费者进行广告信息的传播。也正因为如此,学习和应用广告与消费心理学成为今天开展广告活动的重大工程。

三、现代广告的功能

(一)传播信息,加速流通

广告向目标受众传播信息是广告最基本的功能。在当今社会,信息作为一种重要资源,大到一个国家,小到一个企业,都离不开信息,没有信息,就如同在黑暗中行走会迷失方向一样,企业将无法生存和发展。所以说,我们的社会正进入一个前所未有的信息时代。然而,信息需要传播媒体来进行传播,否则,人们就无法获取信息。现代传播学理论指出:信息需要通过传播,传播就像血液流经人的心血管系统一样流过社会系统,为整个有机体服务。传播更是一种通讯、交流,当今世界具有传播信息功能的行业很多,而广告行业就是其中之一。利用广告传播有关信息,是一种快捷的手段,它把生产与消费、供应与需要有机地连接起来,密切了产需之间的联系,沟通了产销,促进了生产和消费。

随着市场竞争的日益激烈,一个企业不仅要生产出好的产品,还必须把好产品顺利地卖出去,并且要不断扩大市场。在这里,广告也扮演着重要角色。好产品如果没有好宣传(传播),同样有卖不出去的危险。国外许多著名企业在营销和扩大销售过程中十分重视广告的作用。例如美国著名的 P&G 公司每推出一个新产品都要辅之以强劲和时尚的广告,新产品上市初期的广告支出是:佳洁士牙膏(Crest)2900 万美元,高点牌洗发香波 (High Point)2400 万美元,帮宝适一次性纸尿布(Pampers)1900 万美元,汰渍洗衣粉(Tide)1700 万美元等。这些品牌先后在市场上获得预期的成功。难怪 P&G 公司面对这些成功业绩发现了其中奥秘:"我们发现效率最高、影响最大的推销办法就是广泛地做广告。"新产品没有广告真是寸步难行,著名的通用汽车公司和福特汽车公司每年在广告上的花费近 14 亿美元,百事可乐公司和可口可乐公司则要花费 8.6 亿美元。正因如此,各国大公司不惜巨资加大广告宣传力度。

在市场经济社会里,信息就是资源、就是财富、就是知识。通过广告信息传播对于广告主来说可以销售商品、发展自己的优势,占领市场。通过广告活动,沟通了生产者或经营者和消费者之间的联系,加快了流通,促进了销售,发展了经济。当然,广告的促销功能也不可盲目夸大,如有的报刊宣传"一则广告救活一家企业",显然带有一定的片面性,因为一家企业的生存和发展是由多种因素决定的,广告只是其中的一个重要因素,其他还有如市场状况和消费者心理因素,在新产品不断增加的情况下,要开拓市场,还必须充分发挥广告诉求的认知功能,帮助消费者辨认、识别产品或者服务的差异性,不断提高消费者认知商品的能力;激发消费者对广告宣传的产品或服务的兴趣,进而产生购买欲望并付诸购买行动。所以说,广告不是营销成功的唯一因素。对此,企业必须有正确的认识。

(二)指导消费,便利购买

对于消费者来说,广告具有指导消费、便利购买的功能。首先,广告有助于消费者消费观念的转变。近十年来,随着社会的变革、经济的发展以及广告的影响,我国许多消费者的消费观念正在发生重大改变,即由过去节俭型转向享乐型,不少家庭正朝着现代化迈进,过去能对付着用的东西现在不愿"对付"了,过去认为是奢侈的东西现在也敢享用了,甚至过去被认为是一种"浪费"的消费现象现在也被认为是"正常的现象"。消费者这种消费意识的转变与广告的大肆宣传有着密切关联。一些广告直接瞄准"上帝"的消费意识,通过改变消费者的态度和看法来争取购买,如"潇洒走一回"(旅游)、"家庭现代化的标志"(电器)、"富豪们都拥有"(饰品)等。其次,帮消费者认知商品。目前,我国大多数广告都是直接介绍商品的,这有利于广大消费者通过广告信息更好地了解商品,提高认知程度。如一些广告把商品的性能、成分、功效、特点、用途,甚至副作用等,都作了简单或较详细的宣传,消费者便可从广告宣传中认识该商品,从而根据自身需要决定是否购买。再次,广告为消费者提供购物便利。企业特别是商业企业所做的广告,一般都要宣传本企业开展什么样的销售活动,有什么新花色、新款式、新品种、新特点,在什么地点、什么时间、采取什么方式销售等。这样的广告对顾客选购商品提供很大的便利,既可以节省时间,又可以提高效率。

(三) 树立形象,塑造品牌

一种产品形象的塑造有两条途径:一是消费者的长期使用;二是广告宣传。前者需要的时间长,而且范围比较窄;后者虽也需要一定时间,但普及面较大。如何建立产品的品牌,广告宣传起着更重要的作用。所以说,形象和品牌是现代企业的无形资产,受到广泛的重视。要树立企业的良好形象,塑造名牌产品同样离不开广告。通过广告,企业可以告知消费者自身的规模、发展战略、业绩、贡献等情况,从而树立起良好的企业形象;通过广告,企业也可以告知消费者所生产经营产品的特色、质量、价格、服务等情况,从而扩大产品知名度和美誉度,创造出国内名牌乃至国际名牌。有人曾总结出这样一个公式:品牌就是质量加广告。虽然该公式过于简单且不全面,但所强调的广告对于创品牌的重要性则是准确的。综观国内外成功品牌都与成功的广告宣传分不开,如万宝路的成功与李奥·贝纳广告公司设计和宣传的牛仔形象分不开,海夏威衬衫的成功与大卫·奥格威为其设计的戴眼罩男人的独特形象分不开。

通过广告宣传,可以使更多的消费者了解企业经营管理状况、产品的质量和为消费者提供的服务等。当然,并不是任何广告都会有利于产品声誉和品牌的建立,有些虚假广告只会损害产品声誉。因此,为建立产品的声誉和塑造企业形象,必须彻底避免虚假广告,一定要注意广告宣传的真实性。

四、广告的心理功能

广告传播活动是有目标、有计划的,运用了艺术表现手段,它的主题是以某种商品能满足消费者的需要为基础的,它的中心目的就是对广告受众的心理产生影响。

(一) 传递沟通功能

广告是联结商品与消费者的一座桥梁。它通过充分利用图形、色彩、实体形象、声音、语言文字、数字等刺激消费者的各种感觉器官,以期引起消费者的注意和兴趣,产生联想,接受并记住广告中的信息。在现代这样一个信息社会里,商品对消费者之间最有效的沟通就是广告。消费者每天自觉或者不自觉地接受着各类广告信息。据多年前的资料表明,每个美国人平均每天受到1500多条广告刺激,而只有那些能引起消费者注意的广告,才能被编码、加工、贮存,并被记住。但无论如何,消费者会在广告信息的猛烈"轰炸"之下,有意或者无意地对广告中的商品信息有或多或少的了解。

（二）诱发或者满足需要的功能

广告在介绍商品信息时,还要通过各种媒体和各种手段来激发消费者的购买动机,并满足他们的需求。这是广告得以存在并发生效力的内在根由。广告以理服人,以情动人,诱发消费者的潜在需要与购买欲望,满足他们已有的需求,提供购买理由,使他们感受到获得这种商品所带来的愉悦与满足,增加他们的购买信心,使他们能指名购买广告中的商品。

（三）影响态度的功能

广告可以促使消费者形成某种态度或者影响他们改变某种态度,这是广告心理功能最重要的体现。因为广告不可能强迫消费者发生购买行为,它作为一种传播手段,主要就是通过影响消费者态度的途径来间接地促进销售。从这个意义上说,广告的实质就是通过有效的信息诉求,达到所期望的传播效果。因此,广告心理功能的最高层面就是使广告受众能够按照广告传播的目的形成或者改变态度,进而促进其发生购买行为。

总之,广告的基本心理功能表现为它向广告受众即消费者传递了商品信息,期望诱发其购买需求,并影响其态度的改变,促使其实现购买行为,从而完成广告作为市场营销的一个重要环节的作用。

信　息　框

从消费心理学角度来看广告对消费者的影响力

（1）吸引注意力。广告以新颖独特的方式给消费者以一定的震撼吸引消费者注意力。

（2）传播信息。广告向消费者传播商品信息,以形成对商品的认知和印象。

（3）情感诉求。广告以情感方式打动消费者的心理,引起情绪与情感方面的共鸣,在好感的基础之上进一步产生信赖感。

（4）进行说服。广告在传播商品信息、引起情绪共鸣的时候,逐渐影响消费者的态度,并说服消费者改变原来的态度,促使消费者逐渐喜欢商品并购买商品。

（5）指导购买。广告中宣传模式化的消费与购买行为,大力渲染消费或购买商品之后的美妙效果,给消费者明显的示范作用,指导人们的消费与购买行为。

（6）创造流行。广告常以完全雷同的方式,向消费者重复同样的内容和诉求,利用大众流行的社会心理机制创造轰动效应,激发更多的消费者参与购买。

上述六种影响力当中,第一种影响力首先发挥作用。广告在引起消费者注意之后,才有可能产生后面所谈到的心理影响。

第二节　商业广告策划与消费者角色心理

在认识了消费者心理特点和一般规律的基础上,广告与营销活动的一个重要任务就是如何据此进行广告策划,以便更有效地传达广告信息。"策划"一词在如今工商业发达的社会中,是一个颇为时尚的名词。所谓"策划"(planning or strategy)原是指运用脑力(智慧)进行的一种决策性或理性行为,现主要指针对未来要发生的事做当前的决策,即是对预先做什么、何时做、如何做、谁来做以及做得怎么样等一系列问题的决策与规划。也可以形象地说,策划如同一座桥,它连接着人们的目前与未来。

一、广告策划的概述

(一) 广告策划的定义

在广告与营销中,广告策划并不是与广告活动同时产生的,它是商品经济发展的必然,是现代广告活动规范化、科学化的标志。广告策划思想最早在 20 世纪 60 年代,由英国广告人波利特提出,此后受到广告与营销活动的广泛重视并得到了进一步发展。目前广告策划已成为成功广告的核心,而受到广告界的高度重视。

广告策划是一个现代概念。以策划为主体,以创意为中心是现代广告活动的重要特征。那么,什么是广告策划呢? 一般认为,广告策划是指根据广告与营销目标和对象,依据对特定产品或服务市场调查情况,制定出一个与市场情况、产品或服务特点、消费者心理相适应的、营销上有效的广告计划方案(内容、时机、地区和媒介),并对实施活动进行决策的过程。

由此可见,一个完整的广告策划应包括策划目标、策划对象、策划依据、策划方案和实施策划等五大要素。这五大因素也可以归纳为来自内外两方面的因素,即外部因素主要是对环境分析、对象分析和广告策划,内部因素主要是对消费者的沟通与说服过程。这样,广告效果就是广告策划的内外要素相互作用的结果。

目前广告界对广告策划并没有形成一个统一的概念,对广告策划的认识主要有三种观点:

1. 广告策划是一种管理和决策活动

这一观点认为:广告策划是对广告进行管理和决策的一种程序或过程。是一种前瞻性工作。它规定了广告活动的进程并且对广告的目标对象、广告的诉求策略、广告媒介、广告评价进行决策。

2. 广告策划是广告运作中的一个重要环节

这一观点认为:广告策划是广告运作的一个重要环节,与广告创意、广告设计、广告制作和发布等环节同等重要。同时,在整个广告运作中,广告策划是核心性质的,它对其他环节具有指导意义。

3. 广告策划是在确定条件下,对广告行动方案的一种组合

这一观点认为:广告策划是对广告活动的各种行为计划进行组合,以形成一个总的计划。这一观点具有一定的片面性,忽视了广告策划对整体广告战略进行决策的作用。

(二) 广告策划的基本原则

在广告策划中,依据实际的广告运作过程的各个环节对广告对象、广告内容、广告目标上的不同,将广告策划运作划分为:市场分析、战略规划、制定广告计划和形成广告计划文本等四个阶段。因此,从广告与消费心理学角度讲,广告策划过程就是对广告活动进行决策的过程。要实现上述广告策划的决策,应遵循以下基本原则。

1. 整体性决策原则

广告战略决策必须有全局整体观念,首先是应从企业营销战略整体的角度来把握广告战略决

策,将广告与其他营销要素间相互配合的整体效果,作为衡量战略决策优劣的一个重要标准;其次是应从广告战略整体角度统筹广告运作,优化配置企业广告资源,合理解决主次关系,集中攻克重点、难点,合理安排广告活动流程,统一整合广告信息和媒体。

2. 科学性决策原则

以科学理论为指导,运用科学的方法,掌握科学工具,建立科学预测、决策的信息支撑系统。运用统计学、心理学和行为科学等学科的科学方法来提高广告调研、策划创意、设计制作、效果评估、经营管理等活动的科学性。运用科学程序、方法和工具对多个方案的筛选、优化来提高广告战略决策的质量。

3. 前瞻性决策原则

无前瞻性即无战略可言。广告战略决策应处理好企业的微观与宏观营销问题、短期与长期经济效益与社会效益的关系。使之成为连接创造近期市场效益与追求长期产品形象、企业形象的最有效管理手段。战略决策要体现良好的前瞻性就必须对企业长远战略目标十分明确;对广告战略目标与过去和未来的关系十分清楚。

4. 可行性决策原则

可行性可以从几个方面来把握:一是具有战略意义又合理可行的目标;二是战略应明确简练,便于记忆,易于掌握;三是切实考虑广告活动主体的执行力和社会的接受度;四是广告预算可行,符合投入与产出比率最优的经济规律。

5. 调适性决策原则

应有一种可持续性发展的广告战略观,在决策中贯穿企业经营的精神。保持决策的可调适性,才能确保战略思想的一贯和持久。广告战略决策的制定应该留有一定余地,给具体广告执行过程中的种种始料未及的变化以调适的可能,这样才能增强企业的应变、竞争和抗冲击的能力。

6. 创新性决策原则

这是由广告行业特点所决定的。广告效果常随广告创意的重复使用次数的增加而递减。任何广告,创意是成功的关键,因袭他家的广告创意,往往会不得要领,所以很难取得成功。

二、消费者分类

一般说来,按照消费者对某一产品或服务的消费状态可以将其分为两大类:一类是现实消费者,对广告商品有需要,并且已经成为有实际购买行为的消费者;一类是潜在消费者,由于受到其他因素的影响,目前对广告商品还没有实际的购买行为,但在未来的一个时期内很有可能产生消费行为成为现实消费者。

这两类消费者是可以转化的。广告策划在一定意义上就是解决如何将潜在的消费者转化为现实的消费者和维持现实消费者的问题。因此要特别注意通过对不同类型消费者角色心理分析,为广告策划中的目标市场和诉求对象策略提供依据,因为任何产品都有其特定的消费者和潜在消费者,因此,广告策划首先要明确产品的消费者和潜在消费者,以确定产品的目标市场和广告的诉求对象。同时,消费者行为学提供了描述消费者特性的标准和方法,这些标准和方法,为广告策划中对消费者进行科学的分析提供了标准和方法上的依据。另外了解消费者角色需求与购买动机为广告策划的诉求重点和诉求方法策略提供依据也是消费者角色分析的重要内容。产品或服务只有具有满足消费者角色特点和需求的特性,才能够争取消费者的购买,广告只有把握了消费者的实际需求和心理需求,才能策划出消费者所关心的信息并据此进行广告诉求。

另一方面,广告策划反过来也会影响消费者心理。如广告向消费者传达关于产品的观念,可以潜移默化地改变消费者的消费观念。许多广告不但传达关于产品的信息,还传达产品中所包含的消费观念的信息,通过持续的诉求,消费者会逐渐认同这些观念。很多新的消费观念就是在广告的引导下形成的,因此广告一向被视为引导消费时尚的一种手段。同时,广告通过有针对性的诉求,可以唤起消费者没有意识到的需求或者新的需求。对于某些产品,消费者可能并没有产生明确的需求,或者消费者尚未意识到这种需求,而广告可以通过有针对性、有说服力的诉求,使消费者意识到这种需求或者产生新的需求,从而产生购买产品的欲望和行动。因此,从某种意义上讲,广告具有创造需求的作用,但是这种被唤起或者被创造的需求必须是符合消费者心理,并且在社会生活中具有明显的合理性的。

三、消费者在购买行为中的角色与广告策划

在广告与营销中的消费者角色地位并不是指日常生活中的社会位置高低,而是指个人在购买决策与行为中的角色作用。

心理学研究认为,角色意义包括三个层面:理想角色——表明他人或社会对个人的期望;知觉角色——指人们自身或者与他发生联系的人对他们角色的看法;扮演角色——指一个人怎样担任自己的角色。总之,人所扮演的角色行为不但取决于社会期望和自身理解,而且随着社会环境的变化而变化。

近年来随着家庭结构与家庭中各自角色的变化,在购买行为中谁真正做主的问题,已成为广告策划决策的重要内容。以下是近年来的一些研究,供广告策划人参考。

(一) 孩子角色

如果对家庭消费只进行粗略的研究,很容易认为家庭的购买行为是一种夫妻双方决策的结果,孩子实际上被排斥在考虑的范围之外。两个决策者互相影响做出决策的情况已经相当复杂,更别说有三个共同决策者(父亲—母亲—孩子)的情况了。

在整个家庭中,孩子是多方决策的一方,如果忽略了孩子的影响,那么对一个家庭的购买如何区别于其他家庭就很难做出合理的解释。孩子对父亲和对母亲的影响是不一样的,一般说来,孩子对父亲的影响要比对母亲的影响大。以孩子为中心的父母更少买孩子自己喜爱的品牌,他们会买对孩子有益的产品而不是孩子喜欢的产品,但固执的孩子会让自己喜爱的品牌在父母心中的印象得到加深。随着孩子年龄的增加,孩子对父母的这种影响会向反方向变化,也就是说在为孩子购买东西时,父母会越来越趋向于服从孩子的喜好。但针对不同的商品,这种服从的程度会有所不同。当孩子要求父母为其购买自己喜欢的商品时,如果商品广告对父母和孩子都有很大的影响时,选择购买的可能性就比只对孩子有影响大得多。另外,在孩子提出要购买某种商品时,在"请求"和"告诉"两种语气之间,"告诉"往往会比"请求"更能如愿以偿。

(二) 妇女角色

现在,妇女的社会角色越来越重要,随着更多的妇女走出家门,走向工作岗位,在家庭购买决

策中,妇女的角色和作用已经与以前有了很大的区别。如生产商为了争取女性顾客,会考虑如何使产品更易于使用,更能节省时间,以便打动家庭主妇,进入她们的厨房。商家要考虑职业女性和家庭妇女购物时取向的不同,同时由于妇女进入劳动市场,妇女在家庭购买决策中的角色已经有了很大变化。妻子的收入、财产决定了她在对家庭资源配置中所处的地位。对消费者行为的研究最终都离不开一个问题——谁在购买中扮演了决策者的角色,到底是妻子、丈夫还是两者共同扮演了决策者的角色。其实对不同的产品,做出决策的人是不同的。例如,丈夫决定购买汽车和电视,妻子则在决定购买家用器皿、家具和粮食方面占有主要的发言权。比如在美国,20 世纪 90 年代以来,在做出购买汽车的决定上,妇女已经扮演了一种与传统不同的角色。比如,在购车时,更多的妇女不仅仅决定车子的颜色,她们也决定何时购买,购买何种价位、何种牌子的汽车。对于既要照顾家庭又要忙于工作的职业妇女来说,时间是非常宝贵的,对能够节省时间的商品和服务有更强的需求。因为这些商品和服务不仅仅只是减少时间的浪费,更重要的是能加强对时间的管理。职业妇女的职业特点可以作为厂商针对家庭销售进行市场细分的一个重要参数,因为它代表了一种生活方式和消费形式。

(三) 共同角色(相互影响)

然而很多家庭的购买决定并不是完全理性的,有时在考虑购买时很多消费者还受到从众心理、保持和谐关系考虑的影响。很多家庭在做出购买决定时,对为什么做出这种决定往往并没有一个清晰的认识,可能只是因为心里一个模糊的感觉,就决定了当时的购买行为。如果模糊的认识无法决定购买与否,消费者才会去理性地分析为什么需要做出购买,从而对自己的购买决定有一个清晰的认识。正是因为人们做出购买决定时,首先运用的是心中的模糊感觉,所以很多人在购买决定时很容易因固守思维定式,犯常识性的错误。

在做出家庭购买决定的过程中,冲突有时候是难免的。在决策过程的开始阶段,夫妻双方如果有不同的选择,接下来就有可能因为都要在决策中扮演一个重要角色而发生小冲突。冲突的解决可以通过调整自己、了解对方的选择来缓解。如果购买决定通常是由夫妻双方共同讨论,表面上冲突的形式可能一直都差不多,但因为同样的事情再次发生冲突的比率会很少发生。

针对上述消费者购买决策角色特点,认识家庭成员相互之间复杂的关系就显得格外重要。同时揭示家庭购买决策的规律非常困难。然而,这并不意味着家庭决策永远是一个待解之谜。习惯了对个人购买决策进行分析,要理解家庭购买决策最重要的就是突破这种思维定式。"是妻子还是丈夫做出最后的购买决定?"或者"谁是决策中的赢家?",类似这样的问题对研究家庭决策是十分重要的。

此外,在全面了解复杂的家庭购买决策时,需要有最新的家庭消费趋势的数据,还要有妇女在社会上地位的变化,否则就无法了解真正的消费者,这点若不加以充分认识,必然会造成广告决策的失误。

第三节　商业广告的心理效果测评

广告能否达到吸引消费者的注意,使消费者产生认知、偏爱,最终促成下决心购买,这是广告策划的中心目标。同时商业广告需要广告主支付高额的广告费,所以企业或商家需要知道广告活动是否实现了预期目标。因此怎样合理与有效地对广告效果进行测评是广告策划的重要内容,也是保证广告活动达到预期目标的重要措施。

目前,关于广告效果评估有不少观点,但主要内容包括:一是广告经营效果的测定;二是广告对消费者心理上产生的影响效果;三是广告的社会影响力的评估。所以广告的效果可以视为是这三个方面的综合效应。

一、广告效果与评估意义

(一) 什么是广告效果

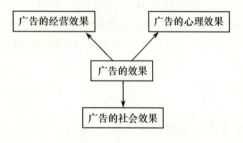

图 12-1　三种广告的效果

广告效果是指广告通过广告媒体传播,对其接受者所产生的影响和效应的综合效果。主要包括三个方面:一是广告的经营效果;二是广告的心理效果;三是广告的社会效果。广告效果实质是这三个方面效果的综合,如图 12-1 所示。

从实际的广告角度来看,广告策划中、计划、实施和评估是广告管理的三个基本环节,而对广告效果评估是其中的一个重要环节(见图 12-2)。没有广告评估,对实施后的广告效果好坏就无从了解与评价。对广告效果的评估主要有两个方面,其一是在投了广告后,其商品销售的情况,即广告促进了多少销售或销售效应(经济评估);其二是投了广告后在消费者或受众心理上所产生的广告认知效果和改变消费者心理态度效果即心理效应(心理效果评估)。所以,广告评估是考虑这两方面的综合效应。

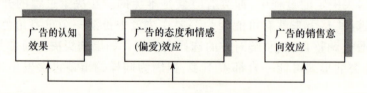

图 12-2　广告评估的三种效应

(二) 广告效果测评的意义

广告事前评估为广告作品创作提供了丰富的创作源泉和改进作品的参考依据。消费者的购买行为和购买动机有助于广告创作者的思考。文案测验可以更准确地了解消费者的需求,确立广告诉求重点,唤起购买欲望。

广告事中评估是对广告推进的跟踪调查。广告刊播期间,调查消费者的评价,有助于充分认识广告活动对企业营销的作用。了解消费者的购买态度,可以为推进决策提供依据,以便随时增减广告量,更换广告媒体。

广告事后评估是广告管理的要求,它是广告主对广告投资所作的反馈作业。对投入的大量广告费,究竟是否获得了适当的报偿,这需要对广告效果予以测定,根据投入和产出来评价其效益并为开展新的一轮广告活动提供详实准确的参考资料。

二、广告效果评定的心理学指标体系

衡量评价广告效果的指标体系有多种,但主要有三个方面的指标,即传播效果指标、经济效果指标和社会效果指标。这里只讨论广告传播的心理学指标。

(一) 什么是广告传播效果的心理学指标体系

该指标即对广告经过特定媒介传播后对消费者心理的影响程度评估,包括对广告内容的感知、记忆、思维活动、情感体验和态度等几个方面。对这几个方面进行测定的指标称为广告效果的心理学指标。

(二) 广告效果的心理学指标体系内容

1. 感知程度的测定指标

主要用于测定广告的知名度,即消费者对广告主及其商品、商标、厂牌等的认识程度。可以分为阅读率与视听率两种。

阅读率指标可以分为注目率、阅读率、精读率。视听率可以分为视听率和认知率。视听率——广告节目的视听户数在电视机(收音机)所拥有户数的百分比;认知率——认知广告名称人数占广告节目视听户数的百分比。

2. 记忆效率的测定指标

该指标主要是指针对广告的记忆度,即消费者对广告印象的深刻程度,是否能记住广告内容(品牌、特性、商标等)。消费者对于广告内容的记忆效率,一般是指对广告重点诉求保持回忆的能力与水平。有时也会测定消费者的瞬间记忆广度,即利用速示器测验所得的指标,在极短时间内向消费者呈现广告后,要求消费者立即报告广告中某些对象的内容,从而得出消费者在观看广告时的瞬间记忆广度。报告的内容越多,瞬间记忆广度越大。

3. 思维偏好的测定指标

消费者对广告的偏好是建立在消费者对广告观念的理解程度和对广告反映事物的信任程度基础之上的思维状态的反映。它是指如果产品的类别与实体优势基本相同时,消费者在进行思维加工时只对其中某一品牌做出购买选择。消费者的这种偏好度是消费者建立重复购买与忠诚的决定条件。

4. 情感激发程度的测定指标

好感度是测定情感激发程度的主要指标,又称为广告的说服力。主要是指人们对广告所引起的兴趣如何,对广告商品有无好感。好感的程度包括消费者对广告商品的忠实度、偏爱度以及品牌印象等。

5. 态度倾向的测定指标

对广告态度倾向的测定,主要包括购买动机和行动率这两项指标。

购买动机是测定广告对消费者购买行为的影响,即了解消费者购买商品是随意的还是受广告的影响。行动率有两方面内容,由广告引起的立即购买行为和由广告唤起的购买准备。

三、广告的传播效果评估

任何广告的评估首先就是要确定评估广告的目的,换言之,就是要说明测评的是什么以及要测评的是些什么目标,很明显,广告评估的目的常是由广告以何种形式的情形来决定。如果要评估的是新产品各个不同概念的重要性,那么评估就是要确定概念所描述的产品是否能真正解决消费者的某个问题或者是否提供了足够的利益而诱使消费者试用;而如果要去评估一个广告片的效果,那么广告目的很可能是灌输品牌名称、建立对品牌或产品的认知、让人了解销售信息是什么。从广告与消费心理学角度进行广告评估,主要有三个方面:

(一) 消费者的广告知觉

消费者的广告知觉是指人们了解这是一个广告,其中包含某一个销售信息,仅此而已。这是广告传播要达到的最起码的目的。在杂乱的媒体上,在许多广告主向消费者发出有关同一产品的类似销售信息的情况下,广告主必须使其广告与背景刺激物明显区分开来,以吸引消费者无意间的注意力,使消费者对广告主刊播的广告及销售有所知觉。

(二) 消费者的广告理解

消费者的广告理解是指广告所用的文字与图片是否切实地传达了销售信息,即消费者是否了解广告主正试图去传播的是什么? 或者说,消费者从广告传播中所得到的信息与广告主想要传达的信息是否一致。如果两者完全一致,那么可以肯定广告完整地实现了理解效果。对"理解"的测定,通常以播放或描述广告意图传达的信息去询问消费者,并将结果与广告陈述的目的相对比。

(三) 消费者的广告(心理与行为)反应

测定消费者对广告的反应是指消费者在知觉这一广告并了解广告的主要内容后,对这一信息的反应。最常见的评估是确定这一信息在受访者看过(听过)之后,是否会被说服而改变他们对某品牌的态度或行为。如果广告的目标是以刺激来改变其态度,则广告评估反应主要看广告是否能改变受众态度,如果广告目标是导致试用,则广告评估反应就要确定广告导致试用的情况。

四、广告效果心理评估内容和方法

经过特定媒体传播以后,广告将对消费者心理产生一定的影响。这种影响的主要内容是消费者的感知、记忆、思维、情感和态度等。因此,对广告效果进行心理评估时也必将从这五个方面入手,分析广告对消费者所产生的感知程度、记忆效率、思维偏好度、好感度和态度倾向,如表 12-2 所示。

表 12-2　广告心理评估内容

内　容	解　析	作　用
感知程度	包括注目率、阅读率、视听率、认知率各为多少	是影响消费者的第一步,为以后一切心理及行为转变提供可能性
记忆效率	主要对广告的记忆度或对广告印象的深刻程度进行测定	分为辅助回忆法和无辅助回忆法两类,是测定影响购买行为重要心理变化的一个方面
偏好度	偏好是指如果产品的类别与实体优势基本相同时,消费者只购买其中某一种品牌	偏好是消费者建立重复购买与忠诚的决定条件。成功广告就是要创造重复购买

续表

内　容	解　析	作　用
好感度	是否能激发消费者对产品的认同与青睐,进而产生好感而改变购买行为	是广告是否能达到心理目标的重要标志,是决定重复购买的关键因素
态度倾向	评估广告播出后,消费者对产品或服务的态度情况的变化,包括购买动机与购买行为率的测定	是广告发挥影响力的关键环节,态度变化是产生购买行为的关键

 **本章小结**

1. 广告是社会发展到商品交换阶段的产物,是一种促进销售、扩大影响的经营手段,是一种信息传播的有效方式,也是一种社会文化现象。在当今社会,广告已成为现代企业拓展市场不可或缺的工具和手段,离开了广告,现代商业就会无从发展;离开了广告,现代人的消费心理与行为就会变得茫然。

2. 广告策划是一个现代概念,已成为成功广告的核心。以策划为主体,以创意为中心是现代广告活动的重要特征。

3. 广告效果是指广告通过广告媒体传播,对其接受者所产生的影响和效应的综合效果。主要包括三个方面:一是广告的经营效果;二是广告的心理效果;三是广告的社会效果。

思考题

1. 你如何理解商业广告的含义,它在市场经济中具有什么功能?
2. 举例说明如何根据消费者的角色心理开展广告策划?
3. 简述广告效果测评的意义和内容。

典型案例与讨论

幽默,药品电视广告的潮流

有人说,广告创意是"戴着枷锁起舞"。还有人说广告创意就像"打喷嚏"般可遇不可求。幽默广告的创意是不是更难? 以笔者的经验来看:有多少出色的产品,就会有多少出色的广告,幽默广告的创意还是有章可循的。广告大师李奥贝纳说:广告要挖掘产品"与生俱来的戏剧性"。这"与生俱来的戏剧性",就是创意幽默广告时可"循"的"章"。且看:

案例一:生力胶囊:好也不能说

生力胶囊是一个治疗肾虚的非处方药,它的"与生俱来的戏剧性"在哪里呢? 就在于它的功能,治疗肾虚,是私房之事。无论男人现已肾虚,还是已经经过补肾不再肾虚,以中国的传统,都是不宜在大庭广众宣传的。而且《广告法》和《药品管理法》也不允许说药品的效果。这种不可对人言的含蕴就是其"与生俱来的戏剧性",于是笔者就针对这点展开了其幽默的设计。

不是说不能说药品的效果吗？那我们就把这种效果表现出来。怎么表现呢？表达效果并不一定是要语言，行动也是一种表现形式。情节是这样设计的：男主人公用了生力胶囊后效果非常好，以致于按捺不住自己内心的喜悦和激动，迫不及待地逢人就说生力胶囊效果好（但为了保证审批能通过，我们确定演员台词只说"生力胶囊治疗肾虚，生力胶囊治疗肾虚、失眠、腰酸"，即效果的好坏不通过语言来表达，而是通过演员表演出来的兴奋和激动来体现）。

但仅仅如此"戏剧性"还不够，怎样将这一个情节转化成一个完整的幽默故事呢？还得从这种"私房之事"的含蕴入手：男主人公的太太认为他这样逢人就说补肾效果好有点不太妥当，当他再和别人说生力胶囊如何如何时，边硬把他拖走，边教育他："别见谁都说，没事儿回家。"但男主角意犹未尽，仍挣扎着回来补上一句："生力胶囊，正是你想要的"，然后又被强行拖走。关键的地方出现了，为增加广告的幽默效果，广告要有个回马枪，说什么台词呢？一方面这句话要具备流行因素，还要体现产品功能，而且一定要有点暗示"性"的内容，更关键的是一定通过药监局的审批。为此我们想了许多条，每次交给药监局预审时，都不能通过，真的是很让人着急。一天，在下班回家的路上，接到负责跑药监局的同事的电话，说当时的那句又未能通过。笔者当时真的是有点生药监局的气了：这也不能说，那也不能说，总而言之一句话，就是好也不能说。哎！好也不能说，这句不就挺好吗？豁然开朗，就这句了。

"好也不能说"，顺利通过审批。这似乎打开了笔者思路的闸门，笔者立刻想到了这个广告情节的续节：在第一集里男主角到处和别人说生力胶囊的功能，被太太拉回去教育一番，但还是按捺不住，一有机会还是出来对别人说。但这次情况不一样了，生力胶囊经过他的宣传之后大家都知道了。当他再和别人说时，刚说完"生力胶囊"，对方已知道生力胶囊的功能，没等他说完就抢着说"治疗肾虚"，反复几次没说完被憋得够呛，情绪渐渐起了变化，由刚开始的意想不到到后来有些被堵得难受。他的太太仍然过来把他拉走，告诉他"别说了，都知道。"他还是挣扎着回来，说一句"生力胶囊，正是你想要的"，总算说了一句完整的话。回到家里，太太仍然娇嗔地训斥他"好也不能说"。

第二集应该说很让人兴奋，笔者又有了第三集。情节是这样的：男主角已经被太太教育得不到处说了，但外面的情况已经发生了变化，因为这时好多人已经用过生力胶囊了，对其效果很满意，所有人都像他当初对别人介绍生力胶囊一样，现在是他往大街上一走，碰见的人都很激动和兴奋地向他介绍生力胶囊……更有意思的是他的太太的观念也转变了，冲着一个个跑过来说一句"生力胶囊，治疗肾虚"就走的那些男人说"生力胶囊，正是他们想要的"。这时的男主角被太太两次教训"好也不能说"，现在太太竟然也说起生力胶囊来，便用她自己的话来打趣她："好也不能说"。

案例二：紫草婴儿软膏：不治脸红，只治臀红

紫草婴儿软膏是治疗小儿臀红症（尿布疹，俗称红屁股）的一种非处方药，要做一个带有幽默色彩的电视广告。那么它的"与生俱来的戏剧性"在哪里呢？就在它的用途上，这一点像生力胶囊（其戏剧性也产生在其用途上）。紫草婴儿软膏用来治疗婴儿红屁股，而"屁股"这个部位生活中常被人们拿来做话题，而且有一个被人认为是绝对对立的部位——脸。比如经常有人说"热脸贴上了冷屁股"、梁实秋说最难看的三样东西中有"挨板子的屁股"和"上司的脸"，可见"屁股"和"脸"放在一起必能产生强烈的戏剧冲突。我们只要想办法将他们巧妙的联系在一起，便可产生幽默的效果，因此我们有了下面的创意：

妻子偶尔一天外出,回来后发现宝宝得了红屁股,责备丈夫没照顾好。丈夫理亏,惭愧状,故有些脸红。妻子给孩子用过紫草婴儿软膏后,注意到丈夫因内疚而脸有些红,觉得自己对丈夫的责备太严厉,想缓和一下,于是对丈夫开个玩笑地说:"脸都红了。要不来点紫草婴儿软膏?"丈夫的内疚因妻子的玩笑而稍微释然,借坡下驴,还要驳妻子一笑,拿过紫草婴儿软膏仍有些愧意的对妻子说:"紫草婴儿软膏,不治脸红,只治臀红"。

围棋国手罗洗河九段在夺得三星杯围棋冠军后曾说过一段话,大致意思是说:"下棋时,水平较低的棋手往往感觉有很多下法都是正确的,但高手却认为只有一种下法是正确的。"幽默广告的创意也是这样,"与生俱来的戏剧性"的挖掘也只有一个最佳方向、最佳途径。这种方向和途径能将幽默与产品本身有机结合起来,使幽默源于产品、记住幽默更容易联想到产品,是幽默广告的一种理想方式。像蚁力神赵本山版的"谁用谁知道"就属于这种情况。

也有一些幽默的广告,幽默本身和产品无关,而是通过一些其他社会上的戏剧性融合到广告中来,也能产生一定的幽默效果。这就要求广告的创意者平时在生活中要多一些幽默素材的积累和对生活的幽默的感悟,才能使幽默在广告中表现得更贴切、自然。这种幽默的广告在与产品的结合上,显得不如"与生俱来的戏剧性"那样天衣无缝,对产品及产品功能的记忆上显得稍逊,但也不失是一种好广告。

资料来源:中国营销传播网

分析讨论题:

1. 你如何理解"广告要挖掘产品'与生俱来的戏剧性'"这句广告名言?
2. 请你举例说明幽默广告为何受宠。

第十三章 销售环境与消费心理

经常会出现这样的情况:经过了信息搜集、分析评价之后,已有强烈购买意向的消费者在进入商店后发生了决策的转变,甚至会放弃原有的商品选择计划。这是因为消费者的心理及行为会受到销售环境的影响,在销售环境的刺激下,会促使消费者发生种种行为改变。而销售环境,从广义范围来考虑,包括物质形式存在的购物环境,还包括销售过程中提供给顾客的售前、售中、售后服务以及销售人员具体的销售服务,这些环节都从不同方面影响着消费者对产品的感知和购买决策的实现。

引导案例

跨国零售巨头对中国消费者的理解

沃尔玛与家乐福作为全球的零售业巨头,排名分别占据第一与第二位,在进入中国市场后,也取得了一定的成绩。在《财富》杂志最新出炉的 2005 年度财富 500 强排名中,沃尔玛以 2004 年的 2881.89 亿美元营业收入居于榜首,这也是其连续第四年保持排名,再次彰显了世界零售业巨头的现实竞争力。自从它于 1996 年进入中国市场,至 2005 年底已开设了 52 家大型连锁超市,并预计未来 5 年在华员工总数达到 15 万人。家乐福在台湾市场摸索多年,在对中国文化和消费者购物习惯有充分了解的基础上,于 1995 年进入中国内地市场,现已发展为拥有 57 家大卖场,2004 年上半年在中国销售收入达 70 多亿元,位居中国的外资连锁店运营商之首。这两大跨国零售巨头对中国消费者理解不同,也决定了其在中国的定位及销售策略有所不同。

家乐福在中国的成功其中有一个重要的优势是在于优于对消费者心理的充分了解以及销售技巧的灵活应用。它提倡每日低价,但实际是 hi—low(高低结合)的价格策略,对于顾客经常购买、经常比较价格的商品(如日用品)定价很低,其余商品的正常售价一般不存在明显的价格优势。为了强调消费者这种表面低价的感觉,技术层面无所不用其极:促销时提供的深度折扣价格,常常显著低于竞争对手保持的每日低价;在店内外,采用快讯、店门口广告、店内的吊旗、货架标示都用醒目的红字提示你哪些商品在做促销;商店中、堆头、货架陈列生动诱人,对新产品、促销产品、推荐产品等用"hot"、"热卖"、"超值"等标识清晰;结账时的收据又提示顾客今天节约了多少钱;出门前,还经常有花样翻新的赠品领取与抽奖,再次增加顾客的收获感。家乐福通过这些方式,使消费者产生一种价格优势的印象,并由此吸引了大量客源。

另一方面,从店面的布置上,家乐福无论是充满喜庆的大红灯还是中国结,都体现着浓厚的中国味,并且根据节日的变换对店内装饰进行改换,可谓摸透了中国消费者喜欢热闹的消费心理,千方百计适应不同消费者的需求。在卖场的陈列布置与精细化方面,目前其他卖场无人能及。

沃尔玛成功的秘诀就在于沃尔玛独特的企业文化。沃尔玛在全球化发展过程中发现,全球顾客都有着相同的需求,即顾客需要高质量、低价格的商品和满意的服务。因此,沃尔玛企业文化是全球融合的,它在中国比较重视理性顾客,商店的陈列不像家乐福那样精心布置,经常变换;店内大部分商品都是标准化的;商品种类比较齐全,保证大部分商品的低价优势。在中国市场,也建立了自己比较忠实的消费团体。

目前,这两家实力超强的零售集团仍根据中国消费者需求及购物习惯的不断改变而适时调整策略,以期在为消费者提供物质满足的同时创造更大的经济效益。

第一节 购物环境与消费心理

消费者所处的物质环境和社会环境都会影响其使用产品的动机及对产品的评价。其中比较重要的线索包括个人所处的物质环境,也包括情境中其他消费者的购买行为。物质环境中的各种因素(如装潢、气味、音乐甚至温度)都会明显的影响消费。

一、购物情境与消费心理

(一) 消费时间

时间是消费者最珍贵的资源之一。一方面,许多产品的购买具有季节和节日的特点;而另一方面,时间的富足与缺乏影响消费者的偏好与购物选择。

1. 销售时间

受风俗的影响,特定节假日对产品的销售有极大的促进作用。例如:处于"金九银十"的十一黄金周,情人节、圣诞节及春节期间,都能极大刺激消费者的购物欲望,诱发冲动性购买。因此,在这特定时期内,店内深具氛围的装潢、广告宣传能发挥极其有效率的影响作用。例如每年圣诞节前一月,国内各大城市的零售商店,已纷纷着手店外及店内的装扮与布置。

2. 经济时间

时间还是一个经济变量,它是一种必须在各种活动之间进行分配的资源。消费者试图把时间分配到适当的任务组合中,从而实现满足程度最大化。许多消费者都认为自己所承受的时间压力是前所未有的,这感觉被称为时间贫乏。而实际上它是一种感知而非事实,人们可能只不过是有了太多安排时间的选择,因而在权衡这些选择时感受到了压力。在现今社会,巨大的生活压力使消费者感受到这种时间贫乏感,从而也使消费者对于能节省时间的营销创新特别关注。例如现在零售业通用的条形码扫描技术,一方面可以通过信息系统对商品的销售和库存有很好的控制和管理;另一方面大大节省了消费者付款时的等待时间,提高了工作效率。而"shopping—mall"这种购物中心的出现,也是为了让消费者在有限的时间支出中获得最大的满足。

时间的心理维度——实际的时间体验——是排队理论的一个重要因素。排队理论(queuing theory)是对排队等待的一种数学研究,是指消费者的等待体验会从根本上影响他(她)对服务质量的感知。虽然我们假设如果某一事物值得为之等待,那它肯定是不错的,但过长时间的等待所带来的消极感受也能够在顷刻间改变消费者的想法。

营销者已经采取各种各样的"诀窍"来缩短消费者心理的等待时间。从改变顾客对队伍长度的感觉,到提供一些分散等待者注意力的食物或音像服务,都属于这种诀窍的范围。许多城市的餐饮服务业,对排队等候的食客会提供茶点服务,并给予适当的价格折扣,极大缩减了消费者等待的心理预期。

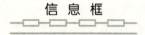

信 息 框

一站式购物的盛行

一站式购物(one-stop shopping,OSS)是指从一个供货商处获得所有相关产品。这里的供货商可能是制造商、服务公司,也可能是转售商。这里的"相关产品"当然是指按消费者意愿所任意搭配的一组产品。

消费者之所以寻求一站式购物,就是因为可以节约时间成本。随着消费者面临的时间压力越来越大,他们对OSS的偏好将会增加,营销者如果不扩展自己的产品和服务组合,不提供 OSS,可能就会面临风险。所以营销者要通过不断的消费研究来确定什么产品和服务适合 OSS 操作,而且要建立在提供价值的基础上。也就是说,所提供的在时间和成本节省方面的价值应该比单独购买不同产品和服务提供的价值要好。最后,OSS 供应商应该理解OSS 对消费者的风险,并努力降低消费者对风险的感知。

沃尔玛是一站式购物的极好案例,它的购物中心有六千多种不同的产品,有服装、日用品、包装好的食品,应有尽有。其实食品的利润没有服装和日用品那么高,但为了提供一站式购物的便利,沃尔玛还是要销售。

(二) 拥挤与消费心理

拥挤是指个体由于空间位置有限而感到移动受到限制。拥挤可能是由于空间有限,也可能是零售点的顾客太多,也可能是两者兼有之。正如前所述,消费者对于时间的匮乏感,又由于拥挤对消费者情绪产生影响,因此对于零售店,拥挤会带来一系列的后果:顾客放弃购买决策、减少购物时间、减少与营业员的沟通;还可能导致消费者焦虑不安,降低满意水平,损坏店铺形象。

资料来源:符国群. 消费者行为学. 高等教育出版社,2001

为了展开对拥挤的研究,研究人员对顾客密度(density)和拥挤(crowding)作了区分,前者反映顾客在空间上的疏密程度,后者是指顾客由于感到人流密度太高或因为对情境的控制水平低得无法忍受而滋生的不快感觉。在试验中还考察了消费者对于服务是否存在多种的选择。研究显示,也即图 13-1 的模型:顾客密度和消费者的选择水平影响感知的控制程度,而感知的控制程度与顾客密度又决定了消费者所体验的拥挤程度;拥挤程度和控制水平共同影响,决定消费者的情感和消费心理。研究还发现,当顾客没有其他选择时,被试者所感知的顾客密度较顾客有别的选择时高。另外,当被试者觉得环境中的顾客控制水平很低时,感知的拥挤程度也更高,情感和心理也更趋于负面,并认为该顾客会很快离开这一环境。

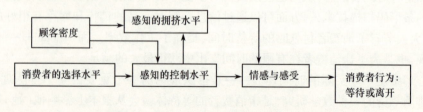

图 13-1 顾客密度和拥挤对消费者行为的影响

较高的顾客密度在某些情况下被认为是有益的。例如在酒吧和一些娱乐场所,当一些零售卖场展开促销活动时,拥挤的人群会激发消费者的从众心理,刺激冲动性购买。当然,在任何情况下,顾客密度都应该有一个合适的幅度,低于或高于这个幅度都可能产生问题。试想去一个餐厅用餐,人迹寥寥会使顾客缺乏信心,食客太多又会使服务质量受到影响,自然会造成负面的体验。

二、商店布局与消费心理

(一) 商店形象

当前,网站、邮购目录、电视购物等各种无店铺营销方式的持续增加,争夺消费者的竞争变得日益激烈。而消费者又该如何选择呢? 正如产品一样,商店也可以被认为是有"个性"的,也就是说,具有独特的商店形象(store image)。

商店形象是指消费者基于对商店各种属性的认识所形成的关于该商店的总体印象。这种印象的获得受多种不同因素的影响,一些重要的维度包括:定位、地理位置、商品适配性、售货人员的知识及亲和力。这些商店的特色与消费者特性(如购物导向)相结合,有利于预测消费者的心理偏好。

表 13-1　商店形象的构成层面及具体内容

构成层面	每一层面的构成内容
商品	品质、选择范围、式样、价格
服务	分期付款计划、销售人员、退货、信用、进货
主顾	顾客类型
硬件设施	洁净、商店布局、购物便利、吸引力
方便性	店铺位置、停车条件
促销	广告
店堂内的气氛	温馨、有趣、兴奋、舒适
机构	声誉
交易后的感受	满意

资料来源:符国群. 消费者行为学. 高等教育出版社,2001

如表 13-1 所示,构成商店形象的因素多而复杂,消费者对每一因素的感知也并不一定与实际相符。所以,不管商店是否有意识地塑造形象,消费者都会逐步形成对商店的总体印象。

信 息 框

购物商场的零售主题策划(retail theming)

为了吸引消费者的注意,提供吸引人们进入商店的体验,营销者根据人们对娱乐的要求,使出浑身解数帮助商店来创造虚拟的环境,这种策略称为零售主题策划。富有创新的基本主题策划技巧目前有以下四种:

(1) 风景主题(landscape themes):综合利用了大自然、地球、动物和形体的形象。

(2) 市场景象主题(marketscape themes):用人造景点来引发想像。

(3) 电脑空间主题(cyberspace themes):围绕信息和通信技术的形象而建立。

(4) 精神主题(mindscape themes):吸收了抽象的观点与概念、内省与幻想,而且经常带有精神暗示。

（二）地理位置

商店的选址尤为重要，具有优势的商圈，与相邻位置的商店相互影响和作用，对消费者的购买心理有多方面的影响。

1. 商圈

商圈是指店铺吸引顾客的地理区域，是店铺的辐射范围，由核心商业圈、次级商业圈和边缘商业圈构成。核心商业圈的顾客占到店铺顾客总数的 55%~70%，是离店铺最近，顾客密度最高的区域；次级商圈的顾客占到店铺顾客的 15%~25%，位于核心商业圈的外围，顾客较为分散；边缘商业圈包括了所有余下来的顾客，顾客最为分散。

另外，商圈也可以按照顾客来店所需的时间来计算。按照这种方式，我们可以把商圈分为徒步圈、骑车圈、乘车圈和开车圈。徒步圈指走路可忍受的范围或距离，一般来说，单程以 10 分钟为限，距离在 500 米以内，我们称之为第一商圈；骑车圈是指骑自行车所能及的范围或距离，一般来说单程以 15 分钟为限，距离在 2000 米以内，我们称之为第二商圈；乘车圈是指公共汽车所能及的范围或距离，乘车 10 分钟左右，距离在 5000 米以内，我们称之为第三商圈；开车圈是指开车经过普通公路、高速公路来此消费的顾客群（通常是回头客或慕名而来的顾客），我们称之为第四商圈。

在通常情况下消费者居住地离商店越近，他光顾的可能性越大，反之越小。这也是现在许多大型零售店提供免费班车服务的原因，对商店一定范围内的目标消费者提供去商店购物的免费接送服务，扩大了商圈的范围，带来了效益的增长。同样商店的规模也影响消费者是否到该商店购物，这都是跟消费者的时间和经济资源相联系的。

因此，不同地点的商业形态考虑其商圈的大小及目标消费者的特点，经营形式是不同的。一般来说，全市性商业网点群处于城市中心和繁华地区，在交通便利、人口密集、客流量大，扎堆效应的影响下，商店数量多而集中，类型齐全，功能配套，并以中高档为主，充分满足消费者购物、娱乐、餐饮、观光的需要。如今 shopping-mall 型的购物中心在全国各大城市落地开花，也得到消费者的推崇和喜欢。

区域性商业网点群和居民小区的网点群分布广泛，地理位置的方便与店面的有限，使这种商店以小型、大众化为主，销售的商品多为与消费者关系密切的日常生活用品。可以利用消费者求廉、求便的心理需要和惠顾性购买动机，促进习惯性购买行为，以保证稳定的顾客群。

2. 商店选址

商店选址是指在组建商店之前对店铺的地址进行选址和决策的过程。它包括两层含义：首先是指店铺设置的区域以及区域的环境相应达到的基本要求；其次是指店铺设在具体哪个地点，哪个方位。店铺选址的意义非常重大，这是因为：

首先，店铺选址是一项长期性投资，相对于其他因素来说，它具有长期性、固定性的特点。当外部环境发生变化时，其他经营因素都可以随之进行相应调整，以适应外部环境的变化，而"店址"一经确定若发生改变，机会成本较高，店址选择的好，企业可以长期受益。

其次，店铺选址是影响企业经济效益的重要因素。古人就非常重视"天时"、"地利"、"人和"，对于商店来说，占有"地利"的优势，就可吸引顾客。实践证明，由于店铺所处的地理位置不同，尽管在商品质量、服务水平方面基本相同，也可能会导致经济效益方面的差距。

最后,商店选址是制定经营目标和经营战略的重要依据。商业企业在制定经营目标和经营战略时,需要考虑很多因素,其中包括对店铺所在地区的社会环境、地理环境、人口状况、交通条件、市政建设等条件进行研究,从而为企业制定经营目标提供依据,并在此基础上按照顾客构成及需求特点,确定促销策略。

正因为以上因素,商店的选址对于商业的发展有着重要的影响作用,所以在商店选址的过程中,必须对所选定的潜在地址的相关因素进行详细的分析,并遵循以下原则进行选择:

（1）最短时间原则。作为具体体现企业经营方针的场所,又为顾客提供商业服务,所以商店的商业行为是产品和服务与顾客在时间上和地域上的结合。因此位置的选择应位于人流集散最方便的地区,一般以吸引行车 10～20 分钟以内的人流最为理想。

（2）易达性原则。易达性原则即进入性原则,商店应设置在消费者最容易到达的区域。特别是中国消费者基数大,各大城市人口密集性大,消费者越容易到达,越有可能进入商店,也才有可能产生商品的购买行为。

（3）接近购买力原则。商业企业利润是建立在消费者购买力基础上的,而购买力水平取决于消费者的消费水平。一般来说,商业企业的存在,是以服务一定的人为前提的,这种维持一个商业企业存在的最低服务人口数值称为该企业的"入口门槛"。因而商业企业用地必须考虑该区域的人口密度和人口数量,人口是购买力的基本因素,它只有与一定的消费水平相结合才能形成现实的购买力,而人们的消费水平取决于经济收入和消费倾向。

（4）适应消费者需求的原则。满足消费者需求是所有商业行为都必须遵守的原则,要根据消费者的收入水平、态度、职业、年龄等特征来决定商品结构、商品价格、促销活动等。

（5）接近中央商业中心的原则。商业活动有扩延效应,一旦一个商业中心形成,在其附近布局的企业就会有利可图,正所谓"人当好集市"。中央商业中心具有极大的繁华度,是城市人流、物流、资金流的中心,是城市商业活动的焦点,在这个中心附近取得一席之地,从事商业经营,将能取得较大的利润。

（三）商店的招牌与标志

1. 商店的招牌

招牌是商店的名字,是用于识别商店、招揽生意的牌号。设计精美、具有高度概括力和吸引力的商店招牌,不仅能便于消费者识别,还能通过一系列感观刺激,吸引消费者的注意和喜欢。

商店招牌有多种命名方式:

（1）以商店主营产品命名,如"精益眼镜"非常直观,使消费者一目了然。

（2）以商品经营特色为名,如"人民公社大食堂"突出了怀旧、物美价廉的餐饮特色,唤起消费者的信赖感。

（3）以名人、名牌商标或高贵事物的词语命名,如"皮尔·卡丹","香奈尔"等命名,满足消费者求名、求奢的心理。

（4）用新颖、奇特的方式来命名,引起消费者的好奇心理,诱发冲动性购买。

（5）以寓意美好的词语命名,如"全聚德"、"东来顺"、"美丽华"等,迎合消费者喜庆吉祥的心理。

2. 商店的标志

所谓"标志",是以独特造型的物体或特殊设计的色彩附设于商店的建筑物上,从而形成一种识别载体,例如肯德基的山德士上校。因为标志作为一种非常直观的商店形象,能帮助消费者加强对特定商业的印象,又具有很强的广告宣传作用,所以在设计标志时,一般要注意体现以下几个要求:

(1)独特。标志是用来把一家商店与其他区别开来,帮助消费者形成独特的商店形象。所以要注意保持商标的独一无二性。譬如台湾的"永和大王"和上海的"永和豆浆",标志非常相似,虽然是利用了刺激的泛化效应,但不容易形成消费者的忠诚性购买。

(2)统一。连锁形式的商业集团所采用的标志应该是统一的。不仅如此,标志的字体、造型、色彩还应与企业的形象识别系统(CIS)相统一。就像旅行者在不同的国家,一看到"家乐福"的标志"Carrefour"就会产生对它的回忆与印象。

(3)鲜明。标志的色彩应力求鲜明,以便给消费者形成强烈的视觉冲击效果,留下深刻的印象。如麦当劳的金黄色拱形 M,再加上麦当劳经常做的形象广告,使消费者记忆深刻。

(4)醒目。除造型独特、色彩鲜明外,标志在形体大小和位置设计上还应该做到醒目,能让消费者很快察觉。因此一般的零售业态都在建筑物上方或中央有非常醒目的标志。

(四) 橱窗的设计

独特、富于美感的橱窗设计不仅能吸引消费者的注意,还能烘托出商品的卓越品质。试验证明:美观得体的橱窗设计能提高顾客的购买欲,是影响零售业绩的主要因素之一。

1. 橱窗的结构与种类

(1)橱窗的结构。不同店铺会采取不同种类的橱窗,但总体说来,橱窗的性质取决于所陈列商品的性质。例如首饰与服装相比,放置首饰的橱窗空间小,橱窗里可以放置镜子,红布和柔和的灯光来烘托它的高档,而且高度要以顾客的平均视平线为标准,方便顾客就近观察物品。

橱窗的构成部分一般分为:顶部、底部、背板、侧板和灯光。五部分均具备称为"密封式橱窗",否则称为"开放式橱窗"。

(2)橱窗的种类。

1) 按店铺中橱窗的位置来划分,可分为:

前向式橱窗——橱窗面向街外,与铺面方向一致;

对向式橱窗——橱窗平排相对伸展至店铺入口或设于通向店铺入口通道一边或两边的体积较小的橱窗;

多面式橱窗——设于店铺入口通道中央,顾客能从三个不同入口看到货品。

2) 按橱窗的用途划分可分为:

配合推广式橱窗——橱窗设计以针对特别的节日(如圣诞节、情人节)的货品推广为主;

配合广告式橱窗——橱窗设计与广告计划内容互相呼应,如采用宣传影片或印刷广告的主题为题材的橱窗;

纪念诞庆式橱窗——橱窗设计旨在突出某些重要的日子,如店铺开张或周年庆;

突出店铺形象的橱窗——橱窗陈设主要以建立商号的卓越形象为目的,因此经常会采用刻有店铺商标的金属或皮质牌匾为记。

2. 橱窗的设计

橱窗的设计并非只是简单的店铺装饰和商品陈列,而是运用技巧增加顾客对产品和商店的好

感。因此在设计橱窗时,要注意以下问题:

(1)目的。橱窗的用途多样,因此设计意念要与目标一致。例如在情人节,可考虑粉红色的饰物以及"love"、心型图案等。

(2)货品。设计橱窗时,必须考虑货品的特征,如体积、大小及商品传递的信息,设计的主题必须与此配合。例如夏季休闲服饰的橱窗展示,就可以选择年轻、新潮的模型并配以户外运动或海边玩耍的场景,这样能更好的刺激消费者的购买意识。

(3)创新意念。橱窗的设计要讲求新意,跟随消费者审美的发展及潮流的发展求新、求精。好的橱窗创意,不仅能吸引消费者对产品的关注,刺激产品销售,还能提升商店形象。

橱窗布局中的视觉平衡

橱窗设计时要考虑视觉的平衡感,这种视觉感不同于数学上的简单对称。比如在一条横线上,视觉中心比数学中心靠右一点;在一个从上到下的平面布局中,视觉中心比数学中心略高一点。具体地说,右边比左边视觉效果好,上边比下边视觉效果好。

三、店内因素与消费心理

正因为商店的形象现在已经被认为是影响消费者购物心理的一个非常重要的方面,因而店面设计者都非常关注氛围(atmospherics),也就是"为激发购物者的特定反应,而对空间或其他各种因素进行有意识的设计。"这些因素包括颜色、气味和声音等。

(一) 店堂布置与气氛

商店内商品的摆放对消费者选择特定的产品和品牌具有重要影响。显然,一种产品越容易被看到,越方便拿到,消费者购买它的可能性越大。研究表明:最好的货架位置是与视线平行的位置,接下来依次是与腰部平行的位置和膝盖平行的位置。正因为好的货架位置能影响消费者对产品的偏好,因此许多超市利润来源之一就是向供货商收取一定费用的上架费。但同时,也存在一个问题,不可能把所有的产品均置于有利位置,因此必须考虑采取其他方式吸引顾客的注意。途径之一就是扩大商品的陈列空间。

店堂布置还应考虑如何将顾客吸引到高毛利或容易促使冲动性购买的商品所在的位置。通常的大型超市,消费者进入卖场的入口与结账并走出卖场的出口分布在不同楼层或位于同一楼层的相反方向,促使消费者经过更多的货架。而搜寻性商品或消费者必须购买的生活日用品如盐、米、牛奶等应置于商店靠里的位置。

店堂布置与店内环境和气氛也是紧密联系在一起的。宽敞的过道、错落有致的商品陈列会给人心旷神怡的感觉,反之会给人造成杂乱和压抑感,使人产生不快的心理倾向。例如:装修成红色的商店容易使人紧张,而蓝色的装饰格调则能传递一种冷静的感觉。浅色调给人宽敞、宁静的感觉,而亮色调则会使人兴奋。将商场的试衣镜拉长会使人看起来纤细,增强消费者的满意而产生购买欲望。而将试衣间的荧光灯照明改成用粉红灯光照明,有修饰脸部曲线和淡化皱纹的效果,会使女性顾客更愿意试穿和购买服装。

信 息 框

商品摆放位置与消费心理

据瑞士学者塔尔乃教授的研究表明:顾客进店后无意环视的高度为 0.7 ~ 1.7 米,上下幅度约 1 米左右,同时与人的视线本身大约成 30 度角以内摆放的商品最容易被顾客感受到。因此,可以认为以一般人的身高为标准,从腹部到头部的范围内,是商品摆放最理想的有效高度。在营业现场顾客直接可视的范围内,人的视场与所视物的距离有如下的对应关系,见表 13-2:

表 13-2　视场与所视物的距离关系

距离(米)	1	2	5	8
平均视场(米)	1.64	3.3	8.2	16.4

由表 13-2 可见,商品摆放不仅在高度上要与顾客的一般环视高度相对应,同时还要根据顾客与可视物的距离来确定商品摆放的合适位置,以提高顾客对商品无意环视时的可视程度,使顾客能较快、较清晰地感受产品形象。

(二) 音乐

商店内的背景音乐被认为会对消费者的购物产生影响。研究显示:消费者在商场购物步行速度的快慢会受到音乐节奏的影响。这种影响是潜意识的,人们走路的频率倾向于与音乐的节奏相一致。因此通常情况下,当上午八九点商店里的客流量少时,放些舒缓的音乐,降慢消费者的逛店速度,促使他购买更多的物品;在中午十二点商店客流量大时,播放节奏较快的音乐,促使消费者加快购物频率,收银员加快收银速度。

类似的,音乐也能影响人的饮食习惯。有研究者认为:"嗜酒者偏爱节奏较为缓慢、悲伤、寂寞、自怜自哀的音乐。"另一个研究表明:那些听喧闹、快节奏音乐的就餐者食量会增大,相反,听莫扎特或勃拉姆斯音乐的人吃的较少且较慢。因此如果一个餐馆毛利很低,利润主要依靠座位的快速周转,此时播放快节奏的音乐效果会很好。

(三) 购物点陈列

适当的商品陈列能使冲动购买行为提升 10% ,这就是为何美国的公司每年在购物点刺激(point of purchase stimuli,POP)上投入超过 130 亿美元的原因。购买点刺激既可以是精心设计的商品陈列或展示,也可以是赠品的陈列与发放,还可以是在食品过道上派发新款饼干免费试吃装的某个人。

通过购物点的陈列,采取不同于平时的放置方式陈列物品,如将商品置于橱窗或入口,或在走道中央以购物花车摆放,再辅以特别推荐这些商品的促销材料,将有助于形成消费者对该产品的心理偏好。一项对 2473 名超市购物者的调查表明,至少 38% 的人购买了以前他们从未买过的产品,而购买者提及最多的原因是这些产品的陈列特别。

通过独特的产品陈列,一方面可以充分的展示商品,激发消费者的购买欲;另一方面,商品陈列本身就是在向顾客推荐产品,特别是对新产品和流行产品,对顾客的消费心理有引导作用。而且一些积压滞销的产品,通过陈列技巧,使其再度引起消费者的兴趣,对促进销售、方便消费者购买都有较强的意义。

同时,存在另一个问题,购物点的陈列在一定程度上会影响同类产品的销售,因为消费者发生了购买的改变,购买了陈列品而放弃了其他同类产品的选择。但陈列期间,陈列品和其他处于正常货架位置的商品的销售总量通常会较平时高。而且当陈列品被放回陈列前的货架位置时,其销售会很快恢复到正常的水平。这意味着消费者并非单纯因商品陈列而将陈列品囤积起来,而是消费的更多。

在实际的操作中,可以采用多种方法进行商品的陈列。

1. 量感陈列法

量感陈列一般是指产品陈列数量的多寡。目前这种观念发生了变化,由强调商品的数量改变为注重陈列技巧,例如:采用梯形堆放,让消费者在视觉上感觉产品很多。总之,量感陈列是无论实际如何,主要是让消费者感觉到产品的丰富,一般适合于食品杂货,以亲切、丰满、价格低廉、易挑选来吸引顾客。

2. 展示陈列法

展示陈列法一般是指商场为了强调特别推出的商品而采用的陈列方法。常用的陈列场所有橱窗,店内陈列台、柜台、手不易够到的地方。虽然陈列成本较高,但能引起消费者的关注,营造店内气氛。

3. 重点陈列法

现代社会物资日益丰富,商店里货品种类繁多,消费者的关注度有限。因此,可以选择消费者大量需要的产品为陈列重点,同时附带陈列一些次要的、周转较缓慢的商品,使消费者在先对重要商品产生注意后,附带关注大批次要商品。

4. 连带陈列法

许多商品在使用上有关联性,如垃圾篓和垃圾袋,相机和胶卷,为刺激消费者的潜在购物需求,方便其购买,可以采用连带陈列方式,把具有关联关系的商品相邻摆放。

5. 裸露陈列法

好的商品摆放,应方便消费者观察、感觉以及选购,因此在现代商业环境中,越来越多采用裸露陈列,允许消费者自由接触、试用,以减少消费者心理疑虑,降低购买风险,坚定购买信心。

6. 季节陈列法

季节性强的商品,应随着季节的变化不断调整陈列方式和色调,尽量减少店内环境与自然环境的反差,这样也能有助于这些产品的持续销售。

7. 艺术陈列法

这是通过商品组合的艺术造型进行摆放的方法。通过艺术设计,传递给消费者美感,带来心理的愉悦,从而刺激顾客的购买欲望。

在实践中,各种方法可以结合应用,从而更好的发挥商品陈列增强吸引力的作用,促进产品销售,为商家带来利益。

第二节 销售服务与消费心理

消费者已有的购买需求与决策,也能因为销售服务而放弃购买或转换品牌。因此在销售过程中,应把握消费者购物心理,采用合适的服务,实现商品转移。

一、销售服务的概念

销售服务是指产品在流通过程中,工商企业为保证产品的正确使用而进行的各种服务性工作。我们这里提到的服务侧重于在商品销售过程中,销售人员对顾客提供的各种服务,可分为技术性服务和非技术性服务两种。

随着现代商品经济的发展,市场竞争的加剧,在消费者的购买实现过程中,销售服务也成为了一个重要的影响因素。帮助消费者顺利实现产品购买,并通过优质服务增强消费者的满意度,是做好销售服务工作的出发点和归宿。

销售服务按照不同的标准,可以分成不同的种类。按照服务的时间分,可分为售前、售中和售后服务三类;按照服务的性质分类,可分为技术性服务和非技术性服务两类;按照服务的形式分类,可分为定点服务、巡回服务、收费服务和免费服务四类;按照服务对象分类,可分为对批发企业提供的服务,对零售企业提供的服务和对用户、顾客直接提供的服务三类。

在现今买方市场条件下,销售服务的核心理念应该是使顾客满意。所谓顾客满意,是指顾客对购买的产品和服务的评价超过了心理预期并产生了愉悦感。从纵向的层次看,顾客满意包括三个方面,一是物质层次的满意,顾客对提供的销售服务的内容所产生的满意;第二是精神层次的满意,包括服务态度、服务场所的气氛和企业形象等;第三是社会层次的满足,即顾客在接受服务过程中所体会到的社会利益维护的程度。例如:服务是否符合公益的要求,传播了优良文化。从横向角度来看,顾客满意有两层含义:一是全方位的满意:主要是指优秀的服务状态,简便的服务程序,快捷的服务行为和完整的服务内容等。二是全过程的满意:主要指售前、售中、售后满意。

二、销售服务的心理策略

产品策略是企业经营策略的重中之重,而从整体产品的概念出发,企业提供什么样的产品才能最大限度满足目标消费者的需要,必须在四个方面讲究策略:即产品开发策略、包装策略、品牌策略和销售服务策略。这四个方面有机结合,才构成了完整的产品策略。也就是说,只有销售服务的优质提供,才能真正使消费者对产品感觉满意。

销售服务策略的拟定,总体说来,要从以下三个问题中作出合理选择:应该向消费者提供哪些服务项目?所提供的服务项目应达到何种水平?应以什么形式来提供服务?

(一) 合理确定服务项目

销售服务的内容形式极其繁多,不同的产品特性对服务的要求不同,消费者对服务的重视程度也不同。例如:以免费送货上门和安装维护服务来说,对一些大宗家电和专业性物品就非常重要。集团客户与家庭用户对于电脑服务的要求也不同。因此,企业需要经过细致的调查分析,对消费者要求的服务项目按其重要性的大小加以排序,然后分别确定出本企业服务项目的重点。比如有些企业在日本进行销售时,受到当地销售空间的限制,存在产品库存量不大的问题,因此客户特别关注快速交货的能力,那么这些企业就要把这一环节作为服务的重点。

确定服务项目,往往涉及到企业的经营特色和信誉,应当高度重视,仔细分析相关因素:①市场和消费者的现实需要与潜在需要;②根据企业的内部条件扬长避短;③服务项目的内容尽可能广而专;④研究主要竞争对手服务项目的特色。

(二) 合理确定服务水平

通常情况下,服务水平越高越能让消费者得到充分的满足,因而有较大的可能形成重复的购买。但是,服务水平和销售之间的关系会因各类商品的特点和服务项目的性质而异。

如图 13-2 所示,A 曲线表示某服务项目的水平与销售量无关或影响很小。如学校的图书销售,因为是强制性出售给学生,所以与服务水平关联不是很大。

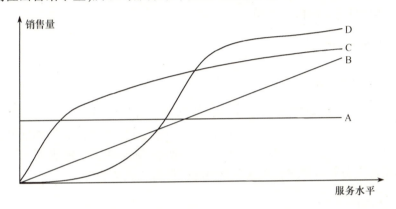

图 13-2 销售量和服务水平关系示意图

资料来源:徐萍. 消费心理学教程. 上海财经大学出版社, 2005

B 曲线表示服务水平与销售量成线性关系。特别是第三产业,如餐饮业、娱乐业表现非常明显。

C 曲线表示服务水平改变对销售量的影响非常迅速,但当服务水平已经很高时,销售量增加的速度放慢。如在一商场畅销品牌专柜销售服装,若营业员数量增加,会给顾客提供更快捷和热情的服务,会大大增强消费者的好感,增加产品销售;但若在营业员配备充足的情况下再有所增加,效果就不明显了。

D 曲线表示如果在一定范围内,这项服务对销售量的影响不会很大;超过一定范围和水平,其影响就会很大;但是,如果这种水平再超过一定范围,其影响又会越来越小。例如电脑,若承诺一个月保修,不会增强消费者的购买欲望,若承诺两年保修,就会引起一些消费者的偏好,若承诺无限期延长,对消费者的影响不会很大,因为电脑的更新换代很快,长期之后维修费用已超过旧电脑的价值。

(三) 合理确定服务形式

1. 服务的定价

服务项目根据服务的不同特点,采取多样的定价形式。例如一般的家电产品售后服务,定价方式有以下几种:①在规定期限内实行免费维修,超过期限,对维修过程中发生的零部件费用进行收费。②对企业用户实行优惠的价格政策,会员客户适当延长免费维修期限。③由用户自由决定是否在安装或维修时购买企业提供的配件。④修理服务由专业的售后网点负责,收费由市价决定。

2. 服务方式的提供

提供服务的方式也是多种多样的。还是以售后维修这一服务项目为例,会采取以下形式:①企业培训一批专业维修人员,在各地建立维修网点。如海尔集团是采用这种形式。②企业的维修人员上门服务。目前许多电脑公司在保修期内提供这种服务。③维修工作委托经销商提供,或委托专业修理店为特约修理点。一个手机的特约修理点,经常提供几个品牌手机的维修服务。④企业不提供修理服务,而让给独立的修理企业负责。

上面两个问题,不同的企业和产品特征,在不同的市场环境下会有不同的应用,也发挥出各自的优缺点,企业应结合自身实际做出选择。

三、销售服务的原则

(一) 一视同仁的原则

在销售服务过程中,一定要摒弃"店大欺客"的态度,对待所有顾客均一视同仁,提供优质服务。不能因为顾客的财富以及订单的大小,或者是会员还是偶然光顾的人员而区别对待。消费者是商家的衣食父母,只要有购买行为都为商家创造了效益,谁又知偶然的惠顾不会发展为习惯性的购买。明智的销售人员要本着诚心和诚意热情对待任何一位消费者。

(二) 符合意愿的原则

服务的核心是满足消费者的需要。热心的服务若提供的并不是消费者所需,也失去了意义而且容易造成资源浪费。在很多卖场经常能看到消费者只要观察了什么商品,立即有推销人员不遗余力,极度热情的推荐;往往消费者正在选购其他品牌的产品,销售人员也会喋喋不休地推荐自己的品牌,好像消费者不购买便誓不罢休。

服务真正的含义是:在消费者需要时,用其希望的方式提供其需要的方便,经济收益是次要的。在向消费者进行产品推荐时,也要站在消费者的立场去考虑,帮助他做出明智的购物决策。

(三) 周到细致的原则

消费者的偏好和购物习惯因性别、年龄、家庭环境、性格特征而有所不同。为了充分满足消费者对产品的期望,在服务过程中,要求耐心、细致、因人而异地提供服务。

这对销售人员的专业性和服务素养有所要求。例如消费者在选择商品时,根据购买商品的目的给予建议,详细介绍产品特征以及与其他同类商品相比的优缺点。在消费者购买后,包装完毕再讲明产品的保养和处理方法,以及使用时的注意事项。

四、售后服务的心理策略

销售服务心理分析与心理策略的分析内容见表13-3。

表13-3　销售服务心理分析与心理策略

分析项目	售前服务	售中服务	售后服务
服务内容	搞好市场调查与预测,搞好采购与备货工作,搞好宣传与引导工作	介绍产品,充当参谋,付款与结算	咨询服务,实行"三包"服务,运输、安装、调试服务
消费者心理分析	消费者的期望值,消费者的价值取向和审美情趣,消费者的自我意识	获得详尽的商品信息,寻求决策帮助,受到热情接待与尊重,追求方便、快捷	求助心理,试探心理,退换心理
销售服务策略	建立社区服务档案,促使消费者认知、接受产品,最大限度满足消费者的相关需求	考察并适应顾客心理需求,接待方式必须适应顾客购买心理阶段,注意感情融通	提供优良售后服务,了解消费者后顾之忧,加强顾客满意营销理念

资料来源:李晴.2005.消费者行为学.重庆:重庆大学出版社

销售服务包括售前、售中、售后三个环节。企业为了实现销售目的,在通常情况下对于流通环节的售前和售中给予了充分的重视,而随着产品交换的完成,也认为自己完成了使命而有所懈怠。实际上,售后工作是产品销售过程中的一个重要环节,会影响到消费者对产品的体验,进而影响消费者的满意或不满。因此在这里,把售后服务这个问题单独提出来进行分析。

(一) 售后服务的含义

售后服务就是商品到达消费者手中、进入消费领域后继续提供的各种服务工作。例如对商品的安装、调试、使用指导、维修服务以及回收处理等。这些是使商品真正发挥功效的保证条件,其实也是产品生产功能的延伸。特别是当产品质量出现问题时,及时有效的售后不仅能把消费者的不满降低到最低限度,有时甚至还能"因祸得福",使消费者对企业形象形成好感,再借助良好的口传带动一系列连锁效应,带来收益。而且,消费者具有高知觉风险的产品和商业形式,必须借助良好的售后服务保证来吸引消费者的偏好。例如网上购物刚开始实行时,因为消费者对产品的实体与网上形象存有差异感,许多网上零售商都承诺不满意可以免费退货,正是长期优质的售后服务,且伴随着消费者意识的逐渐开放,才形成了目前在中国有着较快发展的网上购物浪潮。

因此,企业在设计产品时必须根据消费者的需求来考虑产品的售后服务问题,要考虑到消费者希望得到什么样的担保与承诺。因为对于不同的产品来说,消费者所希望得到的保证是不同的。例如飞机在它飞行时要求100%的可靠,任何主要部件的故障都是无法忍受的;而一台电冰箱出点故障甚至停机几小时对消费者来说就不是不可忍受。当然,这只是相对而言。消费者在购买商品时,最关心的就是他们能否得到所期待的服务。

一般来说,消费者在购买商品(特别是大件商品)之后,主要关心以下三个方面的问题:

一是产品的可靠性。消费者把商品买回家之后,会不会老是出毛病?即便是在保修期内的免费维修,消费者也难以忍受它不时的故障以及由于打电话、等待维修等所花费的时间、精力与经济成本。

二是服务的质量。消费者首次交款后,厂家或商家会在多长时间内送货上门;产品出现了故障后,维修人员又会在多长时间内赶来维修并在多长时间内修好?

三是产品在保养和维修方面的费用。本来产品的价格是可以接受的,但如果在保养和维修方面要支出高额费用的话,这样值得吗?

那么,作为消费者,商品售后服务的心理活动主要是在提出各种服务要求时的心理感受,大致有以下几种:

第一种是据理力争的心态。这种情况一般出现在消费者利益出现损失或者消费者性格活跃、自尊心强以及消费知识充足的情况下。

第二种是求援的心态。这种心态大多表现在产品出现使用问题时,性格平和的消费者身上。

第三种是试探的心态。这种心态大多表现在消费者要求退换商品时,由于受到各种因素的影响,消费者对于商品的评价可能摇摆不定,所以对退换货呈试探的心态。

(二) 售后策略分析

根据消费者的种种心态和要求,售后服务不能拘于一种行业与一种形式,而应有多样的策略应用。

1. 网络服务策略

售后服务过程中,要强调便利性。在产品同质现象严重的今天,消费者又因缺乏专业知识很难形成专家型购买,所以只好借助其他重要因素作为一个分析比较的标准。例如大型家用电器和一些电子产品,售后维修是关系产品使用的一个重要因素,因此消费者在进行产品选择时会考虑维修点的设置。因此现在一般全国性的家电品牌,在各大城市均设置有维修网点。

2. 特殊服务策略

随着网络的飞速发展,利用网络进行信息的搜集及提供服务已得到消费者的接受和认可。如现在的网上银行,许多企业的网站也都设置有意见咨询和售后服务的相关内容,使消费者能够足不出户就得到问题的解决。

3. 巨额赔偿策略

当产品质量和使用出现了问题,对消费者可能会产生严重的健康和安全影响。比如家用热水器漏电、燃气泄漏,作为礼品送人的烟酒是假冒伪劣产品等。为了保证消费者权益,降低消费者对风险的感知,商家往往提供"假一罚十"的承诺打动消费者。随着现代商业的发展,这种担保策略已经有了更大的发展,比较通用的是"产品质量三包服务",在规定的期限内,对产品的质量问题给予相应的包退、包换和保修服务。

总而言之,商业企业必须重视商品的售后服务工作,加深消费者对商品以及零售店的好感,树立良好企业形象,获取持续发展。

第三节　销售人员服务与消费心理

在销售服务过程中,销售人员作为主体与顾客发生心理和行为的互动。销售人员以消费者为中心,积极主动创造良好的销售环境,满足不同顾客的心理需求,往往对商品的销售起着事半功倍的作用,也更易帮助消费者形成对商品和商店的良好印象。

一、销售人员的仪表风度与消费心理

(一) 仪表的重要性

仪表即人的外表,包括容貌、服饰、发型、气质等,在人们交往中发挥着重要的作用,通常称为第一印象。它不仅能给人们不同的心理感受,还能影响人们未来关系的发展。对营销人员来说,仪表风度更为重要。这是因为：

（1）销售人员的职业特点对外在仪表有较高的要求。销售人员每天要接触大量的顾客且与顾客发生联系，良好的仪表易获得消费者的好感及愿意与之亲近，进而产生购买的可能，同时也是产品和企业形象的组成部分。

（2）销售人员的仪表美是优质服务的基础。作为服务工作者，良好的气质及整洁的外表是优质服务必不可少的一个因素。

（二）仪表对消费者心理的影响

销售人员的仪表能给顾客以不同的心理感受、情绪体验，主要表现在以下几个方面：

1. 服饰、发型

服饰、发型体现了不同的个性、文化素养、审美情趣。身为营销人员，装扮会传递给消费者产品的形象信息，也成为一个影响因素构成了对品牌的整体印象。例如在武汉市的群光广场，商场内电梯小姐优雅的仪表、美丽的着装、热情体贴的服务加深了顾客对商场高档形象的认知和认可。

2. 服务用语

对于营销人员，良好的沟通能力及沟通技巧是一个必备的要求。通过语言交流传递产品信息，影响消费者购买。是否能使用文明、礼貌的服务用语会影响消费者的情感和心情，也要注意说话时的面部表情、肢体动作等的配合作用。

3. 行为风度

销售人员的行为举止主要指其在服务过程中的站立、行走、动作等。如果销售人员举止大方、得体，会使消费者产生良好的心理印象，也有助于向消费者推荐产品。

二、销售人员与消费者购买心理的沟通

在销售过程中，营销人员和消费者发生互动，良好的沟通是销售活动顺利进行的一个有力条件。若存有沟通障碍，不仅会对交易造成损害，甚至还会产生人际冲突。因此加强营销人员与消费者之间的沟通，在销售服务过程中尤为重要。

（一）消费者购买心理发展过程分析

销售人员的服务与消费者在购买过程中的心理演变是密切相关的，根据每一阶段消费者的心理变化，服务人员采取有针对性的策略启发诱导，帮助顾客消费决策的形成。

根据消费者外部表现的行为特征，我们把心理活动的基本过程分为几个阶段。

寻找目标→感知商品→诱发联想→判定比较→选择购买→购买体验

1. 寻找目标

消费者逛商场，浏览商品，主要是寻找他们需要或满意的产品。若带着购买目的，他们会仔细观察货架上的产品，若没有明确的购买需要，在浏览过程中发现有兴趣的商品也会停下来仔细观察，这时销售人员与顾客不发生关系。

2. 感知商品

当消费者发现目标后，就会把注意力集中到产品上，通过观察、接触形成感觉。

3. 诱发联想

经过接触形成感觉后，消费者往往会产生联想，想像购买这件产品后是获益还是遭受损失，是

能给自己带来愉悦还是不适合自己使用。在这一阶段,消费者还不会形成购物决策,销售人员在这个时候,能发挥一定的作用。

4. 判定比较

当消费者有了选择的意向时,就会在几个产品中进行比较,在这个时候,若采取合适的方式,销售人员的意见、建议会发挥重要的功效。

5. 选择购买

根据分析比较的结果,消费者作出判定,形成了购买决定。一般情况下,会向营业员表明购买意向并进行产品挑选,此时,销售人员一定要帮助挑选商品,用热情周到的服务使顾客满意。

6. 购买体验

购买结束后,消费者的心理活动并没有马上结束,还会形成对购买过程的整体认定及对产品的总体感知。这时销售人员的服务如讲解产品的使用及保养,以及热情的送别顾客,会加深顾客的满意感,进而也有可能导致重复性购买。

(二) 销售人员的接待步骤与工作方法

销售服务过程中服务人员的接待步骤是与消费者在购买过程中的心理阶段相适应的,大体可以分为以下几个步骤,并采取相应的方法(见图13-3)。

寻找目标→感知商品→诱发联想→判定比较→选择购买→购买体验

观察→展示介绍→启发联想→诱导说服→促进购买→售后服务

图13-3 接待步骤与工作方法示意图

1. 观察分析进店的顾客,判断其购买意图

(1) 根据消费者的衣着打扮,判断其身份爱好。不同消费者从事不同职业,在每一职业中处于不同地位,而且有着独特的个性特征,这些都能从衣着打扮中略显端倪。销售人员根据经验判断并做出符合消费者身份的迎合,能起到事半功倍的效果。

(2) 善于从消费者的言行举止,分析判断其性格特征。性格特征会影响到消费者在购物过程中对销售人员的态度。性格外向的顾客,进入商店后对待销售人员的推荐,会采取积极的态度,喜欢评论,反应灵活。对这类顾客,销售人员应热情主动,积极展示他们所感兴趣的商品,发表自己的意见为顾客当好参谋。而性格内向、表现平淡的消费者,对外在推荐反应冷淡甚至持反对态度,在这种情况下,销售人员先不要急于接触,而要注意观察,随时准备解答问题,除了顾客明确表示,尽量少发表或不发表自己的见解。

2. 根据消费者的购买目标,展示介绍产品

不同的展示方法,可以从不同方面向消费者传递信息,引起消费者不同的积极反应。常用的展示方法有两个方面:

(1) 根据商品的性能、特点展示产品。功能、属性作为商品的工具性绩效,是消费者最关心的问题。围绕商品的特点及独特的利益展示商品,往往能直接打动消费者。

(2) 根据消费者的特点,展示介绍产品。

消费者的性别、年龄、职业及个性特征不同,对商品的选择标准也不同,因此销售人员有针对性的展示产品能取得积极的效果。另外,展示商品时还要考虑顾客的自尊心,一般从低档向高档逐步展示,使消费者在价格方面有考虑的余地,又不伤害其自尊心。

3. 启发消费者的兴趣与联想,刺激其购买

在消费者进行联想、甚至产生购买欲望和动机的阶段,销售人员应该力求将有关产品的功能、价格、使用效果等全面清晰地介绍给消费者,并力求诉诸多种感官刺激,强化消费者的心理感受,促使其产生丰富的想像,进而诱发购买欲望。一般情况下,销售人员采用以下方法诱导消费者。

(1)启发式。当销售人员看到消费者在选择商品时拿不定主意时,可以提示消费者,解释他们的疑虑或者强化对某种产品的好感,从而形成购买动机。

(2)比较法。这是一种常用的引导消费者的方法,当消费者在几个品牌间犹豫不决时,需要销售人员帮助顾客分析不同品牌的特点,权衡利弊,促使其早下购买决定。

(3)实际操作法。是指通过营业员的操作表演,也可以是让顾客进行操作试用,以加深消费者实际的感觉体验,消除顾客对产品的不信任感,促进销售。

4. 诱导说服

消费者在比较评价阶段,会根据评价标准进行产品的选择。在此时,销售人员充当消费者的参谋和顾问,增强顾客的购物信心,加速和帮助其实现购物决策。在这个过程中一定要根据不同的情境和消费者特性采取不同的策略。而且,在劝导过程中,一定要站在消费者的角度出发,符合消费者的利益,使其感觉推荐的产品确实符合自己的购买要求,能帮助实现利益,从而对销售人员形成好感,接受其说服。

5. 促进消费者购买,结束交易行为

通过销售人员的努力,消费者对商品有了较深刻的体会,会形成自己的购买决策,在此时便进入了实施购买行动和进行购买体验的最后阶段。消费者虽有明确的购买意向,但仍需要服务人员巧妙把握时机,促进交易形成。例如帮助顾客挑选、结账及进行产品的包装,及给顾客适时的赞美,加深他对购买决策的肯定感。

6. 提供各种售后服务,促发重复性购买行为

在前面已提到售后服务的重要性,销售人员应提供各种优质的售后服务,例如帮助消费者填写保修卡,当其有维修需要时,帮助其联系特约维修点。销售人员可以通过种种努力打动消费者,加深其满意,争取其重复性购买。

本章小结

1. 购物环境主要包括购物情境、商店布局和店内因素三个方面。消费时间与顾客所体验的拥挤均属于购物情境的组成要素。现代社会,时间作为一个重要的资源,消费者对销售时间的认可及对时间的实际体验,在一定程度上影响着购买行为的实现。而顾客对购物环境拥挤的感知也会影响其对商店及商品的评价与选择。商店布局指的是商店内外的布局与设置,其中商店的形象、地理位置、招牌名称以及橱窗的设计都能对消费者产生一定的影响。商店形象就如品牌个性一样取决于一系列因素:如感受到的便利性、销售人员的专业知识等,而在地理位置的讨论中结合商圈理论进行选址分析也是重要一环。因为许多消费者最终的购买决策是进入商店后才做出的,因此店堂布置及气氛,音乐的播放以及购物点陈列和刺激就成为了非常重要的营销手段。

2. 商业企业提供的销售服务及水平也在一定程度上影响着消费者心理及行为。为了提供真正让顾客满意的服务,商业企业应遵循三个原则:即一视同仁原则、符合意愿原则和周到细致原则,并以此为基础制定合适的服务策略。同时也必须认识到,优质满意的服务是一个过程的体现,包括售前、售中、售后三个方面,特别是消费者满意度是由人们购物后对产品的总体感觉决定的,因此本章也详细分析了售后服务的策略选择。

3. 销售人员在提供具体服务的过程中也与顾客进行着沟通和互动。根据消费者购买心理发展过程及步骤,销售人员有针对性的提供接待和其他服务工作,可以增强消费者对产品和商店的认知与认可,促进购买活动的完成,增强其满意度。

思考题

1. 试述顾客密度、消费者选择水平和感知的拥挤程度之间的相互关系,以及他们如何影响消费者的心理。

2. 试应用商圈理论分析你身边经营状况最好的大型商场的选址策略。

3. 商品的陈列为什么会影响产品的销售?常见的陈列方式有哪些?

4. 销售服务过程中必须遵循什么原则?

5. 影响消费者售后服务的因素和心理策略有哪些?

6. 结合实际说明,在购买过程中销售人员与消费者之间是如何互相影响的?

典型案例与讨论

商场背景音乐:是"扰民"还是"享受"?

在购物时,您是否喜欢商场播放一些背景音乐?您是否会因为一个商场的背景音乐好听而再次光临这家商场,2006 年初法制日报与新浪网生活频道联合推出了消费者关于商场背景音乐感受的调查,结果显示:绝大多数消费者都喜欢商场有些背景音乐。

但是,由于背景音乐声音过大、节奏过快等原因,有接近 80% 的消费者都表示曾对商场的背景音乐感到烦躁不安,甚至有很多消费者因为背景音乐过于吵闹而离开商场,放弃了消费。

多数商家:背景音乐 没有认真设计

冬装出清、春装上市……刚刚过去的这个周末,北京的各大商场都推出了不同主题的促销活动。"女儿让我陪她来买衣服,可这里人太多,音乐太吵了,我都快逛不下去了!"昨天下午,正陪女儿在西单某店挑衣服的李女士表示。记者在走访中发现:由商场总控制室播出的背景音乐音量和节奏比较适中,但 VEROMODA 等大品牌的特卖场往往会单独放着节奏强劲、音量较大的音乐。"商场的背景音乐应该是认真设计的,但是现在我们的商场还做不到。"北京多家百货商场的相关负责人近日接受记者采访时,都这样坦率地表示。

近八成人:为背景音乐"心烦意乱"

这次所作的关于商场背景音乐感受的调查,共有近三百位消费者参与。结果显示:有接近 80% 的消费者表示曾对商场的背景音乐感到烦躁不安。尽管很多消费者对多数商家的背景音乐不满意,但事实上,根据最近这次调查统计,有 86% 以上的消费者还是希望商场播放背景音乐的,而且近 96% 的消费者认为商业背景音乐的质量对商场档次、形象有影响。

调查分析：使用不当"噪音"挡客

迈尔顾问公司策划总监、商业专家李克让在接受记者采访时表示："音乐恰到好处就形成了一种文化，否则就变成了噪音。""商场的背景音乐是非常必要的。同时，背景音乐的质量也是决定商场档次和其目标顾客的重要因素。"李克让表示，商场使用背景音乐不当，造成了嘈杂的购物环境，这不但没有刺激消费者的购买欲望，反而把消费者给吵跑了。

商业专家认为，大品牌局部促销音乐音量过大的行为，是对消费者身体的伤害和侵犯，而且可能会影响到其他品牌的销售，同时也反映出商场对此管理不到位。

商家举措：北京也有"成功"案例

北京商场中也有使用背景音乐比较成功的例子。像燕莎友谊商城、赛特购物中心等高档百货商场，很懂得根据客流、节日、特殊活动等确定不同风格的音乐。2005年燕莎为迎接"皇马"购物而设计了音乐变化。当西班牙皇家马德里足球俱乐部成员刚到商场购物时，燕莎播放的背景音乐是节奏欢快跳跃的西班牙乐曲。后来，当他们购物结束即将离开商场的时候，背景音乐又变成了中国传统民族乐曲，这暗示着中国人的热情欢送和希望他们再次光临。

国外经验：音量 局部小于总体

商业专家李克让这样表示，在国外，大型百货商场不仅对总体背景音乐进行科学的设计和选择，而且对各品牌局部播放的背景音乐也有统一的管理规定。比如某些品牌为作促销需要播放自己的促销音乐，那么商场会对他们作出统一的管理要求，比如局部音乐的音量不能过大、不能高于商场的总体背景音乐。

分析讨论题：

在店内环境中，音乐的使用会对消费者心理产生何种影响？能否举出你所亲身体验的比较适当的背景音乐运用。

参考文献

陈文华. 2002. 消费心理与营销对策. 北京:中国国际广播出版社

陈智勇. 1998. 消费心理学. 北京:北京工业大学出版社

丁家永. 2005. 广告心理学——理论与策划. 第2版. 广州:暨南大学出版社

方光罗. 1995. 消费心理学. 北京:中国物资出版社

冯江平. 2003. 广告心理学. 上海:华东师范大学出版社

冯丽云,孟繁荣. 2004. 营销心理学. 北京:经济管理出版社

符国群. 2004. 消费者行为学. 武汉:武汉大学出版社

耿黎辉. 2004. 消费心理学. 成都:西南财经大学出版社

龚振. 2004. 消费者行为学. 广州:广东高等教育出版社

顾文钧. 2002. 顾客消费心理学. 上海:同济大学出版社

黄磊. 2000. 琢磨顾客. 上海:上海财经大学出版社

黄希庭. 1991. 心理学导论. 北京:人民教育出版社

江林. 2002. 消费者行为学. 北京:首都经济贸易大学出版社

李晴. 2004. 消费者行为学. 重庆:重庆大学出版社

林建煌. 2002. 消费者行为. 台北:智胜文化事业有限公司

罗子明. 2002. 消费者心理学. 北京:清华大学出版社

马谋超. 2001. 广告与消费心理学中的一些研究. 当代中国心理学. 北京:人民教育出版社

马谋超,陆跃祥. 2000. 广告与消费心理学. 北京:人民教育出版社

马谋超,高云鹏. 1998. 消费心理学. 北京:科学出版社

马义爽,王春利. 2002. 消费心理学. 北京:首都经济贸易大学出版社

荣晓华. 2001. 消费者行为学. 大连:东北财经大学出版社

孙元明. 1993. 市场经济心理学. 重庆:西南师范大学出版社

田义江. 2005. 消费心理学. 北京:科学出版社

王官诚. 2004. 消费心理学. 北京:电子工业出版社

王惠琴. 2005. 消费心理学. 南京:东南大学出版社

王明旭. 2006. 医药消费者行为学. 北京:人民卫生出版社

卫军英. 2001. 广告策划创意. 杭州:浙江大学出版社.

温孝卿,史有春. 2004. 消费心理学. 天津:天津大学出版社

徐萍. 2001. 消费心理学教程. 上海:上海财经大学出版社

严学军,汪涛. 2001. 广告策划与管理. 北京:高等教育出版社

章志光. 1996. 社会心理学. 北京:人民教育出版社

张大钧. 1999. 教育心理学. 北京:人民教育出版社

张春兴. 现代心理学. 上海:上海人民出版社